지극히 높은 자
Le Très-Haut

지은이 모리스 블랑쇼 Maurice Blanchot, 1907~2003 젊은 시절 몇 년간 저널리스트로 활동한 것 이외에는 평생 모든 공식 활동으로부터 물러나 글쓰기에 전념하였다. 작가이자 사상가로서 철학·문학비평·소설의 영역에서 방대한 양의 글을 남겼다. 문학의 영역에서는 말라르메를 전후로 하는 거의 모든 전위적 문학의 흐름에 대해 깊고 독창적인 성찰을 보여 주었고, 또한 후기에는 철학적 시론과 픽션의 경계를 뛰어넘는 독특한 스타일의 문학작품을 창조했다. 철학의 영역에서 그는 존재의 한계·부재에 대한 급진적 사유를 대변하고 있으며, 한 세대 이후의 여러 사상가들에게 큰 영향을 주는 동시에 그들과 적지 않은 점에서 여러 문제들을 공유하였다. 주요 저서로 『토마 알 수 없는 자』, 『죽음의 선고』, 『원하던 순간에』, 『문학의 공간』, 『도래할 책』, 『무한한 대화』, 『우정』, 『저 너머로의 발걸음』, 『카오스의 글쓰기』, 『나의 죽음의 순간』 등이 있다.

옮긴이 김예령 강사, 번역가. 서울대 불어불문학과 및 동 대학원, 파리 7대학을 거쳤다(문학박사, 셀린 전공). 옮긴 책으로 『이방인』, 『코르푸스 : 몸. 가장 멀리서 오는 지금 여기』, 『사무엘 베케트의 말 없는 삶』, 『제멜바이스/Y교수와의 인터뷰』, 『세계와 바지』 등이 있다.

Le Très-haut by Maurice Blanchot
Copyright © Éditions Gallimard, 1948.
Korean Edition Copyright © Greenbee Publishing Co., 2019.
All Rights Reserved.
This Korean edition published by arrangement with Éditions Gallimard through Shinwon Agency Co., Seoul.

지극히 높은 자 (모리스 블랑쇼 선집 10)

초판 1쇄 인쇄 2019년 3월 30일
초판 1쇄 발행 2019년 4월 10일

지은이 모리스 블랑쇼 · **옮긴이** 김예령
펴낸이 유재건 · **펴낸곳** (주)그린비출판사 · **주소** 서울시 마포구 와우산로 180, 4층
전화 02-702-2717 · **이메일** editor@greenbee.co.kr · **신고번호** 제2017-000094호

ISBN 978-89-7682-476-9 04100   978-89-7682-320-5 (세트)
이 도서의 국립중앙도서관 출판예정도서목록(CIP)은 서지정보유통지원시스템 홈페이지(http://seoji.nl.go.kr)와 국가자료공동목록시스템(http://www.nl.go.kr/kolisnet)에서 이용하실 수 있습니다.(CIP제어번호: CIP2019007080)

철학이 있는 삶 그린비출판사 www.greenbee.co.kr

블랑쇼 선집

10

지극히 높은 자

Le Très-Haut

모리스 블랑쇼 지음 김예령 옮김

ㅎB
그린비

『모리스 블랑쇼 선집』을 간행하며

모리스 블랑쇼는 철학자이자 작가로서 이 시대에 하나의 사상적 흐름을 형성하였다. 그는 말라르메의 시학의 영향 아래에서 현대 철학과 문학의 흐름을 창조적·비판적으로 이어가는 '바깥의 사유'를 전개시켰다는 점에서 전통에 위치한 사상적 매듭인 동시에, 다음 세대의 (푸코·들뢰즈·데리다로부터 낭시·라쿠-라바르트·아감벤에 이르기까지의) 뛰어난 철학자들에게 끊임없이 영감을 주어 온 사상적 원천이다. 이는 그의 사유를 한때의 유행이 아니라 지속적으로 참고해야 할 준거점으로 받아들여야 한다는 요구가 부당하지 않은 하나의 근거가 될 수 있을 것이다. 그러나 블랑쇼가 진정으로 중요한 이유는, 삶이 사상보다 중요하다는 단순하지만 명백한 사실에 비추어 볼 때, 다른 데에 있다.

그는 종종 '소크라테스 이전의 사상가'라고 불리어 왔다. 그 사실은 그의 사유가 아카데미의 학문적 역사와 배경을 넘어서서 자신의 삶의 체험을 바탕으로 여러 삶의 양상을 직접적으로 표현한다는 것을 의미한다. 우리는 그의 언어가 궁극적으로 우리의 학문적·지적 호기심이 아니라 우리 각자에게, 우리 각자의 삶에 호소하고 있다는 사실을 경험하게 될 것이다. 그의 언어는 우리가 반복하고 추종해야 할 종류의 것이 아니라, 몸으로 받아들여야 할 종류의 것, 익명의 몸과 마음으로 느껴야 할 비인칭의 언어 또는 공동의 언어이다. 따라서 블랑쇼를 읽는다는 것은, 그가 생전에 원했던 대로 '모리스 블랑쇼'라는 개인의 이름(동시에 사회에서 받아들이고 칭송하는 이름, 나아가 역사적 이름)을 지워지게 하는 동시에 어떤 공동의 '우리'에 참여하는 것이며, 나아가 그 귀결점은 또 다른 공동의 언어로 열리고 그것을 생성하게 하는 데에 있다. 아마 거기에 모리스 블랑쇼를 읽는 가장 중요한 이유가 있으며, 결국 거기에 독자의 마지막 몫이 남아 있을 것이다.

『모리스 블랑쇼 선집』 간행위원회

Maurice Blanchot, *Le Très-Haut*

C · O · N · T · E · N · T · S

"나는 당신에게 하나의 덫입니다. 내가 당신에게 모든 걸 말하려 해봤자 허사일 겁니다. 내가 충실하면 충실할수록, 나는 당신을 기만하게 될 거예요. 당신을 속이는 것은 바로 나의 솔직함입니다."

"나는 당신에게 이 점을 이해해 달라고 청하는바, 나로부터 당신에게 이르는 모든 것이 당신에게는 거짓에 불과할 것입니다. 왜냐하면 나는 진리니까요."

| 일러두기 |

1 이 책은 Maurice Blanchot, *Le Très-Haut*, Éditions Gallimard, 1948의 완역본이다.

2 단행본·정기간행물에는 겹낫표(『 』)를, 논문·단편 등에는 낫표(「 」)를 사용했다.

3 외국 인명이나 지명, 작품명은 2002년 국립국어원에서 펴낸 외래어표기법을 따랐다.

지극히 높은 자

1

나는 혼자가 아니었다, 나는 평범한 사람이었다. 이 문구를 어떻게 잊겠는가?

병가病暇 중에 시내의 한 구역으로 산책을 나갔다. 이 얼마나 아름다운 도시인가, 라는 생각이 들곤 했다. 지하철로 내려가다 누군가와 부딪혔는데, 그가 거친 어조로 나를 불러세웠다. 나는 그에게 소리쳤다. "당신은 나를 겁줄 수 없어." 그의 주먹이 매혹적일 정도로 빠르게 뻗쳐 왔고, 나는 땅바닥에 쓰러졌다. 사람들이 몰려들었다. 사내는 군중들 사이로 사라지려 했지만 헛수고였다. 그가 분노에 차 항의하는 소리가 들렸다. "저자가 나를 밀쳤소. 나를 가만 내버려 둬요!" 아픈 곳은 없었으나, 내 모자는 물속에 뒹굴고 있었고, 내 얼굴은 필시 창백했을 것이며, 몸은 덜덜 떨리고 있었다(나는 막 병에서 회복된 참이었다. 사람들은 내게 충격을 받으면 안 된다고 했었다). 군중들 사이에서 경찰 하나가 다가오더니 따라오라고 침착한 태도로 말했다. 사내와 나는 한 떼의 사람들에 의해 격리된 채 계단을 올랐다. 그의 얼굴 역시 창백해져, 심지어 납빛을 띠었다. 경찰서에 이르자 그의 분노가 폭발했다.

경찰이 그의 말을 자르면서 말했다. "아주 단순한 사건입니다. 이쪽이 저분을 공격하고 턱 아래를 주먹으로 쳤습니다."

경찰서장이 내게 물었다. "고소하겠습니까?"

"나의…… 그러니까 저 사람에게 한두 가지 질문해도 될까요?"

나는 사내 곁으로 가 그를 바라보았다.

"당신이 누구인지 알고 싶군요."

"그게 당신과 무슨 상관이오?"

"당신은 결혼을 했나요? 아이가 있습니까? 아니, 당신에게 다른 것을 묻고 싶군요. 날 쳤을 때 당신은 그렇게 행동해야 한다고 느꼈을 겁니다. 그게 의무라고요. 내가 당신에게 도전하고 있었으니까요. 그리고 지금, 당신은 후회하고 있습니다. 왜냐하면 내가 당신과 다를 바 없는 인간이라는 사실을 알고 있기 때문이지요."

"당신과 다를 바 없는, 이라고? 기가 막혀서!"

"당신과 다를 바 없는, 그래요, 당신과 같다고요. 엄밀히 말하자면, 당신은 나를 때릴 수는 있죠. 하지만 나를 죽이는 것, 혹은 나를 박살 내는 건, 어때요, 그런 일을 할 수 있겠어요?" 나는 그의 코밑으로 바짝 다가서며 물었다. "내가 만약 당신과 같지 않다면, 어째서 당신 발꿈치로 나를 짓밟지 않는 거요?"

그는 어설픈 동작으로 황급히 물러섰다. 주위가 웅성거렸다. 경찰서장이 내 소매를 잡았다. "아니 이거…… 뭣에 단단히 씐 놈이오"라고 그가 소리치고 있었다. 경찰이 나를 끌었다. 바깥으로 나올 때 차갑게 굳은 얼굴들이 눈에 들어왔다. 나를 공격했던 사내가 비웃으면서 나를 쳐다보았지만, 그의 얼굴은 납빛이었다.

가족이 있다, 그게 무슨 말인지 나는 알고 있었다. 때때로 나는 그에 관해 딱히 이렇다 할 생각이 없었고, 일을 했고, 누구에게나 유용했으며, 우리 모두는 서로 가까웠다. 그러다, 갑자기 어떤 일이 일어났다. 그러니까, 내가 돌연 지난 일을 돌아볼 수 있게 된 것이다. 병원 응접실에서 어머니와 누이가 나를 기다리고 있었다. 얼마나 보잘것없는 응접실이던지! 1인용 의자들, 소파들, 바닥 깔개들, 피아노 한 대, 그리고 차가운 조명 하나와 그것의 한결같은 침침함이 다였다. 현대식 병원이었는데도 말이다. 분위기 문제, 정숙을 유지하는 문제가 있어서, 라고 의사는 이유를 설명했었다. 나는 거북했다. 어머니를 보지 않은 지 여러 해였다. 어머니가 살펴보는 것이 느껴졌다.

"안색이 좋지 않구나."

어머니는 어째서 가족들에게 내 소식이 그처럼 늦게 전달되었는지 물었다.

"편지를 쓸 수 있게 되자마자 썼는걸요. 열이 대단히 많이 올랐더랬어요. 그저 열만요. 다른 증상도 나타날 거라 예상했다던데, 그런 건 없었죠. 아마 헛소리도 했을 거예요. 따지고 보면, 그럭저럭 견딜 만했고요. 오히려 지금이 피곤하고 힘이 없어요."

"넌 너무 열악한 환경에서 지내고 있어. 네가 사는 곳은 무덤이 따로 없더구나. 집으로 돌아오면 어떻겠니?"

"나 사는 곳이요? 그렇죠, 그 집도 한몫했죠. 의사는 만났어요?"

"아니, 의사는 나가고 없더라. 대신 간호사는 우연히 봤지."

"일을 다시 시작해야겠어요. 계속 공동의 삶에서 벗어나 있을 순 없어요. 사무실에 날 대리하는 사람들이 있긴 하지만, 일이 그리워요."

어머니와 누이 둘 다 나를 쳐다보았다.

"우습죠, 나도 알아요. 내가 맡은 일은 거의 무의미하니까요. 하지만 그게 대수인가요? 내겐 내 역할이 있어야 해요."

어머니가 분명 이런 종류의 지적을 했을 것이다. "더 나은 일자리를 갖고 말고는 순전히 너 하기에 달렸어." 그러자 참기 어려운 기분이 들었다. 우리는 둘 다 거짓말하고 있구나. 아니, 우리는 거짓말하는 것이 아니었고, 그래서 더 나빴다. 나는 마땅히 해야 할 말을 하다 말고 돌연 그 순간으로부터 송두리째 끌려 나와 있었다. 마치 시간이 열려 내가 그 틈새로 떨어지기라도 한 것마냥, 나는 이 모든 일이 아마도 예전에, 수천 년 전에 이미 일어났음 직한 것임을 깨달았다. 어머니가 터놓고 불쾌해졌다. 나는 혼란스러웠으며, 그와 동시에 내가 더 잘 이해하게 된 사실들이 있었으니, 어째서 어머니가 그토록 서먹한 태도를 취하는 것인지, 어째서 내가 어머니와 여러 해 동안 연을 끊고 살았던 것인지, 또 어째서…… 다 오래전으로 거슬러 올라가는 일이었다. 이제 어머니는 예전에 속한 이였고, 절대적으로 터무니없는 일들을 향해 나를 끌고 갈 수 있는 기념물과도 같은 사람이었다. 가족이란 그런 거였다. 법 이전의 시간들을 다시 불러오는 것, 하나의 외침, 과거로부터 오는 날것의 말들. 나는 어머니를 바라보았고, 어머니는 어색한 표정으로 날 응시했다.

나는 말했다. "집으로들 돌아가요. 내일 봐요."

"아니 얘 좀 봐, 대체 왜 이러는 거니? 우린 이제 막 도착했어."

어머니가 울기 시작했다. 어머니의 눈물에 불안이 묻혀졌다. 나는 사과했다.

어머니가 울면서 말했다. "넌 정말 무심해졌다. 정말 이상해졌어."

"천만에요. 삶이 그렇게 생각하도록 만드는 것뿐이에요. 일을 해야 하고, 하루하루를 끝내야 해요. 사람은 자기자신을 모든 이에게 내주고, 대신 자기 가족들과는 떨어지지요."

"그러니까 요양은 집으로 와서 하렴."

"어쩌면요."

"넌 많이 말랐어. 그 병 때문에 걱정이 되는구나. 병이 시작되는 낌새가 있었니? 진작부터 힘들었던 게야?"

나는 아무 대답 없이 어머니를 바라보았다.

루이즈가 딱딱한 어투로 말했다. "봐요, 엄마. 사람 좀 그만 괴롭혀요."

정오에, 시청 옆길의 작은 식당에서 식사를 했다. 테이블들이 매우 좁은 홀을 따라 서로 마주보도록 배치되어 있었다. 자리가 없는 바람에 누군가가 이미 차지한 테이블에 함께 앉아야 했다.

나는 여급에게 물었다. "나 없는 동안 무슨 새로운 일이라도 있었어요? 어쨌거나 식단은 똑같은데."

"그러네요, 그러고 보니 요사이 못 뵈었네요. 휴가라도 다녀오셨어요?"

"아뇨, 아팠습니다."

그녀는 얼굴을 찌푸렸다.

나는 옆 사람에게 말을 걸었다. "실례합니다만, 그쪽을 본 것이 이미 여러 번입니다. 여기 단골이던데, 이 근처에서 일합니까?"

그가 잠깐 나를 살펴본 후 대답했다. "근처라, 꼭 그렇지는 않소. 몇 해 전에 이 지역의 한 가게에서 판매원으로 일했지요. 근무 지역은 바뀌었어도 종종 이 식당에 들른답니다."

물건들 부딪히는 소리, 숟가락으로 접시 바닥을 긁는 소리, 유리잔에 액체를 따르는 소리 등등, 매우 소란스러웠다. 내 맞은편에서는 두 여자가 각자의 테이블 너머로 대화를 나누고 있었다. "그 여자가 날 감시하고 괴롭혀요." 이런 말이 귓가에 똑똑히 들려왔다. 나는 뭉그적거리며 밥을 먹었다.

"그렇긴 해도 여기 음식이 썩 훌륭하지는 않습니다."

그는 담배를 말았다.

"값싸고, 양도 많잖소."

내 앞에 내놓인 음식 접시에는 여러 가지 채소와 큼지막한 삶은 고기 한 점이 들어 있었다.

"재료들은 다 있는데"라고 나는 포크로 고기 윗부분을 툭툭 치며 말했다. "만들어 파는 게 형편없어요."

"에이! 대신 저녁엔 맛있는 수프를 내놓을 거라 봅니다." 그는 여전히 이 식당에 관해 과장된 찬사를 늘어놓으며 물었다. "그러는 그쪽은? 당신은 어디서 일합니까?"

그는 키가 작은 편이었으며, 몸가짐이 대단히 꼿꼿했고, 자기 생각을 단호하게 표현했다. "그럼 그이에게 솔직히 터놓고 말해 봐요"라고, 맞은편 여자가 말하고 있었다. "아, 천만에요. 난 이제 그 여자에게 절대

말 걸지 않을 작정이에요."

"시청 직원입니다."

"공무원이라고요? 지금 상황에 이점을 가진 일자리군요."

그는 무슨 말인가를 덧붙이려 했다. 그러나 여자가 울음을 터뜨린 참이었다. 그녀는 후다닥 자리에서 일어나 홀 안쪽으로 걸어갔다.

나는 여급에게 물었다. "대체 무슨 일이랍니까?" 그녀는 아무 대답 없이 내 접시를 치운 후, 바싹 마른 케이크 조각을 내 앞에 밀어 놓았다. 그녀는 마치 이렇게 말하는 것 같았다. 당신은 무슨 일이었으면 좋겠어요? 그건 나랑은 상관 없는 일이라고요.

"작은 봉제공장에서 일하는 사람인데, 감독 여자랑 사이가 좋지 않은 것 같아요."

"그러는 당신은요, 당신은 주인과 사이가 좋은가요?"

여급은 어깨를 으쓱하더니 미소를 지었다.

"아주 좋아요." 그렇게 대답하면서 그녀는 가 버렸다.

옆자리 남자는 이 모든 대화를 주의 깊게 듣고 있었다. 하지만 우리 둘만 남자, 그는 이내 자신의 신문을 읽는 데 온 정신이 팔렸다. 맞은편 여자가 자리로 돌아왔고, 그녀의 얼굴은 평온하게 빛나고 있었다.

"어떤 뉴스들이 있습니까?"

나는 그가 나를 향해 내민 신문 면에서 제목들을 읽었다. *한 여자가 사고로 건물 6층에서 추락하다, 보건위생 서비스에 새로운 규정 도입, 웨스트 지역에 또다시 화재 발생*(거긴 내가 사는 구역이었다), *한층 증가한*⋯⋯. 나는 초조함을, 어떤 열기를 느꼈다.

"상트르 가街에서 한 여자가 추락하다⋯⋯, 이 3면 기사 읽었습니까?"

"네, 읽었소만."

"어떻습니까, 이게 사고일까요, 자살일까요?"

"모르겠소. 기사 제목을 믿자면 사고겠지요."

나는 격한 어조로 말했다. "하지만 자살 역시 하나의 사고인걸요. 이 이야기를 좀 읽어 봐요. 의사의 증언에 의하면 여자는 경미하게 병을 앓고 있었어요. 과로로 힘들어했고, 그녀가 일하는 기관의 감독관은 이미 그녀에게 병가를 준 상태였지요. 병가, 이것에 유념해요. 경영진측 임원들의 과실은 없는 겁니다. 이 여직원이 피로의 징후를 보이자마자 의사는 그녀에게 휴식을 권하고, 치료약을 처방해 주며, 시스템은 놀랍도록 훌륭하게 작동하니까요. 하지만 병자는 현기증을 느끼고 공기를 쐬어야만 합니다. 그녀는 창가로 가며, 불안에 사로잡힙니다. 이제 어떤 일이 일어납니까? 그녀는 어째서 추락합니까? 그녀는 왜 하필 가장 떨어지기 어렵고 동시에 가장 위험한 그 자리에서 떨어지는 걸까요? 게다가, 어쩌면 그녀는 허공 속으로 기꺼이 몸을 던졌던 것 아닐까요? 왜냐하면…… 왜냐하면 자신이 아픈 사람임을 느꼈기에, 자신이 더 이상 일할 수 없다는 사실에 수치심을 느꼈기에, 등등의 이유로요. 이 모든 것을, 그리고 여타의 많은 사실들을 생각해 볼 수 있을 겁니다. 요컨대, 책임은 누구에게 있는 걸까요? 기사를 쓴 사람은 의사가 자신의 임무를 다하지 않았다는, 즉 그가 진작에 병자를 병원에 보냈어야 했다는 암시를 하고 있습니다만."

"그래서요?" 남자는 내 면전에서 팔꿈치를 괸 채 나를 뚫어져라 쳐다보며 말했다.

"이봐요, 이건 명백한 일이라고요."

"뭐가 명백하다는 거죠?"

나는 약간의 피로를 느끼며 말했다. "모르겠군요. 당신은 조금 전 나를 비난했습니다. 내가 이런저런 비판을 해서 말입니다. 당신은 사람이 비판을 하면 안 된다고 생각합니까?"

"내가요? 내가 당신을 비난했다고요?"

"식당과 관련해서요."

"당신은 이상한 사람이구려. 나는 이 식당이 나쁘지 않다고, 다른 식당들만큼은 한다고 생각했소. 나는 이 집에 아무 관심이 없어요."

나는 악착스럽게 우겼다. "하지만, 비판은? 어때요, 그건 당신 마음에 들지 않겠지요. 함부로 이러쿵저러쿵 비판하다니, 그런 건 혼란과 무질서로 이른다고, 의혹은 정신을 오염시킨다고, 따라서 불건전하며 후진적인 행태라고 생각하고 있겠지요. 일하다 보면 당신도 비판을 하겠지만, 그건 어디까지나 그럴 권한이 있는 부서 앞에서 규정된 방식에 따라 그러는 것이겠지요. 당신은 내가 이 식당이 일을 건성으로 한다고 큰소리로 말한 것을 탓합니다. 자기를 감시하는 상관 때문에 불평하는 저 여자를 탓하듯이 말이죠. 내 말 맞죠?"

나는 그를 바라보고 있었다. 내가 늘어놓은 설명이, 비록 작은 목소리로 하긴 했어도, 영 무례한 것이었다고 느껴졌다.

"미안합니다. 내가 이 일들을 다소 격하게 받아들였습니다. 당신이 세상을 보는 방식에 반대하는 건 아녜요. 하지만, 이 기사만 봐도 분명해지죠. 글쓴이는 이 사건이 어느 누구의 탓도 아니라고 말하지 않았어요. 그와 반대로 그는 주저 없이 누군가에게 책임을 물었고, 그러니 조사가 벌어질 것이고, 그 결과 일련의 개정이 뒤따르겠지요. 나는 다만 그런 말을 하고 싶었을 따름입니다."

남자는 다시 신문을 펴 들고 주의 깊게 읽었다. 그런 다음 그것을 다시 접었다.

"당신은 당신 마음대로 비판해도 됩니다. 난 개의치 않아요, 개인적으로. 더 읽고 싶지 않소?" 그는 이렇게 덧붙이면서 내게 신문을 건네고 자리에서 일어나 여급을 불렀다. 그리고 찌푸린 얼굴로 이렇게 말했다. "뭐가 문제인지, 나도 다른 사람만큼은 볼 줄 압니다. 나 역시 할말 다 할 수 있다고요. 그러나 그렇다고 해서 아무 앞에서나, 무책임한 방식으로, 그 일에 아무 책임도 없는 사람들을 상대로 투덜대지는 않아요. 덜떨어진 자들은 사방에 넘쳐나니 말이오."

그는 이제 그 얘기는 그만하자는 손짓을 했다. 여급이 그에게 거스름돈을 건넸다. 그러면서 물었다. "오늘 저녁에도 오시죠?" "그렇소, 오늘 저녁에 봅시다. 자, 이 신문은 당신에게 선물로 주겠소." 나도 내 계산서를 달라고 했다. 여전히 사람들이 많았다. 손님들은 참을성 있게 테이블들 주변에 둘러선 채, 고분고분하고 수동적인 태도로 기다렸다. 여급은 통 오지를 않았다. "아가씨!" 하고 나는 외쳤다. 그녀는 못 들은 척 지나쳐 갔다. 나는 큰소리로 "무슨 이런 식당이 있어!"라고 말하고는 밥값을 치르기 위해 계산대로 향했다.

집으로 돌아오는데, 문 앞에 나를 기다리고 선 웬 낯선 남자가 보였다.

그가 정중하게 말을 건넸다. "당신과 퍽 알고 지내고 싶었습니다. 당신에 관해 다들 호의적으로 말하더군요. 더구나 나는 당신과 제일 가까이 사는 이웃입니다. 우리 두 사람의 관계가 돈독해질 수 있으면 좋겠습니다."

나는 그를 바라보았고, 아무 말도 하지 않았다.

"그간 병을 앓았다면서요?"

"네."

그가 아무 말 없이 나를 관찰했다. 그는 키가 매우 컸고 얼굴 골격이 대단히 육중했다.

"관리인을 통해서 그 사실을 알게 됐습니다. 여기 이사 오면서 당신에게 폐를 끼칠까 염려했는데, 그가 당신이 병원에서 치료를 받고 있다고 알려 주더군요. 이제 완전히 나은 겁니까?"

"다 나았습니다."

"건강이란 기묘한 것이지요. 보다시피 나는 타고난 강골입니다. 여태까지 단 한 번도 정말로 아팠던 적이 없고, 지금도 매우 튼튼하지요. 그런데도 어떤 날에는 말이오, 자리에서 일어나고 싶다는 생각이 들지 않고, 아무것도 하고 싶지 않고, 심지어 자지도 못한단 겁니다. 마치 내 피가 지휘하기를 그만두고 나 자신은 그것이 다시 제 명령을 내려 주기만을 기다리고 있는 듯한 느낌이 들지요." 그는 우리 두 사람이 들어선 방을, 이어 유리문으로 내비치는, 외견상 내 아파트 전체를 구성하고 있는 다른 방을 쳐다보며 한마디 했다. "당신은 꽤 비좁게 사는군요."

"나는 독신입니다. 이 정도면 충분해요."

그가 웃기 시작했다.

"미안합니다. 당신 억양엔 표현력이 풍부하군요. 어지간히 혼자서만 생활하나 봅니다. 당신은 사람들 만나는 걸 그다지 좋아하지 않습니까?"라고 그가 말했다.

나는 그를 응시했고, 그 역시 나를 바라보았다.

나는 침착한 목소리로 말했다. "그럴 수 있겠군요. 다시 말해, 나는 모든 사람을 기꺼이 만나되, 딱히 선호란 걸 갖지 않습니다. 특별한 관계라는 것이 내게는 무용해 보입니다."

"저런, 그런 생각을 한단 말입니까?"

그는 무릎 위에 두 손을 올리고 창을 등진 채 잠시 아무 말도 하지 않았다. 그러고 있으니 마치 산에다 그대로 조각한, 그러나 제대로 깎아 다듬지 못한 덩어리처럼 보였다.

"당신은 공무원이죠?"

"호적과 직원입니다."

"그건 정확히 어떤 종류의 일인가요?"

"사무실 일이죠, 당연히."

"그리고…… 당신에게 잘 맞는 일이고?"

"내게 완벽히 맞는 일이죠."

그가 뜬금없이 말했다. "나는 며칠 전 경솔한 짓을 저질렀습니다. 그제 일인데, 당신은 대로를 따라 걷고 있었어요, 아마도. 나는 당신 뒤에 있었고, 당신이 누구인지 알고 있었소. 난 당신을 주의 깊게 관찰했답니다."

"날 관찰했다고요? 대체 왜?"

"왜냐고요? 아닌 게 아니라, 얘기하자니 무례해 보이는군요. 하지만 나는 당신이 내 이웃인 걸 알고 있었지요. 당신의 신분을 모르지도 않았고요. 위험할 게 없는 거죠. 그래서 당신 뒤를 좇았습니다. 당신은 주위를 돌아보지 않은 채 보도를 따라 잰걸음으로 걷고 있었어요. 아마도 일을 끝내고 퇴근하는 길이었겠지요?"

"매일 같은 시간에 집에 돌아옵니다. 내 저녁 일과는 언제나 똑같아요."

"그날 저녁은 꽤 어두웠습니다. 기억합니까? 한 남자가 있었는데……."

"네, 그래서요?"

"그가 당신에게 다가갔지요, 그렇죠?"

우리는 서로를 바라보았다. 물음 반, 인정 반인 그의 두 눈이 내게로 고정되었다, 이윽고 일체의 표정을 잃어버렸다.

나는 말했다. "그 사람은 걸인이었습니다."

"과연 당신이 그에게 돈을 주는 것처럼 보입디다."

"그것도 보았단 말입니까? 정말로 대단히 가까이서 나를 관찰하고 있었군요."

"그랬소. 미안합니다."

"이봐요, 그 일이 당신 흥미를 끈다면, 나는 당신에게 다른 세부 사항도 알려 줄 수 있어요."

"괜찮습니다, 그 얘긴 관둡시다. 호기심이 나를 과하게 부추겼군요."

"천만에요, 그 일이 당신에겐 이상하게 비쳤을 겁니다. 그렇지 않다면, 당신이 무엇 때문에 날 찾아와 그 이야길 꺼내겠어요? 아마도 당신은 그 남자가 내게 건넨 말을 알고 싶겠지요? 유감스럽지만, 그냥 평범한 말들이었어요. 그런 경우에 사람들이 으레 하곤 하는 말을 내게 한 거라고요. 그리고 나로서는 그를 담당 기관으로 보내 버리거나, 아니면 어째서 일을 그만두었느냐고 물어볼 수도 있었겠지요. 그에게 해명을 요구했어야 했는지도 모르겠군요. 하지만 난 그러지 않았습니다. 그는 자신이 원하던 돈을 얻었고, 그저 그뿐이에요."

나는, 마치 어떤 모호한 감정 뒤로 이목구비를 숨겨 버릴 셈인 듯, 그의 얼굴에 망설이는 표정이 떠오르는 것을 읽었다.

"내가 그 남자를 정확하게 묘사해 주기를 바라나요? 당신도 그를 눈여겨보았을 겁니다. 그는 옷차림이 말쑥했죠, 실한 가죽 재킷을 입고 있었으니 말입니다. 유감스럽게도, 사실은 그랬습니다. 만약 그가 너덜너덜한 차림을 하고 있었더라면 내 행동은 분명 이해하기가 한결 쉬웠을 테죠."

"아니 어째서요? 그 행동이 내게는 지극히 자연스러워 보이는데요."

나는 그에게서 눈을 떼지 않고 대답했다. "모르겠습니다. 어쩌면 이와 같은 이야기들은 철저히 조작된 것일 수도 있죠. 나는 행인들을 멈춰 세우고 도움을 요구하는 이런 사람들 중 어떤 이들은, 자신들 주장과는 달리, 실제로는 궁핍하지 않을 수도 있다고 생각합니다. 그렇다고 해서 그들이 공중의 이타심을 악용하려는 것 또한 아닙니다. 그들에게는 그와 전혀 다른 목적이 있을 수도 있겠지요. 예컨대, 만사가 완벽히 잘 돌아가고 있지는 않다는, 혹은 제 고리들이 점점 더 조밀해져 감에도 불구하고 시스템은 비참하고 괴로운 사례들이라는 먼지의 유입을 늘상 방임하고 있다는, 그것도 아니면 어떤 이들에게 노동이란 더 이상 가능하지 않다는 인상을 주는 따위의 일 말입니다. 왜 노동이 가능하지 않느냐고요? 노동이란 건강과 관계된 사안도, 선의나 신념과 관계된 사안도 아니기 때문이지요. 그들은 노동하기를 원하고 있고 할 수도 있는데, 그럼에도 하지 못합니다. 이 모든 건 숙고해 볼 사항이죠."

그는 흥미롭다는 표정으로 나를 바라보고 있었다. 내 얼굴이 그에게는 분명 불안하고 어둡게 비쳤을 것 같다는 기분이 들었다.

"당신은 내가, 공무원인 만큼, 나 스스로를 충성심에 의해 공식적인 관점을 옹호해야 하는 자로 여긴다고 믿나요? 나는 그 어떤 것에도 나를 옭아매지 않습니다. 나는 완벽히 자유롭습니다. 다른 모든 이들과 마찬가지로요. 게다가 내 의견은 아무것도 아니지요. 그것은 그저 하나의 우의에 지나지 않고, 난 그런 걸 믿지 않습니다."

"그렇지만 당신은 그 걸인에게 돈을 주었지요?"

"네, 그래서요? 나는 나 하고 싶은 대로 했습니다. 나는 두려웠고, 바로 그게 진실입니다. 난 그 상황이 거북스러웠죠. 구구절절 변명 늘어놓는 걸 입막음하려고 그에게 그 적은 액수를 건넨 겁니다. 개인적 반응이라는 사항 역시 고려에 포함해야 할 테죠."

"당신은 신경질적인 사람이로군요. 그렇죠?"

"만약 내가 거절을 했다면, 그 경우 나는 그에게 특정 부서를 방문하도록 권유하거나 그가 어려움에 처하게 된 이유들에 대해 자세히 물었어야 했겠지요. 그를 설득하려고 애써야 했을 거란 말입니다. 그런데 과연 무엇을 설득한다는 겁니까? 터무니없는 일이에요. 나는 그의 말에 복종함으로써 사안을 최소한의 경비로 매듭지었습니다."

그는 내 책상 위에 팔을 괸 채 말없이 나를 쳐다보고 있었다. 그제서야 나는 그의 얼굴이 나를 얼마나 매료하는지, 그 얼굴이 내게는 다른 이들의 그것과 얼마나 달라 보이는지를 깨달았다. 그의 얼굴은 혈색이 지나쳐 두 뺨이 거의 붉은색에 가까웠고, 그러면서도 부분 부분은 지나치게 희어서 이마와 양 귀는 백지처럼 하얬다. 그의 표정에는 권위적이다 못해 불쾌할 정도로 오만한 무언가가, 말하자면 아무것도 개의치 않는 시건방짐 같은 것이 들어 있었다. 그리고 그것에서 나는 문득 불신을, 제 어마어마한 침착함을 수상쩍어 보이게 만드는 일종의 교활하고 뒤틀린 지력을 또한 읽어 냈다.

그가 말했다. "내게 악감정을 품진 말아요. 한데, 당신이 내게는 다른 사람들과 달라 보이는군요. 당신은 젊고, 나는 분명 당신보다 훨씬 더 나이가 많을 거요. 따라서 난 당신에게 이런 얘길 할 수 있다오. 통상 사람들은 이 같은 지적 사항을 숨기지만 말이오. 그러니까 나는 큰 인상을 받았는데…… 그 인상을 준 것이 과연 당신의 어법일까, 아니면 당신의 생각들, 그도 아니면 당신 몸짓 중 어떤 것들일까? 이거 미안합니다, 내가 우스울 정도로 노골적이로군요. 당신, 외국인은 아니죠?"

나는 고개를 저었다.

"나는 전에 의사였습니다. 내겐 인간들을 분류할 필요가 있었지요. 당신과 반대로, 난 미묘한 설명 따윈 찾지 않습니다. 게다가, 전체적으로 볼 때 이론이나 학설에 신경 쓰는 사람은 아무도 없어요. 나에 대한 얘기를 들어 본 적 있습니까?"

나는 아니라는 시늉을 했다.

"나는 외국에서 꽤 오래 살았소. 당신도 그게 어떤 건지 알 거요. 풍습이 다르고, 사람들은 이런 것 대신 저런 것을 먹고, 대도시들이야 당연히 다 비슷비슷하지마는 적어도 어떤 지점까지는 풍광도 같지 않죠.

그리고 또 언어 문제도 그렇고…… 자, 굳이 강조할 필요도 없겠소. 결국 모든 게 다르지요. 이 나라에서 저 나라로, 모든 건 항상 꽤 다릅니다. 그럼에도, 낯선 느낌이라든가 여타 그와 비슷한 인상들을 제외하고 나면, 우리는 국경을 넘는 것이 별 것 아니며 외국이란 거의 존재하지 않는다는 사실을 아주 빨리 깨닫게 됩니다. 우리는 우리가 떠나온 나라가 다른 모든 나라들로 뻗어 있다는 것을, 그것이 제 지표면으로써 그보다 천 배는 더 큰 지표면들을 덮고 있으며 그래서 결국 그것 자체가 나머지 전체이기도 하다는 것을 절감합니다. 하다 못해 여행자도 그런 것을 느낀다면, 자신의 도시를 세계의 중심 내지 등가물로 삼고 다른 것은 그저 막연하게 꿈이나 꾸다 마는 토박이는 오죽하겠소……."

그는 말을 중단하고 잠시 내게 그 작은 두 눈을 고정했다. 이 커다란 얼굴에 비해 지나치게 작은 눈, 그 사실에 주목하며 나는 거북스러움을 느꼈다.

"이런 진부한 사항을 설명하기 위해 각종 공상적인 해석에 의지하는 것이 유용한 일 같지는 않군요. 손가락 하나로 세계의 끝을 건드리는 느낌을 경험하는 이들도 있긴 합니다. 도취시키는 느낌이긴 하겠으나, 결국 대체 그게 뭐라는 겁니까? 그건 그저 교활한 이론가들이 세상을 보는 방법일 뿐이오."

"당신은 어째서 내가 다른 사람들과 다르다고 판단하는 거죠?"

"아니, 당신이 크게 다른 건 아녜요. 당신은 일반적인 관념들 속에 옭매여 있으면서 일종의 현기증을 느끼기 시작하는 중이오. 당신은 막연히 그 관념들이 아무것도 아니라고 느끼고 있지요. 하지만 만약 그것들이 무너지고 나면, 그땐 무엇이 남겠소? 공허가 남을 테고, 그렇다면 그 관념들은 아무것도 아닐 수는 없는 거죠. 그리고, 그렇다면 그것들은 전부에 해당할 테고, 그래서 당신은 숨이 막힙니다." 그는 속없이 뻔뻔하게 이렇게 말했다. "당신, 자신이 가끔 걸으면서 말하는 걸 알고 있소? 당신은 입술을 달싹이면서 심지어 무슨 손짓까지 하지요. 마치 경구와 금언들의 흐름을 단 1초도 끊고 싶지 않다는 것처럼 말이오. 당신의 정신이 돌아가는 모양새는 공적인 임무들에 의해 단단히 잡혀져 있다오!"

그 순간, 그렇게 되리란 예감이 내게 있긴 했지만, 우리의 대화에 일종의 찢김이 발생했다. 내 대화 상대는 아무 얘기나 지껄였고, 나는 그의 말에 귀를 기울이지 않은 채 전혀 다른 것을 듣고 있었는데, 그럼에도 그가 말하는 내용은 내가 내 귀에 들려온다고 믿는 그것과 크게 다르지 않았다. 나는 그만을 바라보려고 애썼다. 그는 면밀히 방을 관찰하고 있었다.

그가 말했다. "책을 많이 갖고 있군요. 읽는 걸 좋아합니까?" 나는 마치 아주 작은 도르래마냥 구를 준비가 되어 보이는 그의 눈의 움직임을 좇았다. 그는 자리에서 일어나 책 몇 권의 제목을 읽었다. 그러더니 다시 자리로 돌아와 앉으면서 말했다. "나는 책 읽을 틈이 없습니다." 그는, 아마도 무의식중에 그러는 것이었을 테지만, 오랫동안 나를 쳐다보았다. "외국에서는 연구를 많이 했지요. 글도 썼고요."

"기자로 활동했나요?"

"네, 몇몇 신문들에 글을 썼죠." 그러면서 그는 이렇게 덧붙였다. "내가 이 나라에 돌아온 것은 불과 얼마 전이라오. 나는 사람들이 이민자라고 부르는 유에 속해 있었소. 비록 이제 그런 말이 대단한 걸 의미하지는 않지만요. 의사 일을 관둔 후로는 아주 다양한 문제들에 관심을 뒀지요."

나는 한 번 더 노력을 했다.

"전에 의사였다고요? 그런데 그 직업을 그만뒀다고요?"

"면직당했소."

내 시선은 그의 양복에, 그의 두 손에 얹혔다. 이어 나는 창밖을 바라보았고, 거기서 어두운, 믿을 수 없을 정도로 어두운 덩어리를 이루고 있는 대로를 발견했다.

그가 담담한 말투로 다시 말하기 시작했다. "나는 대기발령 상태에 처해졌지요."

이웃집 라디오가 내는 요란한 소리가 들렸다. 난폭하고 시끌시끌한 노래, 그야말로 집합적인 목소리가 거역할 수 없는 힘을 발휘하며 층을 건너오고 있었다.

느닷없이 그가 미소를 지으며 말했다. "보아하니 내가 당신을 깜짝 놀라게 했군요. 나는 해고당했소, 라거나 나는 내 일자리를 잃었소, 라고 말하는 건 사실 좀 이상한 일이겠지요. 관습은 그런 걸 허용하지 않습니다. 게다가, 나는 정말로 의사였던 건 아니고 보조였어요. 나는 여러 기관에 소속되어 있었고, 따지고 보면 단 한 번의 연수를 했을 뿐인데, 그 활동이 내겐 맞지 않았던 겁니다."

나는 힘들게 한마디 했다. "당신은 여행을 많이 했군요."

"그렇소. 그렇기도 하고 아니기도 합니다. 나는 외국에서 살았지만, 거기서 이곳저곳 돌아다니지는 않았으니까요. 나는 호텔방 하나를 얻어 살았습니다."

"그렇지만…… 그 나라에서 당신은 대체 무슨 자격으로 머무른 겁니까?"

그는 내게서 눈을 떼지 않았다. 그리고 차가운 목소리로 대답했다. "무슨 자격이냐고요? 당신을 이해시킨 줄 알았는데. 나는 정부 일에 관여하고 있었습니다. 그리고 어느 순간이 되자 나라를 떠나야 했고요."

"그건 있을 수 없는 일이에요! 대체 당신은 무슨 말을 하는 거지요? 어째서 내게 이런 얘길 하는 겁니까?"

그가 자리에서 일어서며 말했다. "진정해요. 거기에 뭐가 그리 특별한 점이 있다는 거지요? 나는 당신이 올바른 사람이라고, 믿어도 되는 사람이라고 생각합니다."

"뭐라고요?"

"나는 이곳에 적법한 신분으로 있는 거예요. 그러니 불안해할 필요는 없습니다. 나는 합법적인 신분이라고요"라고 그가 강조했다.

그가 내게 바짝 다가서는 게 느껴졌다. 나는 책 선반에 기댔다.

"이건 아무 중요성도 결론도 없는 얘기일 뿐이오. 단언컨대 불명예스러운 일은 아무것도 일어나지 않았소. 나는 기소되었던 적 없어요. 그저 자유롭게 망명했던 겁니다. 그편이 내게 나아 보였을뿐더러, 몇 가지 애써 납득하고 싶은 사항들도 있었으니까요. 나는 지금 직업을 가지고 있고, 일을 하고 있습니다. 이 정도 해명이면 충분하겠습니까?"

나는 나지막한 목소리로 말했다. "하지만 어째서 내게 이 얘기를 하는 겁니까?"

"당신이 내게 질문을 했으니까. 반대로, 언제고 나중에 가서야 이 이야기를 알게 된다면 그 경우 당신은 내 신중함을 탓했을 겁니다. 내 이름은 피에르 북스요."

"북스." 나는 말했다. "그러면 그런 것이 당신 자리에서 물러난 이유입니까?"

"그렇소…… 결국, 그런 셈이죠. 더구나, 다시 한번 말하자면, 나는 그 같은 조건 속에서 병자들을 돌볼 수 있는 사람이 아니었소. 나는 그 모든 것에 내가 계속 관여할 수 없다는 사실을 아주 빨리 깨달았지요."

"당신은 혼자인가요? 가족이 있습니까?"

"아니오, 내겐 가족이 없습니다. 당신도 알다시피 나는 이미 나이가 많고, 그러니 부모도 더 이상 없소. 외국에 살 때 결혼을 했지만, 아내는 죽었습니다. 나는 그녀와 바젤 시에서 결혼했었다오. 그리고 난 다음엔 매우 고독하게 살았습니다. 내 망명 동료들은 대부분 직업이나 이런저런 하는 일이 있었으니까요. 아내가 죽은 후 나는 독하게 일했소. 나는 내가 온 힘을 그러모아 딱 한 가지만을, 그저 지푸라기 하나 정도만을 바꾼다 하더라도 그것이 결코 무용한 일은 아니리라는 사실을 똑똑히 깨닫고 있었지요. 뿐만 아니라 어쩌면 내가 그보다 훨씬 더 많은 것을 해내리라는 것도 말이오."

그는 문을 열고 잠시 뜸을 들였다.

"가려고요?"

그는 움직이지 않았다.

"내가 한 말들 때문에 당신이 불편해졌다는 걸 확인했소. 내게 닥치는 대로 아무 얘기나 늘어놓는 버릇이 있다고 생각하지는 말구려. 나는 호감에 이끌렸던 겁니다. 당신에게 이미 말했다시피, 내 눈엔 당신 속에 전적으로 특별한 점이 있는 것처럼 보입니다. 다시 말해서, 지금은 아니지만 아마도 앞으로 싹트게 될 어떤 것이 말이오. 이 도시에서는 누가 됐건 다른 이에게 말을 건네는 일이 불필요하다는 걸, 내가 왜 모르겠소. 말할 것도, 알아야 할 것도 전혀 없지요. 그것이 사람들이 도시라 부르는 것이오. 그와 반대로, 나는 내가 당신에게 말을 걸게 되리라는 걸 이내 직감했지요. 나는 당신의 뒤를 따라갔소. 요컨대, 난 당신이라는 인물을 두고 과도하게 흥분했던 겁니다. 당연한 일이지만, 만약 이 관계가 영 불편하다면 난 굳이 우기지 않을 거요. 우리가 이웃이라는 사실이 특별히 고려의 대상이 되어서는 안 되니까요."

그가 떠나고 나서 나는 놀랄 정도의 혐오감을 느꼈고, 그 사실에 놀랐다. 마치 방금 어떤 수치스러운 장면이 벌어졌던 것만 같은 기분이었다. 그럼에도, 나는 그를 다시 보기를 갈망하고 있었다. 나는 모든 걸 이 한마디 말로 요약했다. 위선자 같으니라고!

다음 날, 루이즈가 아파트를 정돈하러 들렀다. 루이즈가 비질을 하고 이리저리 돌아다니는 소리가 들려 왔다. 누이는 양탄자를 말고, 걸상들을 뒤로 밀고, 의자들을 젖혔다. "우리 뭐하지? 극장에 갈까?" 나는 신문 한 장을 집어 침대에 걸터앉았다. "그만 놔둬, 네가 비질을 하니 성가셔." 루이즈가 침대의 시트와 이불을 팽팽히 당기기 시작했다. 누이의 팔을 잡아끌어 산책이나 보내고 싶었지만, 자리를 비켰다. "엄마가 나 만나고 난 다음에 뭐라고 하디? 자, 어서 말해 봐." "별말 안 했어."

일단 밖에 나오고 나니 외출한 것이 후회되었다. 날은 포근하고 습했다. 지하철은 우리를 O 광장에 떨구어 놓았고, 거기서 나는 매연과 소음이 가득 찬 공기를 들이마셨다. 대단히 소란스러웠다. 나는 루이즈를 향해 외쳤다. "왜 이리 시끄럽담. 토요일엔 사람들이 온통 쇼핑만 하나." 나는 루이즈의 팔짱을 끼고 옆길로 끌고 갔다. 그쪽엔 사람이 훨씬 적었다. 몇 발자국 앞에서 사람들의 무리가 하나같이 우리를 지나쳐 갔다.

나는 루이즈에게 말했다. "부탁 하나만 들어줘. 네 눈에 보이는 광경을 빼놓지 말고 정확히 묘사해 봐."

"뭐?"

"그러라니까. 네 눈엔 뭐가 보여?"

우리는 천천히 대로를 내려가고 있는 사람들을 잠시 관찰했다. 때때로, 무리로부터 한 소녀가 떨어져 나와 상점의 아이스크림 쪽으로 향했다. 아이는 소극적으로, 탐욕스러우면서도 마지못한 듯한 동작으로 그리 다가가가 그 앞에 잠깐 머무르다, 소스라치듯 황급히 내달아 다시금 군중 속으로 사라졌다.

나는 루이즈에게 물었다. "꼭 극장에 가야겠어?"

카페는 사람들로 가득했다. 마치 축제날 같은 인상이었고, 다들 지나치게 흥분하여 열에 들뜬 것 같았다. 루이즈는 아이스크림을 하나 골라 맛을 본 후, 그것을 멀찍이 밀어 놓았다. "맛이 없어?" 누이는 미소를 지었다. 신문팔이 하나가 우리 테이블 앞으로 오더니 반쯤 펼쳐진 신문 한 부를 내밀었다. "이상한 일이지, 또 불이 났어"라고 나는 말했다. 손님들이 열정적이다 못해 거의 고통스러워 보일 지경의 엄숙함을 띤 채 통로를 왔다갔다하고 있었다. 그들은 아무 말도 하고 있지 않았는데, 그런데도 그곳은 온갖 목소리와 함성들, 음이 맞지 않거나 다시 조율된 악기 소리들로 떠나갈 듯 시끄러웠다. 심지어 실내 안쪽에서 고함소리까지 들려왔다. 아마도 급사들과 호텔 지배인들 사이에 한바탕 소란이 벌어진 듯했다.

"저기, 집에서 나를 두고 이런저런 말들이 많지. 예를 들어 식탁에서 어떤 대화가 오가는지, 내게 있는 그대로 말해 줄 순 없겠어?"

"대화라고? 엄마는 네가 집으로 다시 들어왔으면 해. 하지만, 그건 너도 아는 사실이잖아. 엄마가 이미 네게 얘기했으니까."

"그럼 넌, 내가 그랬으면 좋겠어?"

"난 그 경우 언제고 말싸움이 시작될 거라고 생각해."

"말싸움?"

음악이 울려 퍼졌다. 여자들로, 붉은 수가 놓인 흰 블라우스를 입은 키 크고 체격 좋은 여자들로 구성된 오케스트라였다. 그녀들은 시끄럽고 즉흥적인 서곡을 연주하고 있었다. 심벌즈가 울릴 때마다 사람들의 목소리가 함성을 지르며 끓어올랐다. 나는 피로감을 느꼈다. 무기력증이 몸 전체에 퍼졌다. 루이즈가 손가방을 열길래 립스틱을 찾나 보다고 생각했는데, 그러나 그렇게 생각한 바로 그 순간 누이의 얼굴은 저 자신이 소위 화장으로 가려지지 않았다는 사실을 일깨웠다. 나는 루이즈의 눈을, 입술을 보았고, 누이를 정면에서 응시했다.

"이런, 루이즈, 옷차림이 어쩌면 그렇게 형편없니. 어째서 엄마는 네게 다른 원피스를 사 주지 않는 거지? 넌 한 서른 살은 되어 보여."

루이즈는 외투 자락을 벌렸다. 누이의 시선이 제가 입은 원피스의 검은 천 위로, 그 더럽고 바랜 검은색 위로 떨어졌다.

"무슨 영문이야? 이제야 알겠는데, 오후 내내 나는 이 느낌 때문에 거북했어. 뭔가 불쾌하고 고통스러운 느낌이 들어서 도무지 널 쳐다볼 수가 없었어. 너는 왜 가난한 여자처럼 입는 거야?"

루이즈는 나를 뚫어지게 응시했는데, 거의 나를 경멸하는 표정이었다.

누이는 말했다. "과장하기는."

"네 태도는 이상해. 어디 아파? 아니면 내게 뭔가를 탓하는 건가? 너는 여기 있는데도, 우린 서로 아무 말도 안 했다고."

"우리가 꼭 말하자고 만나는 건 아니니까"라고 그녀가 딱딱하게 대답했다.

나는 루이즈에게 너의 태도 전체가 어쩌면 그리도 신중해 보이는지 창피스러울 지경이라고 말하고 싶었다. 루이즈는, 마치 내가 그릇되고 비난 받을 만한 방식으로 행동하기라도 한 것처럼, 제가 맞다는 듯한 눈길로 나를 바라보고 있었다. 누이를 늙어 보이게끔, 지난 시절에 속한 사람처럼 보이게끔 만드는 게 바로 그것이었다. 누이는 시대에 뒤처진 태도를 하고 있었고, 나까지도 과거를 돌아보도록 만들 작정이었다. 나는 꽃바구니를 든 한 여자아이를 불러 바이올렛 한 다발을 샀다.

카페에서 나오면서 나는 "극장에 가는 편이 나을 뻔했다"라고 지적했다.

피곤한 상태로 잠에서 깼다. 일요일은 끔찍한 날이야, 라는 생각이 들었다. 건물 관리인 여자가 문을 두드리더니 방으로 들어왔다. 나를 보는 관리인의 눈초리에서 나는 그녀가 내 꼴과 엉망진창인 방, 그리고 아직까지 내려져 있는 덧창들을 탓하고 있음을 깨달았다. 그녀는 단단히 닫힌 두 개의 단지에 내 식사를 담아 온 참이었다.

"열까요?"

관리인이 창문을 열었다. 나는 옷을 벗고 있었다. 머리가 헝클어지고 눈도 제대로 뜨지 못한 나 자신이 지저분하게 느껴졌다.

그녀가 화를 내며 말했다. "어쩜 저리도 잔담!"

관리인은 십중팔구 나를 조금 더 지켜보았을 것이다. 그런 후 그녀는 내 옷가지들을 정리하고 의자를 쟁반과 함께 긴 의자 가까이로 밀어 놓았다. 나는 기진맥진한 채 뻗어 있었다.

"바깥에 나가서 산책을 하는 편이 더 나을 텐데요. 아니면, 적어도 식사라도 하려고 노력해 보든가요."

관리인이 복도로 나섰을 때 나는 그녀를 불렀다.

"오늘 아침에 시가행진이 있었나요?"

잠결에 한 무리의 사람들이 내는 거대한 소음과 고함, 아득한 음악 소리, 요란한 종소리 따위를 들었던 것이다. 그 소리들은 거리에서 울려 퍼진 것이 아니라 옆집 라디오로부터 왔다.

"그렇고 말고요. 오늘 거행한 기념식은……" 그러면서 그녀는 내게 날짜를 댔다.

그 기념식에 대해 생각하면서 나는 그것이 주는 주된 이미지들을 떠올렸다. 남김없이 비워진 거리들, 문 닫은 상점들, 일제히 침묵에 잠긴 도시의 일부 지역, 그리고 그와 반대되는 도심의 혼잡, 빽빽이 모여든 사람들, 이 공통된 화평의 순간만이 겪어야 할 유일한 일이라는 확신이 마치 자신들의 존재로 인해 표명됐다는 듯 각종 피켓과 플래카드를 든 채 반대편에서 엄숙하게 전진해 오는 군중을 향해 맹렬하게 시선을 쏟으며 발을 구르는 이들.

나는 말했다. "그런 기념식들을 아주 좋아하는지라, 식이 진행되는 것을 아침 내내 라디오로 들었어요. 몸 상태가 이보다 나았더라면 그 행사들에 빠짐없이 참가했을 겁니다."

"나도 좋아해요." 관리인이 말했다.

"또 다른 흥미로운 모임들이 있다는 걸 잊지 말아요. 많은 이들에게 일요일은 운동을 위한 절호의 기회죠. 사람들은 함께 모여서 흥분하고, 저마다 고함을 질러대곤 합니다. 그들을 뭐라 탓할 수 있겠어요? 그것들은 완벽한 순간들인걸요."

"운동은 좋은 거죠." 그녀가 말했다.

"그래요, 강건한 젊음을 만드는 건 의무입니다. 그런데 영화 역시 건전한 즐거움이에요. 결국, 모든 모임들은 다 좋죠."

관리인이 웃음 비슷한 걸 터뜨리며 고개를 숙였다. 나 역시, 웃기 시작했다. "왜 그러죠?"

"하지만 자주 외출하지도 않으면서!"

나는 그녀를 바라보았는데, 불현듯 그녀에게 내가 만사를 어떤 식으로 보는지를 자세히 설명하고 싶어졌다. 나는 그녀가 나를 이해하리라고 직감하고 있었다. 그녀는 단순했고, 강하고 젊은 여자였다. 우리는 동등했다. 그러나 그녀는 이렇게 말했다.

"그건 당신 건강이 좋지 않은 탓이죠."

"고맙습니다. 난 호전되고 있어요. 보다시피 나는 독신이지만, 거기에 문제가 있는 건 아닙니다. 딱히 다른 사람보다 외로운 것도 아니고, 또 외톨이로 살고 있는 것도 전혀 아니니까요. 나는 벌어지는 모든 일에 참여하고 있고, 내가 하는 생각들은 모든 이에게 속해 있습니다. 나는 좋은 시민이 되기 위해 반드시 결혼을 하거나 각종 모임에 참석해야 할 필요가 있다고 느끼지는 않습니다."

관리인이 황급히 말했다. "아! 상처를 주려던 게 아니었어요. 이 건물에 사는 모든 사람들이 다 당신을 칭찬하는걸요. 사람들은 당신이 세심하고 근면한 사람이라는 걸 안답니다."

나는 그녀를 잠자코 쳐다보았다.

"네, 난 세심하죠. 하지만, 아직 충분히 그렇지는 않아요. 아주 사소한 인상들, 아주 사소한 말들조차도 중요하다는 사실을 끊임없이 상기할 수 있다면 좋으련만! 난 너무 자주 아프죠."

잠시 후, 문 닫히는 소리가 들렸다. 나는 내가 종일토록 머리 위로 저 군중의 소리며 운동 경기 중계들을 함께한 채 혼자 지낼 것이고, 대로의 가로수들을 문득 알아볼 것이며, 그러다 안락의자에서 잠들 것이라는 생각을 했다. 잠에 관한 이 생각은 내 안에 기묘한 기억을 환기시켰다. 잠깐 눈앞에 병원과 간호사가 다시 떠올랐다. 나는 그곳에서 내가 깊은 혼수 상태에 빠져 있다 별것 아닌 것에 다시 깨어났다는 사실을 기억해 냈고, 내가 그동안 자고 있던 게 아니라는 사실을 알고 있었으며, 잠에는 어떤 코미디가, 하나의 환상이, 그리고 하나의 유혹이 들어 있다고 확신하고 있었다. 나는 단 한순간도 정신을 잃은 적이 없다, 그렇게 나의 착란과 열은 단언했고, 어쨌거나 확실히 자기변호를 해야 하는 이상, 나는 그 말을 되풀이하곤 했다. 그 생각이 그 순간 다시 돌아와서 나를 따라다녔다. 내가 굳이 그 생각을 할 필요가 없었다. 나는 문의 격자무늬 개수를 세거나 탁자를 바라보았다. 게다가, 그런 게 과연 생각이기는 한 것인가? 나는 문득 음식을 발견하고 그것을 먹었다.

저녁 무렵, 칸막이 벽 건너편으로부터 소음이 들려왔다. 축음기에서 나는 음악 소리가 점차 비명을 지르기 시작했다. 마룻바닥의 삐걱거림이 감지되었는데, 꼭 지하실 바닥에서 한 떼의 사람들이 발을 구르는 것처럼 리듬 없고 모호한 발소리였다. 이따금 외마디 비명이 들렸고, 그러면 그 비명소리에 끝도 없는 웃음소리가 화답했다. 나는 몇 시간이 흐르도록 그 소동의 추이에 귀를 기울였지만, 밤이 되고 나선 실내복을 걸쳐 입고 부엌으로 갔다. 전등을 켜지 않은 채 건너편 방들의 불빛에 의지해서 물 한 컵을 마셨다. 무질서, 물건들이 가득 어질러진 테이블, 상해 가는 음식물 냄새 따위가 가슴을 옥죄었다. 나는 복도를 따라 천천히 나아갔고, 조금 떨어진 왼편에서 북스의 아파트 문을 알아본 후 걸음을 돌려 오른편 칸막이 벽 쪽으로 향했다. 그곳에서 음악 소리는 마치 지하 감옥과 고문실로부터 발산되는 듯 새어 나왔다.

나는 힘주어 문을 두드렸다. 잠시 후, 내가 예상한 젊은 여자 대신, 웬 웃통 벗은 젊은 사내가 문을 열었다. 빛나는 머리칼에 둥근, 그리고 붉게 달아오른 듯한 얼굴이었다. 현관 너머부터는 빛의 공간이 시작되고 있었다. 갑자기 음악 소리가 멈췄다.

"이 집 주인과 얘기하고 싶습니다."

"무슨 용건인데요?"

"나는 이 건물에 살고, 약간 피곤한 상태입니다. 그런데 그 소음이⋯⋯."

이번엔 금발 여자가 모습을 드러냈다.

나는 그녀를 빤히 바라보며 말했다. "방해해서 미안합니다."

"우리가 너무 시끄럽게 한다고요?"

여자는 역광을 받고 있었는데, 그럼에도 그 얼굴 주위로는 그녀의 안색으로부터 비롯하는 일종의 인광이, 빛나면서도 창백한 어떤 것이 발산되어 나왔다. 그녀는 꽤 우아한 모양이기는 해도 색이 바래고 소재도 저급해 보이는 커다란 실내복을 걸치고 있었다.

남자가 말했다. "오늘은 일요일이오. 아직 저녁 아홉 시도 안 되었고요. 그러니 우리에겐 음악을 들을 권리가 있어요."

"아홉 시라고요? 죄송합니다."

"그런데 당신은 전에 아프다고 하지 않았나요?" 여자가 물었다.

그러면서 그녀는 현관의 조명을 켰다.

"아프냐고요? 아닙니다. 그냥 몸이 좀 거북했어요. 지금도 피곤이 약간 남아 있습니다. 오늘 오후에 자려고 해봤는데, 당신들이 여는 작은 파티 소리가 메아리처럼 들려오더군요. 난 당신들이 단체로 모인 줄 알았습니다. 이처럼 단 두 사람뿐이라니, 들르지 말았어야 했나 봅니다."

남자가 젊은 여자 쪽으로 몸을 돌렸다. 그의 표정은 이렇게 말하는 것 같았다. 대체 이게 뭐야! 무슨 이런 놈이 다 있담! 그녀는 그를 아주 잠깐 바라보았다.

그녀가 기계적으로 대답했다. "괜찮아요. 마침 우린 외출하려던 참이었어요. 그럼 당신은 좀 더 조용하게 쉴 수 있을 거예요."

나는 계속해서 그녀를 빤히 바라보았다. 불빛을 받은 그녀의 얼굴은 뼈가 도드라지고 약간 저속해 보였지만, 그래도 그 살갗은 젊음과 생명이 지닌 매력적인 건강을 드러내고 있었다.

"하지만 일부러 나갈 건 없습니다."

잠시 후 남자가 말했다. "자, 됐어요. 우리는 당신이 쾌차하기를 바랍니다."

나는 복도를 따라 걸었다. 내 집으로 돌아온 후 방들의 불을 모조리 켰다. 나는 이날 하루에 관해 마치 내 여생 전체에 대해 그러듯 보고서를 작성하고 싶은 마음이었다. 보고서, 다시 말해 간단한 일기. 사람들은 누구나 똑같이 법에 충실해야만 한다, 라는 생각은, 아! 나를 도취케 했다. 사람들은 그저 제멋대로 행동하는 것처럼 보이고 누구나 비천한 행위들을 저지르곤 하지만, 그럼에도 그 숨겨진 존재들의 주위로 확산되는 건 빛의 훈영이었던 것이다. 자신과 전혀 다른 타자를 하나의 희망이자 놀라움으로 바라보며, 알았다는 발걸음으로 그를 향해 걸어가지 않는 이는 단 한 명도 없었던 것이다. 그렇다면, 하고 나는 자문했다. 대관절 이 국가란 무엇이지? 국가는 나의 힘줄 전체를 통해 내 안에 존재하며, 나는 그것이 내가 실행하는 모든 행위 속에 존재한다는 걸 느껴. 그러자 내게는 내 행위들에 대한 코멘트를 시간시간 작성하는 것만으로도 하나의 지고한 진실, 그러니까 우리 모두의 사이를 능동적으로 순환하며, 공공의 삶이 집요하고도 재귀적인 유희를 통해 쉼 없이 재가동시키고, 감시하고, 삼키고, 뱉어 내는 바로 그 진실의 만개를 재발견하기에 충분하리라는 확신이 들었다.

2

일어나니 이른 시간이었다. 피곤했고 신경이 곤두서 있었다. 간밤엔 내내 바람이 불어 댔다. 일종의 가을바람이었다. 창유리가 울리는 통에 잘 수가 없었다.

계단에서는 바람이 한층 더 세게 불어 창문들이 흔들렸다. 나는 역시 층계를 내려가고 있던 옆집 여자를 붙들었다.

"잠깐 당신과 동행할게요. 할 말이 있습니다."

밖은 바람이 하도 거세서 때때로 발을 멈추고 뒷걸음질을 쳐야 할 정도였다. 그녀는 머리를 스카프로 감싸고 있었다.

"무슨 할 말요?"

"지난 저녁엔 내 행동이 무례했습니다. 오후 내내 음악 소리 때문에 정신이 없었어요. 난 즐거운 모임이겠거니 했고 오히려 유쾌한 기분이었지요. 내 몇 미터 앞, 칸막이 벽 바로 건너편에서 발소리며 웃음소리가 나곤 했으니까요. 그런데 그러다 갑자기 신경이 한계에 이르고 말았습니다."

"그만 잊어요. 하나도 중요하지 않은 일이에요."

"네, 별것 아니죠."

우리는 이제 가로수들의 보호를 받으며 나란히 걷고 있었다. 대로 끝에 지하철 역이 보였다.

"당신은 시청 앞 광장에서 일하나요? 어쩌면 당신은 나도 그 지역에서 일한다는 걸 알고 있겠군요. 난 가게 안에 있는 당신을 종종 보았답니다."

그녀는 아무 대답도 하지 않았다. 주위 사람들은 모두 서두르고 있었고, 우리 또한 서두르고 있었다.

"어쨌거나 당신에게 사의를 표하고 싶습니다. 나를 더 불친절하게 대할 수도 있었을 텐데 그러지 않았으니까요. 어떤 이웃사람이 불쑥 찾아와서 당신들은 너무 시끄럽게 굴어요, 라고 말한다면 그의 말을 친절하게 들어주고 싶은 기분이 거의 들지 않는 법이죠."

"그런데, 우리가 당신을 그렇게까지 친절하게 대했나요?"

"그럼요, 확실하게요. 내 보기에 적어도 당신은요. 그 증거로, 내 방으로 돌아갈 때 나는 열광에 찬 상태였어요. 사람들 간의 관계가 그토록 너그럽고 완벽할 수 있다는 사실이 내겐 대단히 놀랍게 느껴졌습니다. 잘 생각해 보라고요, 이건 거의 말도 안 되는 일이에요. 내가 와서 당신 집 문을 두드립니다. 당신은 내가 누구인지 몰라요. 나란 이가 존재한다는 것조차 모를 수도 있지요. 그런데 그 모든 것에도 불구하고 당신은 내 행동의 동기들을 완벽하게 이해하고, 그것들을 받아들이고, 그 정당성을 인정해 줍니다. 비록 그것이 당신에겐 퍽 불쾌한 일일 수 있는데도요."

"이웃 사이에 그런 건 관행인걸요!"

"들어 봐요, 당신이 나를 친절하게 대했다 하더라도 그것이 당신이 이미 나를 눈여겨본 적이 있어서라거나 돌연 나를 호감 가는 사람이라 판단했기 때문이 아니라는 건 잘 알고 있습니다. 당신에게 나란 사람은 그저 평범한 아무개, 이웃 중 하나에 불과하다고요. 그런데, 나를 열광시킨 점은, 그럼에도 내게 특별한 추천장 따위가 필요치 않았다는 바로 그 사실입니다. 나는 당신의 관심을 불러일으키는 사람이 아니었는데도 어쨌거나 당신은 나를 수용했어요. 우리가 그런 식으로 통할 수 있었다는 사실이 놀랍지 않나요? 나는 당신에게 말을 하고, 당신은 내 말에 대답하지요. 아마도 나는 당신을 지겹게 할 테지만, 그래도 대화는 발생해요. 마치 아무것도 우리를 떼어 놓을 수 없을 것처럼, 우리가 본질적인 것을 공유하고 있기라도 한 것처럼 말이에요. 분명 당신은 내 생각을 똑똑히 이해하고 있을 것 같은데요?"

"당신은…… 당신은 툭하면 열광하는 사람이로군요. 게다가 나는 이 대화에 무슨 의미가 있는지도 잘 모르겠어요."

"그와 반대로, 나는 당신이 나를 훤히 꿰뚫어 보았다고 생각합니다." 나는 그녀를 쳐다보며 말했다.

우리는 역에 도착했고, 승객들의 행렬을 뒤따라야 했다. 우리 둘 사이로 한 남자가, 이어 또 다른 남자가 끼어들었고, 붉은 스카프는 혼잡한 군중 사이에서 나풀거렸다. 나는 승강장의 개폐문 근처에서 그녀와 다시 합류했다. 지하철을 타고 가는 동안 나는 그녀 옆에 바싹 붙어 서서 그녀의 얼굴을 똑똑히 바라보려고 노력했다. 이 사람은 이런 여자구나, 저런 여자구나, 그러나 사실 나는 희고 빛나는 피부 외에는 아무것도 판별해 낼 수 없었다. 어쩌면 그녀는 아주 젊지는 않을지도 몰랐다. 하지만 그녀의 이목구비며 광대뼈는 건강하고 활기찬 기질을 드러내고 있었다.

지하철 역에서 나오며 그녀가 말했다. "난 서둘러야 해요."

"아직 당신에게 할 말이 남아 있는데요. 단언컨대 이건 아주 중요한 일입니다."

"제발 부탁이에요, 날 좀 내버려 둬요."

오전 내내, 차분하게 일할 수가 없었다. 분실된 서류의 복사본을 요구하는 방문객 두 명이 내게로 보내졌는데, 그들의 태도는 나를 짜증나게 했다. 그들은 서툴렀고, 소심했고, 내게 마치 상급자를 대하듯 말했다. 나는 그들을 거칠게 대했고, 그건 피하려야 피할 수 없는 성향이었다. 그들이 떠나고 나서 나는 집 전화번호를 찾았다. 어떤 목적으로? 초조함을 달래기 위해서? 누이와 이야기하면 마음이 진정될 수도 있겠기에? 그런데 다른 사람이 전화를 받았다. 그 목소리를 들으면서 생각했다. 건물 관리인이로군. 하지만 나는 그 사람이 내 어머니라는 사실을 알고 있었다. 나는 조용히 전화를 끊고 바깥으로 나왔다. 이슈의 사무실에 들어서면서는, 그를 잠시 기다려야 했기 때문에, 열 지어 늘어선 비석들 위로 올려진, 특정 양식에 따라 역사적 인물들을 형상화한 멋진 두상頭像들을 다시 구경했다. 나는 그것들에 경탄했는데, 그러면서도 일말의 거북함이 없진 않았다. 내 기억 속에서 그 두상들은 전혀 다르게, 덜 엄숙하며 심지어 덜 부동적인 것으로, 흡사 진짜 살아 있는 사람들에 가까운 모습으로 떠오르곤 했기 때문이다. 하지만 실제의 그것들은 장례식과도 같은 엄숙함을 지니고 있었다.

"그런데 대체 무엇 때문에 이 흉상들을 사무실 안에 둔 겁니까?"

이번에는 이슈 자신이 흥미롭다는 듯 조각상들을, 양탄자와 장식이 들어간 천장을, 방 전체를 둘러보았고, 그다음 그의 시선은 흐려졌다.

"몇 주 동안 결근한 것을 사과하려고 왔습니다. 아직 완전히 다시 익숙해지지는 못했어요. 하지만 결근하고 나니 전에 놓쳤던 많은 세부 사항들에 새삼 눈뜨게 되었습니다."

이슈가 내 부서의 장이기는 했어도, 나는 그를 쳐다보고 그의 콧수염 없이 포동포동한, 거의 대머리에다 젊은 나이임에도 이미 퇴색한 그의 얼굴을 똑바로 응시할 수 있었다. 나는 그와 동등한 자격으로 말했다. 위계는 내가 하는 말들의 의미를 변질시키지 않았고, 우리는 같은 언어를 사용했다.

"아픈 동안 난 온갖 종류의 주제를 놓고 숙고했습니다. 그러면서 내가 우리 시대에 대해서 정확한 생각을 갖고 있지 않다는 걸 깨달았어요. 그건 일종의 계시와도 같았지요. 딱히 배운 건 없지만, 그러나 내가 피로감과 함께 겪어 낸 바의 중요성만큼은 어렴풋이 발견했습니다. 최근까지 인간들은 한낱 파편들에 불과했죠. 또 그들은 하늘을 향해 자신들의 꿈을 투사했고요. 과거 전체가 함정과 투쟁 들의 기나긴 연속이었던 것은 바로 그런 이유에서입니다. 그러나, 이제 인간은 존재하죠. 바로 그것이 내가 발견한 사실입니다."

"이런, 이 친구야." 이슈가 그렇게 말하면서 휘파람 비슷한 소리를 냈다.

나는 미소 지었다.

"솔직히 말할게요. 앓고 있는 동안, 난 일하지 못하는 게 괴로웠습니다. 나 자신이 정말로 아픈 것이라 느끼지 못했던 만큼 더욱더 괴로웠어요. 휴직이 내겐 견딜 수 없는 것이었죠. 뭔가 유용한 일을 하고 싶었지만 휴식이 절대 준칙이었어요. 보나마나 나 자신이 때로 기이한 방식으로 행동했으리라는 걸 압니다. 내가 빗자루를 거머쥐고 복도를 쓴다든지, 환자의 벨 소리를 듣고 황급히 의무실로 달려간다든지 하는 일이 벌어지곤 했으니까요. 이런 엉뚱한 실수들 때문에 간호사는 나를 지독히 싫어했지요. 하지만, 작은 소동들을 유발하면서 마치 규율을 거스르는 열병 환자처럼 굴었다 하더라도, 어쨌든 내 행동 방식에는 정의로운 열망이랄까, 노동이 생존의 근본 바탕이며 그렇기에 사람이 일을 함으로써 굴종하고 실추해 버리고 마는 세계에서 산다면 그건 사는 게 아니라는 자각이 들어 있었죠."

"대체 자네 무슨 일이야? 이건 뭐 거의 철학일세!" 이슈가 말했다.

"잘 기억해 둬요. 이런 게 케케묵은 생각이라는 건 알아요."

이슈가 백지를 한 장 집어서는 눈썹을 치켜뜬 채 무턱대고 뭔가를 적기 시작하는 게 보였다.

나는 그쯤에서 멈추고 싶었지만 그래도 계속했다. "예전에만 해도 나는 이 사무실 일을 아주 좋아하지는 않았습니다. 미안한 얘기지만, 이 일을 별로 좋아하지 않았다고요. 아마도 빈 시간이 너무 많아서였거나, 아니면 관료주의가…… 요컨대, 난 이 모든 걸 지긋지긋하게 여겼지요. 그렇지만 나는 나 자신이, 심지어 이 자리에서조차, 의무를 이행했던 것이라는 사실을 깨달았어요. 게다가 일한다는 게 뭡니까? 그건 단지 자기 사무실에 출근해 장부에 기록을 써 넣거나, 옮겨 적을 증명서를 비서에게 넘겨주는 것만을 뜻하지는 않아요. 내 생각으로는, 그리고 이것이야말로 나의 발견인데, 내가 무엇을 하건 나는 유용하게 일하고 있다는 겁니다. 내가 말을 할 때, 숙고할 때, 일할 때, 그 점은 명백해져요. 모든 이가 그 사실을 포착합니다. 심지어 내가 아무거나, 가령 이 책상이라든가 흉상들 따위를 바라볼 때조차도…… 그래요, 나는 여전히 내 식대로 일하고 있는 겁니다. 여기, 만사를 마땅히 그래야 할 방식대로 보는 사람이 하나 있습니다. 그 사람이 존재하고, 우리가 그토록 오랜 세기들에 걸쳐 싸워 지키고자 했던 모든 개념들이 그와 더불어 존재합니다. 나는 만약 내가 변하거나 분별력을 잃는다면 역사가 무너져 내릴 것이라고 전적으로 확신합니다."

"자네는 지나치게 이치를 따져." 이슈는 잠깐의 침묵 끝에 그렇게 말했다.

창 너머로 다리들과 강둑의 나무들을 볼 수 있었다. 그 지점에서 강은 빠르게 흘렀고, 보트와 배들은 최근 불어난 강물의 소용돌이 속에서 그 흐름을 따라가고 있었다. 강기슭에는 낚시꾼들이 기다리고 있었다. 나는 창 쪽으로 갔다. 나무들, 집들이 부드러운 빛 속에 모습을 드러냈다. 그 모든 것이 그토록 진짜였다! 얼마나 조용한 광경이었는지! 저것은 다름 아닌 우리의 강이었지, 결코 마냥 아무러한 강이 아니었다. 그렇다면 내가 횡설수설한 걸까? 어쩌면 내 설명들은 아무 쓸모 없는 거였나? "자네는 지나치게 이치를 따져"라는 이슈의 말이 내게 불현듯 충격을 주었다.

"맞아요, 지나치게 보편적인 방식으로 말해서는 안 되는 겁니다."

하지만 이슈는 우편물에 서명하는 중이었다. 비서가 선 자세로 이슈에게 서류철을 한 장 한 장 넘겨주며 그가 서류를 읽는 모습을 지켜보고 있었다. "자네, 내 새 비서를 모르지. 이쪽은 쉬잔일세." 쉬잔은 내게 희미하게 미소를 지어 보였다. "이 가엾은 아가씨는 방금 불행의 희생양이 되고 말았다네. 집에 불이 나는 바람에 거의 모든 걸 잃어버렸지." 그녀는 계속 미소를 짓고 있었다. 마치 그 기억을 다시 떠올리는 일만으로도 재앙이 너끈히 무한한 축복으로 바뀌었다는 듯, 그녀의 얼굴은 환하게 빛을 발했다.

"당신 집이 불타 버렸다고요? 불길을 잡지 못했나 보죠?"

이슈가 나를 문까지 배웅하면서 말했다. "불행한 상황들이 앞다투어 일어난 거지. 참 여보게, 자네 계부繼父를 뺐다네. 만약 자네에게 또 다시 병가가 필요하다면 주저치 말아."

"고맙습니다. 하지만 지금으로선 괜찮아요."

여전히 바람이 불고 있었다. 그러나 지금은 따뜻한 바람, 정오의 바람이었다. 옆집 여자가 일하는 상점이 내게는 아주 작고, 게다가 온갖 종류의 물건들이 들어차 있는 것으로 보였다. 강렬한 조명이 벽들을 비추고 있었고, 그 벽 위에선 얼어붙은 미소를 띤 수많은 초상 사진들이 빛을 발했다. 작은 방에서 그 젊은 여자가 나왔다.

나는 그녀에게 말했다. "증명사진이 필요합니다."

여자는 커튼을 젖히고 안쪽 구석에 나를 앉혔다. 내 눈앞으로 돌연한 빛이 분출하더니, 조명이 단속적인 섬광과 함께 켜지고 꺼졌다. 촬영은 끝났고, 나는 벽에 걸린 초상 사진들, 특히 남자들 것을 눈여겨보았는데, 생김새의 차이에도 불구하고 그들은 하나같이 닮아 있어서, 대담하며 무방비로 열려 있으면서도 안도감을 주는 얼굴들이었다. 그러다 벽 중앙의 한 확대 사진이 내 시선을 끌었다. 바로 옆집 여자의 것이었다. 사진 속 그녀는 어깨를 펴고 얼굴을 뒤로 젖힌 채 천진한 동시에 도발적인 표정을 짓고 있었다. 나로서는 꿈도 못 꿀 모습이었다. 앞서 내게 깊은 인상을 안겼던 것은 그녀의 생기, 그 건강한 태도였는데, 이제 여자는 거기 그 자리에 자기 자신의 이상형으로서, 결코 그녀 자신과 분간되지 않아 그녀가 돌아서는 순간 분명 그 얼굴에서 다시 확인할 수 있을, 그럼에도 기묘한 계획에 의해 그녀로부터 분리되어 순수 형태로 액자 속에 집어넣어진, 그녀 자신의 법으로서 존재하고 있었다. 사실 그것은 단순한 광고 사진에 지나지 않았으나 그렇다고 해서 그것의 흥미가 반감되는 것은 아니었다. 오히려 그녀의 얼굴이 공적인 것이 될 수 있었으리라는 사실, 그녀가 공중을 위한 얼굴을 가질 수 있었으리라는 사실은 나를 온갖 종류의 생각으로 이끌었다.

그러는 사이 내 사진들이 다 만들어졌다. 여자는 그것들을 솔로 쓸고 자른 후 내게 내밀었다. 나는 사진들은 보는 둥 마는 둥 했다. 그녀가 그것들을 작은 꾸러미로 포장했고, 나는 돈을 지불했다.

그녀가 사나운 말투로 선언했다. "내게 할 말이 있으면 내 주변을 빙빙 돌지 말고 즉시 해요."

나는 자리에 앉았다. 하지만 그녀는 단단히 화가 난 표정으로 여전히 출입문 근처에 서 있었다.

"당신에게 지금 말을 해도 되는지 모르겠군요. 당신이 새로운 배경 하에 보여요. 여기서 일한 지 오래됐어요?"

"몇 년 됐죠."

"여기 점원? 아니면 관리를 맡고 있는 건가요?"

"관리인 역할을 해요."

계산대 한구석에는 화려하게 만개한, 시골보다는 온실과 도시의 매혹적인 호사를 연상시키는 꽃들이 놓여 있었다. 여긴 최신식의 상점이었다. 나는 대단히 혼란스럽게 말을 이었다. 이미 예전의 다른 상황들에서도 본의 아니게 무턱대고 아무 말이나 지껄였던 적이 있지만, 그래도 그때는 무엇인가 나보다 더 침착하고 보편적인 것이 내 입을 통해 스스로를 표현했던 반면, 이번에는 무능하고 무지한, 도취한 한 개인이 말하고 있을 뿐이었다. 그렇다고 또 내가 그녀에게 설명한 것이 얼토당토않은 내용인 건 아니었다. 나는 사람들이 당신을 보러 오는 이유가 무엇보다도 공적인 서류들, 신분증, 여권 따위 때문이라는 사실을 느닷없이 깨달았습니다, 그런 점에서 본다면 우리가 실행하는 업무란 거의 공동의 것이며, 우리 둘은 서로 협조하고 있는 셈이죠, 우리 덕분에 각각의 개인들은 법적인 삶을 소유하고 지속적인 흔적을 남기게 되며, 그리하여 그들이 존재한다는 사실이 세상에 알려지게 되는 겁니다……. 요컨대, 나는 법의 시선에서 볼 때 우리 두 사람이 유사한 역할을 완수하고 있다는 점을 그녀에게 제시하고 싶었다. 이 모든 것은 유치할지언정 일관성이 결여되진 않았다. 그러나 내가 하는 말이 여자에게는 혼란스럽고 타당치 않은 것으로 비쳤음이 틀림없어서, 그녀는 줄곧 놀란 표정으로 나를 뚫어져라 쳐다보았다. 정작 나 자신도 그 지긋지긋한 상황을 제발 끝내 버렸으면 싶었다. 그런데도 계속 그러고 있었던 건, 그럼으로써 그녀의 성격을 점점 더 잘 파악할 수 있었기 때문이었다. 개성적이지도 섬세하지도 않지만 그러나 우월한 어떤 것, 강하고 평범한 기질, 모든 것을 알고 있으며 기이한 양상들과 거추장스러운 쓰레기들은 밀쳐 버리는 진짜 이 시대 여자의 성격. 다행히도 손님 한 명이 들어왔다. 그 역시 증명사진 때문에 온 것이었다.

"따로 보관해 두는 기록이 있나요?" 손님이 떠나고 나자 나는 물었다.

"기록이라고요? 잘 알려진 사람들의 사진 몇 장은 있어요."

"사진 만들 때마다 프린트를 한 벌씩 남겨 두면 어때요? 커다란 장부에 그걸 붙이고 해당 이름, 주소, 날짜와 몇 가지 메모를 함께 적어 두지 그래요. 그러면 아주 멋진 자료원源이 될 텐데. 당신 동료들 모두가 그런 식으로 한다면 우리는 진정한 기록의 보고를 갖게 될 거예요. 거의 도청의 기록보관소만큼이나 완벽한 걸로 말이죠."

"하지만 왜 그래야 해요?" 그녀가 곰곰이 생각하면서 물었다. "그게 무슨 소용이 있어요? 무엇보다, 다른 기관들이 그 일을 맡아 하고 있는데요. 우리가 모아 두는 정보들이 새삼 무슨 가치가 있겠어요?"

"사람들에게 증명서를 한 장씩 요구하는 겁니다. 우체국이나 다른 데서 그러는 것처럼요. 아니 어쩌면 이런 형식 절차는 거의 쓸모가 없을지도 모르겠네요. 그래요, 따지고 보면 그건 괜한 서류만 더 만들어 낼 수도 있겠어요."

"그게 당신이 내게 하려던 얘기예요?"

"아니, 전혀요. 몇 주 전에 난 아팠습니다. 난 혼자 살아요. 지난밤엔 내 몸 상태가 그다지 좋지 않았어요. 난 지나치게 흥분해 있었고, 거의 열에 들뜬 상태였죠. 앞선 내 증세도 그렇게 고열로 시작되었답니다. 난 또다시 병에 걸리게 될까 봐 갑자기 두려움을 느꼈어요. 그러다 떠오른 생각이…… 이봐요, 당신은 화를 내겠지만, 잘못은 일요일에 내가 당신 집을 방문했던 데 있어요. 나는 우리 둘이 대단히 가깝게 살고 있다는 걸 알게 되었어요. 난 이 칸막이 벽만 두드리면 되겠구나, 라고 생각했죠. 그러니, 만약 내게 아주 심각한 일이 벌어진다면, 예를 들어 내 몸이 마비되거나 자리에서 일어날 수 없게 된다면 벽을 두드려도 되겠습니까?"

"몸에 마비가 올까 봐 두려운 거예요?"

"특별히 마비를 두려워하는 건 아닙니다. 나는 심지어 홀로 남아 아프게 되리라는 사실조차 두렵지 않아요. 한밤중에 물 한 방울 없이 숨이 막혀 오고 누굴 불러 봐도 허사일 수밖에 없다는 건 분명 고통스러운 상황이겠지요. 하지만 그와 같은 고독은 이점 또한 가지고 있습니다. 결론적으로, 그런 상황은 견딜 만한 것임이 틀림없어요. 내가 두려워하는 일은 전혀 다른 겁니다. 밤이면 나는 내가 정말로 혼자라는 생각을 하게 됩니다. 나는 잠에서 깨어나 모든 걸 회상해 내죠. 내 가족, 사무실 동료들, 내가 알아볼 수 있는 어떤 얼굴 따위를요. 나는 내 방을 알아봅니다. 그 너머로는 대로가 있고, 다른 집들이 있고, 각각의 사물들이 모두 제자리에 있고, 어디서든 나는 누군가와 함께 있습니다. 하지만, 내겐 그걸로는 부족해요. 그럴 때 나는 살과 뼈로 이루어진 한 사람이 내 옆에, 혹은 다른 방에 존재하면서 내가 말을 하면 응답해 주기를 바랍니다. 네, 바로 그겁니다. 나는 내가 나뿐 아니라 그 사람을 위해서도 말한 것이라는 사실을 알게 되길 바랍니다. 만약 응답이 없으면, 목소리를 높이면서 나 혼자서 말하고 있다는 사실을 깨닫게 되면, 내 몸은 거의 덜덜 떨리기 시작할 정도랍니다. 그 무엇보다도 그게 제일 나쁩니다. 그건 수치이자 진정한 실수이지요. 그럴 때는 마치 범죄를 저지른 듯한 기분이 듭니다. 나는 공공의 선善 바깥에서 살았어요. 게다가, 내가 존재하긴 하는 걸까요? 삶은 다른 곳에 있는데요. 한데 뭉쳐 함께 살아가며, 서로 화합하고, 법과 자유를 실현해 낸 저 수많은 사람들 속에 말입니다. 이런 순간들이 닥치면 대체 어떤 말도 안 되는 생각들이 나를 사로잡는지, 당신은 상상할 수 없을 겁니다. 파렴치하며 타락을 야기하는 갖가지 생각들, 당신에게 그걸 말하진 못하겠군요. 지난밤에 나는 어떤 장면을 떠올렸습니다. 그보다 이틀 전에 일어난 일인데, 처음에는 내게 별다른 인상을 남기지 않은 것이었지요. 지하철 안에서 어떤 부인이 도둑이야, 라고 외치기 시작했는데, 누군가가 자기 지갑을 훔쳐 갔다고 말하던 끝에 그 여자가 지목한 범인은 꽤 위엄 있어 보이며 옷을 잘 차려입은 한 남자였어요. 그는 여자보다 몇 발자국 떨어진 거리에 있었지요. 그 사람은 경멸조로 항의했어요. 하지만 여자는 그에게로 달려들어 외투 주머니를 뒤지더니, 의기양양한 태도로 자기 지갑을 찾아 냈습니다. 역에 도착했을 때 두 사람은 흥분과 고성이 가득한 가운데 지하철에서 내렸고, 몇 명의 증인이 그들을 따라갔습니다. 난 그 사람들이 모두 경찰서로 갔다고 생각합니다. 자, 그러니까…… 그래요, 이게 전부예요."

나는 그녀를 쳐다보았다.

"이 이야기가 이상해 보이나요?"

그녀는 생각에 잠기면서 말했다. "아니요. 어째서 그 이야기가 이상해 보일 수 있는지 모르겠군요."

"네, 그렇죠. 그런데 그날 밤이 되자 내게는 그 이야기가 거의 믿을 수 없는 것처럼 느껴졌어요. 나는 이렇게 생각했지요. 그 남자는 어째서 절도를 저지른 걸까? 그가 무언가를 훔쳤고, 그러니까 그가 정말로 그걸 훔쳤다고 친다면 말이야, 그리고 그에겐 그런 행동을 할 권리가 없었지 않나, 분명히. 이게 다 어떻게 가능한 거지? 몇 분 동안 나는 판단력을 잃었고, 더 이상 아무것도 이해할 수 없었습니다. 나는 내가 그 점에 관해 틀린다면 모든 것에 대해 틀리는 것이라는 생각에 사로잡혀 있었지요. 그러다 불현듯 깨달음이 왔습니다. 나는 진정한 과오 따위는 없다는 것을, 그 남자는 절도를 저질렀지만 그래도 여전히 인간이라는 점을 떠올렸어요. 그리고 경찰이 그를 감옥에 집어넣을 수도 있었음에도, 진짜 형의 선고는 더 이상 없었죠. 여기서 문제 된 건 다만 법을 유통시키며 사람들 각자에게 자유의 깊이와 그 불가침성을 상기시키기 위한 하나의 모의 실험, 일종의 게임이었던 겁니다. 여기에, 또 저기에 존재하는 동일한 인간, 이 사실을 당신은 이해하겠습니까? 도둑이야, 라는 외침엔 따라서 아무 의미가 없습니다. 적어도 사람들이 떠올리는 대로의 의미는요. 그 외침이 뜻하는 바는 단지 이런 것입니다. 우리는 진실, 평화, 권리를 보유하고 있으며, 예의 남자가 절도를 저지르는 건 그가 정의의 바깥에 있기 때문이 아니라 국가가 그 범례를 필요로 하기 때문에, 따라서 때로는 괄호를 열어 그리로 역사가, 과거가 돌진하도록 해야 하기 때문이다."

그녀는 몸을 뒤로 돌려 소형 전기 벽시계를 바라보았다. 정오가 지나 있었다. 나는 그녀에게 근처에서 함께 점심을 먹은 후 상점으로 되돌아오지 않겠느냐고 물었다. 그 시간에 광장은 활기차고 소란스러웠다. 자동차들의 통행은 느렸다. 보도에서는 사람들이 아무 말 없이, 각종 규칙의 불가피성에 기인한 체념을 내보이며 기다리고 있었다. 그녀가 내 옆자리에 앉아 나와 같은 음식을 먹고, 나와 같은 동작을 취하고, 같은 사람들을 바라볼 준비가 된 것을 보며 나는 아연실색했다. 그건 놀라움 그 이상이었다. 나는 무슨 일이 벌어질지를 늘 미리 예감하곤 했었다. 그리고 우리 모두가 더불어 살아가며 서로가 서로를 반영한다는 사실도 알고 있었다. 그러나 그녀와 함께 하자, 이 같은 공동의 삶은 현기증 나는 열렬한 확신이 되고 말았다. 우선, 이 점은 이미 내가 증명해 보인 바이지만, 나는 그녀에게 말을 할 수 있었다. 따라서 내가 이야기하는 내용은 보편적 판단에, 그러니까 때로는 옛 시절의 이야기처럼 내 눈 앞을 스쳐지나가는 신문들의 지혜에 잘 부합하는 것이었다. 하지만, 나는 그와 전혀 다른 인상에도 여전히 사로잡혀 있었다. 법은 언제나 움직이며, 도처에 현존하면서 한 사람에게서 다른 사람으로 무한히 이동하고, 제 동등하고 투명하며 절대적인 빛으로 각각의 사람과 사물을 늘 다양하면서도 동시에 동일한 방식으로 비춘다는, 그 사실을 통상 모든 것이 느끼도록 만들었고, 하여 그것을 느끼면서 나는 때로 열광과 도취에 빠졌으며, 또 때로는 내가 이미 죽은 사람이 아닌가 자문했던 것이다. 그러나 이제 와서, 다시 말해 내가 그녀의 손을, 손톱이 잘 다듬어졌으며 그녀의 전체적인 인상과 마찬가지로 크고 강하고 꽤 예쁜 그것을 바라보고 있는 바로 지금, 나는 그 손이 나의 손과 흡사하다는 생각을 할 수도, 반대로 그것이 유일무이한 것이라는 믿음을 가질 수도 없었다. 나를 동요시킨 사실은 그 손을 잡으면, 어떤 방식을 통해 그것과 닿으면, 그렇다, 내가 그 살, 그 살갗, 그 축축하게 부풀어 있는 것을 감히 건드릴 수 있다면, 그 경우 나는 그 손과 더불어 법을, 거기 현전하며 — 그건 명백했다 — 어쩌면 나를 위해 잠시 세상으로부터 떨어져 나와 불가사의하게 유예된 방식으로 그 자리에 지체해 줄 법을 건드릴 수도 있으리라는 점이었다.

이런 생각을 의식하게 되면서 나는 애써 식당 쪽으로 눈길을 돌렸다. 평상시와 다름없이 사람들이 많았고, 그중 몇은 나도 아는 이들이었다. 혹자는 그저 얼굴로만. 나머지는 몇 마디 말을 나눈 덕에. 개중에는 내 사무실 동료도 한 명 있었다. 그럼에도 거기서 벌어지고 있는 건 이런 기이한 현상이었다. 즉, 아무도 나를 쳐다보지 않았고, 아무도 내가 거기 있다는 사실을 깨닫지 못한 것 같아서, 마치 그 장소엔 아무도 있었던 적이 없고 우리 주변에는 그저 시끄러운 공허만이, 저속하고 불결한 진짜 사막만이 주어진 듯했다. 거기에 침묵까지. 우리가 테이블 앞에 앉고 난 후로 그것이 거북한 방식으로 불거지는 중이었다. 옆집 여자는 왕성한 식욕으로, 심지어 게걸스럽게 먹고 있었다. 그녀는 자기 앞을 똑바로 바라보면서 심각한 얼굴, 무심한 시선으로 음식을 씹었다. 그녀가 그처럼 비인격적인 입이 된 채 이렇다 할 만족감을 내비치지 않고, 그러면서도 내장 안쪽으로부터 오는 깊고 억제할 수 없는 욕구에 의해 씹고 또 씹고 있는 걸 보고 있자니 기묘한 느낌이 들었다. 내가 그녀를 응시하면 할수록 그녀는 점점 더 기이한 외관으로 스스로를 드러냈다. 그러나 본다는 행위는 아무것도 아닌즉, 문제 되는 바는 그저 가시적인 무언가가 아니라 한층 심오한 변형, 어떤 면에서 보자면 앞으로 일어나야 할 일이면서 그 실현을 위해서는 시선 이상의 것, 예컨대 내 손의 접근 따위가 필요한 하나의 변형이었다. 내게는 그것이 불가피하게 보였다. 그 얼굴에는 변화가 임박해 보였고, 변화는 나와 더불어, 나 덕분에, 내 움직임이 완수됨으로써 일어나려 하고 있었다. 나는 눈을 반쯤 감았다. 그리고 내 몸을 가만히 그녀 쪽으로 향했다. 그렇다, 이제 무언가가 일어나려 하고 있었다. 그녀는 살짝 흔들리는가 싶더니, 이내 나를 정면으로 바라보면서 미소를 지었다. 나는 땀으로 뒤범벅이 되었고, 몸이 하도 덜덜 떨려 두 팔로 나 자신을 감싸야 했다. 그녀가 무슨 말을 했는데, 아마도 당신은 식사를 하지 않네요쯤 되었을 것이다. 이윽고 그녀는 계속해서 내게 말을 했다. 자기 일과 자신이 상대하는 손님들이 주제였고, 그 와중에 가족이라는 단어도 분명히 들렸다. 나 역시 이 여자에게 말을 하고 싶다는 갈망이, 또다시, 그리고 미칠 듯이 세차게 일었다.

나는 그녀를 똑바로 쳐다보면서 말했다. "난 가족들이랑 사이가 틀어졌어요. 아버지는 죽었고 어머니는 재혼했죠. 누이는 꽤 자주 봅니다만. 내가 아프자 어머니는 병원으로 찾아와 자기들 집으로 들어오라고 제안했어요. 계부와 어머니는 쉬드 지역의 정원 딸린 빌라에서 살아요. 정원엔 나무도 많고 공간도 널찍하죠. 아주 넓고 아름다운 집이에요. 적어도 내 짐작엔 그래요. 거기 돌아가지 않은 지 너무 오래되어서 말이죠. 당신은 가족이 있나요?"

그녀는 아직 어머니가 남아 있다고 했다.

"당신 어머니? 그분은 당신 걱정을 합니까? 그러니까, 당신과 당신 어머니의 관계는 어떤가요, 두 사람 사이엔 내밀함이 있나요? 어머니에게 당신이 하는 일을 전부 얘기하나요?"

그녀는 어깨를 으쓱했다.

"당연히, 아니죠."

"그럴 줄 알았어요. 당신은 어머니에게 거짓말을 하겠죠, 불가피하게. 이봐요, 난 집으로 돌아가선 안 되는데, 그래도 내 어머니는, 이건 내 분명한 느낌입니다만, 나를 억지로 돌아오게끔 할 거예요. 어머니는 지나치게 우기죠. 벌써 내 누이를 자기 계획에 끌어들였으니까요. 어머니는 권위적이고 고집스러워요. 이건 끔찍한 예상이지만, 당신은 어째서 그렇다는 건지 이해할 수 없을 겁니다. 내가 내 아파트를 떠나지 않을 수 있도록 날 돕겠다고 약속해 줘요."

"아니 이런, 대체 무슨 말을 하는 거예요? 당신은 자유롭다고요." 그녀가 말했다.

"맞아요, 나는 자유롭죠. 하지만 내가 아프게 되면요? 그 병이 다시 시작되는 걸 볼 일이 내겐 얼마나 두려운지, 당신은 상상할 수 없을 거예요. 당신, 아파본 적 있어요? 그럴 땐 불가사의한 일이 일어나죠. 끊임없이 계속되는 유혹이 있고, 그런데 그게 대관절 무엇과 관련된 것인지 알 수 없고, 더 이상 사람들을 알아볼 수도 없죠. 그런데도 모든 걸 무한히 더 잘 이해하게 되고요. 더 이상 시작 같은 건 없고, 모든 게 평온하고 완벽한 빛 속에 펼쳐져 있고, 각자의 관점들은 한꺼번에 공존하면서도 다 사라지고 없어요. 이해됩니까?"

그녀가 나를 팔꿈치로 밀며 말했다. "왜 이래요? 좀 주의해요, 당신 흥분하고 있어요."

나는 그녀의 눈을 뚫어져라 바라보았고, 그건 희망과 비상한 힘의 한 순간이었다. 나는 그와 같은 말을 함으로써 내가 또다시 존재의 중대한 국면에 도달했음을 완벽히 느끼고 있었다.

"그건 망상이에요." 그녀가 말했다.

"네, 망상이죠." 나는 말을 멈췄다 다시 이었다. "끔찍한 건 뭐냐 하면, 그 망상이 지나가고 나면 그다음엔 그새 내 자신이 의식을 잃고 유치와 무능의 묘비가 되어 있었던 거라는 생각이 든다는 사실이에요. 당신은 침대에서 나와서 끊임없이 테이블 주위를 빙빙 돌았어요, 라고 간호사는 말했죠. 얼마나 어리석은 행동입니까! 하지만, 단언컨대 이 일은 하나의 의미를 지니고 있었고, 심지어 놀라운 상징이기도 했어요. 그러나 그 사실조차도 병이 불길한 사고이자 대재앙이 되는 걸 막지는 못하죠. 그리 되면 사람은 더 이상 법을 포착하는 것이 아니라 관조하게 되고, 그건 나빠요. 그런 순간이 오면 내 어머니는 나를 손쉽게 자기 집으로 데려갈 수 있을 거예요."

"일어날 채비 되었어요?" 그녀가 다정하며 심지어 감미롭기까지 한 목소리로 말했다. "우리 이제 갈까요?"

"내가 어째서 부모의 집에 가지 않으려 하는지 묻지 않네요? 그게 당신에겐 당연해 보이는 거겠죠?"

"가요." 그녀가 내 소매를 잡아당기며 자리에서 일어섰다.

그런 다음 뜻밖의 우스꽝스러운 사건이 벌어졌고 그 여파는 갖가지 결과를 빚고 말았다. 나는 그녀 뒤를 따라 나섰는데, 그녀에게 하고 싶은 말로 온통 정신이 팔려 밥값을 내지 않았다는 걸 깜빡 잊고 있었다. 여급이 문간에서 나를 잡더니 "계산은요!"라고 했다. 이와 같은 환기는 나를 분노케 했다. 여급의 말투는 무례했고, 사람들은 내가 밥값을 치르지 않으려 한 것으로 의심하고 있었으며, 내가 깜빡한 일은 젊은 여자 앞에서 영 서투른 행동, 진정한 실수가 되어 버리고 말았다. 나는 이 너저분한 상황을 만회하고자 버럭 소리를 질렀다. "다음에 낼 테요." 게다가 나는 여급을 밀치기까지 했을 것이다. 그러자 여급은 마치 내가 도둑질이라도 한 것마냥 팔을 붙잡고 늘어지더니, 새된 소리로 고함을 지르며 욕설을 퍼붓고 내 몸을 흔들었다. 견디기 어려운, 기괴한 상황이었다. 무슨 일이 벌어지고 만 건지 더 이상 알 수 없었다. 나는 나 자신이 창피한 소동에 말려들어간 것을 깨달았고, 모든 사람이 나를 쳐다보고 있었다. 내가 뭘 했더라? 아마 위협하는 시늉, 그녀를 무력화하려고 어렴풋이 한 대 치는 척했을 것이다. 그러나 여급은 믿을 수 없을 정도로 신속하게 말대꾸하며 힘껏 내 따귀를 후려갈겼다. 나는 한동안 눈이 반쯤은 멀다시피 한 상태로 있다, 여급에게 내 지갑을 던져 주고 밖으로 나왔다.

거리에서 차가운 공기를 쐬니 비로소 다시 침착해질 수 있었다. 아무것도 보이지 않았다. 옆집 여자도 어디 있는지 안 보였는데, 그녀의 부재가 내게는 멀고도 당연한 사건으로 느껴졌다. 그녀가 다시 내 곁으로 다가왔을 때, 그리고 제어력과 절도를 갖춘 사람답게 내가 나가고 난 다음 지갑을 챙겨 그것을 나를 향해 내밀었을 때, 내게는 그녀의 돌아옴 역시 당연하게 여겨졌다. 우리는 아무 방향으로나 몇 걸음 떼었을 것이다. 그다음, 다시 일터로 돌아갈 시간이 되었다. 그녀는 발랄하고 상냥한 동작으로 내게 손을 내밀었다.

"내 얼굴에 손자국 남아 있어요?"

그녀는 아니라고 했다. 무슨 말인가 덧붙이고 싶은 눈치였지만 사람들의 무리가 그녀를 끌어당겼고, 그들은 그녀를 에워싼 채 그대로 사라져 버렸다. 사무실에 다다라서는, 용케 배달용 뒷계단으로 올라갈 수 있었던 덕분에 공중에게 개방된 방인 문서계의 홀을 거치지 않아도 되었다. 딱히 이유가 있어서 그 길을 택한 것은 아니었다. 나는 오후 시간을 어둠과 먼지, 망각 속에서 보내고 싶었다. 일할 의향도 분명히 있었으리라. 사무실에는 나와 화기애애하면서도 피상적인 관계로, 요컨대 진정한 사무실의 관계로 이어진 동료가 여럿 있었다. 그들은 별 생각 없는, 충분히 범용한 젊은이들이었고, 그런 이유에서 나는 그들이 좋고도 싫었다. 나는 그들의 내왕에 대체로 별반 신경을 쓰지 않았다. 나는 그 동료들이 무엇을 하는지 무관심했고, 나 역시, 우리가 함께 모여 있을 때면, 그들 중 하나에 불과했다. 그게 다였다. 그날, 내가 편지 초안을 작성하고 있을 때였다. 알베르라는 친구가 들어와서는 자신이 꼼꼼히 확인해야 할 긴 명단을 좀 같이 읽어 달라고 부탁했다. 그리고 내 앞에 종이들을 내놓고 의자에 앉았다. 나는 그 서류들을 흘깃 쳐다본 후 벼락같은 동작으로 그것들을 책상에서 밀어내 버렸다. 알베르는 이 장난을 몹시 재미있어했다. 그는 웃음을 터뜨리며 내 어깨를 툭 치고는 이리저리 흩어진 서류들을 쾌활하게 주워 모았다. 그가 서류들을 가지런히 정돈하기 무섭게 나는 그것들을 손가락으로 튕겨 또다시 실내의 사방으로 휘날리게 했고, 내 행동에 한층 더 중대성을 부여하기 위해 이렇게 선언했다. "나는 오늘 일하지 않아." 유감스러운 표현이었다. 그도 그럴 것이 그것은 마치 농담을 계속 이으려는 말처럼 들렸기 때문이었다. 알베르는 이 장난에 매우 만족해하면서 자신의 가련한 종이들을 찾아 방 안을 이리저리 뛰어다녔다. 하지만, 출입문 아주 가까이에서 몸을 다시 일으킨 순간에는 나를 보면서 얼굴을 찌푸리더니, 어깨를 으쓱하고 아무 말 없이 나가 버렸다. 15분이 지나자 이번엔 키 큰 약골에다 사소한 공격을 받은 끝에 왼팔이 마비되어 불구자라는 별명을 갖게 된 한 녀석이 방에 들어왔다. 나는 그에게 관심이 있었다. 그가 나와 같은 이름을 가졌다는 것도 한 이유지만, 그에 더해, 어떤 날들이면 그는 자기 책상 앞에 꼼짝 않고 앉아 장부들 위로 고개를 숙인 채 아무것도 적고 있지 않아서, 그 모습을 보면 녀석 또한 내가 겪었던 불안의 포로가 되어 노동의 어려움을 극복하고자 싸우고 있다는 생각이 들었기 때문이다. 그러나, 이 점은 지적하지 않을 수 없는데, 그는 내가 도움을 주려 할 때마다 늘 더 할 나위 없이 무뚝뚝한 태도로 거부해 왔었다. 그런 그가 내 책상 위에 성경책보다 더 부피가 나가는 커다란 서류철을 펼치더니, 몇 분만 시간을 내어 그 내용 수정을 도와 달라는 거였다. 나는 나를 겨냥한 어떤 종류의 음모에 녀석이 가담하고 있는 것인지 이내 알아차렸다. 나는 느릿느릿 자리에서 일어나서 그의 얼굴을 찬찬히 뜯어보았다. 병약하며 폐쇄적인, 그리고 지나치게 엄숙한 그 얼굴 위로 거짓말이, 그러니까 모호한 밀고의 냄새와 합세해 이 코미디를 수상쩍고 혐오스러운 장면으로 변형시키는 기만이 떠올라 있었다. 순간, 내게는 또 다른 생각이 떠올랐다. 어쩌면 이 녀석은 아무것도 알지 못할 수도 있어. 일에 치일대로 치여서, 행정이 언제나 위태롭던 이 녀석 건강의 균형을 바로 지금 무너뜨린 탓에, 정말로 나를 필요로 하는 것인지도 몰라. 난파 한복판을 떠도는 잔해 같은 것이 되어서 말이야. 녀석을 도움으로써 나는 그를 구할 뿐 아니라 나 또한 구하게 되는 거야. 놀라운 우연의 일치로군! 뭔가 공교로운 부분이 있어. 나는 고개를 저었다. 그리고 "나는 오늘 일하지 않네"라고 말했다. 그가 뒤로 돌아서며 중얼거리는 말이 들려왔다. "미안해." 결국 이 사건은 그저 한 편의 코미디였기가 쉬웠다. 내 예상처럼 다른 동료들이 나를 찾아오거나 하는 일은 일어나지 않았다. 어쨌거나 나는 다음과 같은 장면을 예상했었는데 말이다. 서기들이 15분마다 한 명씩 서류철이며 통계 자료들을 내게 가지고 오고, 그러면 나는 그들을 향해 고집스럽게…… 계속 같은 대답을 하고. 하지만 그들은 방에 들르지 않았다. 나의 승리는 완벽했다. 지나치게 완벽했다. 그들을 굴복시켰다는 건 아마도 유쾌한 일이었을 텐데, 다만, 이제 그들의 어리석은 수작은 내 방 문을 넘어오지 않은 채 진행중이었다. 저들이 무슨 말을 하고 있는 거지? 뭘 하고 있는 거지? 나는 또 다른 동료, 그러니까 아까 그 작은 카페 안 내가 따귀 맞던 자리에 있었으며 그 광경을 보고 필시 웃음을 터트렸을 한 녀석이 생각났다. 알 게 뭐람! 나는 자리에서 일어나 밖으로 나왔다.

거리는 놀라우리만치 환했고, 바람은 잠잠했다. 행인들 사이사이, 자동차 사이사이로 빛의 흐름과도 같은 것이 옮겨 가고 있었다. 도로와 집들이 빛났다. 나는 손가락으로 어느 벽 하나를, 이어 쇼윈도와 철책 달린 문을, 그리고 다시 또 다른 거칠거칠한 질감의 벽을 문질러 보았다. 그 순간, 좀 더 어두운 지평선 위로 하얀 네모, 참으로 빛나는 영상 하나가 도드라져 보였다. 나는 광장을 건너면서 지나칠 정도로 손을 본 사진관의 색깔들을 알아보았다. 당연히 그리로는 가지 않았다. 그러고 싶지 않았다. 내 앞에 특정한 누군가가 나타나는 걸 보고 싶은 마음이 전혀 없었을뿐더러, 그런 일은 가능하지 않으리라는 생각마저 들었다. 나는 어느 길을, 이어 다른 길을 따라 걸었다. 나는 앞으로 나아갔고, 아무도 나를 붙잡지 않았고, 날은 눈부셨으니, 어째서 계절들을 거치고 낮과 밤의 변동을 넘어도 빛의 지평은 지워질 줄 모르고 여전히 남는 것인지를 완벽히 표현해 주는 날들 중 하나였다. 사람들이 지나갈 때마다 내게는 마치 나의 모든 비밀이 그들 앞에 드러나고 그들의 비밀 전부가 내게 알려지는 듯한 느낌이 들었다. 지나가는 이가 지닌 비밀들이라, 다시 말해 그가 걷고 있다는 것, 걸으면서 하나의 생각을 하고 있다는 것, 그리고 그에게 속한 그 어떤 기이한 점도 나를 놀라게 하지는 못하리라는, 그런 사실들 말이다. 나는 달리기 시작했다. 어째서? 도시에서는 사람들이 달리지 않는데, 그건 그저 내가 괴짜처럼 행동할 수 있었기 때문이다. 나는 정말로 그럴 수 있었다. 나는 거기에, 바깥의 어디에나 있었고, 건물들 위의, 경찰의 흰 장갑 낀 손 위의, 강의 저 먼 기슭 위의 나를 누구나 볼 수 있었는데, 그럼에도 나는 달리는 중이면서 동시에 달리지 않고 있었다. 나는 어떤 승리의 감정에 의해, 즉 하늘 역시 우리에게 속한 것이고 우리는 나머지 모든 것과 함께 하늘 또한 관리할 책임을 가지고 있으며 나 자신이 매 순간 하늘을 접촉하고 그 위를 날고 있는 것이라는, 영원히 일깨워진 확신에 의해 떠밀려 가고 있었다. 나는 강에 다다랐다. 내가 그곳에 왔다니, 기이한 일이었다. 왜냐하면 그처럼 평온한 광경은 나를 겁먹게 했고 내게 혼란을 안겼기 때문이다. 평온의 느낌은 완벽했다. 물은 흐르고 있었고, 강둑에서 어떤 이들은 낚시를, 또 다른 이들은 독서를 했고, 멀리서는 예인선이 소형 보트들을 끌어가고 있었다. 그와 같은 풍경에는 위협이 가득했다. 그것은 무엇인가를 강요했는데, 그게 뭐지? 그곳에서는 음모의 느낌이 내 호흡을 막았고, 나는 모티프들과 에피소드들이 서로 엉키며 그 실타래가 소리 없이 내 손 안으로 들어오는 것을 예감했다. 그 강의 목소리, 그 평온이며 다른 시간에 매여 꼼짝하지 않는 저 영상들의 우스꽝스러운 의미란 그런 것이었다. 이 지역 전체가 매우 오래된 지역으로서, 그저 오래되기만 한 것이 아니라 단 한 번도 바뀐 적이라곤 없다는 인상을 풍겼고, 강 역시 제 광대한 평온을 통해 시작과 끝은 존재하지 않으며 역사는 아무것도 건립한 적 없고 인간은 여전히 존재한 적이 없다는 따위의 주장을 표명하면서 시간을 건너 흘러가 버린 것처럼 보였다. 그 같은 확신으로부터 숨막히는 협잡 같은 것이, 기만과 끝없는 속임수에 대한 상기가, 고귀한 감정들을 아래로 끌어내리기 위해 획책된 비방이 피어올랐다. 뿐만 아니라, 그 모든 건 그저 부정직한 어리석음에 불과할 뿐이었다.

나는 강변을 따라, 그다음에는 다른 길을 따라 걸었다. 이제 도취감은 사라지고 없었다. 날이 그 광채 때문에 역겹게 느껴졌다. 간혹 아주 맑은 물은 토하게 되듯, 마치 내가 이 낮을 게워 내려 한 것이기라도 하듯, 목구멍으로 이상하고 고통스런 경련이 치밀어 왔다. 나는 혐오의 대상이 될 자격이 가장 덜한 것을 향해 이처럼 혐오의 감정을 느끼면서 오던 길을 되돌아왔다. 나는 혐오감으로 오염되어 있었다. 이 상태는 오래가지 못하는 것이었고, 게다가 그리 불쾌하지도 않았으니, 심지어 경련에도 끌리는 바는 있었다. 나는 그 길이 나를 어디로 데려가는지 알고 있었다. 그녀의 상점 쪽. 그녀를 만나고 싶은 게 아니었는데도 말이다. 나는 문을 맒과 동시에 등을 돌리고 선 그녀를, 그녀가 몸을 반쯤 상점 안쪽으로 향한 채 아마도 다른 방에 있을 어떤 사람과 이야기를 나누고 있는 것을 발견했다. 그때까지 나는 이 가게의 내부 구조가 어떻게 되어 있는지 몰랐다. 그런데 그곳엔 사진 찍는 한구석 외에 '예술 사진'을 위한 작은 스튜디오가 딸려 있어, 일정 시각이 되면 기술자 한 명이 들르곤 했다. 스튜디오는 다시 작은 문을 통해 건물의 복도로 이어졌으며, 그 맞은편으로 복도를 건너면 잡동사니를 보관하는 창고 구실을 하는 다른 방의 문이 나왔다. 거기는 또한 관리인 여자가 사용하는 방이기도 했다. 나는 자리 잡고 앉았지만 그녀를 쳐다보지조차 않았다. 나는 그 장소를, 액자들과 확대 사진들, 작은 소파들을 알아보았다. 몹시 피곤했고, 이곳은 지나가면서 딱 한 차례 더 들른 것뿐이었는데도 마치 백 번은 온 것 같았다. 나의 방문 전체가 그와 같은 인상에 사로잡혀 있었다.

그녀가 자리에 앉았다. 아마도 늦은 시간대였고, 기다리는 손님이 없었기 때문이리라. 아침에 그녀가 취했던 태도와 지금 그녀의 행동 사이에는 차이가 뚜렷했다. 그 차이는 다양한 방식으로 설명할 수 있을 터였다. 그녀가 이제는 내게 익숙해졌다거나, 식당에서 벌어진 느닷없는 언쟁이 그녀로 하여금 내게 연민을 갖게 했다거나, 혹은 그녀 머릿속에 어떤 계획이 있다거나. 그녀는 우리 건물에 사는 몇몇 세입자들에 관해 이야기했다. 나는 그들을 알지 못했을뿐더러, 경계했다. 그중에 계단에서 마주쳤을 때 내가 알아볼 수 있는 이는 단 한 사람도 없었다. 그래도 그녀는 고집스럽게 계속 이웃들 이야기를 했다. 7층에 사는 어느 가족이 사람들 입방아에 오르곤 했는데, 그 집 큰딸이 아마도 감염이 원인인 심각한 병에 걸려 있었기 때문이었다. 몇 주 전에는 그 집 막내가 죽었단다. 그들이 그녀에게 죽은 아이의 사진을 찍어 달라고 부탁했었다고. 그녀는 인화된 결과물을 집어 내게 보여 주었다. 불쾌한 구경거리였다. 죽은 아이란 전혀 아름답지도, 어리지도 않은 법이다. 사진 속 아이는 끔찍할 정도로 말라서 마치 구덩이에서 우연히 발견해 낸 뼈 무더기 같은 인상을 주었다. 옆집 여자 말에 의하면 누나가 제 동생에게 옮긴 것이라 했다. 예전에 그들의 아파트는 깨끗해 보였었지만 이제는 밀폐된 공기와 축축한 벽의 느낌이 팽배해 있었고, 그 점이 집을 누추한 거처로 탈바꿈시켰다. 아픈 아이가 병원을 벗어나 있었다는 사실, 심지어 아이가 죽고 의사가 확인 소견을 작성했음에도 보건 당국이 필요한 조치를 취하지 않았다는 사실에 사람들 모두가 놀랐다. 사연은 이렇게 끝났다. 그 집 아들 하나가 경찰 소속이었다. 그는 아직 앳된 청년이었고(경찰

제복을 입고 있는데 청소년처럼, 거의 소녀처럼 보였다), 그가 발휘할 수 있는 직권의 정도란 당연히 지극히 미미했다. 그런데도 그의 개입 덕분에 그의 가족이 혜택을 입고 있는, 뿐만 아니라 그들을 송두리째 위협하고 있는 규칙의 집행이 비틀린 것이었다.

무의미한 얘기다, 라고 나는 생각했다. 단순한 잡담일 뿐이야. "당신을 어떻게 부르면 되죠?" "내 성을 가르쳐 줘요? 아니면 이름?" 그녀가 자기 초상 사진을 벽에서 내렸고, 이제 그것은 내 두 손 안에 있었다. 사진 속 그녀의 얼굴은 아주 멀리서 나를 바라보며 쾌적한 약속의 미소를 짓고 있는 듯 보였고, 또한 그러면서도 내 뒤편을 바라보며 내가 모르는 다른 누군가로 나를 대신하는 것 같기도 했다. 사진 아래쪽에 마리 스카드랑이란 이름이 그녀의 큼직한 글씨체로 적혀 있었다. 나는 사진을 의자 위에 올려놓았다. 그녀는 카운터에서 회계보고를 하는 중이었다. 진열창 너머로 광장은 모습을 바꿔 빛들이 가로지는 회색 플랫폼으로, 그 위에서 자동차들의 빠른 흐름이 부챗살처럼 펼쳐지는 무정형의 혼돈으로 변해 있었다. "이 사진은…… 찍은 지 오래된 겁니까?" 그녀는 장부를 뒤적였다. 그러면서 대답했다. "여섯 달 전, 아니면 그보다 약간 더 되었거나요." 나는 자리에서 일어나 문밖을 보았다. 빛나고 섬세하며 깨끗하고 포착할 수 없는, 그래서 아무런 흔적도 남기지 않는 그토록 많은 얼굴들의 부름에 이끌린 몇 사람이 진열창 앞에 서 있었다. 그들은 잠시 그 자리에 머무르다 곧이어 거리의 연무 속으로 가볍게 미끄러져 갔다. 다시 뒤로 돌아서다 말고 나는 초상 사진이, 마치 내가 여섯 달 전부터 계속 제 앞에 자리하면서 그 종이의 빛을 향해, 또 그 뒤편에서 스스로의 있음을 주장하는 저 약속 가득한 영상을 향해 끊임없이 네, 라고 말해 왔다는 듯이, 예의 평온한 친숙성을 발하며 여전히 나를 응시하고 있는 것을 발견했다. 나는 말했다. "갈게요."

지하철 입구의 조명은 아직 약했다. 여전히 낮이었고, 빛은 정오처럼 눈부시다 못해, 연무 사이에서 오히려 더 강하고 더 환하다시피 했다. 보도 끝에서 경찰 하나가 몰려드는 차들을 지켜보고 있었다. 거기서 몇 미터 떨어진 지점에서는 또 다른 경찰이 신호작동기에 손을 올린 채 한 무리의 사람들이 무감한 범람의 움직임을 그리며 도로로 넘쳐 들도록 놓아두고 있었다. 그의 손동작을 예견한 사람들이 우르르 몰려드는 통에 새 불빛으로 바뀌려는 깜박임과 통행로를 건너는 검고 불투명한 물결의 노정이 겹치는 순간이 올 때까지. 나는 움직이지 않고 그대로 있었고, 그래서 1분 동안 행인들이 내게 부딪히며 한데 엉켰고, 이어 그들은 천천히, 그리고 거역할 수 없는 움직임으로 도로 반대편 가장자리를 향해 밀려갔다. 그때 나는 뛰기 시작했다. 옆집 여자는 아직 상점 안에 있었다. 그녀 팔엔 외투가 걸쳐졌고, 상점 불은 이미 꺼진 뒤였다. "당신 사진을 찍을 수 있을까요?" "지금 말이에요?" 그녀는 어정쩡하게 미소를 지었다. 나는 이미 작은 스튜디오에 들어서서 스위치를 찾고 있었다. 내 뒤에서 그녀가 조명을 켜며 말했다. "지금은 조수가 없어요." 그러면서도 그녀는 손님이 잠깐 포즈를 취하고 직접 자기 사진을 찍을 수 있도록 고안된 장치를 내게 가리켜 보였고, 그러다 돌연 화를 냈다. "오늘 저녁은 안 되겠어요. 난 피곤해요. 너무 늦었어요." 창고로 쓰는 방에 현상용 틀을 정리해 둘 일도 아직 남았다고요. 창고는 유일하게 조명이 나쁜 방이었다. 온갖 물건이며 가구들, 서류정리함, 심지어 낡은 긴 의자까지 거기 들어와 있었다. 그녀가 왔다갔다하는 사이 나는 자리에 앉았다. 상점 문의 벨이 울렸다. "잠깐만 기다려요. 아마 주인일 거예요"라고 그녀가 말했다. 그녀가 없는 동안 나는 서류정리함의 서랍을 열어 보았다. 각종 크기의 사진들, 망친 프린트들, 폐기물들이 모여 이룬 반짝이는 더미가 눈에 들어왔다. 나는 그 속으로 손을 넣어 얼굴들을 집어서는 무릎 위로 한 다스씩 뿌렸다. 그 수많은 얼굴들은 내게 예사롭지 않은 감각을 촉발했다. 내가 내 마음대로 처분할 수 있는 얼굴들이 백 개, 이백 개쯤 되었고, 나는 그것들을 내 앞에 수북이 쌓았다. 직업 사진사들이 찍은 게 그렇듯, 그 모든 사진들은 서로 닮아 있었다. 자세가 다 똑같았고, 한결같이 축제 의상인 복장 또한 한 사람에게서 다른 사람으로 고대로 전달되었다. 사람들 이목구비의 차이는 표정의 동일성 속에 지워지고 없었다. 요컨대, 있을 수 있는 가장 커다란 단조로움이라 할 것들이었다. 그런데도 나는 지칠 줄 모르고 그 사진들을 바라보았을뿐더러, 그것들이 내겐 점점 더 절실했다. 그것들은 다 동일한 것들이었지만, 그러나 무한 수의 동일함이었다. 나는 더미 속에 손가락을 푹 찔러 넣고 사진들을 만지작거렸고, 그러면서 도취감에 젖었다.

그러고 있는 새 옆집 여자가 돌아왔다. 자기 주인 일에 온통 정신이 사로잡힌 그녀는 내게 오직 그에 관한 얘기만 하려 했다. 남다른 사람에다, 성격이 아주 강한 분이에요. 뿐만 아니라 새로운 사진기를 발명해 내는 등, 기술적인 면에서도 대단히 박식하고요. 이 모든 자질들 덕분에 그분은 경제자문회에도 들어가게 되었죠. 내게는 이와 같은 찬사가 지나쳐 보였다. 그래서 이번에는 내가 그녀 말을 받아 내 상사들에 관한 찬양어린 말들을 늘어놓기 시작했다. 보통 나는 그들에게서 좋게 치는 점이 하나도 없었다. 좋게 생각하는 점도, 또 나쁘게 생각하는 점도.

나는 그 어떤 판단도 표명한 적이 없었다. 나는 내가 해야 할 업무를 수행했고 그들은 그들이 해야 할 업무를 수행했으므로 본질적인 점에서 우리들은 서로 부합했다. 그러나 이제 나는 그들을 그들의 기능으로부터 분리하여 엄청난 찬사들을 쌓아 올리는 중이었다. 사실대로 말하자면 그건 그저 시도에 불과했다. 이슈를 두고 활력이 넘쳐나는 사람으로, 각각의 경우에 대해 마치 그것이 유일한 경우인 것처럼 관심을 기울이며 그러면서도 시야에서 결코 전체를 놓치는 법이 없는 새로운 스타일의 행정가 중 한 사람으로 묘사하는 일, 그가 보고서들을 면밀히 검토하고 모든 이의 말을 한결같이 주의 깊게 경청하며 정해진 시간보다 훨씬 더 늦게 퇴근하는 사람이라고 말하는 일은 나로서는 정말 하기 불가능했다. 무엇보다, 그건 진실이 아니었다. 이슈는 무뚝뚝한 데다 산만하고 주의가 소홀한 편이었다. 이슈의 인격에 정확한 사실들을 결부시키려 하다 보니 내겐 그가 모범적인 공무원으로 행동하고 있지 않다는 생각이 들었다(더구나 우리 사무실에서 사람들은 내놓고 그를 비판하곤 했다). 그럼에도 나는 그에게 모든 종류의 장점들을 인정해 주고 싶다는 충동에 이끌렸다. 그의 결점들이란 무의미했다. 그것들 대신 찾아냈어야 하는 것은 오직 그에게만 적용될 수 있으면서 동시에 모든 사람에게도 적합할, 한층 더 모호한 특질들이리라. 내가 시간 엄수에 관해 이야기했던 건 그래서였다. 그건 중요하지는 않지만 그래도 이슈를 묘사해 주는 자질이었다.

그 같은 웅변을 마치고 났을 때 나는 옆집 여자가 긴 의자에 앉아 다시금 나를 마주보고 있다는 것을 깨달았다. 그녀는 두 손을 무릎 위에 깍지긴 채 몸을 흔들고 있었다. "이만 갈까요?"라고 그녀가 물었다. 그

녀는 나를 바라보았고 나는 그 곁에 가 앉았다. "당신이 그러고 싶으면
요." 그녀의 원피스 위로 한쪽 손이 젖혀져 놓였는데, 손바닥은 크고 두
툼했고, 역광 때문에 납작해 보이는 손가락들 중 세 번째 것이 붉은 반
지로 도드라져 있었다. 나는 그녀에게서 그 반지를 빼어 버리고 싶었다.
그녀는 살짝 뒤로 몸을 젖혀 머리를 의자 등받이에 기댄 자세로 나를 계
속 응시했다. 여자의 손이 천천히 제 어깨를 향해 오르더니 목 뒤로 넘
어가 목걸이를 풀었다. 그것에는 아주 작은 크기의 은이 달려 있었다.
"내겐 애인이 있어요"라고 그녀가 말했다. 그리고 트릿하고 음습한 표
정으로 펜던트를 뚫어져라 바라보며 그것이 자신이 내쉬는 숨결 아래
이리저리 흔들리도록 했다. "내가 당신 집에서 보았던 그 남자인가요?"
그녀는 고개를 움직이지 않은 채 아무런 표시도 하지 않았지만, 이윽고
그녀의 시선이 내 얼굴을 향했고, 그 시선은 내 얼굴의 윤곽을 따라 움
직이고 그것과 접촉하면서 일종의 놀람, 아주 원초적인 놀라움을 드러
냈으며, 나 또한, 마치 나라는 존재가 거기 있다는 사실을 그녀와 내가
새삼 동시에 알아차린 것이기라도 하듯, 덩달아 같은 감정을 느꼈다. 그
녀가 말했다. "난 그저 점원에 불과해요. 하지만 난 최선을 다해 일하고
있죠. 당신은 내가 일하는 시간에 가게에 와서는 안 되었어요." "그래
요." 그녀의 시선은 여전히 내게 머물러 있었다. 그녀가 자리에서 일어
서길래 나 역시, 일어나면서, 그녀의 두 손을 붙들었다. 나는 그녀를 난
폭하게 쥐었다. 그녀의 몸이 망치를 연상시키는 뻣뻣함을 보이며 굳어
들었다. 별안간 내 손가락들 밑에서 그녀 원피스의 천이 점점 실감을 띠
기 시작했다. 그것은 뭔가 기이한 물질이었다. 성가시면서도 매끈한 표
면이라 할 것, 미끄럽고 들러붙으면서도 붙지 않는 일종의 검은 살이 들

74

어올려지고 있었다. 그녀가 변형된 건 바로 그때였다. 단언컨대, 그녀는 다른 것이 되었다. 그리고 나 자신 또한 다른 사람이 되었다. 그녀의 숨소리가 고조되었다. 그녀 몸의 각 부위마다 변화가 일어났다. 말하기 이상한 일이긴 하지만, 그 전까지 우리는 동일한 몸을, 만질 수 없으면서도 명백한 진정 공동의 몸을 소유하고 있었다. 그 몸이 충격적일 정도로 순식간에 둘로 쪼개져 자취를 감췄고, 그것이 있던 자리에는 뜨겁게 타오르는 두터움이, 아무것도 볼 수 없고 아무것도 알아차릴 수 없는 축축하고 탐욕스러운 기이함이 형성되어 있었다. 그랬다, 맹세컨대 나는 낯선 남자가 되어 있었다. 그리고 내가 그녀를 누르면 누를수록 그녀는 점점 더 낯선 여자가 되며 다른 누군가를, 다른 어떤 것을 악착같이 내 앞에 현전하도록 만드는 듯했다. 내 말을 믿을 이는 아무도 없겠지만, 그러나 바로 그 순간에 우리는 서로 분리되었던 것이고, 그 분리를 느끼고 호흡하고 그것에 하나의 몸을 부여했던 것이다. 그건 자명한 사실이었고, 그리고 마침내 우리는 서로를 더 이상 건드리지 않았다.

이제 뒤이어 일어난 일을 이해하려 해봐야겠다. 그녀는 다시 몸을 일으켜 조명의 스위치를 돌렸다. 그리고 문을 열었다. 잠시 후 우리는 밖으로 나왔다. 집에 돌아와 침대에 몸을 던진 후 나는 벽 쪽으로 세차게 몸을 기댔다. 몹시 추웠다. 8시쯤, 혹은 그보다 좀 지나서 관리인 여자가 음식 쟁반을 건네기 위해 문을 두드렸다. 이제 완전히 밤이 되어 있었다. 잠시 후 또다시 문 두드리는 소리가 나길래 나는 관리인이 재차 재촉하나 보다고 생각했다. 하지만 문을 열 때 쟁반이 걸렸고, 그와 동시에 나는 복도에서 한 방문객의 그림자를 발견했다. 처음엔 옆집 여자의 애인이 왔나, 하는 생각이 들었으나, 미처 조명의 버튼을 돌릴 겨를

도 없이 피에르 북스의 얼굴을 알아보게 되었다. 이 방문은 매우 불쾌했다. 이런 시각에 찾아오다니, 그가 저지른 행동은 터무니 없는 것이었다.

그가 물었다. "어디가 편치 않은가요? 나는 이웃의 자격으로 들렀소만, 방해가 된다면 그렇다고 얘기하구려."

나는 그를 앉게 하고 다시 누웠다.

"지난번에 나는 당신에게 사실대로 말하지 않았어요. 나는 정치 일을 하지 않습니다. 예전에 내 친구들 중 하나가 그런 종류의 일에 관여한 적은 있지만, 난 이제 그와 연락이 끊겼소. 현재 나는 한 의료기관에 소속되어 하급직이지만 명예로운 일을 하고 있죠."

그는 매우 나직이 말했다. 침대 머리맡의 램프는 그를 거의 비추고 있지 않았다.

"나는 막상 병원에서 일하고 있으면서도 좋은 의사를 찾고 있답니다. 요사이 몸에 탈이 났다오. 불면증을 앓는 게 아닌가 싶어요."

나는 그에 대해선 아는 바 없다는 시늉을 했다. 북스는 아무 말 않고 가만히 있었다. 작은 곤충 한 마리가 램프 주변을 돌다 그야말로 갑작스럽게 내 주변으로 떨어졌는데, 그게 어찌나 육중했던지 나는 그만 부르르 몸을 떨었다. 그리고 그제서야 내가 얼마나 추워하고 있는지를 깨달았다.

"이 건물에 사는 세입자들이 어떤 사람들인지 난 전혀 모르오. 보나 마나 여느 사람들과 다를 것 없는 이들이겠지요. 그건 그렇고, 저번에 당신이 한 말은 내게 큰 인상을 남겼습니다. **나는 모든 사람을 기꺼이 만나되, 딱히 선호란 걸 갖지 않는다.** 그럼으로써 당신은 무언가 대단히 중요한 것을 말한 거요."

나는 대답 않고 그를 빤히 쳐다보았다. 이어, 매우 노력을 기울인 끝에 마침내 내가 일전에 표명한 바 있다고 믿기는 하나의 생각을 내 안에 떠올렸다. "그건 관료적인 견해예요. 게다가 사람이 누군가를 선호한다고 해도, 결국 그는 그저 아무나 선호하는 셈이죠"라고 나는 말했다.

"아! 당신이 그 경구를 어찌나 말 그대로 받아들이는지! 내게 큰 인상을 준 건 권위를 향한 당신의 집착, 아니 그 이상이오, 그것에 대한 당신의 진정한 공경이었지요. 당신은 당신의 동작 하나하나를 통해 그 같은 공경을 드러냅니다. 뿐만 아니라 그것을 하나의 관례적인 문구로 만들기도 하지요. 미안합니다만, 처음 봤을 때 그건 거의 비굴함으로 비칩디다. 사람들은 당신이 공무원이며 승진을 원한다고 생각할 겁니다. 하지만 이런 어림짐작에 화낼 건 없어요. 난 이내 그걸 버렸으니까요. 심지어 나는 당신이 그와 전혀 다른 생각들을 품고 있는 게 아닐까 자문하고 있다오. 당신은 지나치게 말을 많이 하고 너무 깊이 생각하는데, 그건 자연스럽지가 않소"라고 그가 말했다.

'그래, 이런 말들은 익히 들었지'라고 나는 생각했다.

"당신에게 뭔가 들려주고 싶은 얘기가 있군요. 병원에, 15년 동안 근속한 회계원이 하나 있어요. 매우 정직하고 근면한 사람이오. 그에겐 대가족이 딸려 있지만 자식들 중 여럿이 일을 하고 있으니 결국 여유롭게 사는 거죠. 이 회계원은 훈장도 여러 번 받았어요. 한데 일련의 부정행위가 벌어진 후부터 사람들은 그를 의심했고 그는 받은 훈장들을 반납해야 했지요. 이 일이 있고 나서 그는 단단히 감시당했고, 사람들은 그가 절도를 저질렀다고 확신하기에 이르렀소. 그런데 말이오, 내가 그의 상관들이 건넨 보고서를 읽어 보니, 그는 절도가 아니라 음모와 태업 혐의로 고발당했던 거요."

"어째서 내게 그런 이야기를 합니까?"

"다른 이야기도 하지요. 역시 병원에, 거의 바보에 가까운, 정신 상태가 정말로 단순한 청소부가 하나 있어요. 그는 바닥을 쓸거나 자질구레한 심부름을 하는데, 하는 일의 절반은 매번 엉망이에요. 자연히 그가 받는 급여는 아주 적소. 말해 두자면 그는 착한 사람이고 몽상가에 가까워요. 그렇긴 하더라도 그에게는 아무런 일도 시키지 않는 편이 더 적절할 겁니다. 그런데 어째서 그 청소부를 여전히 쓰는 것인지, 짐작이 됩니까? 원장이 내게 이유를 직접 설명해 주었는데, 어쨌거나 그는 스스로를 유용하게 만든다는 거요."

나는 느닷없이 그에게 말했다. "다 꾸며 낸 이야기들이군요. 나는 자기 속생각을 그런 식으로 표현하는 걸 무척 싫어합니다. 더구나 나는 지금 몸이 좋지 않아요. 아무래도 이만 자야 할 것 같습니다."

그는 자리에서 일어나 호의 어린 표정으로 나를 바라보았다.

"과연 아파 보이는군요. 실례 많았소. 내가 들어오지 말았어야 했나 봅니다. 나는 당신이 이 층에 사는 젊은 아가씨와 함께 계단을 올라오는 걸 보았지요. 그래서 오늘 정도면 내가 방문해도 당신이 덜 불쾌해할 것 같았어요. 게다가 내가 여기 들른 건 바로 그 아가씨에 관해서 마침 당신에게 물어볼 게 하나 있어서랍니다."

"뭐라고요!"

"나는 그 아가씨를 모르지만, 그녀가 작은 사진 스튜디오를 운영하고 있다는 건 압니다. 내겐 그녀에게 부탁했으면 하는 특별한 종류의 작업이 있어요. 당신이 사람 심리에 밝으니 묻는 말인데, 내가 그 아가씨를 믿어도 되겠소?"

"무슨 말을 하는 겁니까?"

"아주 간단한 일입니다. 그녀가 가짜 신분증 만드는 일에 협조해 줄 수 있을까요?"

나는 그를 바라보았다.

그리고 그에게 말했다. "당신 속셈이 놀랍도록 훤히 보이네요. 당신은 소름 끼치는 얘기들로 내 정신을 자극하려 하는 거죠. 하지만 그다지 신통한 이야기들은 못 되네요. 당신은 그 회계원의 경우에 관해서 내가 토를 달았으면 하겠군요? 그가 음모를 획책한 죄인이 되었다면 그 이유는 법보다 더 높은 건 아무것도 없기 때문입니다. 그런데, 법에 맞설 때면, 모든 부정행위는 음모인 것이죠. 사람들은 법에 불복종하고자 하지만, 그건 가능하지 않습니다. 그러니 그것의 합법성에 대해 모반을 일으켜야만 하죠. 예전에 절도로 끝났지만 지금에 와선 절도를 통해 사람들은 그보다 무한히 심각한 범죄, 아마도 모든 것들 가운데 가장 무시무시할 뿐만 아니라 미처 실현되지도 않은 채 좌초하되, 다만 절도라는 그것의 무의미한 흔적만이 남을 뿐인, 그와 같은 성격의 범죄를 저지르게 되는 겁니다. 이 모든 건 유치하군요. 그리고, 어째서 당신은 나의 특정 인간관계들에 관해 내가 했던 말을 다시 상기하는 겁니까? 또 어째서 그다음에 우스꽝스러운 핑계를 들어가며 저 아가씨 얘길 꺼내는 거지요? 이건 너무나도 분명합니다. 당신이 하는 모든 말들은 다 암시예요. 그런데, 그렇고말고요, 내가 설령 헛소리를 지껄인다고 해도, 당신이 거기 개입하는 건 괜한 일이라고요. 당신이 내게 일깨워 주는 건 아무것도 없어요. 당신은 그저 내가 생각하는 바를 밖으로 드러내게 만들 뿐이고, 당신이 말할 때도 말하는 사람은 당신이 아니라 나예요. 따라서 당신은 나를 겁줄 수 없습니다."

그가 말했다. "사과합니다. 이건 진정 오해입니다. 반대로 나는 당신에게 무척 호감을 가지고 있는데 말이오."

"이건 호감을 가지고 말고의 문제가 아녜요. 그리고 전혀 중요하지도 않고요. 당신이 말한 대로 어쩌면 난 비굴할지도 모릅니다. 하지만 그 비굴함이란 말은 내게 공격이 되지 않아요. 내가 대체 누구 앞에서 비굴하게 굴겠어요? 그와 반대로 나는 당당하고 독립적인 사람입니다. 그리고 바로 그것이 내가 굽히는 이유지요. 정작 비굴한 건 바로 당신이에요."

"부탁인데, 진정해요. 당신이 원한다면 당장 여기서 나가겠소. 하지만 한마디만 더 할게요. 난 당신이 이 세계를 어떻게 보고 있는지 잘 모르오, 당신은 자신의 생각을 이상한 방식으로 표명하니까. 한데, 당신에겐 또 다른 관점도 있습니다. 당신은 이 사회를 완벽하다고 생각합니다. 왜죠? 내게 그것은 한 줌의 사람들 대對 거대한 인간 집단으로 나뉘는 부당한 체계에 불과한데요. 최하층에서는 이름도 권리도 없는 계급이 나날이 수많은 개인들로 불어나고, 국가가 보기에 그 개인들이란 존재하기를 멈추고 곰팡이처럼 사라져 가는 이들이오. 국가는 그들을 직접 삭제하고 지운 뒤에야 비로소 존재하는 모든 것이 저를 기리고 제게 봉사한다고 우길 수 있게 되지요. 그게 국가의 위선입니다. 국가란 뿌리깊게 교활하고 위선적이오. 사람들이 말할 수 있는 것과 행할 수 있는 것

전부를 저를 향한 복무로 만드니까요. 국가의 표지를 지니고 있지 않은 생각이란 단 하나도 없어요. 모든 정부들이 그렇소."

나는 그에게 말했다. "당신은 나를 놀라게 만들 수 없습니다. 나를 분노케 할 수도 없고요. 당신은 그저 시대에 뒤지고 해묵은 책에 불과할 뿐, 다른 어떤 것도 아니니까요. 자, 이제 날 내버려둬요."

"한마디만 더 합시다. 이미 말했다시피, 나는 당신에게 호감을 갖고 있소. 당신은 나를 알지 못하지만 우리의 관계는 어쩌면 다른 국면을 띠게 될지도 몰라요. 방금 전 여기 들어왔을 때 나는 내가 지난 번 했던 말들을 지워 버리고 내 정치적 활동을 부정하려고 했지요. 그리고 지금, 당신은 그로부터 어떤 상황이 벌어졌는지 짐작할 거요. 내 말들은 다른 결말을 불러왔소. 나는 나 자신을 숨기지 않아요."

나는 말했다. "그래요. 그래서 대관절 당신은 자기가 뭐라는 거죠? 사기꾼, 스파이, 아니면 그냥 불행한 작자? 당신이 내 옆에서 부산 떠는 소리를 듣고 있자니 꼭 파리 같군요. 그리고 당신이 말하는 모든 내용은 무례합니다. **나는 나 자신을 숨기지 않는다**라니, 어째서요? 당신이 버젓이 음모를 꾸미든 말든 그건 당신 자유고, 국가는 그걸로 불안을 느끼거나 하진 않아요. 당신은 그저 당신이 무너뜨린다고 믿고 있는 걸 점점 더 강화시킬 뿐이죠. **나는 나 자신을 숨기지 않는다**라! 마치 자기 자신을 정말 숨길 수 있기라도 한 것처럼 말이에요! 이제, 그만 가서 자요. 이러다간 당신이 진짜로 날 방문했던 거라고 믿게 될 판이니까요."

그가 복도로 나섰고, 나는 5분간, 10분간 더 두고 보았다. 이제 마음이 퍽 진정되었다. 바람이 창유리들을 조용히 흔들었다. 밤 역시 제 부드러움을 간직하고 있었다. 나는 여러 차례 벽을 두드렸으나 예상했던 대로 그녀는 오지 않았다. 그래서 나는 어째서 그녀가 오지 않았던 걸까, 그리고 어째서 북스가 왔던 걸까를 생각하지 않을 수 없었다. 얼마후, 잠에서 완전히 깨어나면서 나는 방 안에 여전히 불이 켜져 있다는걸 깨달았다. 나는 시선을 침대 맞은편의 어떤 것에 두고 있었는데, 그것은 약간씩 움직이고 있는 얼룩 한 점이었다. 그 얼룩은 내게 무척 익숙했다. 긴 의자의 가장자리를 따라 세워진 칸막이 벽 위에 평온하게 얹혀 있는 그것을 처음 본 건 내 부모의 집에서였다. 병원에서도 얼룩은내 맞은편 벽 위, 문을 활짝 열어 둘 때 그 문이 가리는 지점에 펼쳐져 있었다. 이 집의 경우, 그것은 물이 떨어지는 바람에 생긴 흔적이었다. 이얼룩이 가진 특별한 점은 그게 그저 얼룩에 지나지 않았다는 데 있었다.그것은 아무것도 표상하지 않았고, 아무런 색조도 띠지 않았으며, 먼지섞인 침염을 제외하면 그것을 눈에 보이도록 만드는 건 아무것도 없었다. 그것이 눈에 보이는 것이기는 했나? 얼룩은 벽지 밑에 존재하는 것이 아니었다. 그것은 아무런 형태를 띠지 않으면서도 무언가 지저분한것, 타락한 것과 닮아 있었고, 그러면서도 무언가 깨끗한 것과도 비슷했다. 나는 얼룩을 한참 바라보았다. 거기서 시선을 뗄 이유가 전혀 없었다. 한낱 얼룩에 불과한 주제에, 그것은 나를 빨아들였다. 그것은 결코나를 바라보는 법이 없었고, 바로 그 점에서 시각을 부정한 것으로 만들었다. 나는 일어나서 더듬더듬 복도로 접어들었다.

　"당신이오?" 그가 말했다.

　그는 아직 옷을 입고 있었지만 분명 긴 의자에 누워 쉬고 있었던 듯했다. 방은 널찍했고, 내가 사는 아파트의 방들보다 훨씬 더 컸다. 내게는 거의 텅 빈 것처럼 보였다. 방엔 양탄자도 없었고 가구도 거의 없다시피 했다. 그건 가난이 아니라 뭔가 그보다 더 나쁜 것, 이를테면 삶을 포기하는 데서 오는 가난, 먼지와 보푸라기 없는 더러움, 종이 한 장 어질러진 것 없는 보건소와 병원 들의 불결한 비참이었다.

"나는 내 친구들 중 하나인 줄 알았는데"라고 그가 말했다. 그러면서 그는 나를 쳐다볼 뿐 않으라는 말을 하지 않았다. "도르트란 이름의 친구가 이 건물에 살거든요. 아마도 당신은 그를 본 적이 있겠죠?"

"당신은 왜 내게 호감을 가지고 있는 겁니까?"

"아주 늦은 시간입니다. 당신이 침대에서 나와서는 안 되었을 것 같군요. 방으로 다시 데려다줄까요?"

"대답해요. 내 행동이 비정상적으로 보이겠지만 내게는 꾸물대지 말아야 할 이유가 여럿 있습니다. 당신은 내게 호감을 가지고 있다는 말을 했습니까, 안 했습니까?"

"했소."

"어째서죠?"

"하지만, 이것 참, 생각 좀 해보지 그래요? 당신은 말 한마디에 지나치게 중요성을 부여하고 있는 건 아니오?"

"그건 그냥 예의상 한 말입니까?"

"그래요. 당신이 그 표현을 원한다면."

나는 그에게서 등을 돌려 현관에 다가섰다.

그가 소리쳤다. "이런, 그런 식으로 가지 말아요. 무엇 때문에 내게 그런 질문을 던져야 했던 거요?"

"당신의 호감이 내게는 뭔가를 의미해요. 무언가 위험한 것을요. 당신은 나와 동류입니다. 게다가 당신은 내게 당신의 계획들을 드러내죠. 그것들이 내게 일으키는 혐오감을 당신은 전혀 개의치 않아요. 당신은 가장 부적절하고 가장 충격적인 방식으로 말합니다. 그리고, 하필 딴 사람 아닌 내게 말을 걸어요. 어째서 나인 거죠? 당신은 이렇게 대답하죠. 호감이 가서. 나는 이 점에 관해서 당신이 솔직히 설명해 주길 바랍니다."

"기꺼이 그러리다. 우선, 미안한 말이지만, 당신에게 그 정도로까지 호감을 느끼는 건 아닙니다. 나는 당신과 좋은 관계를 유지하면서 살고 싶었는데, 그 점이 당신 정신에 너무 많은 문제들을 야기한 것 같군요. 그 결과 우리는 무례하다 싶은 지적들을 하기에 이르렀고요."

"당신은 무엇 때문에 끊임없이 내 주변에서 부산을 떱니까?"

"나는 부산을 떨지 않소. 당신이 그런 표현으로 무슨 말을 하려는 건지 파악조차 되지 않는군요. 아마도 당신은 자기 태도가 이상하다는 걸, 당신 상태엔 일종의 환영이 존재한다는 걸 짐작하지 못하나 봅니다. 요컨대 당신은 만사를 복잡하게 만드는 걸 좋아하고, 극도로 예민하지요. 당신의 존재 방식이 내 호기심을 끌었습니다. 그게 다요."

"나의 존재 방식이라고요……." 나는 그를 뚫어져라 바라보며 말했다.

"당신의 태도와 말은 때때로 놀랍소. 자, 지금은 새벽 두 시요. 그런데 당신은 이렇게 내 집에 있습니다. 무슨 이유로? 내가 '당신에게 호감을 가지고 있기 때문입니다'라 했대서. 이건 대단히 이상한 겁니다. 생뚱맞은 생각이죠."

"내 행동에는 이상할 것이 전혀 없습니다. 당신은 무엇 때문에 내게 당신의 계획들을 설명했죠?"

"미안하지만, 나는 그 어떤 것도 당신에게 설명했다는 생각이 들지 않는데요. 계획이란 말로 뭘 의미하는 겁니까?"

"내게 상처를 주고 거북함을 안기는 표현들을 다시 입에 올리고 싶지 않군요. 그 말들을 결코 들은 적이 없었더라면 좋았을 겁니다."

"이런, 이렇게 과민할 수가! 이게 정상일까요? 당신은 열이 있어요. 아마도 심각한 병이 시작되려는 모양이구려. 게다가 날이 아주 춥소. 이 담요를 받아요."

나는 자리에 앉았고 그는 내게 자기 담요를 건넸다.

"난 아프지 않아요. 지극히 냉정한 상태고요."

내가 정성스럽게 담요를 몸에 두르는 동안 그는 나를 바라보았고, 이어 일어나 천천히 방을 가로질러 걷기 시작했다.

"어째서 당신은 난 아프지 않아요, 라고 말하는 거지요? 병이 당신을 두렵게 한다고 해도 될 판이오. 병이 난다는 것, 혹은 열이 난다는 것엔 전혀 수치스러울 일이 없어요." 그러면서 그는 덧붙였다. "아까 내가 말한 도르트란 동료 역시 발열 증세가 있소. 예전에 그는 자동차 정비소를 하나 운영했어요. 규모가 아주 크고, 직원도 많고, 각종 최신 수리 설비를 갖춘 정비소였죠. 그는 전문 기술자로 공부도 많이 했고 책도 많이 읽었습니다. 그러다, 뭔가가 삐끗하고 말았어요. 그는 그 사업을 관뒀소. 난 어떤 날들엔 그에게 막대한 양의 키니네를 처방해 줍니다. 그래도 발작은 강도를 달리하면서 어떤 때는 약하고 어떤 땐 격해지죠. 당신은 약을 복용하지는 않습니까?"

"당신은 불면증을 앓고 있다고 했죠?"

"그렇소, 불면증. 다시 말해서, 나는 내 피를 감시해야만 해요. 내 피는 너무 강합니다. 밤이면 그것은 제 마음대로 돌죠. 진정 광란의 상태가 되어서 말이오. 내 피가 나의 주인이오. 그러고 나면 그건 다시 잠잠해지지만, 그렇더라도 난 온밤을 하얗게 샌 것이죠."

"그리고 당신 친구는 당신과 생각을 공유하나요?"

"그 얘긴 관둡시다……. 이 잠이라는 문제는 대단히 흥미로운 것입니다. 꽤 여러 해 전, 내가 병원을 그만둬야 했을 무렵 일인데, 당시 나는 여러 차례에 걸쳐 같은 꿈을 꾸었어요. 어느 아침 나절의 말도 안 되는 시간에 한 사법관의 집으로 찾아가곤 하는 꿈이었소. 당연히 하인들은 나를 들이려 하지 않았고, 게다가 나는 아주 형편 없는 옷차림을 하고 있는 거요. 그런데도 나는 그 집엘 들어가 화장실 문 앞에 당도해 이렇게 소리칩니다. "나는 죄지은 자요." 내 손에는 몽둥이도 들려 있었던 듯해요. 면도를 하고 있던 판사가 크게 경악하여 뒤를 돌아보고, 놀라움이 가시지 않은 상태로 이런 기이한 말을 뱉소. '죄를 지었다? 그게 뭔가? 나는 죄지은 자를 본 적이 한 번도 없다.' 내가 분명 느낀 바로는, 이 말이 나의 처지를 대단히 악화시켰지요. 그렇지만 그건 그저 인상에 불과했다오. 판사는 나를 잘 맞아 주었고, 먹을 것과 마실 것을 준 뒤 나를 가장 아름다운 방에 묵게 했지요. 그러나 결국에 가선 나를 쫓아냈소. 그 순간부터 꿈은 악몽으로 변해 계속되었지요. 꿈은 이미 제 갈 길을 찾았던 거요. 그 꿈이 거의 매일 밤 반복되었기 때문에 나는 그 속에서 곧 벌어지려는 모든 일을 미리 알고 있었고, 그 결과 그 꿈을 꿀 힘조차 없을 지경에 이르렀습니다. 사법관의 집에 새로 방문할 때마다 나는 사람들이 나를 어떻게 맞이할 것이며 어째서 그들이 나를 그처럼 잘 대해 주는 것인지를 이미 알고 있었소. 모든 종류의 배려들, 좋은 식사와 파티들,

이 모든 것에는 단 하나의 목적만이 있었으니, 그건 바로 나로 하여금 정의를 향한 내 호소를 포기하게 하고 죄지은 자라는 단어를 잊게끔 하려는 것이었죠. 그와 같은 의도는 도처에서 읽혔습니다. 그런데 내가 결코 풀 수 없었던 점은 그 뒤에 과연 무엇이 숨어 있는가 하는 거였어요. 그것은 하나의 함정이었겠소? 아니면 구원의 기회였을까? 어쩌면 그들은 그 몹쓸 사안으로부터 멀찍이 떨어져 자기들끼리 있을 수 있도록, 내가 사라져 버리는 걸 보고 싶어했는지도 모르오. 아니면, 그들은 나를 때리거나 파멸시키기 위해 하나의 신호라든가 내 쪽이 망각하는 순간을 기다리고 있었던 것일까요? 이러한 의혹들은 사람의 진을 빼는 데다 아무 소용도 없어서, 나는 아무런 결론을 내리지 못하고 있었지요. 장면들이 기계적으로 이어지는 가운데, 결코 나를 속일 수 없는 신호들의 알림과 더불어 대단원이 다가오곤 했소. 판사들은 갈수록 더 공손해지더니 내 하인들이 되었고, 나는 영광으로 둘러싸여 비굴한 존경을 받습니다. 조명들이 환하게 빛나고 음악이 흐르는 것이, 무도회였어요. 그 순간 내 불안은 정점에 다다르며, 그러다 돌연 나는 모든 걸 깨닫곤 했어요. 내가 여러 날 전부터 그 판사들의 집에서 찾았던 것, 그리고 다른 어디서도, 심지어 대단히 많은 사람들이 모여 있던 그 무도회에서조차 발견할 수 없었던 그것이란……."

"그래서 뭐죠?"

"미안하지만, 나는 그게 한 명의 여자였다고 생각합니다. 나는 여자가 하나 필요했소. 그런데 심지어 그 무도회에서조차도 여자는 없었다오. 사법의 세계는 그 점 때문에 숨 막히는 곳입니다. 무죄 판결이란 다름아닌 한 여자의 현전을 의미했는데, 그걸 나는 여자가 한 명도 없는 감옥들 속에서 찾을 수밖에 없었던 것이죠. 징벌은 바로 거기에 있소."

"당신의 꿈은 당신의 생각들이 불건전하고 방탕하다는 것을 증명하는군요. 게다가 당신은 말이 많아요. 내 보기엔 당신 역시 아픕니다. 상태가 그다지 좋지 않다고요."

"나는 당신에게 꿈 얘기를 들려줬소. 그것이 여러 차례 되풀이되었던 대로 말이오. 다시 말해서, 꿈은 분명 그런 식으로 진행되었지만 종종 결말이 다르기도 했어요. 또 다른 식으로는 그것이 어떻게 끝났는지 들어 보겠소?"

"아뇨. 당신의 암시들이 어떤 건지 이해가 가거든요. 그런데 이 완곡어법에 기댄 수다는 지나치게 길어지는군요. 당신의 수수께끼들 뒤에 감춰진 게 옆집 아가씨, 그리고 오늘 저녁에 내가 그녀와 함께 한 산책이라면, 얘기 관둬요."

"이봐요, 앙리 소르주, 나는 대단히 바쁜 사람이오. 난 책임이 막중하고 밤낮 없이 일합니다. 맹세컨대 당신은 당신이 좋다고 느끼는 사람과 친하게 지내면 된다오. 난 그에 관해 아무 생각도 하지 않을 테요. 관심 없으니."

"난 당신이 내가 하는 일에 관심이 있다는 걸 알고 있어요. 게다가 당신이 잘못 생각하는 점이 있는데, 저 아가씨는 매우 단정한 사람이에요. 자기 작은 가게를 아주 유능하게 꾸려 가고 있고, 어머니를 맡아 부양하고 있기도 하지요. 난 그녀를 두세 번 보았고, 그게 전부입니다."

"내 꿈의 결말을 들어 보는 게 더 낫지 않겠소?"

"무슨 꿈 말입니까?"

"그래요, 내가 얘기를 끝맺게 해줘요. 내가 예전에 한 병원에서 조수로 일한 적 있다고 했죠. 그런데, 꿈속 판사들 중 맨 마지막 이는 그 병원의 운영자였어요. 그는 심지어 내가 무슨 말을 하려는 건지 알지 못하면서도 — 바로 그 사람 앞에서 나는 스스로 결백하다는 생각이 들었고, 그래서 결백을 확언하겠노라 결심한 터였소 —, 내가 앞서 한 고백들을 들어 나를 꼼짝 못하게 했고, 내 입을 틀어막거나 항변하는 것을 방해했고, 꿈속에서조차 날 아프게 만드는 위선을 떨며 내 말꼬투리를 잡았소. 나는 숨이 막히고 구역질이 났지요. 오호라, 그러니까 저들이 감추는 게 바로 이것이구나. 그처럼 믿기 힘들 만큼 비굴한 태도로 나를 환대하는 게 다 이래서구나. 내가 부지불식간에 실토해 버렸기 때문에. 솔직하고 진실한 말을 하라는 요구가 있을 때에만 입을 열 권리를 스스로 내려놓은 채, 신중치 못하게도 미리 말해 버리기 때문에. 그 얼마나 천박하던지! 너무나도 천박했소!"

"그래서 사람들은 당신을 그 병원에서 내쫓았습니까?"

"아무러면 어때요!"

나는 천천히 그에게 말했다. "당신은 사람이 예컨대…… 어떤 여자를 만나고, 그녀를 바라보고, 그녀에게 다가가고, 그녀와 자신의 공통점이 전부 사라져 가는 것을 서서히 느끼는 일이 가능하다고 봅니까? 거기 그 자리에 과연 누가 있는 걸까요? 무언가, 다른 것이죠. 그건 그저 미끼에 불과할지도 몰라요! 잠시 동안 우리는 어떤 낯선 것과 접촉하는 겁니다. 내 말을 이해해 줘요. 낯선 어떤 것을 접촉하는 거라고요. 그건 감정이 아녜요. 이 점은 토론의 여지가 없고, 끔찍하도록 분명한 겁니다. 그건 그저 유혹일 수밖에 없어요."

"그렇소. 당신, 슬슬 피곤하지 않은가요? 원한다면, 그 소파에서 밤을 보내도 돼요. 난 불을 끌 거요."

그가 한쪽 구석에서 담요들을 꺼내는 것이 보였다. 그는 그중 하나를 긴 의자에 펴고 나머지 것들을 턱까지 끌어당겨 덮었다.

나는 말했다. "그런데, 당신은 잠자리에 들지 않을 건가요? 내가 집으로 돌아가는 편이 나을 것 같군요."

그러나 이미 그가 불을 끈 후였다. 얼마 후, 커튼이 달리지 않은 창을 통해 약간 탁한 불빛이 스며들어 왔다.

"당신은 저 아가씨에게 정말로 그런 종류의 일을 부탁하려는 생각입니까? 나는 그녀를 모릅니다. 그녀가 어떤 사람인지 알지 못해요."

이제 나는 낮은 목소리로 내 생각을 말하고 있었다. 아무 대답이 없었으나, 그가 내 쪽으로 몸을 돌리고 주의 깊게 내 말을 듣고 있다는 것이 어둠 속에서 느껴졌다.

나는 말했다. "국가에 대항해 각종 전단을 유포하는 조직들이 여전히 존재한다는 걸 알고 있습니다. 그 조직들은 계속 회합을 갖고 사회적 혼란을 일으키죠. 당신 조심해야 할 거예요. 정부는 모든 걸 알고 있고, 일어나는 모든 일들은 정부의 공모, 정부의 선동과 함께 행해지는 것이니까요."

그는 고집스럽게 침묵을 지켰다. 언뜻 그의 두 눈이 마치 동물의 그것처럼 번득이는 듯했는데, 그 눈빛은 안절부절못하는 겁먹은 존재만을 여실히 드러내고 있었다.

나는 말했다. "난 당신이 나를 염탐하고 있다고 생각하지는 않아요. 당신에게 일말의 신뢰감까지도 가지고 있어요. 그러니까, 어느 정도까지는 그렇단 겁니다. 나는 또 당신이란 사람을 심각하게 경계하고 있기도 하니까요. 더군다나, 당신에 관한 나의 견해는 계속 바뀝니다. 당신은 자주 내 마음에 들지 않고, 당신이 어물쩍 피해 달아날 때마다 난 정말로 불편해져요. 그러면서도 난 여전히 이곳에 있군요. 이상한 일이죠, 심지어 이따금 내겐 당신이 진짜로 존재하는 것인지, 그마저 의심이 드니까요. 아마도 당신이 병자이기 때문에 그럴 거란 생각을 합니다만."

"우리 조직 중 하나에 들어와 어떤 역할을 맡아 달라면 받아들이겠소? 당신이 일하는 시청의 부서들 내에 작은 그룹을 하나 만들어 달라면?"

"아뇨."

"이유가 뭐요?"

"그건 내 생각들과 반대되는 일이니까요."

"당신이 하는 생각들을 보건대, 당신은 해방시켜 준다는 미명하에 짓밟는 체계, 제 그물코 안으로 유입되는 이들을 비존재의 상태로 몰고 가는 체계의 편에 설 수 없을 텐데?"

"그런 말은 이미 전단들을 통해 읽었습니다. 어리석은 말이죠. 국가는 짓밟지 않아요. 우리는 우리 자신을 짓밟지 않죠. 진실은 뭐냐, 그 모든 비판들을 당신 머릿속에 투입시킨 게 바로 법 자체라는 겁니다. 법에겐 그렇게 하는 것이 필요하고, 따라서 법은 그 점에 관해 당신에게 고마워합니다. 그렇지 않다면 모든 건 멈춰 버리고 말 거예요."

"그렇다면 법 바깥에 있는 자들, 저 최하층의 사람들은?"

"뭐라고요?" 나는 잠시 뜸을 들였다. 상당히 흐릿하게나마, 그의 얼굴을 분간할 수 있었다. 그리고 과연 나는 그에 관한 얘기를 들은 적이 있었다. 나는 불쑥 소리쳤다. "아니, 당신 제정신이 아니군요. 그건 다 옛날 얘기고, 희미한 기억이에요. 당신은 그저 책에 지나지 않아요. 당신은 존재하지 않습니다."

"바보 같은 얘기 하지 말아요. 당신은 나 자신이 법 바깥에 있다는 걸 잘 알고 있잖소. 지금 당신은 당신의 계급을 위해서, 당신 정신 속에서 모든 걸 망라하는 그 거대한 계급을 위해서 투쟁하는 거요. 당신은 당신의 행정을 향해 찬양을 늘어놓을 뿐, 당신 바깥에도 무언가가 존재한다는 사실은 깨닫지조차 못하고 있군요. 하지만 당신은 언젠가는 미끄러져 내릴 거요."

"아니 결코. 그런 건 가능하지 않아요. 불을 켜요." 나는 흥분했고, 그는 불을 켰다.

"당신은 어째서 내게 말을 걸었던 겁니까? 어째서 그럴 생각을 한 거죠?"

그는 나를 쳐다보는 둥 마는 둥 하면서 빠르게 대답했다.

"나도 몰라요. 그냥 느낌이오. 게다가 나는 당신의 계부를 위험에 빠트리고 싶거든. 자, 이제 그만 가서 자도록 해요."

일어섰다. 문 가까이에 다가서면서 나는 그에게 뭔가 말하려 했지만, 이내 그것을 까먹었다. 아니면, 정신이 혼란스러워졌거나. 나는 집으로 돌아와 잠자리에 들었다.

3

나는 침대에 눕기 무섭게 피로의 상태에 빠져들었다. 그것은 졸음이 아니라 일종의 무기력한 명료함이었다. 그래, 죽음이로군, 이라고 나는 생각했다. 다음 날, 루이즈가 나를 집으로 데려갔다. 거기서 나는 내 예전 방을 되찾았고, 모든 사람들은 내가 언제쯤 무기력 상태에서 벗어나려는지 알기 위해 나를 관찰하기 시작했다. 터무니없기는! 나는 내가 잠을 자는 게 아닌 이상, 원할 때면 언제든지 그 상태에서 벗어날 수 있다는 걸 알고 있었다. 나는 어쨌든 당장은 입을 다물어 버렸다. 어느 날 아침, 아직 아무도 일어나기 전이었는데 루이즈가 내 방으로 내려왔다. 누이는 붉은 원피스를 입고 있었다. 어둡고 보랏빛이 도는 이상한 붉은색이었다. 누이는 내 두 걸음 앞에서 걸으며 나로 하여금 홀 하나를, 이어 좀 더 큰 또 다른 홀을 거쳐 어느 입구로 들어서도록 했다. 나는 퍽 이상한 그 붉은색을 바라보며 루이즈를 따라갔다. 그 입구에서 누이는 나를 계단 쪽으로 밀었고, 우리는 아무 말 없이 위로 올라갔다. 2층에 양쪽으로 출입구가 있는 넓은 부속실이 나타났다. 부속실의 안쪽 끝에도 역시 문이 하나 나 있었다. 루이즈는 그 문들 중 하나를 가리키더니 그쪽으로 다가갔고, 이어 한 번 더 그 문을 가리켜 보이며 그 검디검은 눈으로 은 밀하면서도 집요하게 나를 응시했으니, 아! 지극히 오래되고 오래된, 줄 곧 나를 그런 기다림과 비난과 명령이 어린 표정으로 바라봐 온 듯한 그 눈이라니. 루이즈의 손이 미끄러지며 문 손잡이를 잡았다. 나는 온 힘을 모아 누이를 바라보았다. 루이즈의 동작에는 기묘한 의도가, 믿을 수 없 는 환기가, 그러니까 내가 이미 한 번 누이와 함께 그곳에 온 적이 있다 는, 예전에도 이미 누이는 그 지치고 번쩍이는 눈으로 나를 응시했었고 그와 동시에 누이의 손이 저 문을 향해 뻗쳐졌다는 기억이 담겨 있어서, 그 결과 나는 단지 현재뿐만 아니라 과거 속에서도, 아니 어쩌면 오직 과거 속에서만 전율하고 있을 따름이었고, 내 살갗 위로 느껴지는 이 흐 르는 땀은 이미 속담이 되고 만 다른 시절의 땀이자, 내게서 이미 흘러 나왔으며 나로부터 또다시, 그리고 종말에 다다를 때까지 흘러나오게 될 죽음의 물에 불과했다.

루이즈는 세차게 나를 끌어 또 다른 계단을 오르게 했다. 그리고 이 윽고 어떤 방으로 나를 밀어 넣었다. 방에 들어서자마자 정신이 확 들면 서 놀라울 정도의 냉기와 습기와 퇴락의 느낌이 나를 사로잡았으며, 그 느낌이 어찌나 강렬했던지 나는 혼란이 가시지 않았을 뿐 아니라 심지 어 흥분 상태에 다다라 있었다. 그곳엔 무언가 과도한 것이 있어서, 흡 사 그와 같은 퇴락과 습기가 방으로부터 따로 떨어져 나와 눈에 보이는 것으로, 벽들과 창, 타일보다도 더 가시적인 것으로 되어 버리기라도 한 것 같았다. "엄마가 일어나기 전엔 다시 내려가는 거야"라고 루이즈가 말했다. "여기가 네 방? 어째서 이런 데서 사는 거지?" "난 늘 여기서 살아 왔는데 무슨 소리야." 루이즈는 커다란 초상 사진 하나가 덩그러니 놓인 테이블 옆에 자리했다. 그 뒤편엔 오래되어 형태가 여기저기 지워지고 색이 바랜 태피스트리가 걸려 있었다. 나는 그와 같은 낡음이, 비록 거기에 아직 상당한 위엄이 서려 있음에도 불구하고, 이 방의 비참 전체를 설명해 준다고 생각했다.

"그 사진 좀 보여 줄 수 있어?"

루이즈는 사진을 들어 침대 있는 곳까지 가져오는 데 꽤 애를 먹었다. 진정 기념비 같은 물건이었다. 액자는 마치 화강암으로 만든 테이블처럼 두꺼웠고 어느 면에서 보아도 매끄러웠다. 제가 두르고 있는 사진의 평범한 크기에 비할 때 그것은 거의 우스꽝스러울 정도로 무겁고 육중한 덩어리였다. 나는 사진 속의 그 길고 앙상하며 거의 표정이 없다시피 한 얼굴을 바라보았다. 그의 두 눈은 완강하게 응시하고 있었고, 표정이라곤 없는 얼굴 속에서 그 점은 강한 인상을 남겼다. 명백히, 의무감의 인간이었다. 그는 마흔 살쯤 되어 보였다. 루이즈가 사진을 뒤쪽에서 잡고 있었기 때문에 내 눈엔 남자의 초상과 함께 누이 자신의 얼굴이, 남자와 똑같이 차갑고 강렬한 그 시선이 동시에 들어왔고, 누이의 시선은 마치 물질적인 동일성을 확인하려는 듯 질투 어린 초조함을 드러내며 액자 위편으로부터 영상 쪽으로 미끄러졌다. 그때 나는 일전에 본 그 모든 다른 사진들을 떠올렸다. 그것들 뒤에도 찾아내야 할 무언가가 있었는데, 오늘 내게는 그 사진들 전체가 기실 저 사나운 시선의 얼굴을 가리켜 보이는 듯 여겨졌다. 그 얼굴을 뚫고 나오는 것은 오직 두 눈뿐이었다.

액자가 하도 무겁게 누르는 바람에 내 허벅지는 뜨겁게 타오르다 그예 돌처럼 변해 버린 것 같았다. 하지만 내가 몸을 움직이자마자 루이즈는 내게 액자를 들 틈을 주지 않고 황급히 그것을 거둬 갔다. 받침대에 올려진 액자는 멀리서 보면 영락없는 성상聖像이었다. 방이 밝아지기 시작했는데, 그러고 보니 그것은 꽤 길고, 좁고, 상당히 천장이 낮은 방이었다. 한구석에 놓인 침대로부터 시작된 환한 빛은 미처 반밖에 들지 못한 채 딱 벽지 가장자리에서 멈췄다. 그다음부터는 침침함이 일종의 내실 비슷한 것을 만들고 있었다. 요컨대 그 방은 궤짝 같았다.

"어릴 때 쓰던 방을 아직 그대로 쓰는 거구나"라고 나는 지적했다. 그리고 누이가 여전히 초상 사진 옆에 꼼짝 않고 서 있는 걸 보고 말했다. "이리 와 봐. 이리 와 보라니까!"

나는 루이즈의 손을 잡아 내 이마 쪽으로 끌었다. 루이즈는 어루만짐이 아닌, 거친 손길로 내 이마를 만졌다. 관자놀이 근처에 난 흉터에 닿자, 누이는 천천히 흔적을 훑으며 면밀히 탐색하다 이어 맹렬히 더듬었고, 급기야 거의 광적인 집요함을 보이며 만져 대기 시작했다.

나는 누이를 약간 밀어낸 뒤 말했다. "어째서 눈을 내리깔지? 너답지 않게. 내가 집을 떠날 때 넌 몇 살이었더라?"

"열두 살."

"열두 살이라고! 그럼 넌 열두 살에 그 돌을 내게 던졌다는 거야!" 나는 내 관자놀이를 가리키며 말했다.

루이즈는 고개를 저었다.

"아니긴! 난 구덩이를 파고 있었어. 너는 그 가장자리에 있었고, 넌 돌을, 벽돌 조각을 집어서 내가 몸을 다시 일으키는 순간 그걸 내게 던졌어."

누이는 계속 고개를 저었다.

누이가 말했다. "너도 알고 있잖아. 어렸을 때 추락한 적이 있다는 거. 엄마가 그만 떨어뜨리고 말았지."

"엄마? 그래, 엄마가 그랬지. 그래도 잘 들어. 이건 사실이니까. 우리가 어렸을 때, 난 네 놀림감이었다고. 난 네가 멋대로 행동하도록 내버려 뒀어. 하다못해 여기에서도 넌 날더러 몇 시간 내내 이 침대 밑에 배를 깔고 엎드려 있으라고 했지. 너는 비질을 하면서 내게 먼지와 쓰레기를 날려 보냈어."

루이즈는 이 터무니없는 말에 미소로 응대하는 대신, 점점 더 심각한 표정으로 나를 응시했다. 나는 루이즈의 기분을 풀 수 있기를 바라는 마음에 힘차게 누이의 손을 잡아 입을 맞췄다. 과연 루이즈의 얼굴이 펴지며 웃음기 띤 무언가가 그 위를 스치는가 싶었으나, 이어지는 순간 그것은 급작스레 이상한 표정을 지으면서 오히려 끔찍하게 구겨지고 말아, 나는 누이가 막 눈물을 쏟으려 한다고 생각했다. 누이는 일순간 미동도 않다가 내 목에 매달려 세차게 입맞춤을 퍼부었다. 이 행동은 내 마음을 뒤흔들었다. 여태까지 루이즈는 내게 침묵이나 전횡 이외에 애정을 보인 적이 한 번도 없었다. 나는 놀란 채, 거의 공포에 가까운 것을 느끼며 무어라고 몇 마디를 더듬거렸고, 그래서 곧이어 루이즈가 팔짱을 끼며 예의 사나운 태도를 되찾았을 때 그 애가 죽이고 싶도록 미웠다.

누이가 말했다 "이제 내려가야 해."

나는 다리가 저려서 무감각해진 것도 잊고 있었다. 잠깐 루이즈의 팔에 의지할 수밖에 없었고, 그러면서 나는 흘낏 태피스트리를 바라보았다. 확실히 케케묵은 폐물이었다. 씨실이 다 보일 정도로 낡았고, 그 씨실 자체도 너덜너덜 해져 있었다. 가까이 다가가 그 털실 위로 입김을 훅 불어 보려는 생각이 들었다. 그 당장 가루투성이 넝마 조각들과 작디작은 나방 수십 마리가 내 주위로 날려와 시야를 가로막았다. 나는 침을 뱉었다.

나는 얼굴을 가리며 외쳤다. "불결하기도 해라, 이건 진짜 벌레 소굴이로군." 그 안에 우글거리고 있을 수천 마리의 유충들과 진드기, 온갖 종류의 벌레들을 떠올리자 혐오감이 일었다. "어떻게 이런 쓰레기를 보관해 둘 수 있어?"

먼지 구름 아래로, 루이즈 역시 고개를 떨구고 있었다.

누이가 낮은 목소리로 말했다. "그건 아주 오래된 거지."

"아주 오래된! 아주 오래된!" 그 말을 되풀이하고 있는데, 별안간 눈 아래쪽 벽에서 방을 향해 뛰어드는 거대한 말 한 마리의 형상이 보였다. 말은 하늘을 향해 뒷발질하며 미친 듯이 날뛰었다. 공중으로 치켜진 머리는 놀라운 양상을 펼쳐 보인바, 정신 나간 눈을 한 사나운 그것은 분노와 고통과 증오에 사로잡힌 듯했으며, 제 스스로도 이해하지 못하는 바로 그 맹렬한 기운이 그것을 차츰차츰 말로 변형시켰다. 말은 타오르는 듯 흥분하여 물어뜯었고, 이 모든 일은 텅 빈 공간 속에서 일어났다. 그 형상은 그야말로 광적이었고, 게다가 터무니없이 거대했다. 그것이 전경 전체를 차지하는 바람에 보이는 것이라곤 오직 그것뿐이었으며, 심지어 똑똑히 구별할 수 있는 거라곤 그 머리가 전부였다. 구석구석 살피면 분명 아직 많은 세부 사항들이 남아 있을 터였지만, 그러나

색과 선, 심지어 직조면 위의 본뜬 자국마저도 이겨 낸 건 마모였다. 뒤로 물러서면 식별되는 건 더 이상 없었다. 가까이 다가가면 모든 게 뿌옇게 뒤섞였다. 꼼짝 않고 있자 이 누더기의 혼돈 뒤로 가벼운 그림자가 스쳐 지나가는 것이 느껴졌다. 의심할 여지 없이, 무언가가 움직이고 있었다. 그 형상은 뒤에 자리 잡은 채 나를 살폈고, 나 또한 그것을 염탐했다. 대체 그건 무엇이었을까? 무너져 내린 층계? 기둥들? 혹시 계단 위에 누워 있는 어떤 몸? 아! 속이는 이미지. 사라졌는데 파괴할 수 없는 부정한 영상. 아! 분명코 오래된 것. 범죄가 될 정도로 오래된 어떤 것. 나는 그것을 뒤흔들고 싶었고, 갈기갈기 찢고 싶었으며, 내 몸이 습기와 흙먼지의 구름에 뒤덮인다고 느끼는 가운데 그 모든 존재들의 명백한 망동妄動에, 그러니까 가장 끔찍하며 가장 완벽히 죽어 버린 과거로 나 자신을 끌어넣기 위해 몸소 끔찍한 죽은 과거의 선동자가 되는 그것들의 터무니없이 무의식적인 움직임에 붙잡혀 들어갔다. 나는 진정 증오심을 느끼며 루이즈를 바라보았다. 누이는 내 팔에 완강하게 매달려 더 이상 나를 놓으려 하지 않았으니, 아마도 영원히 그렇듯 내게 속해 있을 것이었다. 아! 계집애, 이 저주받은 계집애! 그러자 갑자기 방금 전 누이가 입 맞출 때 내 입에서 새어 나왔던 말들이 다시 기억났다. "네게 전부 다 복종할게." 나는 그렇게 말했었다, 분명히. 그 기억이 그 자리에서 나를 진정시켰다. 나는 여전히 멍한 채, 루이즈를 뚫어지게 쳐다보았다. 누이가 속삭이는 게 들렸다. "가자." 루이즈는 문을 열었다. 누이가 이미 층계참에 다다라 내 쪽으로 붉은 원피스를 돌려 선 채 기다리는 게 보였다. "와, 어서 오라니까." 그 애가 말했다.

오후에 나는 정원으로 물러나 있었다. 평소엔 거기로 나가기를 마다하고 방에 틀어박혀 있는 게 내 습관이었다.

날은 벌써 꽤 더웠다. 나는 정자 옆의 벤치에 앉았다. 퍽 보잘것없는 정원은 거대한 담으로 에워싸여 있었고, 과하게 높은 담벼락들은 지나치게 많은 그림자들을 만들어 냈다. 그러면 나무들은? 그처럼 작은 경내에 비할 때 나무들이, 지나치게 높고 지나치게 강력한 나무들이 너무 많았다. 그러면 땅은? 검은 땅, 메마른데도 심지어 표면까지도 검은 땅을 자갈들은 잘 감추지 못하고 있었다. 나는 자갈들을 걷어냈다. 땅은 실상 아무런 색도 띠고 있지 않았다. 회색도, 노랑색도, 황갈색도. 그럼에도 그것은 검어 보이기가 흡사 땅속의 어느 지층이 완전히 화석화된 흙의 빛 꺼진 외양을 한 채 지면에 노출된 것 같았으니, 그 흐릿한 외양 위에서 사물들은 더 이상 썩지조차 못한 채, 그저 영원히 사라져 간 사물들로서 영구히 간직되고 있을 따름이었다. 나는 예전에 내가 아마도 가장 큰 나무 옆에다 팠었을 구덩이를 떠올렸다. 거의 내 키만큼 되는 깊은 구덩이였다. 나는 그 구덩이 안에 들어가 있었고, 루이즈는 구덩이 가장자리에 있었고, 누이의 두 다리와 팔 한쪽이 보였었다. 나는 누이가 날 겨냥하고 있었다고 확신한다. 무엇 때문에? 루이즈의 머릿속엔 대체 무슨 생각이 들어 있었던 걸까?

"나오길 잘했구나." 어머니가 말했다. "예전에 넌 이 정원을 무척 좋아했지."

나는 어머니가 한 계단 한 계단 천천히 내려오는 모습을 바라보았다. 멀리서 보니 어머니는 대단히 위엄 있는, 거의 숭고하다 할 자태를 지니고 있었다. 나는 루이즈가 어머니에 관해 언급할 때 늘 왕비마마라는 말로 지칭하곤 하던 게 생각났다.

나는 말했다. "지금도 변함없이 이 정원을 무척 좋아해요."

어머니는 벤치에 앉으면서 얼른 나를 바라보았다. 곁눈질이었다. 그런데 그것이야말로 내가 참지 못하는 일이었다. 누가 나를 쳐다보든, 심지어 그가 루이즈였다 해도, 참아 낼 수 있었지만, 어머니가 그러는 건 견딜 수 없었다. 나는 흥분해서 침착함을 잃고 말았다. 그리고 어머니는 내가 눈에 띄게 거북해하자 그다음부터는 불안하고 의심 어린 표정으로 몰래 나를 관찰하는 행동 말고는 다른 엄두를 내지 못했고, 그때문에 나는 더욱더 불편해졌다. 나는 내가 집을 떠나고 난 후 저수 탱크를 막아 버렸다는 어머니 말을 무심히 듣고 있었다. 오솔길 한가운데에 난 작은 흙무덤이 그것이 있던 자리를 표시하고 있다고. 그 가장자리엔 꽃이 심겨 있단다. 이 정원을 통틀어 거기가 그나마 밝은 유일한 장소란다.

"네 누이하곤 잘 지내니?"

"네."

"그렇다면 다행이고. 걘 좋은 애인데, 다만 성격이 까다롭지. 감정을 드러내질 않아. 너희가 함께 있을 땐 걔가 말을 좀 하니? 너희끼리는 대화를 많이 해?"

"네, 때에 따라 달라요."

"난 그 애를 존중한단다. 심지어 걜 보면서 감탄하기까지 할 게다. 하지만 넌 그 아이가 얼마나 엉큼한지 모를 거야. 네가 병에 걸렸을 때 말이다, 난 의사가 보낸 편지들을 저 애가 없애 버렸다고 확신해. 걘 네가 아프다는 걸 아는 유일한 사람이 저이기를 원했고, 그래서 아무에게도 그 이야기를 하지 않았지. 가능한 한 가장 늦게 알렸어. 쟤가 널 보러 병원에 왔었니?"

"아뇨, 그러지 않았던 것 같아요. 기억 나지 않아요."

"그 애 말로는, 널 보러 병원에 갔는데, 내가 들르지 못하게 해달라고 하더라는 거야, 네가. 걔가 왜 그랬을까? 우리가 마주치는 걸 원치 않아서였을 테지. 어리석은 질투심 때문에. 나를 다시 한번 더 떼어 놓으려고. 타고난 성격이 어쩌면 그리 인정머리 없는지! 저 앤 날 한 번도 사랑한 적이 없단다." 어머니가 갑자기 격한 어조로 말을 이었다. "분명한 건, 걔가 어렸을 때…… 그래, 이건 좀처럼 말하기 힘든 사실이지만, 난 걔가 날 증오했다고 믿어. 세 살쯤 됐을 무렵, 그때도 이미 갠 날 미워해서는, 날 할퀴고 내 행동을 몰래 엿보려고 테이블 밑으로 들어가 나를 치곤 했어. 지금은 그 애의 감정 상태가 좀 더 나아진 편이긴 해. 그래도 어떤 날은, 너도 봤다시피, 저 애 얼굴은 거의 주름이 잡힐 정도로 찡그려져 있곤 하지. 갠 제 말을 하지도 않고 남들 말을 듣는 기색도 없어. 그런데 실상은 모든 걸 다 들어서 놓치는 게 하나도 없단다. 그 애가 그렇게 건조한 초원 같은 표정을 하고 있는 게 보이면 난 그냥 자리를 뜨고 말아. 저 앤 날 고문하는구나."

어머니 우는 소리가 들려왔다. 어머니의 눈물 또한 내게서 평정심을 앗아 가던 것이다. 나는 어머니의 눈물을 거두어 주고 싶었으리라. 혹은 반대로 어머니가 더욱더 우는 모습을 보고 싶었으리라. 루이즈는 단 한 번도 눈물을 쏟은 적이 없었다. 그 점에 관한 한 나는 두 사람 다 원망하고 있었다. 그 순간, 무언가가, 어떤 장면이 퍼뜩 떠올랐다. 그것이 어쩌나 강하게 기억에 되살아났던지, 그리고 내가 그것을 그간 얼마나 완벽하게 잊어버리고 있었던지, 마치 지금에서야 처음으로 그 장면을 목도하는 듯한 기분이 들었다. 그 일은 저녁 4시쯤 벌어졌었다. 내가 문 하나를 열어 둔 바람에 방 한가운데로 두 손을 등 뒤로 돌리고 선, 끔찍할 정도로 야위어 삐쩍 마른 다섯 살배기 유령 같은 루이즈가 보였고, 그보다 몇 걸음 떨어진 자리에서는 어머니가 분하고 화난 동작으로 한쪽 주먹을 치켜든 채 누이를 위협하고 있었다. 내가 그 장면을 목격한 것은 1, 2초 정도였다. 나는 딱할 정도로 마르고 냉정한, 말하자면 나이도 없고 시간으로부터도 벗어난 냉정함을 띤 루이즈의 그 무표정하고 검은 얼굴과 그 맞은편에 들린 어머니의 주먹을 보았다. 스스로의 위엄이 그 위협 하나로 축소된, 자신의 범죄를 가려 줄 가면보다 그 붉은 옷감 쪼가리 앞에서 더 무력한 어머니 역시, 딱하긴 매한가지였다. 다음 순간 어머니는 나를 발견했고, 자신의 쳐든 주먹을 의식했다. 그러자 어머니의 얼굴 위로 공포 어린 표정이, 내가 그때까지 그 어떤 얼굴에서도 본 적 없으며 이후로도 다시는 보고 싶지 않을 표정이 지나갔는데, 아마도 그것이야말로 지금 와서 내가 어머니의 얼굴을, 또 어머니가 내 얼굴을 피차 외면하며 그저 슬쩍 의심 어린 시선 정도나 교환할 수 있도록 만든 원인이리라.

나는 말했다. "어째서 날 겁내는 거죠?"

어머니의 두 눈이 내 눈을 향하는 것이 느껴졌다. 대단히 아름답다는 생각을 떠올리는, 다른 나라에서 왔으며 빛을 연상시키는 냉랭한 푸른 빛을 띤 창백한 눈이었다. 그리고 그 눈에서 나는 애매하면서도 탐욕스러운 움직임만을 포착할 뿐이었다.

"어째서 그런 말을 하니? 때때로 네가 두렵긴 하다. 그건 사실이야, 넌 우리를 겁먹게 만들어. 넌 지나치게 혼자 지내고, 그토록 자주 아프니 말이다. 네가 몇 주를 병원에서 보냈다는 사실을 난 다 지난 어느 날에서야 문득 알게 되지."

"난 혼자가 아녜요. 다른 사람과 다를 바 없는 삶을 살고 있어요."

"네게 필요한 건 관찰과 보살핌이야. 건강이 좀 나아지면 시골에서 얼마간 지내 보겠니?"

"모르겠어요…… 아직 그런 것에 대해선 생각해 보지 않았어요."

"난 불안하구나. 그렇다는 걸 인정하마. 아마 은연중에 그런 걸 거다. 하지만 생각 좀 해보렴. 넌 퍽 오랫동안 멀리 떨어져 살았어. 난 너에 관해 아는 게 별로 없고. 소식이라곤 네 누이에게서 억지로 끌어내는 몇 마디 말뿐이니. 나는 자주 널 혼자 남겨 두곤 하는데, 그 이유는 내가 네 앞에 있으면 마치…… 그래, 난 내가 쓸데없이 방해만 될까 봐 두려워. 서글픈 일 아니냐?"

어머니의 음성에 또다시 눈물이 스며들면서 그것을 수치스럽고 해묵은 어떤 것으로, 우는 여자의 목소리로 만들고 있었다.

"어째서 내가 널 겁내느냐고 물은 게냐? 누가 네게 그런 생각을 불어넣었니?"

"아무것도 아녜요. 그냥 잘못 생각한 거예요."

나는 시선을 외면한 채 어머니 쪽으로 손을 내밀었다. 어머니는 약간 당황하면서도 어쨌든 부드럽게 내 손을 잡았다.

어머니가 말했다. "예쁜 손을 가졌구나. 여자 손 같아."

어머니가 그 말을 하고 있을 때 살짝 무슨 소리가 났다. 가장 큰 나무 옆, 거의 그 나무 몸통의 뒤쪽에 그 애 원피스의 붉은 얼룩이 꼼짝 않고, 마치 나무에서 떨어진 듯 놓여 있는 게 보였다. 마치 그걸 본다는 것은 곧 무언가 쓸데없는 것을 목격하고 마는 일이라는 듯, 얼룩은 거의 보이지 않는다 싶으면서도 동시에 지나치게 눈에 띄었다. 나는 내 손을 거두고 싶었고, 아무 눈치도 채지 못한 어머니는 계속 그것을 잡고 어루만지며 진정시키려다, 막상 그 자리에 누가 와 있는지 깨닫자 손을 놓는 정도가 아니라 아예 황급히 나를 밀쳐 냈다.

어머니가 말했다. "어머, 너 왔구나. 그럼 일은 다 끝냈나 보네?"

붉은 옷감이 약간 팽팽해지다 그 냉랭하고 흔들림 없는 등장 속에 녹아들었다. 어떤 위협도 그 같은 나타남을 뒷걸음치게 만들거나 멀어지게 할 수 없었을 터인바, 아마도 그것 자체가 이미 무한히 멀리 떨어져 있는 것이었기 때문이리라.

"오늘 토요일이에요"라고 루이즈가 말했다. 누이는 여전히 흙무덤 근처에 선 채 나도, 내 손도 쳐다보지 않았다. 나는 손을 어디 두어야 할지 몰랐는데, 마치 이 모든 것이 루이즈의 화강암 같은 심판 아래에서 이미 지워지고 뭉개진 것만 같았다.

"오늘 아침에 저 애를 네 방에 데리고 갔었니?"

"네."

"보아하니 저 아인 네 성소에 들어갈 권한이 있는 게로구나. 그럼 왜 하필 그런 시간을 택했니?"

"오빠가 그렇게 해달라고 해서요. 또, 그 일을 놓고 이러쿵저러쿵 말 나는 걸 피하려고요, 만일 그게 알려지지 않을 수도 있는 거라면."

"넌 어쩌면 그리도 이상하니." 당황했음에도 어쨌든 여전히 침착한 어조로 어머니는 말했다. "너는 다른 사람들이라면 하기 부끄러워할 말 외엔 하지를 않는구나. 그건 오만해서 그런 거니, 아니면 나를 업신여기려고 그러는 거니? 더구나 네가 말한 건 사실조차 아니야."

루이즈가 말했다. "뻔하잖아요, 오빠가 거기로 되돌아가는 걸 엄마가 달갑게 보지 않을 게."

"아니 어째서? 너희들은 마음껏 너희 하고 싶은 대로 할 수 있는데. 난 너희들이 행동하는 방식을 그러려니, 하고 받아들인 지 이미 오래전이다. 너흰 항상 나를 멀리 떼어 놓았지. 공공연한 모욕, 그래, 난 너희로부터 그걸 받기에 충분히 가까운 자리에 있었구나. 나는 상처받고 공격받기 위해서만 너희 어미였다. 너희들은 내게 수치심을 느끼게 했지. 자, 그게 진실이야. 난 너희 덕분에 수치심이 무엇인지 알게 되었단다. 하지만 너희는 그 벌을 받게 될 거야. 난 느낀다, 이 사악함 때문에 우리는 다 함께 벌을 받게 될 거고 그런……."

"입 다물어요." 루이즈가 침착하게 말했다.

나는 귀를 틀어막았다. 어머니가 전에 누이를 거미로 취급했던 것 같았다. 그건 맞다. 좀 더 어릴 때 루이즈는 작고 붉은 거미를 닮았었다. 예전에 한번 회양목 위에서, 아니면 실편백 가지 위에서 그걸 본 적이 있다. 아주 작은, 단추 한 개 크기나 될까 말까 한 거미였다. 나는 아주 오랫동안 곤충을 이리저리 관찰하고 탐색했다. 물에 젖은 작은 나뭇잎 한 장에 올려놓자 그것은 꼼짝달싹하지 않았고, 가장 작은 거미줄조차도 짤 수 없을 것처럼 보였다. 나는 그 거미가 놀라울 정도로 기묘하다고, 심지어 예쁘다고 생각했다. 결국 나는 그걸 만져 보려다 그만 눌러 죽이고 말았다.

어머니가 말했다. "항상 비밀이 있는 척. 그런데, 따지고 보면 무슨 비밀? 아무것도 아닌 게지."

"그러는 엄마는 자기 인생 다 자기 원하는 대로 만들었죠."

"내 인생이라고! 네가 내 인생에 대해 무슨 할 말이 있지? 물론 너희들은 나를 심판하고 싶어 안달이다. 하지만 너희는 아무것도 몰라. 너흰 그저 너희의 무지로, 무정함으로 심판할 뿐이야. 그리고 넌 말이다, 네가 다른 사람들의 위에 있다고 믿지. 너 혼자만 옳고, 충실하고, 모든 덕성은 네가 다 지니고 있다고."

"입 다물어요." 루이즈가 침착하게 말했다.

"입 다물라고 말할 필요는 없구나. 하긴 어쩌면 내가 입을 다물거나 내 기억 속의 어떤 것들을 잃어버리는 편이 네겐 유리하겠지. 넌 세상 모든 덕성들을 다 지니고 있기는커녕, 그와는 아주 거리가 멀단다. 난 이 말을 심술궂게 하는 것이 아니라 서글프게 하는 거야. 왜냐하면 이건 서글픈 얘기니까. 넌 나쁜 성격을 가졌어. 네 안에는 나쁜 것이 있다. 그리고 저 위에서 벌어졌던 일들은, 그래, 그건 정말 말하지 않는 편이 낫겠구나. 하지만 적어도 오늘만큼은 네 오빠를 가만 내버려둬라. 잰지금 배려가 필요해. 네 머릿속엔 대관절 뭐가 든 거니? 무슨 궁리를 하는 거니? 나는 감히 상상조차 못하겠구나."

"입 다물어요." 루이즈가 침착하게 말했다.

붉은 천 조각이 다시 시선에 드러나면서 가벼운 소리와 함께 나무에서 나무로 옮겨 갔다. 천 조각이 내는 그 소리라니, 참으로 이상한 소리였다. 그것은 나를 끌어당겼다. 나는 그것을 뒤따르려고 자리에서 일어섰다.

어머니가 불안해하며 말했다. "가는 게로구나."

"네, 들어갈까 봐요."

"여기에 조금만 더 머무르렴. 잠깐만 말이야. 이 모든 불미스러운 소동이 유감스럽지만, 그렇다고 괜히 그 중대성을 부풀려서도 안 된다. 루이즈는 정상이 아닐 정도로 오만해. 저 앤 정념에 찬 애야. 제 몹쓸 성격 얘기가 나오면 저 애는 '난 냉정하고 위선적이죠'라고 대답하지. 일전에 내가 제 위선과 냉정을 비난했다고 해서. 하지만 저 애는 오히려 불에 가까워. 결국 난 저 애를 이해하지 못하겠구나. 저 앤 어린 여자애들의 생각을 갖고 있고, 그저 그게 다야. 루이즈가 네게 이따금 내 얘기를 하니?"

"가끔요."

"그리고 저 위, 걔 방은 어떻게 되어 있디? 10년 전부터 난 거기 단 한 번도 못 들어가 봤다. 나도, 아무도. 그 방에 들어갈 권리가 있는 사람은 아무도 없어. 심지어 고양이들조차 말이야. 어린애처럼 유치하고 광적인 짓이지."

"고양이들까지도요?"

"그래. 이상하지? 아닌 게 아니라 그에 관해 네게 들려줄 얘기도 있어. 2, 3년 전에 일어났던 일이란다. 우리는 그때 아주 멋진 고양이 한 마리를 가지고 있었어. 너도 기억할 거야, 너의…… 그러니까 이 집안에서 고양이들은 항상 사랑받아 왔지. 그 고양이는 예외적으로 — 알다시피 대체로 동물들은 그 애를 좋아하지 않았으니까 말이야 — 루이즈를 열렬히 따랐단다. 그 애가 원치 않는데도 고양이는 그 애 뒤를 쫓아다녔지. 루이즈가 보이면 곧장 왕좌 같은 제 자리에서 내려와 달려오곤 했으니까. 그리고 루이즈로 말하면, 평상시 개대로 그런 건 전혀 안중에도 없었고. 어느 날, 그 고양이가 감쪽같이 사라졌어. 아무도 다시는 그녀석을 보지 못했단다. 고양이에게 무슨 일이 일어났겠니? 누가 훔쳐 간 것도 아니었어, 그 고양이는 결코 바깥으로 나가는 법이 없었으니까. 결코 집에서 나오지 않았고, 정원에도 거의 내려가지 않았지. 나로서는, 증거 따윈 없지만⋯⋯."

"그런데요?"

"난 고양이가 그 애 뒤를 어슬렁거리다가 슬쩍 그 방으로 들어가게 된 거라고 확신해. 관리인이 주장하길 어느 날 밤 끔찍스런 고양이 울음소리를 들었다니까."

"쟤가 고양일 죽였어요." 나는 단호한 어조로 말했다.

"뭐라고? 저 애가 너한테 무슨 말을 하디? 그 고양이 얘길 했어?"

"자초지종은 이래요. 어느 날 밤, 루이즈는 방 안 아주 가까운 곳에 누군가가 있는 기척이 느껴져 잠에서 깼대요. 물론 대단히 무서웠지만 자리에서 일어나지도, 움직이지도 않았다고 해요. 그 앤 그게 그 동물이라고도, 이 집안의 어느 누구일 거라고도 생각하지 않았죠. 늘 잠겨 있는 사막 같은 그 방에 어떻게 누군가가 들어올 수 있었겠어요? 몇 시간 내내 루이즈는 그렇게 꼼짝 않고 있었대요. 정상적인 통로로는 들어올 수 없었을, 그림자와 함께 그림자처럼 들어온 누군가의 존재가 그렇게 자기 주변에 있는 것만을 느끼면서요. 아마도 그 애는 아주 오래전부터 그 그림자를 기다리고 있었을 거예요. 이게 뭘까? 과연 이 밤에 난 누구와 함께 쉬고 있는 걸까? 그걸 알아맞힐 일만이 남았던 거죠. 아침이 되자 루이즈 눈에 들어온 건 그 고양이였고, 그 앤 녀석을 망치로 때려 죽였어요."

"네게 그 얘길 한 사람이 그 애니?"

"일은 그렇게 되었어요. 그 애가 내게 얘기했어요."

나는 방으로 돌아왔다. 저녁 무렵, 나는 살며시 문을 열었고, 들려오는 기이한 소리에 귀를 기울였다. 그건 속삭임 같기도, 조심스레 구겨져 찢기는 종이의 언어 같기도 했다. 나는 어둠 속에 무릎을 꿇었다. 소리는 이미 끊겨 있었지만 그럼에도 무언가가, 가령 천 조각이 스쳐 지나가는 소리, 혹은 희미한 물소리, 그도 아니면 어떤 목소리가 다가오는 소리랄까, 그렇다, 말의 근방에 이르기 위한 소심하고도 끈기 어린 노력 같은 것이 계속해서 침묵을 건드리고 있었다. 경각심을 불러일으키는 소리가 아님에도 내가 가벼운 근심을 느꼈다면 그건 오히려 거기에 뭔가 지나치게 평온한 것, 한 번도 들어 보지 못한 어떤 것이 들어 있었기 때문이었으니, 그 소리는 그 정도로 안정을 주었으며, 그 어떤 지혜보다도 지혜로웠다. 그건 끝날 줄 모르는 긴 하루에 일어난 모든 사건을 아우르는 완벽하고 완성된 이야기라 할 만했다. 갑자기, 소리에 금이 갔다. 그러면서 내가 발견한 건 거의 벌어지다시피 한 입과 역시 반쯤 열렸으되 아직 혼미하여 사물을 볼 수 없는 두 눈이었다. 소리는 완전히 멎으면서 비로소 시선으로, 방금 전 소리일 때와 똑같은 평온함과 진지함을 지닌, 융통성 있고 신중하고 다정한 표정을 갖추었으되 그 이상은 아닌 시선으로 변하며 또렷이 내게로 고정되었다.

그가 램프에서 손을 거두지 않은 채 말했다. "이런." 그러더니 다시 몸을 펴면서 자리에서 일어섰다.

나는 그의 키가 작은 축에 든다는 사실에 놀랐다. 그는 지극히 원기왕성한 사람임이 틀림없었다. 넓고 두툼한 얼굴마저도 내게는 위험스러울 정도로 견고해 보였다. 그가 다리를 끌며 다가왔다.

나는 말했다. "실례합니다. 소리가 들리기에 뭔가 싶어 듣고 있었어요."

그가 내게 손을 내밀었다.

"괜찮네. 내 실수야."

나는 자리에서 일어서지 않은 채 나무랄 데 없이 희고 섬세한, 그래서 그의 풍채 전체가 드러내는 거친 외양을 생각하면 기이한 대조를 이루는 그 손을 바라보고 있었다.

"난 저녁에 일해야 할 때는 식사 전에 눈을 좀 붙이려고 한다네."

나는 재차 그를 쳐다보았다.

"그런데 아마도……."

나는 자리에서 다시 일어서며 말했다. "아닙니다. 알아보겠어요."

"에, 나도 자네를 보게 되어 기쁘네." 그는 평온한 표정으로 나를 응시했다. "이전에 자네를 만난 적은 없지만, 안색이 좋아 보여."

"네, 고맙습니다. 건강이 전보다 나아졌어요."

그때 다른 쪽 문이 열리는 느낌이 들었다. 나는 내게 이런 생각이 떠오르는 걸 퍼뜩 깨달았다. 이 무슨 만남이람! 모든 일이 기적처럼 이루어지는군! 그리고, 마치 그 생각이 나를 벗어나 달아나기라도 한 것처럼, 루이즈가 잽싸게 다가오며 내게 냉혹한 시선을 던졌다.

그가 말했다. "그저께 이슈와 얘기를 했네. 걱정 말게. 자네 병가에 관해서라면 모든 문제가 잘 처리되어 있으니까."

"이슈요?"

"그렇네, 자네 부서의 장 말일세."

"네, 고맙습니다."

"저녁식사를 가져다주려고 했는데." 루이즈가 말했다.

그가 활기차게 말했다. "어서 저녁 들게나."

나는 저녁을 먹었다. 루이즈는 아무 말도 없었고, 그렇다고 나를 두고 밖으로 나가지도 않았다. 저녁을 다 먹었는데도 누이가 테이블을 치우지 않아서 어머니가 들어오다 말고 접시며 식기들이 어질러져 있는 광경을 보았다. "루이즈는 없니?" 어머니는 누이가 방 한구석, 바닥에 쿠션을 깔고 앉아 그 역시 작은 테이블과 쟁반, 더러워진 접시 따위를 쳐다보고 있는 걸 발견했다. 어머니가 테이블 가까이 다가왔다. 덩달아 루이즈도 일어나 그리로 왔다. 나는 그 두 사람의 손이 서로의 옆에서 미끄러지듯 움직이는 광경을 바라보았다. 손들은 스칠 듯 만나면서도 결코 서로 닿지 않았다. 쟁반을 들고 있던 루이즈가 갑자기 이상한 동작으로 몸을 뺐다. 그 애는 문을 바라보고 있었고, 문이 열림에 따라 쟁반을 든 경직된 자세 그대로 제 위치를 옮겼다.

"저녁은 다 먹었나? 잠깐 들어가도 될까?" 계부가 물어 왔다.

그는 집 안의 검은 구석에서 나와 자기 뒤편에 자리 잡고 금속 같은 시선으로 자신을 주시하는 웬 기이한 존재의 출몰을 전혀 눈치채지 못한 듯, 자리에 앉았다.

"이 녀석들을 좀 보게!" 그가 고양이 두 마리를 가리키며 말했다. 놈들은 당황하고도 사나운 모습으로 오락가락하거나 저희끼리 마주치곤 했다. 아직 이곳이 완전히 저희 집이라고 생각하고 있지 않은 모양새였다. 계부는 그중 더 작은 고양이를 들어올려 붕대를 감은 발을 살펴본 후, 녀석의 보기 흉한 노란 털에 코를 갖다 댔다. 그러곤 이내 얼굴을 찡그리며 고양이의 목을 잡아 멀찌감치 자신의 무릎에 올려놓았다. 무릎 위에서 고양이는 어정쩡하게 균형을 잡았다. 계부가 내 쪽을 보며 말했다. "참 희한한 일이야. 이 고양이들을 씻기고 온갖 종류의 소독제를 뿌렸는데도, 하다못해 훈증실까지 거치게 했는데도 소용이 없지 뭔가. 여전히 이 단내가 난다네." 그러면서 그는 머리를 수그려 또다시 노란 털의 냄새를 맡았다. "이게 대체 무슨 냄새인지 모르겠거든. 불에 그을려서, 불길에 살이 익어 버려 나는 악취랄까. 뭐라 정의할 수가 없네. 정말 이상한 일이야! 난 재해 지역 방문길에 무너진 건물들 틈에서 이 녀석들을 주웠네. 자네, 그 집들 중 어느 한 곳에 들어가 본 적이 한 번도 없나? 그 안에서 나는 냄새라니! 그건 참기 어려울 정도로 역겨운 어떤 것이라네. 꼭 그 숯더미 속에서…… 아니지, 그렇지는 않을 거야. 이건 그저 불의, 연기 속에 잠긴 온갖 종류 잔해들의 발효일 뿐이야. 어쨌거나 그것도 감염은 감염인 게지."

어머니가 그런 장소들에 오래 머물면 건강에 해롭지 않겠느냐고 묻는 게 들렸다. 계부가 작고 비밀스러운 소리로 웃었다.

"무슨, 우린 지체하는 법이 거의 없는걸! 방문 시에 일이 어떻게 진행되느냐, 건물에 들어갔다 몇 초 후에 다시 나오거나 때로 검게 그을린 정면을 길에서 바라보는 데서 그치니까, 페스트가 발생한다 해도 그 병이 우리를 덮칠 시간은 없을 거요."

"그래도 사람들이 전염병 사례를 얘기하고들 있잖아요."

"실제로 신문들이 그러고 있지. 의심되는 사례들이 열 건 남짓 되오. 하지만 행간을 읽을 줄 알아야 해요. 그건 행정적인 사례에 더 가깝거든. 오래된 구역들의 묵은 때를 없애고 낙후된 지역에 박차를 가하려는 생각인 게요. 게다가 기술자들이 그 문제를 맡아 처리하고 있어요.

하다못해 이 조그만 짐승들까지도 실험실을 거친 판 아닌가."

"대체 그 화재들은 어떻게 발생한 겁니까?" 나는 별안간 물었다.

"화재들은…… 하지만 자네도 신문들을 읽었지 않나. 어떤 경우들은 이런 원인에서, 또 어떤 경우들은 저런 원인에서 발생했다네. 보안과가 고역이지. 사회적으로 볼 때 화재는 매우 기이하며 또 매우 복잡한 현상이라네. 그것은 오래됐으면서 집단적인 어떤 것이야. 사람들은 어떤 집이 불타오르는 것을 목격하면 언제나 그것이 예전의 역사라고, 그러니까 오래된 감정, 해묵은 원한이 불을 놓은 것이라고, 또는 더 정확히 말해, 가장 아득히 먼 시간들의 잊힌 작은 조각이 불현듯 깨어나 여전히 제 광명을 투사하고자 하는 것이라고 느끼게 된다네. 화재가 발하는 빛이 얼마나 이상한지 보게. 그것은 비추면서 또한 비추지 않아. 그 빛은 저 자신을 끈다네. 그것은 제가 비합법적이라고, 위협받는다고, 불가능한 것이라고 느끼지. 그것의 고통과 증오는 바로 거기서 오네. 그에 관해 생각해 보면 뭔가 광적인 점이 있어. 이제 우리 사는 세상에서 화재가 높게 여겨지는 법은 드물지만, 옛날엔 수도가 여러 번 불탔다네. 그래서, 보게나, 심지어 오늘날에도 어딘가에 불이 나면 곧 천 명은 되는 사람들이 모여들어 그것을 바라보거든. 마치 그 광경이 그들을 흥분시키고 그들은 화재로 인해 도취된다고 할 수 있을 정도로 말이야. 그 결과, 태업이 거기 끼어들고 오래된 관념들이 새로이 연기를 내뿜게 되지. 하지만 따지고 보면 그건 좋은 것이네. 화재는 우리를 경계 태세에 들게 하지만 또한 도움을 주기도 하니까, 결국엔 불타야 할 것을 어김없이 정확하게 태울걸세."

나는 긴 의자에서 몸을 반쯤 일으킨 상태였다. 나는 내가 그를 바라보고 있다는 것을, 그의 말을 지나치게 열심히 듣고 있다는 것을 알고 있었다.

어머니가 말했다. "이젠 저 애를 자게 두어야 할 것 같아요."

"자고 싶나?"

"아닙니다."

그가 변명하는 태도로 말했다. "나는 말을 하면서 쉰다네. 매우 피곤할 때면 말을 해야만 해. 의회에서도 이건 농담거리가 되었어. 만약 내가 아주 잘 다듬어진 연설을 하면 옆자리 사람이 내 안색을 살피거나 눈 흰자위를 관찰하면서 이리 말한다네. 자네, 말을 지나치게 잘하네, 지금 쉬고 있는 거로군. 결국 그건 맞는 말일세. 나는 말을 하는 것이거나 자고 있는 것이네. 낮 동안 내가 기입해 둔 인상들 중 지나치게 강한 것들은 내 수다와 함께 사라졌다, 다시 돌아오고, 그랬다가 다시 가 버리지. 최종적으로 그것들은 다른 이에게 넘어가 더 이상 내게 속하지 않게 되네. 그리고 나는 컨디션이 좋아지고. 자네는 어떤가, 말을 거의 하지 않지?"

나는 아무 대답 없이 그를 응시했다.

"조사 중에 나는 자네가 사는 지역, 심지어 자네 사는 거리까지 보았다네."

어머니가 말했다. "거긴 아주 불결하죠. 저 앤 그쪽의 아주 열악한 환경에서 살아요."

"실제로 좀처럼 끌리지 않는 지저분한 구역이오. 그 지대의 집들은 기꺼이 불타오르지. 자네는 다른 곳에 살고 싶지 않나?"

"내가 사는 건물 앞을 지나가 봤나요?"

"그런 것 같아. 정부의 공식적인 수행단이 어떻게 지나가는지 자네도 알걸세. 그들은 질질 끄는 법이 없지. 왜 미소를 짓나?"

"아무것도 아닙니다."

"아마도 그런 격식들이 우스꽝스럽게 여겨져서겠지? 하지만 우리로선 좀처럼 그것들을 생략할 수 없다네. 생각해 보게, 신문사들이, 사진가며 영화촬영기사 들이 거기 와 있네. 사람들이 저마다 그 자리에 참여해서 우리가 와 있는 것을 목격한 그 순간부터, 폐허는 더 이상 완벽한 폐허가 아니네. 그때 폐허들은 새로운 가옥의 시작이 되는 것이지."

"무슨 말입니까?"

"더군다나 자네가 틀린 것도 아니야. 그와 같은 행사엔 우스운 디테일이 결코 빠지는 법이 없으니까. 바로 오늘만 해도 우스꽝스러운 작은 소동이 일어났었네. 우리는 정해진 코스를 돌던 중에, 거기가 무슨 길의 초입이었던가, 아무튼 방문해야 했던 건물로부터 그리 멀지 않은 지점에서 꽤 많은 사람들이 보도로 몰려나와 차들의 통행을 방해하고 있는 걸 발견했지. 대체 이게 무슨 일이람? 아마도 우리가 지나갈 것을 미리 안 이 구역 주민들이 호기심에서, 혹은 행진을 좋아해서, 혹은 또 다른 이유에서 우리를 기다리고 있는 거였겠지. 요컨대 비정상적이면서 불쾌한 일이었네. 경비대는 앞으로 돌진하고 우리가 탄 차량들은 서두르지 않고 다가가지. 자리에서 일어서 있던 우리 동료들 중 하나가 바라보며 외치네. '아하, 장터의 공연이로군.' 실제로 군중은 소규모의 길거리 악단 주변에 몰려 있었어. 격투사들도 있었고 댄서들도 보였던 것 같네. 하지만 몇몇 군중은 뭔가 새로운 것이 있음을 예감하지. 그들이 우리가 탄 차량들을 알아보고, 함성과 환호 소리가 커지면서 사람들이 우렁차게 애국적인 노래들을 부르기 시작하네. 자넨 우리의 군중이 어떤 사람들인지 알고 있을 거야. 그들은 삶과 구경거리를 사랑하지. 그 얼마나 멋진 무리들인가! 다만, 애석하게도 규정은 엄격하네. 경비대가 제 체계적인 수순에 의거해 개입하고 경찰들은 광장을 비우려고 시도하지. 하지만 그들의 숫자가 적으므로 사람들은 그들에게 반발하고, 그러면 경찰들은 인내심을 잃네. 호각 소리가 여기저기 울려 퍼지기 시작해. 이제 그들은 서로 싸우기 시작하는 것 같군. 고함 소리와 욕설이 들려. 우리가 차 안에서 한 시간을 기다린 끝에 드디어 주위는 다시 평온해지고, 이제 식은 규칙에 따라 진행될 수 있게 되네."

"거기에 무슨 우스운 점이 있습니까? 그 소동의 어디에 웃을 만한 요소가 있는 거지요?"

"과연 그렇네, 그건 아마도 우습지 않은 일일 거야." 그가 나를 진지한 태도로 바라보며 말했다. 그 진지한 표정이 나를 훑고 지나갔다. 내게는 이 사내가, 그토록 중요한 사람인 그가 나를 이해하고 있다는, 아니, 그것을 넘어 나를 신뢰하고 있다는 확신이 들었다.

나는 말했다. "전에 다리를 저는 걸 본 듯합니다만."

"오래된 얘길세! 좀 성가신 류머티즘에 지나지 않아."

"이런 얘기를 해야겠군요. 오늘 겪었다는 그 소동은 정말 특별하다고 생각합니다. 네, 어째서 그 일을 마치 어리석은 것에 대해 말하듯 이야기한 것인지, 그 이유가 이해됩니다. 아마도 당신네들은 군중을 해산시키고 사람들을 내몰고 공백 상태를 만들어야 했겠지요. 의원들이 거행하는 식에 참여할 권리를 가진 이는 아무도 없으니까요. 그 행사들이 모든 사람을 위해 마련된 것임에도요. 기묘한 일이죠. 하지만 바로 거기에서 법의 심오함이 드러납니다. 각각의 사람들은 지워져야만 하는 거죠. 그 자리에는 구체적인 개인으로서가 아니라 보편으로서, 예컨대 극장에서 그렇듯 보이지 않는 방식으로 있어야만 합니다. 반면, 의원들은 거기에 옵니다. 그렇다면 대관절 무엇을 하려고? 그건 공식적 제스처이고, 단순한 우의寓意이고, 명예상의 행위입니다. 의원들에 앞서 잔해들을 관찰하러 온 이는, 그가 누구든, 이미 새로운 건물의 축성을 시작한 것과 다름없어요. 무너져 내린 그 잔해들을 그가 이미 재건의 재료로 만든 것이죠. 심지어 방화자들마저도 그렇습니다. 순전히 건물이 불타는 것을 바라보았다는 이유만으로 이미 그들은 그 불을 끄고 집을 복원한 것입니다. 바로 그런 이유에서, 신문들이 멀쩡히 기사들을 작성할 수 있음에도, 우리는 근본적으로 화재에 대해 말할 수 없으며, 진정한 재난이란, 나아가 폐허란 결코 단 한 번도 존재한 적이 없었던 겁니다. 자, 이게 진실이에요."

"나는 자네가 그처럼 기꺼이 말하리라고는 상상하지 못했네. 자네의 소견은 내 동료 한 사람의 마음에 들 것 같으이. 그 친구라면 이때다 하고 자네에게 자신이 좋아하는 질문을 던졌을걸세. 그가 늘 입에 달고 다니는 그 질문이란 '자, 오늘은 어떤 파리지?'라는 것이네. 파리란 지나치게 강력하거나 지나치게 섬세한 생각, 비약하여 저 자신을 움직임으로부터 분리하려 드는 진실과 심오함의 정신을 말하네. 그럴 때면 파리가 붕붕거리고, 놈의 잉잉거리는 소리가 들리지. 여보게, 이것 역시 또 다른 우의로구먼."

나는 내가 우스울 정도로 열을 내서 말했다는 것을 알고 있었고,

그럼에도 여전히 흥분한 상태였다. 상관없었다. 나는 그가 비록 나를 살짝 우습다고 판단하긴 해도 내 의견에 찬동하고 있음을 느끼고 있었다. 그가 말하는 방식에는 나무랄 데 없는 호의가 담겨 있었고, 그 말투는 하도 평온하고 공정해서 말하는 모든 내용이 내 원기를 북돋아 줄 정도였다.

"방금 말한 그 동료는 어떤 사람입니까?"

"자네도 이따금 에티엔 아그로브라는 사람 얘기를 들어 봤을 텐데? 그는 매우 뛰어난 인물로, 중요한 공무들을 맡아 해냈지. 지금은 기록물 보관소를 이끌고 있어서 중요한 보고서들은 모두 그의 손을 거쳐 가네. 유감스럽게도 그는 이미 나이가 많고 눈도 거의 멀었어. 늘 모든 걸 알고 있지만 또한 늘 모든 걸 이미 잊어 버렸기도 해서, 사실 아그로브가 수행하는 공무는 엄격한 비판의 대상이야."

"그는 어째서 파리 얘길 하는 거죠?"

"아그로브에게 반대하는 측은 그가 담당하는 업무 부서를 파리과라고 부르네. 아주 저속한 농담이라 할 비유이지. 하지만 작고 마르고 옷차림이 꽤나 형편 없는 그 사람을 알고 있는 경우, 하도 근시여서 그 작고 새된 목소리로 '자, 자네 오늘은 발견했나, 그 파리를?' 하고 질문을 던질 만한 누군가를 찾아 길 아닌 데로 걷다 의자들을 들부딪곤 하는 그의 모습을 떠올릴 수 있는 경우엔, 그 별명에 웃지 않을 수 없다네. 그도 그럴 것이, 그 친구 자신이…… 한 마리 파리에 지나지 않거든."

계부는 이 모든 내용을 조목조목 이야기하며 이상한, 거의 뻔뻔해 보일 정도의 친절함을 보였다. 그의 됨됨이 전체에 담긴 거칠고 권위적이며 사납기까지 한 면모와 대비를 이루는 이 무한한 호의는 끝내 불편한 것이 되고 말았다. 나는 거기서 전율 비슷한 것을 느꼈다. 그는 두 마리 고양이들을 들어올려 팔에 안은 뒤 자리에서 일어섰다. 그가 실내복을 입고 있다는 사실이 눈에 들어왔다. 그는 일어선 그대로 1, 2초 가량 생기 없는, 거의 죽은 것 같은 표정으로 나를 바라보았는데, 그 표정이라는 게 그처럼 호의적인 동시에 하도 이상해서 그만 나는 수치스러운 태도를 보이며 동요하고 말았다. 그가 내게 손을 내밀지도 않았는데 나는 그의 손을 잡고 더듬거렸다.

"나는 당신에게 순전히 공감과 신뢰만을 느낍니다. 이처럼 일상적으로 할 수 있는 말은 아니지만, 당신이 내 생각을 이해하고 있다는 확신이 들어요."

"고마워. 나는 자네를 아주 잘 이해하고 있네."

그는 그 생기 없이 흐릿한 표정으로 계속 나를 바라보았다.

그가 말했다. "부서의 자네 일엔 만족하는가? 불만스러운 점 없어?"

마침내 나는 그의 손을 놓았다.

"없습니다, 아무것도요."

"이제 쉬게나." 그러면서 그는 느닷없이 몸을 굽히더니, 노란 털을 주워 내 코에 갖다 대며 덧붙였다. "자, 이게 그 냄새니 좀 맡아 보게."

내가 처음에 포착한 건 그저 물에 젖은 짐승이 풍기는 가벼운 악취 정도여서, 나는 그저 맞춰 주려는 뜻에서 그를 향해 그렇다는 고갯짓을 했다. 그런데, 그가 나가고 모든 이가 내 곁을 비운 후 불을 끄고 나니 이내 뭔가가 냄새를 풍기고 있다는 의혹이 들기 시작했다. 냄새는 슬그머니 다가왔고, 긴 의자 위에서, 내 옷소매에서 발산되다 사라졌다. 어느 순간에 이르자 그것은 내 얼굴에서 몇 발자국 떨어진 어둠 속에 꼼짝 않고 고정된 채 기념비와도 같은 대기 상태에 들어갔다. 그것이 거기 있음을 능히 짐작할 수 있었지만, 깊이 숨을 들이마셔 봐도 소용없었다. 냄새는 다가오지 않았고, 단 하나의 지점으로 응축된 채, 말하자면 나를 관찰하고 있었다. 그것은 거기서 하나의 냄새가 할 수 있는 방식대로 음험하고 불결하게 나를 염탐했다. 밤 시간의 어느 일부를 냄새는 그렇게 내 앞에서 거리를 취하고 머무른 채 보냈다. 내가 기분이 거슬려 더 이상 상관하지 않겠다고 마음 먹으면 그것은 더 이상 내게 접근하지 않았지만, 그러면서도 마치 맡기를 거부한 냄새마냥 은밀하게, 낮고 비굴하며 오만한 냄새로, 가벼운 약 맛이 섞인 장례의 냄새, 너머의 냄새, 언제나 너머이기만 한 냄새로 풍겨 나고 있었다.

아침이 밝자 나는 전날 저녁에 있었던 일을 떠올렸고, 그것은 전혀 유쾌하지 않았다. 나는 내가 좀 더 어렸을 때 손도끼로 계부를 찍어 내린 적이 있으며 그 여파로 그가 다리를 절게 되었다는 생각을 간밤에 스스로 상당히 그럴 법한 것으로 받아들였다는 사실을 깨달았다. 단순한 밤의 망상일 것이었다. 그가 다리를 절게 된 건 어떤 테러가 벌어진 와중에 손도끼에 맞아 허벅지 한쪽에 상당히 심각한 상처를 입었기 때문이라는 내용을, 신문들이 예전에 이미 언급했기 때문이다. 그럼에도 나의 추론이 내게는 진짜인 것처럼 보였었고 내게 쾌감을 주었었다. 나는 또 다른 생각에도 사로잡혔다. 어째서 루이즈는 계부와 같이 일하기로, 집에서 그의 비서 역할을 하기로 했을까? 어째서 누이는 떠나 버리는 대신 이 집 안에 스스로 틀어박히는 길을 택했을까? 만약 사람들이 이러저러한 이유를 들어 멀리 보내 놓으려고 했다면 분명 구덩이를 파고

땅밑을 통해서라도 기필코 되돌아와 지하실의 어둠 속에서 제 지칠 줄 모르는 쥐의 작업을 계속했으리라 할 정도로 말이다. 누이는 계부를 싫어했다. 그 사실은 눈에 보였고 숨결로 느껴졌다. 그런데, 그럼에도 옛날의 이런 장면은 여전히 내 기억에 남아 있었으니, 나는 어머니와의 사이에 벌어졌던 예의 그 정경은 잊어버릴 수 있었다 해도 그것만은 결코 잊을 수가 없었다. 어느 날이었다. 계부가 루이즈를 무릎에 앉혀 얼굴을 쓰다듬고 손에 입을 맞췄는데, 누이는 그러는 그를 할퀴지도 때리지도 않았다. 벌써 열두 살이나 된 때였는데도, 그리고 사람들이 아무런 위험 없이 무릎 위에 앉힐 수 있는 어린아이였던 적이 단 한 번도 없었음에도, 그런데도 그 나이의 — 결코 그보다 어리지 않았을 것이었다 — 누이는 깊고 말 없는 기이한 표정으로, 부드럽지도 않지만 화가 난 것도 아닌 심각하고 오묘한 표정으로 그를 응시하고 있었다. 나를 발견하고 나서도 누이는 꼼짝하지 않았지만, 계부는 그 애의 머리카락을 부드럽게 어루만진 후 꽤 재빨리 바닥에 내려놓았다. 나는 그들로부터 돌아섰지만 겁이 났고 혼란스러웠다. 도끼로 내리친다는 생각이 내게 쾌감을 안긴 건 분명 그 순간이었을 테고, 그리고 루이즈의 경우로 말할 것 같으면, 나는 기꺼이 그 애의 목을 졸랐으리라. 그러나 그 사건이 있고 나서도 여전히 누이는 나를 지배했다. 누이는 거북해하지도, 용서받기 위해 한층 아양을 떨려 하지도 않았다. 그러기는커녕, 마치 오직 나만이 죄를 지은 사람인 것처럼 나를 더욱더 멸시하고 심지어 증오하는 듯했다. 누이가, 정작 입맞춤과 애무를 허용했던 그 애가 나를 처벌하겠답시고 예의 그 벽돌을 던진 것은 이 사건이 있은 후 얼마 지나지 않아서의 일이었다.

오후가 끝나 갈 무렵, 나는 거리로 산책을 나가게 되었다. "15분 이상은 안 된다"고 어머니가 말했다. 거리는 텅 비어 있다시피 했고 날은 매우 더웠다. 우리는 공원으로 가는 대신 대로로 이르는 길을 택했다. 루이즈는 내 팔을 세차게 붙들었다 이내 나를 놓고 앞으로 뛰어갔다. 나는 누이가 어느 가게 진열창 쪽으로 미끄러지듯 다가가는 것을 보았다. 진열창 유리 위로 사방에서 스며 나오는 물이 뿌연 막을 이루며 줄줄 흘러내렸고, 그러다 유리 바깥쪽으로도 투과되면서 차츰차츰 유리의 단단한 투명함을 제 유동적이고 불안한 투명함으로 바꿔 놓는 것만 같았다. 나는 열린 문 새로 풍기는 차가운 냄새를, 습기와 흙이 숨 막힐 정도로 무성하게 뒤섞인 악취를 들이마셨다.

택시가 우리를 실어 데려갔고, 집들이, 줄곧 똑같은 생김으로, 계속 이어지기 시작했고, 이따금 차가 멈추면 반짝이며 떠도는 원피스들, 얼굴들, 길고 빛나는 머리칼들이 우리 앞으로 지나가고 또 지나갔고, 그리고 이 모든 것은 사라지기 무섭게 다시 나타나곤 했다. "우리 급해요." 루이즈가 창유리를 두드리며 그렇게 말했다. 이제는 누이에게서도 똑같이 차가운 향, 똑같이 흙과 지하 채광창의 냄새가 났다. 누이의 원피스는 또다시 색이 바래 있었고, 누이 자신마저도 늙어 버린 채 흙 깊은 아래쪽으로부터 올라오는 감정 속에 묻혀 버린 것만 같았다. 우리는 아래로 내려갔고, 정문을 지나고 나서 내가 걸음을 멈추고 침묵에 싸인 거대한 장소를 바라보자니, 그곳은 사막이 아니라 반대로 끝없이 건설 중인, 열 지어 늘어선 돌들의 공간이었다. 텅 빈 데라고는 없었다. 제 몫의 대리석이 쌓이지 않은 구석, 건물의 기초가 놓이지 않은 맨 땅이라고는 어디에도 없어서, 마치 그곳에 들어온 모든 이들에게 주어진 것이라곤 건설하라, 건설하라, 세워라, 기반 위에 기반을 쌓고 쌓아라, 이런 외마디 명령뿐이었으며 그 결과로 건물들의 괴물 같은 뒤엉킴이 초래되어버린 것만 같았고, 그럼에도 그것은 사막이었고, 사막이되 저 스스로에게 두려움을 느낀 사막, 저 자신에게 사로잡혀 있는 사막, 그리하여 스스로 출현하는 과정에서 땅바닥으로부터, 이 유령 같은 건조물들의 흉측한 형태 아래로부터 구멍들과 지하실들, 구덩이들로 이뤄진 도시가 불려 나와 영원히 지속될 수 있도록 비열한 노력을 기울이는 사막이었다. 우리는 너른 통로를 따라갔다. 길 양편에는 꽃들이 활짝 피어 있었다. 그 꽃들 중 시들거나 마를 기회를 가졌던 것들은 드물었다. 그리고 어디서나 똑같은, 초와 뒤집어 엎은 흙과 고인 물의 냄새가 났다. 나는 속도를 늦추고 싶었지만, 이리저리 복잡하게 방향을 바꾸고 끝없이 원을 그리며 걸어 끊임없이 다가간 루이즈는 이제 목표에 아주 가까이 도달해 곧장 그것을 향해 달려갈 수밖에 없었으며, 그 목표가 누이를 끌어당기는 방식은 거의 감지될 수 있을 지경이었다. 그것은 루이즈로 하여금 주변을 돌아보거나 경로의 작은 우회로들을 택하는 일 없이 그대로 앞으로 나아가도록 강제하고 있었다. 우리는 흙 무덤을 넘고 벌목지와 진흙탕을 성큼성큼 건너 열주들의 뒤편으로 숨어들었다. 내 손에 얹힌 루이즈의 손이 하도 심하게 경련을 일으켜서 내게는 마치 누이가 나를 땅바닥으로 잡아당기는 것처럼, 마치 흙 속에 이미 4분의 3가량 몸이 잠긴 가운데 갈라진 틈들의 앞쪽을 더듬으며 내 팔 속과 내 몸 위로 제 땀을, 잔디밭을 따라 새어 나가는 제 생명을 전달하려 하는 것처럼 느껴졌다.

우리가 담장 부근에 도달했을 때, 그리하여 열린 문 사이로 커다란 실편백나무 두 그루가 심긴 통로와 그로부터 몇 미터 떨어진 곳에 두 개의 무덤이, 그러니까 조각들과 나긋나긋하며 섬세한 작은 기둥들과 지나치게 색이 선명한 창유리 따위를 레이스처럼 둘러 거만한 소小궁전의 형태를 갖춘 무덤 하나와, 무겁고 장중하며 일종의 거대한 우의에 의해 꼭대기가 눌린 낮은 탑 모양의 다른 무덤 하나가 보였을 때, 나는 아무런 놀라움도 느끼지 않았다. 나는 내가 이전에 이미 루이즈와 함께 이와 흡사한 태양 아래를 거쳐 이곳에 온 적이 있다는 것을, 지금과 똑같은 원피스를 입고 머리카락을 감춘 채 제 추함으로 태양을 욕보이는 누이를 이미 맞닥뜨린 적이 있다는 것을 알고 있었다. 우리가 회양목들을 따라 두 기념물 쪽으로 걸어 나가자 소궁전의 모습을 한 무덤은, 마치 이곳에서 죽음은 오직 여성성만을 지녔던 터라 우아함과 몽상뿐 아니라 배반과 범죄의 영속마저도 그것들을 담았던 웃음기 어린 생각과 완벽히 즐거운 마음의 양상하에 이뤄지게 하려고 애썼다는 듯, 젊고 상냥하고 거의 행복해 보이기까지 하는 장례의 교태를 살짝 부리며 빛났다. 반면 다른 편 무덤은 번뇌에 시달리는 검은 공허의 밑바닥으로부터, 적나라한 남성적 오만 속에서, 회한을, 거대한 규탄을, 귀 멀고 입 닫힌 돌의 원한을 끊임없이 쌓아 올리는 중이었다. 하계下界의 광기와 인내에 의해 서서히 낮을 향해 올려진 이 한 쌍의 무덤 앞에서 나는 루이즈가 이 두 과거의 화해를 일절 거부하며 땅 밑으로부터 자신을 향해 상냥하게 뻗쳐 오는 반지 긴 나긋나긋한 손을 증오심에 차 밟고 지날 것이며, 공포로 가득 차 저주를 내뱉는 어두운 쪽의 죽음을 향해서만 동정심을 느끼리라는 사실을 알고 있었다.

　　루이즈가 열쇠를 집어 문을 땄다. 누이는 거기 난 세 개의 계단을 따라 내려갔고, 나는 그 뒤를 따랐다. 컴컴해서 비틀거릴 수밖에 없었다. 아무것도 안 보였다. 진짜로 밤이 된 게 아닌데도 아무것도 분간이 되지 않았다. 누이 자체도 보이지 않았다. 나는 묘비 가까이 가면 루이즈를 발견하게 될 것이고 그 묘비는 지하납골당의 제일 낮은 바닥에 있으리라는 생각을 하면서 손을 약간 앞으로 뻗고 천천히 아래로 내려갔다. 몇 걸음 더 옮긴 후 희미한 빛에 의지해 루이즈의 모습을 찾아보려고 했지만, 내 앞에는 아무것도 없었다. 내 곁도 마찬가지였다. 루이즈를 불러 보았다. 누이의 이름을 속삭이자 이름이 내 입 속에서 녹아내려 익명의 것이 되어 사라지는 게 느껴졌고, 그래서 나는 아무 말도 하지 않았다. 순간 기이한 예감이 들며 이런 생각이 떠올랐다. 루이즈는 자살했어. 저 애는 지금 자살하는 중이야. 그것 외에 다른 결말은 있을 수 없어. 그러자 몸이 부르르 떨렸는데, 이상스럽게도 그건 단지 공포나 겁 때문만은 아니었으니, 나는 욕망 때문에도 전율하고 있었다. 다시 뒤편으로 돌아오고 난, 그때였다. 루이즈가 보였고, 나는 아연실색하고 말았다. 누이는 내 앞에서 세 발짝 떨어진 위치의 벽 사이에 몸을 끼운 채로, 그러니까 일종의 벽감 속에서 두 팔을 뻣뻣하게 몸에 붙인 자세를 한 채 꼼짝 않고 있었고, 그 발치에는 무거운 꾸러미 하나가 놓여 있었다. 그토록 자주 검기만 하던 누이의 얼굴이 하얗게 질려 있었다. 누이의 두 눈은 내게로 고정되었다. 그 얼굴에는 아무런 동요도, 그 어떤 생명의 기미도 보이지 않았다. 그럼에도 눈들은 나를 바라보고 있었으며, 그 바라보는 방식이 너무도 이상하고 차가워서 나는 그 눈들이 아니라 그 뒤에 있는 누군가가 나를 바라보고 있는 듯한 느낌이 들었다. 누군가가, 그리고 어쩌면, 아무것도 아닌 것이.

126

나는 가까이 가지도, 뒤로 물러서지도 않은 채 내 자리에 서 있었다. 갑자기 루이즈의 입술이 무겁고도 어색하게 움직이는 것이 보였다. 누이가 말했다. "무릎 꿇어." 나는 그 목소리가 뒤에 있는 다른 누군가의 것인 것만 같아 등 뒤를 돌아보았다. 그러자 납골당 내부 전체가 훤히 눈에 들어왔다. 그것은 낮고 길고 좁은 방, 묘비도 판석도 없는 빈 방, 깨끗하고 차갑고 단순하고, 그리고 텅 빈 무덤이었다.

"무릎 꿇어." 누이가 말했다. 무릎을 꿇었다. 숨이 막혀 오기 시작했다. 나는 얼굴을 돌에 대고 그대로 있었다. 이 텅 빔 속에서 나는 내 숨에 대해 일종의 증오를 느꼈다. 나는 내 숨을 거부했고, 밀쳐 냈으며, 내가 더 이상 숨을 쉬지 않자 이제 텅 빔 자체가 나를 숨 쉬게 만들었다. 숨이 막혔고, 텅 빔은 내 숨을 막는 동시에 나보다 더 무겁고 꽉 차며 압도적인 물질로 나를 채웠다. "누워." 누이가 말했다. 누웠다. 루이즈의 발자국 소리, 그 옷자락이 펄럭이며 앞으로 다가오는 소리가 들렸다. 이어 누이는 종이를 구겼고, 종이는 땅바닥에 떨어졌다. 이제 루이즈는 내 가까이에, 거의 내 위에 있었다. 그러자 이번에는 내 얼굴이 하얗게 질렸고, 누이를 향해 고정된 내 두 눈이, 아니 그것들이 아니라 그 뒤의 누군가가 누이를 바라보았다. 누군가가, 그리고 어쩌면, 아무것도 아닌 것이. 루이즈가 빠른 소리로 중얼거리는 게 들렸다. "내가 산다면 너희도 살며 죽음 또한 살리라. 내가 한 줄기 호흡을 가진다면 너희도 숨을 쉬며 정의 또한 숨 쉬리라. 내가 하나의 생각을 가진다면 정신은 원한과 복수가 되리라. 그리고 지금 나는 이렇게 맹세했으니, 부당한 죽음이 있은 곳에 정당한 죽음이 있게 되리라. 피가 타락 속의 범죄가 된 곳에서 피가 처벌 속의 범죄가 되리라. 최악의 것에 빛이 부재하도록 최선의 것이 암흑이 되리라."

내가 이 혼란되고 낮은 목소리를 들을 수 있는 건 기실 이전에 이미 그것을 들었기 때문이다. 누이의 입가에서 부글거리는, 그리고 거품처럼 그 애 입술 한귀퉁이를 적시고 흘러내려 땀과 물이 되는 그 말들을 나는 이미 들은 적이 있다. 별안간 내 호흡이 되돌아왔고, 나는 몸을 다시 일으켰다. 루이즈가 또렷이 보였다. 누이가 앞으로 다가와 몸을 기울이고 있었다. 그 애는 아주 잠깐 동안 내 위로 몸을 수그린 그대로 있었고, 그 애가 거대한 꽃다발을 끄르는 것이 보였고, 이윽고 냄새가, 간밤에 맡았던 바로 그 흙과 고인 물의 냄새가 사방에 퍼졌다. 루이즈는 사방에 꽃을 흩트린 후 몸을 더욱더 기울였고, 누이가 그렇게 머리를 수그리고 스카프를 끄르는 순간, 풀어져 내린 그 애의 머리채는 마구 쏟아져 흐르며 나를 스치고, 건드리고, 정원의 흙보다 더 검고 더 죽어 있는 덩어리 속에 나를 매몰시켰다. 나는 아무 이름도 없는 감정을 겪었다. 나는 그 머리채를 느끼고 있었다. 누이의 두 손이 그리 다가가 그 속으로 하얀 날 끝을 밀어 넣는 게 보였다. 누이의 가위가 벌어지며 머리카락을 무는 소리가 들렸다. 무슨 일이 벌어진 것인가?

문득 깨닫고 보니, 누이 역시 뛰고 있었다. 나는 가로지르는 길을 택했고, 이어 다른 길로 접어들었다. 루이즈가 그리로 오는 걸 감지하고 오솔길에서 나와 돌과 기둥 들 사이로 다시 돌아왔지만, 누이는 눈깜짝할 사이에 나를 따라잡았다. 우리는 숨이 턱에 차 있었다. 내가 눈을 들었을 때 보인 건 어깨 위로 풀어 내려진 루이즈의 머리채가 멀쩡히 아름다운 보褓를 이룬 모습이었다. 누이가 내 시선에서 뭘 읽었는지 모르겠다. 그 애의 두 눈이 재처럼 변했고, 뭔가가 걸쇠 벗겨지듯 촉발되면서 누이는 내 따귀를 후려쳤다. 내 입이 뭉개졌다. 누이는 손수건을 꺼낼 수밖에 없었다. 우리가 허겁지겁 출구로 다가가는 동안 루이즈는 피가 흐르는 내 입술을 닦아 주었다.

"어디서 오는 길이니?" 어머니가 말했다. "어딜 갔었어?" 루이즈는 나를 내 방으로 끌고 갔다. "너희들 뭘 한 게야? 근 두 시간이나 집을 비우다니. 무슨 일이 있었니?" 어머니는 루이즈를, 이어 나를 바라보았다. "네 오빠를 좀 봐라, 온통 지쳐 있구나." "갑자기 숨 막히는 발작을 일으키던데요. 그 바람에 꽤 오랫동안 누워 있어야 했죠." 어머니가 의심에 찬 표정으로 내게 다가왔는데, 나는 입술 위에 손가락을 대고 있었다. "입술 위에 그건 어찌 된 거야? 넘어졌니? 부어올랐네. 이건 맞은 것이로구나." 어머니는 루이즈를 향해 몸을 돌렸고, 루이즈는 입을 앙다물고 꼼짝도 하지 않은 채 사납고 빛나는 눈으로, 지나치게 빛나는 눈으로 어머니를 쳐다보았다. 어머니가 소리쳤다. "너 거짓말이지. 네가 거짓말하는 게 틀림없어." 루이즈는 비켜서면서 스카프를 벗더니, 거울 쪽으로 가 고개를 이리저리 흔들어 보였다. "그래요, 거짓말이에요"라고 누이는 말했다. 머리칼이 아래로 흘러내리자 그 애는 그것을 빗었다. 머리카락은 멀쩡했다. "무슨 애가 저리도 뻔뻔할까, 어쩌면 저렇게 건방지담!" 그렇게 말하면서 어머니는 의자로 난폭하게 마루 바닥을 쳤다. 루이즈가 스카프를 집어 들고 거울 앞에서 물러났다. 그 애는 지나가는 길에 내게 깊은 공모의 시선을 던졌다. "여기 남아 있어. 명령이니까, 여기 있어!"

저녁에 약간 열이 났고, 나는 이상하고 불안한 밤을 보냈다. 아침이 되었을 때 나는 루이즈의 방으로 올라가 더 이상 집에 머무를 수 없겠다고 말했다.

"옷 좀 입고. 차를 불러올게." 누이가 말했다.

4

안개가 걷히고 있었다. 나는 어째서 내가 내 방을 잘 알아보지 못했는지 생각해 보았다. 모든 게 몰개성적이어서? 내가 내 집으로 돌아온 게 아니었나? 창을 통해 나무들이 안개에서 벗어나는 것이 보였는데, 그 나무들은 미묘한 뉘앙스라고는 없이 저희들을 지나치게 드러내고 있었고, 마치 고래고래 고함이라도 지르고들 있었던 것마냥 나를 피곤하게 했다. 좀 더 먼 곳은 아직까지 약간의 안개에 감춰져 있었어도, 나는 그 자리에 집들이 있는 것을 알고 있었다. 집들을 서로 분간해 내기는 어려웠으나 그것들은 거기에 내 집과 비슷하게, 아니 아마도 약간은 다른 모습으로 자리하고 있었고, 뭐가 중요한가, 어쨌거나 그저 집들이었다.

　나는 재빨리 커튼을 닫았고, 매번 그랬듯 가벼운 동요가 일며 내게 이런 희망을 불어넣었다. 무언가가 저 스스로를 애써 지우려 들 거다. 내가 뒤로 돌아보는 능력을 잃어버리게 된다거나, 맹목의 상태에 떨어진 내 목덜미와 어깨가 휴식을 받아들이고 마는 식으로. 잠시 기다려 보았다. 하지만 얼마나 어리석은 생각이었던지! 다시금 사방에 빛이 존재했고, 그 빛은 간사하고 미심쩍을 뿐만 아니라, 내 눈에 보이며 스스로를 누설하는 빛이었다. 그래도 어쩌면 그건 장점이었으리라. 또 다른 빛이 들척지근한 투명함 속에 보이지 않는 백색의 상태로 흘러들어, 모든 걸 드러냈다. 그 빛이 스스로를 드러내서, 나는 그것이 제 일에 임하는 걸 목격했고, 그러면서 이 빛이 사물들을 습격해 익사시킬 것이며, 결국엔 약간의 무질서가 존재하게 되리라는 생각을 떠올리고 있었다. 나는 잠시 기다렸다. 하지만 얼마나 어리석은 생각이었던지! 어둠도, 무질서도 없이, 모든 게 제자리에 있었다. 마치 낮처럼 밝게. 나는 잠자리에 다시 누웠다. 루이즈는 어두침침한데도 여전히 책을 읽고 있었다. 나는 화가 나서 누이에게서 책을 빼앗아 찢어 버렸다. 그 모든 페이지들과 페이지들, 그 부피감 전체를. 나는 책을 한구석에 던졌다.

벽을 향해 돌아 누우며 나는 말했다. "미안해."

잠시 후, 바깥으로부터, 희미하게 시작된 음악 연주가 들려왔는데, 아마도 옆 건물에서 새어 나오는 소리인가 보았다. 음악은 천천히 나 있는 곳까지 도달했고, 아무것도 표현하지 않았다. 그것은 차츰차츰 이웃의 반경을 벗어나 한 장소에서 다른 장소로, 한 세계에서 다른 세계로, 결코 잡을 수 없는 구슬픔을 띠며 건너갔다. 이어 그것은 불현듯 요란하게 터져 나오면서 공공연한 음악이 되었다. 어떻게 그 곡조를 진작에 알아차리지 못했던 걸까? 국장이 치러지는 것임이 분명했고, 장송행진곡은 집들 속에서, 또 거리들에서 우리 한 사람 한 사람을 찾아내 공동의 슬픔과 하나가 되도록 유도하고 있었으며, 그 자리에서 고통은 모든 이들을 위한 하나의 의미를 확보하며 축제가 되어 갔다. 장례의 축제도 어쟀거나 축제는 축제이므로. 그 음악은 느리고 장중했다. 그것은 전에도 늘 나를 열광에 빠뜨리곤 했었다. 나는 군중 위로 솟아오른 거대한 영구대靈柩臺를 보았다. 거기에도 역시 안개가 걷혀 있었다. 군대가 행진했고 대표단들이 행진했다. 인접한 대로들에서 수많은 인파가 서로 꼭 끼어선 채 멀리서 울려오는 장송행진곡의 운율을 듣고 있었다. 그렇다, 아마도 나 또한 저곳에 있는 것일 테고, 나는 그들과 구분될 수 없었다. 내 얼굴은, 저들의 얼굴과 마찬가지로, 기념물을 향해 치켜세워진 수많은 타자들의 얼굴들 중 하나였다. 내 얼굴은 중요하지 않았고, 그럼에도 중요했다. 가혹한 건 바로 그 사실이었다. 내 얼굴은 심지어 부재할 때조차도 중요했다. 나는 저 수행단의 일부였고, 숨막히는 대중의 틈바구니에 끼어들어 있었고, 움직일 수도, 기댈 데를 발견할 수도 없었다. 나는 단 하나의 음정으로 이루어진 채 끝없이 하늘 한복판으로 상승하는 먼 소리를 들었다. 내가 듣고 있던 게 바로 그것이 아닌가? 내가 내 옆 사람들의 얼굴에서 본 게 다름 아닌 나 자신의 슬픔이 아닌가? 그리고 그들은 그들대로 나의 창백함, 나의 피곤으로 슬펐던 것 아닌가? 짧게 호명하는 소리들이 울려 퍼졌다. 나는 비틀거렸다. 난 움직이지 않는데도 둥둥 떠다녔다. 내 가슴속으로부터 무엇인가가 배출되었다. 얼굴들이 지워지며 지저분한 백토처럼 변하는 것을 분명 보았는데, 입으로 욕지기가 솟았다. 토하면서 나는 내 구토 또한 그들의 슬픔을 표현하는 것이라고, 모든 사람이 나의 기절을 무익한 것으로 만들어 줄 감정 속에서 나와 자신들이 함께 토하고 있다고 느끼게 되리라고 생각했다.

루이즈는 내 얼굴을 닦아 주고 나서도 잠시 그대로 서 있었다. 누이의 이마가 젖어 있었다. 나는 기분이 좋아진 반면 이번엔 누이가 곤란을 겪는 중이었다. 루이즈 역시 내 구역질에 동참하고 있었으니 아무것도 잃은 건 없었다. 누이는 부엌으로 가 물을 떠다 나를 씻겼다. 이제 음악 은 그친 후였다. 누군가가 길고 단조로운 문장들을 사용해 말을 하고 있 었다. 나는 루이즈가 이번 사건에 대해 아무것도 이해하지 못했다는 것 을 눈치챘다. 누이는 내 구토를 자기 방식대로 설명했고, 내가 아픈 것 이 아니면 지난 밤 집에서 나온 일로 동요된 것이라 믿고 있는 게 틀림 없었지만, 그러나 그런 건 전혀 중요하지 않았다. 어쨌거나, 유감스럽게 도, 누이는 설명을 하고 있었다.

몇 주 전에 나는 갖가지 불화들로 하마터면 곤혹을 치를 뻔했었다. 지금 은 그것들이 내게 잠깐의 휴식을 주었다. 한순간의, 아주 짧은 한순간의 휴식이었다. 심지어 루이즈를 쳐다보는 중에도, 그리고 내 눈에 보이는 사람이 루이즈가 아니라 예컨대 어떤 간호사라고 억지로 믿으려 하는 와중에도 나는 그 같은 차이가 얼마나 경미한 것인지 잊을 수 없었다. 그 사람은 내게 간호사였고, 나를 돌봤고, 그게 다였다(더구나 나는 그런 부질없는 생각 따위를 믿고 있지도 않았다). 필요한 일은 내 안을 전대미 문의 속도로 지나가는 이 성찰의 흐름을 늦추는 것이리라, 라고 나는 생 각하곤 했다. 마치 내가 점점 더 빨리 걸어야만 하고 나뿐 아니라 다른 이들, 사물들, 하다못해 먼지들마저도 그래야만 하는 것처럼, 모든 것이 너무 빨리 갔고, 이런 일이 뛰다시피 진행되었다. 모든 것이 그토록 명 료했다. 그것들은 결코 모호해질 줄 모르는 성찰들이었고, 무한히 작으 면서 저마다 구분되는 수천 개의 흔들림이었다. 나는 밤새껏 창유리가 울리는 소리를 들었다. 아무 특징도 없이 점점 더 빨라지고 점점 더 균

열에 가까워져 가는 울림이었다. 그리고 진동하는 그 창유리는 이제 나이니. 나는 루이즈를 바라보았다. 누이에게 말을 건네었으면 하는 참이었는데, 그런데 퍽 이상한 일이었다. 나는 바로 그 순간에 이미 내가 누이에게 말을 하고 있는 게 아닌가 싶었다. 루이즈는 어렴풋이 방 안을 관찰했다. 누이가 보는 것을 나도 보고 있었다. 누이는 나처럼 벽 앞에, 나처럼 벽의 얼룩 앞에 있었다. 누이가 생각하고 있는 것 역시 그 벽 위에, 혹은 이 도시의 어딘가에, 어쩌면 부모의 집에 얹혀 있었다. 그래, 당연히 루이즈는 어머니에 대해서 생각하는 중이고, 전화벨이 울리기를, 요컨대 아무 일이나 일어나기를 기다리고 있다. 이건 불가사의한 일도 아니었으니, 내게 속생각을 전하고 싶다면 루이즈는 그저 그걸 말하기만 하면 되었던 것이다. 만약 내가 어떤 식으로든 먼저 누이에게 말을 건 게 아니었다면, 대관절 어떻게 우리가 서로의 말을 들을 수 있었겠는가? 나는 루이즈에게 말하고 있었다. 그 사실은 누이가 나와 같은 방 안에 같은 생각들을 하며 내 곁을 지키는, 그 방식만 보더라도 명백했다. 그것이 일종의 웅웅거림을, 무한히 지속되는 가운데 누이를 호명하고 우리가 함께 있도록 허용하는 하나의 희미한 음정을 만들어 냈다.

저 소리. 나는 그것을 주의 깊게 들어 보려 했다. 그것만 귀 기울여 듣고 싶었다. 소리는 종의 추처럼 규칙적으로, 내게 완벽히 가까우면서 또한 완벽히 먼 자리에서 다가오고 있었다. 나는 복도로 뛰어나갔다. 소리는 거기에 있었다. 그것은 루이즈를 저만치 데려가기까지 한 참이었고 누이는 문 앞에서 나를 바라보았다. 그럼 내가 맞았던 건가? 그것은 내 목소리만큼이나 가까이 있었고, 아마도, 내 목소리가 그렇듯, 내가 그 기척을 듣지 못할 장소란 이 세상 어디에도 없으리라. 다만, 나는 잠시도 입을 다물지 않았다. 루이즈가 내 어깨를 잡고 나를 있던 자리로 살살 다시 데려왔다. 누이는 무슨 생각을 한 걸까? 내가 또다시 아프다고? 내가 도망치려 한다고? 루이즈가 그런 상상을 한 이상, 누이가 내 말을 들었으며 또 내게 귀를 기울이고 있다는 증거를 확실히 발견한 셈이었다. 나도 억제할 수 없는 어떤 것이 내게서 흘러나왔다. 나는 그것의 주인이었다. 나는 그것의 완벽한 주인은 아니었다. 내가 나 자신이 하는 말을 정말로 듣지 못한 채 스스로 말하고 있다는 의심만 품은 건 그래서였다. 대체적으로 나는 쉽사리 구분을 지어 버리는 편이어서, 때때로 말들이 홀로 떠나가는 것처럼, 내가 휴식하기 위해 그것들이 떠나가도록 내버려 두는 것처럼 느껴지곤 했다. 따지고 보면 내게는 전적으로 그럴 권리가 있었다. 이 모든 게 새로운 사실은 아니었다. 그것은 너무나 당연한 일이기까지 해서 그저 일어난다는 사실 자체만으로 설명될 수 있었고, 그것이 늘 일어나는 이상, 결과적으로 모든 것은 끊임없이 설명될 수 있었다.

밤에 다시 숨이 막혀 왔다. 루이즈가 황급히 도움을 청하러 나갔다. 나는 그들이 함께 돌아오는 것을 보았고, 그들은 유리 달린 문 뒤, 램프 아래에 마주 서 있었다. 나는 침착하게 그를, 당황하고 불편한 기색의 그를 바라보았다.

나는 말했다. "당신을 보게 되길 기다렸어요. 하지만 지금 시각은 아녜요. 루이즈가 실수로 당신을 귀찮게 했군요."

"루이즈?"

"네, 제 여동생요."

그가 슬쩍 그녀를 돌아보았다.

"당신 여동생이라고요? 하지만 저 아가씨가 옳았소. 나는 늦게 잠자리에 들고, 집에도 막 돌아와 있던 참이오."

그는 잠시 머물렀다. 이윽고 그가 물러가려 하는 것을 보고 나는 그에게 손짓을 했다.

"만사가 돌아가는 게 이렇네요. 며칠 전만 해도 난 당신을 피하기 위해 뭐든 했을 겁니다. 당신을 다시 보는 일이 더 이상 없도록 여길 떠나기까지 했죠. 그런데 지금 나는 되돌아왔고, 당신은 여전히 이 건물에 살고 있고, 우리가 밤중에 귀찮게 한 이는 다름아닌 당신이군요."

그는 묘한 표정으로 나를 쳐다보았다. 당황하고도 호기심 어린 표정이었다.

"나를 더 이상 보지 않으려고 떠났다고요?"

나는 고개를 끄덕였다.

"왜요? 내가 그 정도로 마음에 들지 않았습니까?"

"마음에 안 든 건 아녜요. 또는, 아주 그런 건, 늘 그런 건 아닙니다. 이미 말했지만, 당신은 나를 거북하게 만들었죠. 그런데 지금은……."

"지금은?"

"당신이 더 이상 거북하지 않은 것 같아요. 당신과 이야기하는 것이 어쩌면 즐거울 수도 있겠다는 생각입니다. 적어도 지금으로선 말이죠. 내 말은, 지금 당신과 대면해서 갖는 느낌이 그렇다는 겁니다. 아마도 그 느낌이 계속 가지는 않겠죠. 어쩌면 나는 그저 말을 할 수 있게 되어 기쁜 것일 뿐일지도 몰라요. 당신이 당도하기 전까진 그럴 수 있을 만큼 안정된 상태가 아니었거든요."

"당신은 지금 흥분한 것 같습니까?"

"난 흥분하지 않았어요. 나를 당신으로부터 멀어지게 만든 원인들 중 하나가 무엇인지 생각납니다. 내 의식 속에서 당신은 병의 관념과 연결되어 있었어요. 당신은 나를 병자 취급했고, 나는 당신이 병자라는 내 상태를 이용하려 할까 봐 겁났지요. 게다가 내가 볼 때 오히려 이상하고 비정상적인 사람은 당신이었습니다. 반면 지금은……."

"지금은?"

"모르겠습니다. 그냥 그게 어리석고 바보 같았다는 생각이 들어요. 내가 아프건 아니건, 달라지는 건 없으니까요."

"분명 당신이 심각하게 아픈 건 아니오. 곧 다시 들르리다. 이 아가씨가 당신 누이라고요?"

"예, 루이즈요."

"이런 모습일 거라고 상상하지 않았는데. 당신 둘은 닮지 않았군요."

나는 말했다. "닮았어요. 우리는 많이 닮았습니다."

그는 다시 오지 않았다. 바라볼 대상이라곤 이제 루이즈밖에 없었다. 루이즈는 청소를 하느라 방 안을 왔다갔다했고, 누이의 모든 행동에는 망설임이 없었다. 제 평생을 바로 이 가재도구들과 함께 살았다고 해도 될 정도였다. 누이의 손은 접하기도 전에 이미 그것들을 알고 있었고, 능숙한 태도로 그것들을 쥐었다. 그 애가 그토록 완벽하게 말이 없을 수 있었던 것은 아마도 그래서일 것이다. 루이즈는 자신이 하고 있는 일 속으로 사라졌고, 그 애가 모습을 감추자 사물들 역시 모습을 감췄다.

하지만 결국 나는 또다시 격한 흥분 상태에 도달했다. 낮 시간 내내 나는 곧 바깥으로 나갈 거라고 루이즈에게 예고해 댔다. 내게 나가지 않는 일 또한 가능했다면 그건 아마도 내 조바심이 너무나 커서, 그것이 하도 격렬해서였을 터인데, 다시 말해 조바심이 일종의 인내심이 되어 있었던 것이다. 나는 거리로 백 보가량 발걸음을 옮겼다. 바깥 공기를 마시며 다른 사람들, 특히 행인들을 보고 싶었다. 나는 탐욕스럽게 그들을 응시했다. 멀리서, 좀 더 가까이에서, 모든 이들을. 그러고도 모자라 한 번 더. 그들이 가까워지는 것을 쳐다보는 내내 나는 내게 그들이 보이지 않는다는 것을, 그들의 복장도 생김새도 심지어 표정마저도 보이지 않는다는 사실을 알고 있었고, 그런데도 그들은 스스로를 고스란히 드러냈고, 내 마음대로 처분할 수 있는 대상이었으며, 하여 나는 누군가를 바라볼 수 있었다. 여자들의 경우는 아마도 좀 달랐으리라. 적어도 무언가에 의해, 하나의 색채, 가령 붉은색 같은 것으로 자신을 알리는 유의 여자들이라면 말이다. 그 여자들이 다른 여자들보다 더 잘 보였느냐 하면, 반대로, 그네들은 훨씬 덜 눈에 들어왔다. 그녀들은 나타나기를 거부했고, 그것이 내가 그 여자들을 뚫어지게 쳐다본 이유였다.

광장에 도달했을 때 나는 자동차들의 광폭한 움직임에 휘말렸고, 차들은 서로 교차하거나 대로의 어둠 바깥쪽으로 나가거나 갑자기 속도를 늦췄으며, 행인들은 각자 요령껏 길을 건넜다. 정신 나간, 그러나 공식적인 행진만큼이나 중요한 왕래였다. 자동차들, 자전거들, 행인들, 행렬은 끝이 없었고 줄곧 똑같았다. 해서 나는 몹시 지쳤지만, 행사가 지속되는 동안에는 거기서 나갈 수 없는 것과 똑같은 이유에서, 그로부터 시선을 떼지 않았다. 행진을 바라보고 있는 그 순간에 나는 그 행진에 속해 있었고, 내가 행진하는 그 시간 동안에 나는 그 행진을 바라보는 것 이외의 행동은 할 수 없었다. 대로에서 나는 약간 피로를 느꼈다.

그곳은 여전히 매우 어두웠고, 가로등에는 불이 들어와 있지 않았다. 상가로 이르는 작은 길들 중 하나가 보수 중인 도로에 설치하는 것과 흡사하지만 그보다 더 견고하고 혐오스럽게 생긴 방벽으로 봉쇄되어 있는 것이 보였다. 그보다 약간 더 떨어진 웨스트 가의 초입에도 보안과가 지키고 선 방벽이 쳐져 있었다. 그리로 다가갈지 망설여졌다. 철모와 총들이 내가 보도에 진입하는 걸 막고 있었다. 출입이 금지된 거리는 평온해 보였다. 진열대들도 다 사라진 후였다. 몇 개의 창만이 여전히 열린 채였고, 그중 어느 작은 발코니 하나에는 여섯 개의 제라늄 화분이 천진하게 늘어서 있었다. 그것들 중 마지막 두 개엔 붉은 꽃들이 달렸다. 몸을 세우자 길 맨 안쪽에 필시 철거 중인 집으로부터 유출되었음직한 한 무더기의 잔해가 보였다. 보도 전체를 그것이 점령하고 있었다. 좋지 않은 사건이로군, 이라고 생각했다. 간교하고 위선적인 구상이 담긴 일을 마주하기라도 한 듯 거북한 감정이 일었다. 그것은 불건전했다. 불건전함은 길에서뿐만 아니라 그 철모들에서 오는 것이기도 했다. 이 구역은 머잖아 전염병의 위협을 이유로 파괴가 허용될 저주받은 지역들 중 하나임이 틀림없었다. 길 전체가 그 미심쩍은 외양과 열악한 상태의 벽면들, 그리고 급작스레 감염된 병자 같은 인상을 통해 저 자신에 대한 저주를 스스로 불러오는 듯했다. 길은 수동적으로 그 저주를 받아들이고 있었고, 그 길을 쳐다보고 선 내 눈엔 벽들 위로 펼쳐지고 그려진 저주가 보였다. 그 저주를 목도하고 있음으로써 나 또한 그것에 결연되는 중이었으며, 나와 함께 거기 참여한 자는 누가 됐건 나와 마찬가지로 그에 대한 책임을 짊어졌다. 그저 그곳을 지나가는 것만으로 충분했으니, 그것만으로도 행인은 하나의 의무를 완수한 것이었다. 대단한 일 아닌가?

나는 루이즈와 함께 잠시 외출했었고, 산책을 하려 했을 따름이었다. 그런데 실은 무엇을 실행한 것이었나? 법이 유통되도록 하고 있었고, 공적인 법령의 적용에 기여하고 있었다는 것이다. 이 사실은 분명 나를 고양시키고 내가 살아가도록 도와주리라, 고 나는 생각했다. 하지만 그러면서도 나는 대단히 거북한 감정을 느꼈다. 모든 이가 저마다 내 시선에 감사한다는 사실, 심지어 그 시선에 의해 격리와 파괴라는 형을 선고받은 저 방벽 반대편의 이들까지도 그에 대해 내게 고마워한다는 사실을 아는 것, 나는 그 점 앞에 속수무책이었고, 그 점을 견딜 수 없었다. 그것은 내 시선 속에 하나의 공백을 파 놓았다. 다시 말해서, 실은 어쨌거나 나는 그것을 견딜 수 있었다. 그 공백으로 달라지는 건 아무것도 없으니 말이다. 나는 심지어 자리를 뜨지도 않았다. 나는 규칙에 부합하게끔 계속 바라보았고, 그렇게 다른 이들이 보는 것을 보고 있자니 차츰 그 거북함 자체도 규칙에 장악되며 공동의 불행이라는 스펙터클이 촉발하는 영예로운 슬픔의 감정으로 변해 갔다.

이 산책도 끝을 맞았다. 나는 우리 건물 앞에 선 택시 한 대를 발견했다. 거기서 남자 간호사의 하얀 가운에 의지한 한 청년이 내리더니 활짝 열린 문 속으로 너무나도 잽싸게 끌려 들어갔다. 우리가 길을 건너 첫 번째 복도를 거치는 순간 엘리베이터 올라가는 소리가 났다. 아마도 5층, 내가 사는 층으로 가는 것 같았다. 그들의 뒤를 이어 계단으로 접어든 후 아무것도 보지 않고 층계를 올라가고 있는데, 별안간 누군가가 나를 붙잡더니 난폭한 힘을 가해 뒤로 끌어당겼다. 숨 쉬기도 힘들었다. 어떤 손, 그리고 맨 살이 드러난 팔이 얼핏 눈에 들어왔고, 그건 영락없는 권투선수의 팔이었다. 나는 그대로 끌려갔고, 우리는 함께 계단을 오르는 듯했고, 그가 나를 자기 방으로 밀어 넣은 뒤 기다리라고 말하는 것 같았다. 나는 그가 자리를 떴다는 것도 거의 의식하지 못했다. 이처럼 내 몸을 내주게 되기 전에도 그런 식의 무례함은 나를 화나게 하고 내 기분을 상하게 했었다. 그는 아무런 고려도 없이 날 그곳에 던져 넣었고, 그런 다음 가 버렸다. 그뿐인가, 그는 보호자처럼 행동하고 있었다. 그같이 불신하는 마음이 생기자 그가 문 뒤에 숨어 있다는 생각이 들어서, 나는 달려가 문을 열었다. 밖에는 아무도 없었으며, 그렇다면 그 사실은 그가 나를 돌보지 않고 완벽히 등한시하고 있다는 말이었다! 나는 생각했다. 북스는 어째서 셔츠 바람이었던 걸까, 소매를 팔꿈치께까지 걷어붙이고? 하지만 그가 되돌아와 외투걸이 쪽으로 가선 재킷을 집어 무심한 동작으로 걸치는 모습을 보았을 때, 그리고 언제 봐도 놀라울 정도로 큰 그의 얼굴이 이리저리 움직이다 마침내 책상 앞에 멈추고 이어 내 쪽으로 향하는 것을 보았을 때, 그는 퍽 지치고 쇠약해진 인상이었고, 그래서 나는, 그처럼 어마어마한 피로는 역시 대단히 위험할 수밖에 없는 것임에도, 그에 대해 다시금 가벼운 호감을 느꼈다.

"그 부상자는 누굽니까? 어째서 사람들이 그를 이곳으로 데려온 거죠?"

"부상자라고요?"

나는 말했다. "알잖아요, 내가 많은 걸 짐작한다는 걸. 어느 날인가 당신이 나보고 그랬죠, 생각을 지나치게 많이 한다고. 그 표현이 꼭 당신 것이었는지는 몰라도, 어쨌든 당신은 내게 그 비슷한 지적을 했습니다. 나는 내가 생각을 지나치게 많이 한다고 보지 않아요. 그렇더라도 이따금씩 어딘가에 '지나침'이라는 게 있다는 느낌이 드는 건 사실이죠.

나는 생각을 하지 않을 때조차도 지나치게 생각을 한답니다. 이런, 그 지나침이 향하는 대상은 아마도 당신일 듯한데요."

그는 기운 빠진 말처럼 예의 표정 없는 얼굴로 나를 바라봤다.

"퍽 지쳐 보이는군요"라고 나는 지적했다.

"그 말은, 이야기 좀 하자, 아니면 뭔가 알려 줄 것 없느냐는 뜻이오?"

나는 그의 긴 의자에 앉았다. 방은 칠을 싹 새로 하고 어느 정도 고급스러운 가구들을 들여놓아 내가 전에 들렀던 방과 퍽 달라 보였다.

"여기 들어오면서 뭔가가 달라졌다는 걸 발견했어요. 변한 걸 무시하고 마치 그게 나와는 상관없는 것처럼 행동하기는 했지만, 그렇다고 해서 내가 그 사실을 훤히 알아차리지 못한 건 아니라고요."

"변화라고요? 어떤 종류의 변화를 말하는 겁니까?"

"아무 거나요. 그런데 당신에게 꼭 경고하고 싶은 점이 있군요. 비록 내가 눈을 감고 있어도, 또 비록 내가 만사를 오판해서 가령 당신을 다른 사람으로 착각하는 듯 보이더라도 말이에요, 그 같은 오해를 심각하게 여기는 건 실수일 겁니다. 내가 뭘 하건 그와 상관없이 난 당신이 누구인지 알고 있으니까요."

"그게 무슨 말이오? 당신, 무슨 얘기를 하는 거요?"

"조금 전에 난 거리를 산책했어요. 새로운 얼굴들을 보고 싶었거든요. 당신에겐 이것이 어린애 행동처럼 보일 수도 있겠지만, 난 지나가는 사람들을 쳐다보면서 일말의 즐거움을 느껴요. 더군다나 모든 사람들이 그렇죠. 사람들은 모두 쳐다보는 걸 좋아하고, 서로를 바라봅니다. 놀라운 일이죠. 그런데, 작은 광장에 도착해서 누군가를 발견한 순간 갑자기 이런 생각이 들더라고요. 만약 당신이 지금 이 순간 거리에 있다면, 내가 방금 마주친 이는 바로 당신이리라. 당신도 다른 사람들처럼 지나가는 행인들 중 하나에 불과하니까요. 몇 초 동안 그 같은 느낌이 어찌나 강렬했던지 나는 그것에 거역할 수 없었죠. 난 당신을 정말로 봤고, 아니 당신을 보는 것 그 이상의 일을 한 셈이로군요. 그도 그럴 것이 나는 당신 말고 다른 사람은 아무도 보지 못한 것이니 말입니다. 왜 얼굴을 찡그려요?"

"당신은 정말로 나를 보았습니까?"

"네, 나는 당신을 보았어요. 사실 이런 경우를 두고 보았다고 말하는 건 정확하지 않죠. 지나가는 어떤 이를 본다? 그럼에도 불구하고, 어쨌거나 당신은 지나가는 사람에 지나지 않았어요."

"그런 종류의 일들이 당신에겐 자주 일어나나요?"

"때때로. 다른 이야기를 해줄게요. 1, 2년 전에 나는 사무실을 동료 한 사람과 나눠 썼어요. 그는 평판도 좋고 근면했는데, 다만 무뚝뚝한 사람이었죠. 무뚝뚝하다고 했지만, 가히 유별날 정도로 그랬어요. 몇 날 며칠 동안 그는 나에게 말 한마디 건네는 법이 없었죠. 단 한 번도요. 그저 인사를 하거나 악수를 하는 정도였어요. 결국 그 같은 상황은 견딜 수 없는 것이 되고 말았습니다. 나는 더 이상 그를 참고 볼 수가 없었지만, 그와 부딪히는 것도 내키지 않았어요. 난 사무실을 바꾸기 위해 행동을 취했고, 왜 그러느냐고 묻는 상사에게 그 이유를 숨길 수 없었어요. 저 친구하고는 도무지 대화가 안 된다고 했지요. 그 동료 역시 사무실을 바꿔 달라고 요청을 했다는 걸 알았을 때 내 놀라움이 어땠겠습니까. 그것도 같은 이유로요. 내가 자신에게 단 한 번도 말을 건네지 않았다는 겁니다. 그 순간 이런 섬광 같은 생각이 나를 뚫고 지나갔죠. 그건 틀려, 하지만 이게 다 내가 그와 똑같은 자였기 때문에 벌어진 일이 아닌가, 그렇다면 내 침묵이란 아마도 그의 침묵의 메아리에 불과할 수도 있으리라는, 이 사실을 어떻게 납득시킨다?"

"그 얘긴 우화인가요?"

"아니요…… 왜 그렇겠어요? 우화가 아닙니다. 그냥 젊은 시절에 일어나는 작은 사건이죠. 보아하니 당신은 새 가구들을 들여놓았군요. 그럼 최종적으로 이곳에 정착한 건가요?"

"그렇소, 아마도."

"난 또 이곳은 당신이 그저 임시로 머무는 곳이고 종종 거처를 옮겨야만 하는 줄 알았습니다. 하지만 당신이 그 같은 신중함을 포기한 건 자연스럽네요. 당신은 이상한 사람이니까."

나는 그를 바라보았다.

나는 내 경미한 호의가 발휘할 수 있는 힘을 전부 기울여 이렇게 말했다. "당신은 이 점을 알아야 해요. 나는 당신에게 하나의 덫입니다. 내가 당신에게 모든 걸 말하려 해봤자 허사일 겁니다. 내가 충실하면 충실할수록, 나는 당신을 기만하게 될 거예요. 당신을 속이는 것은 바로 나의 솔직함입니다."

그가 웃음을 터뜨렸다. 그 웃음이 내게는 거만하고도 음울해 보였다.

그가 말했다. "나 때문에 흥분할 거 없어요. 당신은 어떻게 그런 생각을 지어낼 수 있지?"

"나는 생각을 지어내지 않아요. 난 누구나 하는 생각을 할 뿐입니다. 당신이 그 사실을 알아차리지 못하는 건 아마도 당신 자신이 모든 이의 적이며, 이미 개혁자 또는 모사꾼이 되어 버렸기 때문일 겁니다. 이걸 알아 둬요, 당신에 관한 한 나는 거의 틀릴 수가 없어요." 나는 그가 다가오도록 내버려 두었다. 그리고 그의 재킷 자락을 잡으면서 말했다. "당신이 이 사람이 아니었을지라도, 이건 어쨌거나…… 그러니까 이건 그저 당신일 수밖에 없을 거예요."

"무엇이 그리 웃긴 거요?" 그가 나를 심술궂게 응시하면서 말했다. 그러더니 난폭한 몸짓으로 내 두 손목을 잡았다. "그 얘긴 끝냅시다. 내가 이 사람도, 저 사람도 아니라 당신 의사라는 걸 당신은 완벽히 알고 있소. 나는 당신을 치료해요. 당신은 나를 신뢰해야 합니다."

나는 몸을 버둥거렸고 그는 나를 거머쥐었다.

그가 고함을 질렀다. "어째서 나를 다른 사람으로 여기는 척하는 거요? 어째서 개혁이나 음모 따위의 얘기를 늘어놓는 거지?"

그가 몸을 떠는 것이 느껴졌다. 나 역시 몸을 부들부들 떨고 있었다.

나는 소리쳤다. "주의해요. 한 발짝도 더 가까이 오지 말아요."

분명 그는 나를 덮치고 싶었을 것이다. 마침내, 그가 문 쪽으로 물러섰다. 나는 생각했다. 그가 부르려는 건 아마도, 아마도…….

"당신이 의사라고 해서 대체 나보고 뭘 어쩌라고요? 당신은 의사이고, 또 의사가 아니죠. 난 그 모든 걸 알고 있어요. 그리고 이 건물은 분명 병원일 수도 있겠죠. 그래서 달라지는 게 뭔가요? 이건 어리석은 얘기예요."

그가 말했다. "좋소, 화해합시다."

"당신이 자신의 신원에 그토록 연연하다니, 거의 믿기지 않는 일인데요. 당신은 자신의 행동과 말에 딱 부합하고 싶은가 봅니다. 자기 자신을 알아보게 하기 위해서라면 당신은 내 면상에 그 어떤 것이라도 던질 겁니다. 당신이 벽에 기대어 선 모습은 마치 거기다 흔적을 남기려는 것 같네요. 그렇다면 당신의 직업은 어떨까요? 자기 직업으로부터 내쳐졌다는 사실, 그것에 그저 어중간하게 걸쳐져 있다는 사실이 당신으로선 참을 수 없었겠죠. 당신은 그것에 완전히 유착되기를, 그것과 오직 하나를 이루기를, 빈틈을 허용하게 되지 않기를, 결코 다른 이의 자리를 대리하는 일이 없기를 바라겠지요. 그렇게 느끼지 않습니까? 그건 거의 정신 나간 일이에요. 내 첫 번째 반감, 일종의 소름은 바로 거기서 비롯되었다고요. 이봐요, 난 당신에게 해를 입히려는 게 아니라 당신을 일깨워 주려는 것이라고요. 정말이지, 다른 사람으로 오인되지 않으려는 그 욕구, 그 난폭한 본능은, 물론 당신이 느닷없이 난폭해졌으니 하는 말이죠, 그러니까 남과 혼동되지 않으려는 그 분노야말로 당신을 고발해 버리는 인자라는 사실을 짐작하지 못하는 겁니까? 당신이 다른 얼굴을 가졌다 하더라도, 당신의 얼굴이 그저 가면에 지나지 않는다 하더라도 누구나, 아무라도 당신을 알아볼 겁니다. 아무개이기를 원하지 않는 당신, 스스로 구분되기 위해서, 독자적인 누군가가 되기 위해서, 하나의 비정상이자 규칙 없는 예외, 규칙을 무시하고 짓밟는 예외가 되고자 자신에게 필사적으로 매달리는 당신을 말이죠. 당신의 모든 행동에선 음모가 드러나요. 지금 이 자리에도 그 증거가 무더기로 있을 테지만, 난 그저 당신을 바라보는 것만으로도 당신이 행하는 불법적 행위를 수천 배는 더 잘 간파할 수 있을걸요. 오, 우리가 처음 마주친 이래로 나는 당신을 속속들이 연구했고, 끊임없이 주시했다고요. 당신이 존재하거나 걷는 방식, 처신하는 방식, 바로 그런 것이 당신을 법에 어긋나도록 조련하는데, 그건 음모를 꾸미고 술책을 부리기 위한 필사적 노력, 아니, 노력이면서 또한 노력조차 아니죠. 그도 그럴 것이, 당신은 문득 스스로 이 사실을 발견하게 될 텐데, 가능한 음모란 건 전혀 존재하지 않으니까요. 모든 건 이미 바닥에 나뒹굴고, 당신은 그저 아무개, 가령 한 사람의 의사고, 그래서 당신은 소리 지르기 시작하죠. '나는 당신의 의사다, 나를 다른 사람으로 혼동해선 안 돼'라고요. 그럼으로써 바로 그 순간 당신의 항변은 또 한 차례 당신을 배반합니다. 그러고 나면 그다음에 이어지는 건 또다시 음모이고, 음모에 대한 희망이고, 뭐 모든 게 그런 식으로 계속 되풀이되는 겁니다."

나는 두려움에 사로잡혔다. 너무 멀리 나가 버렸던 것이다. 방 한가운데에 선 그가 그처럼 완벽하게 요지부동인 데다 나는 거의 안중에도 없는 듯하여, 그가 곧 나를 죽이려 들 거라는 예감이 들었다. 그러므로, 그가 나를 정면으로 바라봤을 때 나는 마치 마비된 것처럼 온몸이 굳어 있었다.

"화해합시다." 그가 같은 말을 되풀이했다.

"왜…… 당신은 대체 왜 내가 이런 말을 하도록 만든 거죠? 나는 당신에게 상처 주길 바라지 않아요. 반대로, 때때로 나는 당신을 돕고 싶은 욕구를 느낍니다. 당신을 일깨우고, 당신을 상대로 나를 충실하게 해명하는 거죠. 다른 사람들하고야 불필요한 일이지만, 당신하고라면 난 그렇게 해야 안도감을 느끼게 될 겁니다. 난 과도한 양의 빛을 가지고 있어 그 때문에 시달리는 반면, 걷어 내야 할 진정한 무지는 아직 만나

본 적 없으니까요."

우리는 서로를 뚫어져라 응시했다.

나는 말했다. "당신은 어쩌다 그 지경에 도달한 거죠? 마음이 혹해서? 아니면 현기증 때문에? 행여 당신에게 그저 나를 염탐할 의무만 지워진 건 아니겠죠?" 나는 그를 또다시 응시했다. "첩자들은 넘쳐나요. 그건 비밀도 아녜요. 가장 훌륭한 시민들은 스스로가 의심받고 있다고 느낄 필요가 있습니다. 그들을 불안하게 만드는 게 의무라고요. 그래서 그들을 괴롭히는 동시에 감시하는 거죠."

"해서 내가 만약 첩자라면?"

"유감스럽게도, 당신은 첩자가 아녜요. 그렇다면 당신은 뭘 염두에 둔 걸까요? 당신은 국가에 도전하려 해요. 그리고 아마도…… 그것을 뒤흔들기를 원할지도요?"

"당신은 그 점 때문에 불안합니까? 그건 범죄니까, 안 그렇소?"

"아뇨, 그건 범죄가 아니라 협잡입니다. 그건 무용하고, 불가능하고, 심지어 어리석기까지 해요."

"어리석다? 그것 꽤 참신한 말이로군요!"

"내 말을 심각하게 받아들이지 않는군요. 당신에 의하면 나는 병자고, 내가 말하는 내용은 병에 관련된 증세로서만 당신의 흥미를 끕니다. 맞죠?"

"아마도. 하지만 당신 자신은 견해가 다를 텐데?"

"아뇨, 난 병자예요. 난 그 사실을 압니다. 내 생각들이 날 혹사시키죠. 다시 말해서, 나는 아무 생각도 안 하는데도 내가 생각하는 바로부터 벗어날 수가 없어요."

"그런 기분이 듭디까? 당신은 자기 자신을 정말로 병자로 간주하나요?"

"네, 나는 아픕니다. 내 생각들은 병의 냄새를 풍겨요."

우리는 그렇게 서로를 바라보고 있었다. 그는 다가와서 긴 의자의 내 곁에 앉았다.

"정확히 어떤 종류의 생각들이오? 무엇이 당신을 괴롭히죠?"

"개인적인 사연들이에요."

"걱정이 있나요? 어쩌면 내가 당신을 도울 수 있을지도 몰라요. 그러니 당신은 나를 신뢰해야 할 겁니다."

"고맙군요…… 하지만 어째서 당신인 거죠?"

"모르겠소. 난 당신 말을 듣는 것이 흥미롭다오. 요컨대, 당신은 내게 큰 인상을 남깁니다."

"내가 속내를 털어놓게 하려고 아첨을 하는군요. 더군다나, 얘기하지 말란 법도 없죠? 난 아주 어려서 가족 곁을 떠났어요. 아버지는 내가 일곱 살이 될 무렵 갑자기 세상을 떴죠. 어머니는 그로부터 얼마 지나지 않아 재혼을 했습니다. 나이 어린 자식 둘을 키워야 했으니 오죽했겠습니까. 어머닌 아직 젊었으니까 — 그리고 어머니는 오랫동안 놀랍도록 젊어 보였죠 — 두 번째 결혼은 불가피한 것이었어요. 어머니는 아버지의 동료와 결혼했는데, 그는 대단히 뛰어나고 중요한 사람이었어요."

"왜 가족 곁을 떠났소?"

"왜냐고요? 난 도망쳤던 겁니다. 그래요, 어느 날, 누이를 놀래 주려는 객기로 떠나 버렸죠. 당신도 그 앨 봤죠. 난 누이와 무척 가깝습니다. 아주 골치 아픈 애죠. 뭐든 자기 마음대로 해야 하고, 정념에 사로잡혀 있고, 고집불통입니다. 이상한 애예요. 더구나, 그 애는 이상한 게 아니에요. 그냥 옛날의 인물인 거죠. 그건 그렇고, 당신은 일전에 내 계부를 함정에 빠뜨리고 싶다고 했죠, 분명히?"

"뭣 때문에 갑자기 웃죠?"

"아무것도 아녜요. 어쨌거나, 이상이 내 이야기예요. 내 누이를 어떻게 생각합니까?"

"당신 누이라…… 당신에게 매우 헌신하는 것으로 보입니다."

"그래요, 그 애는 날 경멸하죠. 그리고 심술궂고 악의에 차 있어요. 어렸을 때 누이는 벽장 속 아니면 쓰레기통에 처박혀 있곤 했답니다. 그 앤 그 안에서 여러 시간 머물곤 했는데, 그렇게 해서 악취를 풍기고 더러운 하녀와 비슷해 보이려는 거였죠. 그게 걔의 이상이었어요. 그 이후로 누이도 성장하긴 했지만, 그래도 그 애 이상은 여전히 그겁니다."

"그게 무슨 행동이람! 당신이 과장하는 거 아니오? 당신의 누이는 어째서 그렇게 행동했답니까?"

"내 생각입니다만, 어머니를 곤란하게 만들고 처벌을 하려고요. 아니면 부끄러움 때문이거나, 순수에 대한 취향 때문이겠죠. 그리고 나서 그건 사연의 일부가 됐지요."

"사연?"

"이 흉터를 봐요. 누이는 어느 날 내 머리에 벽돌을 던졌습니다. 어째서냐고요? 만사가 그렇게 돌아가야만 했기 때문에, 내가 이 자국을 지녀야 했기 때문이죠. 그 애는 늘 거짓말하는 걸 좋아했어요. 그리고 아주 어릴 적부터 사방으로 숨어 들어가 염탐질을 하곤 했죠. 당신도 봤지만, 그 앤 작고 거무튀튀하고 추하게 생겼어요. 어머니가 혼자 있다고 믿는 어디에서나, 어머니가 실제 혼자였든 누군가와 함께였든, 그 장소의 구석이나 테이블 밑에는 그 거무스레한 것 역시 함께 있으면서 어머니를 훔쳐보았던 겁니다. 그 애를 바로잡으려면 어떻게 해야 되느냐고요? 한데, 누이는 처벌을 찾아다녔어요. 그 애가 무엇보다도 바란 게 그거였다고요."

"그녀가 당신을 떠나도록 부추겼소?"

"누이는 날 부추기지 않았어요. 그 애는 나를 경멸했지만, 나보다 위에 있는 것은 전혀 발견하지 못했으니까요. 나는 나도 뭔가 비범한 일을 할 수 있다는 걸 그 애가 깨닫게 하려고 떠났습니다. 게다가 내가 그 나쁜 영향으로부터 벗어나기를 바랐던 내 부모 또한 동기를 부여한 것이기도 해요. 간단히 말하면, 나는 내 청춘의 일부를 시골에서 보냈다는 얘깁니다. 이 모든 건 하나도 중요하지 않죠."

"하지만 당신은 방금 가족들 틈에서 머무르지 않았던가요? 그럼 이제 당신들은 화해를 한 거요?"

"그렇죠, 화해한 거죠. 난 이 모든 이야기를 떨쳐 냈으니까요."

그가 침울한 표정으로 나를 바라보았다. 벌써 날이 어둑해져 있었다.

"내 이야기가 진부해 보이나요? 그럼 당신은 바로 맞힌 겁니다. 그건 진부함 그 자체죠." 나는 급작스럽게 다시 말을 이었다. "이봐요, 많은 상황들은 반복됩니다. 그걸 의심할 수는 없는 일이에요. 어제, 오늘, 옛날 할 것 없이, 상황들은 되풀이해 일어나요. 그것들은 다시 오고, 세대들의 심저로부터 도래하죠. 이런 일이 한 번, 열 번 일어났고, 세부의 변화에도 불구하고 그건 언제나 같은 사건이에요. 이상해요. 당신은 안 그렇습니까?"

"왜 그렇게 몸을 떨죠? 그건 무슨 뜻입니까?"

"이게 무슨 뜻이냐…… 이제 당신은 더한층 주의 깊게 내 말을 듣는군요! 당신은 기회만 노리고 있어요. 당신, 내 가족을 알아요?"

"당연하죠. 당신 계부의 이름자는 신문에 오르내리잖소."

"당신은 그 사람이 완벽히 우월한, 최상위의 사람이라는 사실을 알아챘나요? 그는 끊임없이 일하고, 모든 것을 이끌고, 어디에나 있지요. 그는 혼자가 아니라 다수인 것처럼, 아니 그 이상인 것처럼 보이지만, 그런 동시에 겸허한, 거의 지워진 존재이기도 합니다. 내 누이는 그 사람을 증오하죠."

"그럼 당신은?"

"난 아닙니다."

"당신은 그에 대한 원망이 전혀 없나요? 어쨌거나 당신 아버지의 자리를 차지한 사람인데?"

"그렇죠, 내 아버지라. 그런데요, 나는 아버지를 많이 알지 못했어요. 거의 기억나지 않습니다. 그는 당신과 비슷한 종류의 사람이었어요. 크고, 강하고, 그렇지만 좀 더 엄격하달까, 아니 그보다는 위엄 있다는 말이 더 적절하겠군요. 어떤 사람인지 알겠죠?"

"알겠소. 어쨌거나 당신은 당신 아버지에 대해 존경심을 품고 이야기하는군요. 결국 당신은 당신 가족에게 상당히 자부심이 있는 것입니다."

나는 강하게 말했다. "전혀. 내게 그들은 마분지로 만든 인물들일 따름이고, 나는 그들에 대해 생각하게 되지는 않습니다. 내가 볼 때 그들은 아직 자신들이 누구인지 정확히 모르는 것 같아요. 그래서 그들은 기다리죠. 그리고 나는 그들과 함께 기다리고요."

"그들이 무엇을 기다릴 수 있겠소?"

"내가 결정하기를. 아마도요. 잘 생각해 봐요. 역사 전체의 모든 사건들이 여기, 우리 주변에 존재해요. 정확히 망자들처럼요. 그것들은 시간들의 얇은 기저로부터 오늘을 향해 역류해 오죠. 물론 그것들은 한때 존재했지만, 그러나 완벽하게 그랬던 건 아녜요. 그것들은 발생의 순간에는 그저 이해불가능하고 터무니없는 밑그림, 잔혹한 꿈, 하나의 예언에 지나지 않았습니다. 우리는 그것들을 이해하지 못한 채 겪었죠. 하지만 지금은 어떤가? 이제 그것들은 정말로 존재하게 될 거고, 바야흐로 그 순간이 도래한 겁니다. 모든 게 다시 나타나며, 모든 것이 광명과 진리 속에 드러나는 거죠."

"하지만 당신의 가족은?"

"속이 텅 빈 조각상들이죠. 루이즈를 볼 때마다 내 눈에 보이는 건 그 애가 아니라 그 애 뒤의, 점점 더 멀리 있는 다른 얼굴들입니다. 어떤 얼굴들은 내가 잘 알고 있는 것이고 다른 얼굴들은 모르는 것인데, 그 얼굴들이 마치 그 애의 연속적인 그림자들이라도 되는 것처럼 꼬리를 물고 떠올라요. 그게 누이가 나를 괴롭게 만드는 이유입니다. 그 애는 나를 잠시도 쉬게 놔두지 않아요. 나사송곳이에요, 걔는. 그리고 내 모친으로 말하자면, 어머닌 나를 정면에서 바라보질 못하죠. 나를 선망의 눈으로 바라보거나 훔쳐보긴 해도, 결코 정면으로는 못 봐요. 그럴 정도로 어머니는 자신의 시선이 내 뒤에서 끔찍한 얼굴을, 자신이 결코 봐서는 안 되는 어렴풋한 기억을 불러내게 될까 두려워합니다. 내 말을 잘 들어요. 가장 어두운 피의 공포와 지상에서 가장 사악한 전율이 세대들의 심저로부터 우리를 향해, 나를 향해 다가와요. 책들이 그에 관해 언급하지만, 난 굳이 그 책들을 읽을 필요가 없었죠. 이미 아니까요. 이 모든 이야기들은 뒤편에, 혐오감을 불러일으키는 부동성 속에 자리 잡고서 기다리죠. 그것들은 내 인생 위에서 구체적인 형상을 갖추기 위해 내가 뭔가 하기를 기다리고 있어요. 잘 들어요, 그 이야기들이 어떤 것이 될지 아무도, 아직까지 아무도 몰라요. 그도 그럴 것이 그 이야기들은 정말로 일어났던 적이 한 번도 없는, 최초의 꿈 같은 시도에 불과했으니까요. 다른 이들이 그것들에 제공하려 하는 진정한 완결에 앞서, 그것들은 몇 세기 동안 부단히 모색과 재개를 거듭했죠. 우리가 끔찍한 일들의 진실을 이해하게 될 순간은, 그토록 오래전부터 미결의 상태로 우리의 집 안에서 썩어 들어가며 집의 내부를 오염시키는 저 옛날의 삶이 제 본연의 모습을 드러내고, 결단을 내리고, 법에 따라 스스로에 대해 영원히 심판을 가하게 될 때는 바로 지금이에요."

잠시 후 나는 그가 자리에서 일어나 걷고 있는 것을 발견했다. 그는 아무 말 없이 책상 앞을 지나 소파들 옆으로 갔고, 그러자 갑자기 그의 발소리가 울리기 시작하면서 마치 돌과 납으로 만든 망치처럼 힘차게 마룻바닥을 치기 시작했다. 그러고 나서 발소리는 다시금 푹신하고 부드러운 것이 되었고, 꺼져 들었고, 지워졌다.

"당신을 움직이는 건 그런 종류의 생각들인가요?"

"그런 건 생각이 아녜요." 나는 그의 발소리가 마룻바닥을 두드리다 갑자기 잠의 지대로, 죽어 버린 지대로 들어가는 걸 듣고 있었다. "당신은 여전히 불면증으로 고생하나요?"

"그렇소. 이따금. 당신이 내게 좀 더 솔직하면 좋을 텐데. 당신 뭔가 계획하는 게 있소?"

"아니 뭐라고요? 내게 고정관념이 있다고, 강박증이 있다고 생각하는 겁니까? 그래서 내가 무슨 작업이라도 벌이기를 기다리나요? 착각 마요. 나는 열도 없고, 헛소리도 하지 않고, 병자도 아니니까. 게다가나는 솔직하고 싶은 마음은 추호도 없어요."

"방금 전 당신은 스스로를 병자로 간주한다고, 당신 입으로 직접 말하지 않았던가요?"

"아마도요. 그건 맞아요. 당신이 내 말을 경청할 때, 나는 병자입니다. 내가 하는 말들은 당신을 향해 가면서 동시에 병을 향해 가죠. 내 말들이 당신에게 도달하는 건 병을 통해서입니다. 달리 말하자면, 그 말들은 심지어 당신 귀청 속으로 떨어지지조차 않거나, 당신이 그것들에 아무런 주의도 기울이지 않거나, 아니면 그것들이 당신을 더욱더 속이거나, 그런 거죠. 당신은 항상 의사 아닌가요? 자, 그러니 나 역시 병자여야만 할 수밖에요. 바로 그런 식으로 해서 우리는 잠깐 동안 서로를 이해하는 겁니다."

그가 몇 걸음 옮기더니 웃기 시작했다.

계속 걸으면서 그가 말했다. "당신 참 진절머리 나는 사람이군."

그는 또 한 차례, 굴욕감이 깃든 난처한 웃음을 웃었다. 그가 멀어지는 소리가 들렸다. 그는 자신의 온 무게를 다해 수천 개의 작은 조가비들을, 천 개의 살아 있는 소리들을, 겁에 질린 소리들을 짓밟았고, 그런 후 되돌아와, 그 자신은 깨닫지 못한 채, 방의 죽어 있는 부분 속으로 고요히 접어들었다. 그가 또다시 멀어졌고, 그러자 모래와 먼지의 구름 전체가 우르르 굴렀다 흩어졌다. 나는 그가 불면의 시간 내내 필시 저렇듯 이리저리 서성이며 둔해지는 피의 흐름 속에 잠들 수 있기를 헛되이 청하는 것이리라 생각했다.

그가 선포했다. "당신도 그 얘길 들었으리라 짐작하지만, 이 건물은 곧 보건진료소로 바뀔 거요. 맨 아래 두 개 층은 이미 우리가 차지하고 있소. 다른 층들은 병에 걸려 부득이 자기 집을 떠나게 된 이 지역 주민들을 위해 수용 센터로 쓰이게 될 겁니다. 따라서 당신은 이곳에 남아 있을 수 없어요."

"진지하게 하는 얘깁니까?"

"어쨌거나 당신은 떠나야 될 거요. 당신 있을 자리는 이곳이 아녜요. 여긴 위생 환경이 열악합니다. 다수의 불유쾌한 사건들이 이제나저제나 발생할 수도 있어요."

"건물이 강제로 동원될 예정인가요?"

"아마도. 그 동안 돌아간 형편으로 봐선 이미 동원된 거요."

나는 어찌나 그의 말을 경청했던지 몸이 아플 정도였고, 심지어 허벅지에 심한 통증마저 느꼈다.

"보건진료소라고요? 하지만 문제 되는 게 보건진료소라면 어째서 내가 남아선 안 된다는 건가요? 나는 병자니 그 자리에서 치료받을 수 있을 텐데요."

그가 다시 웃는 소리가 들렸다.

"우리는 다른 병자들을 받을 거요. 특정 범주의 병자들 말이오. 이봐요, 앙리 소르주, 당신이 지배하는 부류의 일원으로서 믿고 있는 바와는 반대되게도, 모든 게 사방에서 절대적으로 잘 돌아가고 있는 건 아니라오. 당신이 거리를 거닐면서 보게 되는 광경은 당신 마음에 들며 또 당신 원기를 북돋아 줄 거요. 당신이 집들 속에 들어가서 마주치게 되는 모든 이들은 하나같이 만족에 차 있으며 공공의 자산으로 부유한, 간혹 가난하긴 하지만 그래도 어쨌든 매우 부유한 셈인 선량한 시민이나 노동자 들로 보일 테죠. 그렇지만 난 말이오, 집들 안으로 들어가지도 않고 거리를 거닐지도 않는다오. 나는 지하로 가고, 거기서 전혀 다른 종류의 사람들과 마주쳐요. 모욕과 수치의 지대로 떨어져 유폐된 사람들, 그 수치를 자신의 자부심으로 삼고 공식적인 삶 바깥으로 추락해서는, 그리로 되돌아오지 않기 위해 이름도, 빛도, 권리도 없이 삶의 바깥에서 살기를 선호하는 사람들 말이오. 당신이 공정한 빛이라 부르는 것이 그들에게는 묘혈의 깊이이고, 또 당신에게 자유인 것이 그들에겐 감옥이지요. 그리고 그들은 헌신적이지도, 근면하지도, 선량하지도 않소. 그들은 시민 정신이란 것이 없고, 누군가에게 무엇을 주는 일도 없으며, 매 순간 당신처럼 '아, 당신을 돕고 싶습니다, 당신을 일깨워 주고 싶습니다' 따위의 말을 되풀이하지도 않아요. 그들이 요구하는 것은 부유해지는 것이 아니라 당신에 맞서 빈곤해지는 것, 당신에 맞서 범죄적으로 되는 거라오. 그리고 당신은 당신의 술책과 지배 정신을 통해 그것 역시 그들로부터 제거하려고 하죠. 내가 왜 당신의 경우에 흥미를 느꼈는지 알고 싶소? 어째서 내가 만족에 찬 말 많은 젊은이의 곁에서 결국 이처럼 많은 시간을 보내게 되었는지? 당신의 성姓 때문일까? 아마 그럴 수도 있겠죠. 하지만 그건 무엇보다도 당신이 이 세상에 그토록 복종하고 있고, 그런 나머지 당신의 생각들은 전적으로 이상하게 돌아갈 때조차도 여전히 이 세상으로부터 영감을 받고, 그것을 반영하고, 그것을 옹호하기 때문이라오. 하다못해 당신의 병까지도 나를 교화하려 들잖소. 그렇소, 당신은 내게 이상의 사실을 가르쳐 주었소. 인상적인 일이오. 애써 알아 둘 만한 가치가 있어요."

그는 계속 이리저리 걷고 있었고, 나는 그 걸음 때문에 죽을 지경이었다.

그가 말했다. "당신은 만족하고 있지만, 많은 이들은 당신의 만족을 공유하지 않죠."

"하지만 그건 나로부터 비롯되는 게 아니라고요! 그건 보편적인 만족이에요! 나는 숨쉴 때, 또 바라볼 때, 도처에서 그것을 다시 발견합니다. 만족은 여기 이 방 안에 있고, 난 그것을 느껴요. 난 그 같은 만족에서 벗어날 수가 없고, 만족은 나의 전 모공을 통해 내 안으로 들어옵니다. 뭔가가 잘못되어 갈 때조차도 난 그것이 그 잘못의 주위에 후광처럼 둘려 있는 것을 느껴요. 만족은 날 떠나지 않고, 지금 내 말 속에 깃들어 있듯 당신의 말 속에도 들어 있었죠. 당신이 미치지 않았다면요, 당신은 그것이 여기 있으면서 우리를 염탐하고 있다는 사실을 알게 될 겁니다."

"그만해요"라고 그가 소리 질렀다.

"그리고 당신은 자신이 가난하다고, 남에게 아무것도 주지 않는다고 말하죠? 하지만 대관절 지금 당신은 뭘 하고 있나요? 나는 어둠 사이로 당신을 봅니다. 당신은 걷고, 나를 이끌어들이죠. 난 당신에 관해 모든 걸 알아요. 당신은 내게 투명한 존재예요. 나는 사방에서 당신의 소리를 듣고 당신을 포착해요. 바로 당신 스스로가 당신을 설명하거든요. 당신 덕분에 이 밤은 밝아요. 믿을 수 없이 밝습니다. 당신은 나를 비추고, 나를 선량한 시민으로 만드는 데 기여하며, 끊임없이 나를 바른 길

위로 다시 돌려보냅니다. 이에 대해서 당신은 뭐라 할 텐가요? 이건 경이로운 일이 아닙니까?"

"그만하라니까." 그가 소리 질렀다.

"그래요, 난 만족합니다. 그리고 이 만족은 천하지 않고 고상해요. 나는 나 스스로가 고상하고 진실하다고 느끼고, 그건 어쩔 수 없어요. 분명 난 무가치한 인간이자 무능한 애송이에 불과하죠. 어쨌든 법이 전부인 이상 난 제로일 뿐이며 바로 그게 내가 만족하는 이유입니다. 또 법으로 인해 나는 전부이고, 그래서 나의 만족엔 한이 없어요. 이건 당신에게도 마찬가지죠. 당신이 그 반대의 생각을 할 때에도, 아니, 무엇보다도 당신이 그 반대의 생각을 하기 때문에."

나는 그가 조금 전 불을 켰다는 사실을 별안간 깨달았다. 그래도 나는 말을 끊지 않고 잠시 동안 계속 더듬거렸다. 좀 더 말하고 싶었다. 그래야만 했다. 아니면 글로 쓰든가. 그에게 종이 한 장을 달라고 하려는 순간, 그가 밖으로 나가 봐야만 한다는 시늉을 했다. 나는 그의 뒤를 따라 두꺼운 붉은 양탄자가 그 경계선을 표시하는, 방 안의 죽어 버린 부분으로 들어섰다. 복도에는 그의 아파트 정면의 문이 빠끔히 열려 있었으며, 그는 그 문을 밀고 대담하게 안으로 들어갔다.

나는 말했다. "아니, 여긴 저 아가씨가 살던 집인데요?"

"좀 보구려."

그는 전기 스위치를 돌리고 나를 억지로 그리로 들어가게 했다. 모든 것이 난장판으로 어질러진 가운데, 방 두 칸을 나눴던 칸막이 벽이 허물려 이제는 상당히 널찍한 단 하나의 방만이 놓여 있었다.

"당신의 아파트와 붙어 있는 경계벽까지 제거되고 나면 우리는 진짜 홀을 갖게 되는 거요."

"그럼 그 아가씬 떠나야만 했겠네요?"라고 나는 머뭇거리며 물었다.

내 머리는 온통 그 생각에 사로잡혔고, 그로 인해 나는 미래를 가장 어두운 색깔들 아래서 조망하게 되었다.

5

나는 무사히 밖으로 나왔다. 냄새는 건물 전체로 몰려들기 시작했으니,
그것은 아래층에 억류된 채로 있지 않고 계단을 타고 올라 복도들로 유
입되곤 했다. 그때까지 내 방은 잘 차단되어 있었는데, 이제는 자주 내
게서 그 냄새가 풍겼다. 대로는 아침나절의 폐쇄적인 외양 아래, 환한
대낮인데도 군데군데 미약한 가로등 불로 밝혀지고 있다고 믿게 만드
는 분위기를 띠고 있었다. 거리 모퉁이마다 경찰대가 주둔 중이었다. 두
역 사이에서 지하철이 기계다운 침착한 호의를 보이며 서서히 멈췄을
때, 나는 꼼짝 않고 있는 모든 이들을 보며 열차 안에 평소보다 네 배가
량 많은 사람들이 들어차 있는 것을 깨달았다. 아무도 움직이지 않았고,
나도 움직이지 않았다. 빛나면서도 냉랭한 몇몇 얼굴들만이 잠시 두드
러졌다가 움직이지 않는 거대한 더미 속으로 사라졌다. 조명이 꺼졌다.
유리창 너머 터널은 여전히 빛나고 있었다. 불안정하고, 위험하며, 마치
지하 깊은 곳으로부터 오는 듯한 광채였다. 이어 그 빛도 사라졌다. 아

무도 말을 하지 않았고, 나도 아무 말 하지 않았다. 어두운 반원형 천장은, 마치 검은 피부 위에서 열기가 그러듯, 여전히 번뜩이고 있었다. 이어 그 반사광도 꺼져 들었다. 열차는 기계다운 침착한 마비 상태를 유지하며 서서히 어둠 속에 파묻혔다. 아무도 숨 쉬지 않는 듯했고, 나도 숨 쉬지 않았다.

역에서는 사람들 무리가 나를 몰고 갔다. 복도들을 따라, 계단에도, 바깥에도, 똑같은 군중들이 아무런 움직임도 없다 돌연 흔들리고, 부동의 상태로 되돌아갔다 다시금 요동하기를 거듭했으며, 그들이 그처럼 앞으로 나아가지 않으면서도 줄곧 앞으로 전진한 결과, 길들은 가깝고도 먼, 또한 넘어가려 애쓰는 이들로 인해 끊임없이 높아지고 견고해지는 성벽처럼 솟아올라 있었다. 가게에 이르렀을 때 나는 별로 놀라지 않았다. 좁은 골목길들 속에서 몇 시간이고 정체하다가도 목표를 발견하면 돌연 그리로 급류처럼 빠르게 돌진하도록 만드는 특유의 침울한 인내심을 통해 군중들이 나를 어디로 인도하고 있는 것인지를, 오는 길 내내 어렴풋하게나마 이미 깨닫고 있었기 때문이었다. 그 모든 게 안개가 몰려들고 있는 저 빛나는 진열창 앞에 이르기 위해 있었다. 나는 가게로 들어갔고, 모든 것의 자리를 대신 차지하고 있는 안개 역시 따라 들어왔다. 나는 문에 기대 섰다. "당신, 무슨 일 있었어요? 넘어졌던 거예요?" 나는 이런 말들이 안개 뒤편으로부터, 몸 없는 목소리에 의해 발음되는 것에 귀를 기울였다. 그 목소리 자체가 하나의 몸이었다. 내 것과 딴판으로 풍요로우면서도 갈망에 사로잡힌, 아! 대단히 아름다운 목소리. 그러더니 갑자기 안개가 걷혔다. 실내가 눈부시게 빛났다. 그녀다. 서 있는 그녀의 훤칠하고 강한 모습이 눈에 들어왔다. 그녀는 원기 왕성한 농촌 아낙네처럼 보였다. 평온한 호사 지대에 머물며 시선을 던지는 수십 개의 얼굴들이, 하나같이 비슷한 눈을 한 채, 그녀를 에워싸고 번쩍였다. 계산대 위에서는, 마치 그것들을 위해서는 결코 흐르지 않는 나날들만이 흘러간 것인 양, 도무지 시들 줄 모르는 꽃들이 빛을 발하고 있었다.

나는 말했다. "지하철이 파업 중이에요. 온통 떠밀려서 이렇습니다. 거리에선 사람들이 싸우기도 하는 것 같아요."

나는 계속 문 가장자리에 서 있었다. 그녀 또한 가까이 다가오지 않은 채, 분명 지저분하게 구겨졌을 내 옷에 맥없이 시선을 고정하고 있었다.

"몸이 좋지 않은 거예요?"라고 그녀가 물었다.

어조는 상냥했지만, 그 말하는 태도에서 조금 전 안개 뒤의 목소리, 몸 없이 그 자체가 몸이던 목소리를 다시 발견할 수는 없었다. 이번 것은 기꺼이 도움을 주려는 나무랄 데 없이 선한, 그러나 아무 데서나 오는 말의 목소리였고, 해서 나는 왜 내가 그것에 가까이 다가갔다고 추측했던 것인지 알 수가 없었다. 침착하게, 끈기 있게 저 여자를 바라봐야지, 라고 나는 생각했다.

"왜 다시 왔어요? 당신은 더 이상 여기에 오면 안 돼요."

그녀가 내게 등을 돌렸다. 나는 그녀의 안정돼 보이는 어깨를, 블라우스 깃 주변의 붉은 자수 장식을 바라보았다. 그녀 목덜미 위에 연한 점들이 작은 성좌를 이루고 있었다. "움직이지 말아요"라고 나는 중얼거렸다. 그녀는 뒤돌아섰고, 내 창백한 안색에 그만 놀랐다.

나를 밀어 안락의자에 앉히며 그녀가 말했다. "얼굴이 하얗게 질렸어요. 화장수를 좀 줄까요?"

그녀는 병을 가지고 돌아와 내 얼굴을 알코올 적신 솜으로 문질렀다. 그때 손님들이 가게로 들어왔고, 그녀는 의자 위에 올라가 액자 하나를 떼어 의자 위에 선 그대로 손님들에게 보여 주었다. 그녀는 그들에게 그 친절하며 완벽하게 선량한 목소리로 말하고 있었다. 이윽고 계산대 근처로 되돌아온 그녀는 몸을 숙이고 찬찬히, 오직 자신이 수행하는 임무만을 생각하는 정확하고 확신에 찬 몸짓을 사용해 장부를 기록했다. 한데, 그녀가 매우 훌륭한 점원일 수 있다는 그 사실 또한 마음에 들었다.

"그 건물에선 어째서 나온 거예요?"

"그 지역이 너무 멀리 떨어져 있어서요."

"그곳이 너무 멀었다고요? 그럼 일 때문에 떠난 거예요?"

"네. 난 오래전부터 딴 아파트를 찾고 있었어요. 거기서 나오고 싶었거든요."

"지금은 어디 살아요?"

"여기요." 그렇게 말하면서 그녀는 모호하게 어느 한쪽을 가리켜 보였다.

그녀는 새로 온 손님을 맞으러 가려는 듯이 출입구 쪽으로 몸을 돌렸다. 목덜미 위로 그 작은 점들이 일종의 변태적인 대담함을 띠며 다시 드러났다. 그것들은 부풀었다가, 길게 늘어났다가, 마치 저희들을 봐줄 이가 여태 아무도 없었다는 듯이, 눈에 띄지 않으면서, 전적으로 드러나면서, 그 자리에 내가 없기라도 한 것처럼, 완벽하게 스스로를 보여 주었다. 그녀가 말했다. "저건 뭐죠? 행진인가요?" 그러면서 문을 열었다.

모터 소리, 육중한 차들의 행렬이 끝없이 잇따르며 내는 소리가 나를 뒤흔들었다. 그녀가 문 앞에 서 있었기 때문에 내가 앉은 안락의자에서는 안개와 사람들 무리 외엔 아무것도 보이지 않았다. 소음 때문에 가게 전체가 흔들렸다. 그것은 아주 강력한 진동이자, 완만히 제 갈 길을 열어 사소한 대상들 하나하나에 다다르고 이어 그것들을 반박할 수 없는 권위로 지배하려 하는 엄숙성이었다. 나는 그녀에게 소리쳤다. "제발 그 문 좀 닫아요!" 그녀는 보도에까지 나가 있었고, 행진하는 광경은 그녀를 열광시켰다. 군중 속에 한데 섞일 수 있다면 기꺼이 모든 걸 포기할 태세였다.

"엄청나게 큰 군용 차량들이에요." 그렇게 말하면서 그녀는 방심한 태도로 내 쪽을 바라보았다. "대규모 행진이네요."

그녀는 진열창 뒤에 자리 잡았다. 그러고선 이따금 탄성을 지르거나, 경찰들이 조금 전 호각을 불었다고 알리곤 했다. 특별한 위용을 떨치는 차량 한 대가 지나가면서 창이 흔들리고 유리가 진동하게 되자, 그녀는 열광하여 공중부양이라도 할 것처럼 손뼉을 치면서 군중들의 환호성에 자신의 환호성을 보탰다. "들려요? 말들이 지나가요!" 그녀가 문득 돌아보며 말했다. 자리에서 일어났지만, 제대로 숨을 쉴 수가 없었다. "분명 여기저기서 싸움판이 벌어졌을 겁니다." 나는 가까이 다가가지 않고 말했다.

"이제 기분이 좀 나아졌어요?"

그녀는 조금 전의 즐거운 감정이 여전히 묻어나는 표정을 한 채 내 쪽으로 되돌아왔다. 그녀의 두 뺨이 빛났고, 그런 그녀의 얼굴이 그녀 자신의 사진과 어찌나 흡사하던지 나는 심장이 죄어들 지경이었다. 나는 그녀에게 손을 대며 말했다. "당신에게 말을 해야 되겠어요." 나는 그녀를 내게서 약간 떼어 세우고 뚫어져라 바라보았다. 내가 발견하고 싶었던 것은 그러니까…… 나도 모를 어떤 것, 어쩌면 그녀의 얼굴이었는데, 막상 마주치게 된 건 그녀의 미소와 상냥한 표정뿐이었다. "날 좀 보라니까요!" 필시 내가 그녀의 몸을 세게 죄었고 분노에 찬 동작을 취했을 것이다. 나는 그렇게 그녀에게 힘을 가함으로써 모든 사람들과 공통된 그 표정 뒤로 그녀 자신이 나타나게 할 수 있고 또 그녀를 새로이 변형시킬 수 있을 거라는 생각을 하고 있었다. "당신 왜 이래요? 미쳤어요? 이것 봐요, 날 놓아줘요." 그녀가 몸부림쳤다. 일순간 그녀의 원피스가 내 몸에 바짝 달라붙었고, 그녀는 내 손목을 비틀었다. 그러나 나는 꿈쩍도 하지 않다시피 했다. 그랬다. 정말로, 그것이 또다시 도래하려하고 있었다. 나는 말했다. "꼭 필요해요. 지금, 지금 곧 말입니다." 그녀가 다시 나를 쳤다. "정말 부탁이에요, 여기선 안 돼요. 생각해 봐요, 만약 경찰이라도……." 나는 말했다. "아니, 돼요. 가게 안에선." 그러나 그말이 그녀에게 최대치의 힘을 불어넣은 듯, 그녀는 단숨에 몸을 뺐다.

나는 자리에 그대로 남아서 호흡을 가다듬으며 기다렸다. 그녀가 옆방으로 가 버린 다음이었다. 잠시 후 나는 거울을 들여다보고 있는 그녀를 발견했다.

"제발 용서해 줘요. 내가 뭔가에 홀린 놈처럼 행동했습니다."

내게 직접 말을 거는 대신 가볍게 부풀어 오른 상처를 보게 하려는 듯이 그녀는 거울 앞으로 손목을 살짝 치켜들었다.

"내가 당신을 대단히 아프게 했나요?"

"팔을 부러뜨릴 뻔했다고요." 그녀가 가시 돋친 말투로 말하긴 했지만, 그래도 거기에는 모종의 화해하려는 의도가 비치고 있었다.

그 순간, 나는 거울 속에서 그녀의 얼굴 너머에 있는 나 자신의 얼굴을 발견했다. 우리는 찰나 그런 식으로 서로를 바라보았다. "아!" 하고 그녀가 비명을 질렀다. 그녀가 나를 잡아당겨 끌고 가는 동안 내 귓전엔 그 비명이 머물렀다. 다시 눈을 뜰 때도 귓가엔 여전히 그 비명 소리가 울리고 있었으니, 내게 감각을 되찾도록 해준 건 바로 그 소리였다. 나는 전에 창고로 쓰이던 방 안의 긴 의자 위에 누운 상태였다. 다만, 창고는 완전히 변형되고 새로 꾸며져 이제는 아주 예쁜 침실의 모습을 하고 있었다.

"여기서 살아요?"

그녀가 말했다. "당신 때문에 겁이 났어요. 워낙 갑작스레 일어난 일이라서요. 난 그게 발작이라고 생각했는데…… 당신 간질 발작을 일으키지 않나요?"

"아녜요, 별것 아닙니다. 그냥 숨이 막혀 호흡 곤란이 온 거예요. 창문 좀 열어 줄래요? 난 당신에게 귀찮은 일만 생기게 하네요." 그녀가 십자형 유리창을 열기 위해 테이블을 옮기는 걸 보며 말했다.

"그건 정말 그래요. 당신의 방문엔 기분 좋은 구석이 하나도 없어요."

누군가가 문간에서 벨을 눌렀기 때문에 그녀는 밖으로 나갔다. 그녀가 다시 왔을 때 나는 돌아가려고 자리에서 일어났지만, 아직 두 다리로 몸을 지탱하기가 힘들었다. "약간 더 안정을 취해야 할 것 같으면……" 그러면서 그녀는 어떤 시늉을 했는데, 그것의 의미는 좀 더 머물러요, 이곳에 있게 된 김에, 라는 것이었다. 이어 그녀는 덧붙였다. "난 가게로 돌아가 봐야 해요. 당신, 정신 차리고 차분하게 있어야 돼요." 그녀는 복도로 나갔다, 되돌아왔다.

"집까지 타고 가게 차를 한 대 불러 줘요? 당신은 밖에 나오면 안 되는 거였어요. 요즘에도 아팠나요?"

"당신은 좋은 사람이에요. 아니, 난 아프지 않아요. 그냥 충격을 받았던 것뿐입니다. 곧 괜찮아지겠죠."

"열 때문에 눈이 빛나고 있는걸요." 그녀가 가까이 다가와 일종의 호기심을 품고 나를 관찰하며 말했다. "당신도 알겠지만 요새 전염병이 돌고 있어요. 특히 당신 사는 지역에요. 어쩌면 백신에 휘둘려 그런 걸 수도 있어요. 분명히 백신 맞았죠?" 나는 아니라는 시늉을 했다. "안 맞았다고요? 하지만 모든 이가 맞아야만 하는걸요. 당신 사는 곳엔 전염병 기미가 있다고요! 일주일 전부터 가장 엄중한 조치가 취해지고 있고 주민들도 경계 태세예요. 부서로 의사가 다녀가지 않았어요? 당신은 검사를 받지 않았나요?"

"최근엔 일하러 나가지 않았어요."

"어째서요? 이거 무척 곤란한 일이로군요. 당신은 땀으로 축축해요. 동공도 확장되었고요." 그녀는 바짝 다가와 나를 살펴보며 말했다. "눈 속에 거의 구멍이라 할 만한 것이 패어 있어요. 신문에도 그 같은 증상이 언급된 적 있어요. 아무래도 누군가에게…… 당신 가족에게 알려 두는 편이 신중할 것 같군요."

"내 가족이라고요?"

우리는 서로를 바라보았다. 그녀의 손이 목 언저리로 올라가 제 목걸이를 만지작거리기 시작했다.

그녀가 애매한 표정으로 목걸이를 들여다보며 말했다. "네. 그러니까, 저번에 당신 가족과 여동생에 대해 얘기하지 않았던가요?"

"내 누이는 다른 가족들에 대해서와 마찬가지로 나에 대해서도 아무 신경 쓰지 않아요. 난 그 애와 사이가 틀어져서 더 이상 보지 않습니다. 그 얘긴 관둬요. 만약 몸이 심각하게 불편해지면 그냥 그 건물 안에서 치료받을 겁니다. 그곳이 보건진료소로 변형된다는 사실, 몰랐어요?"

그녀가 왈칵, 몸이 내 쪽으로 쏠릴 정도로 격한 반응을 보이며 말했다. "거긴 감옥이에요. 그 집은 오염되었어요. 당신은 7층 집 딸과 그 애가 죽은 정황을 잊었어요? 난 벌써 사방에 병이 퍼졌다고 확신해요."

"아뇨, 난 그 애가 죽었다는 걸 몰랐습니다."

나는 긴 의자에 다시 앉았다. 그녀는 여전히 내게서 그리 멀지 않은 자리에 선 채였다.

"그 애는 어떻게 죽었어요?"

"의사는 사망 후에야 왔어요. 그러고 나서 곧바로 시신을 치웠죠. 한밤중에요. 다음 날 아침 그 층 전체가 비워졌어요."

"아이는 무슨 병으로 죽은 거죠?"

그녀는 대답하지 않았다. 공백이 지속되는 동안 내게는 그녀의 건장한 체격과 꼼짝하지 않는 한쪽 손만 보였다.

"당신이 내 가족에게 알려 주겠어요?"

"네, 그럴 수 있을 거예요." 그녀가 작은 소리로 말했다. "그게 좀 더 신중할 것 같아요. 그래야 나도 안심이 될 테고."

나는 그녀를 바라보며 웃기 시작했다.

"당신은 좋은 사람이에요!"

"그것 때문에 웃어요?"

"네. 어째서 또다시 나를 염려하는 거죠? 어떤 점에서 내 처지가 당신의 관심을 끄나요? 당신에겐 나를 보살필 의무가 없어요."

그녀는 어깨를 으쓱했다.

그녀가 자리를 뜨면서 말했다. "아! 당신이 지긋지긋해요."

"부탁입니다만……."

내 외침은 그녀에게 그저 느리게만 전달될 뿐이어서, 그녀는 아마도 한 걸음 더 옮긴 후였을 것이다. 나는 그녀의 평온한 어깨가 움직임을 멈추고 놀라운 부동성 속에 기다리더니, 이어 기다리기를 멈추고, 두터워지고, 무거워지면서, 공기에, 나에게, 모든 것에 스스로를 건네는 엄청난 수동성의 일환이 되는 것을 보았다. 내 손은 그녀를 가볍게 스친 후 소매를 따라 내려왔다. 이어 손은 바느질 선을 따라 이리저리 탐색하고 스치며 손목 언저리를 돌았고, 거기서 불현듯 발견된 건 자수 장식의 도드라진 윤곽이었다. 자수의 요철은 돌돌 감겼고, 안쪽으로 박혀 들었고, 그에 이어 내 살갗 역시도 그 천만큼 두툼하고 무거운 어떤 것으로 변했다. 그녀가 뭐라고 중얼거리다 이어 좀 더 크게 말하는 게 들렸으며, 내 눈이 열리며 그녀 모습이 시선에 잡힌 찰나, 나는 즉각 그 사진 속의 얼굴을, 종이로 만들어진 그 빛나는 형상을 알아보았다. "뭐라고요?" 그녀가 말했다. 그 순간 나는 그녀가 그녀 자신으로부터 떨어져 나오는 것을, 나로부터 분리되는 것을, 그리하여 뭔가 다른 것, 차이를 지니는 것이 되는 광경을 보고 싶은 욕망에 걷잡을 수 없이 사로잡혀 그녀를 붙들었고, 그런 뒤 마구 그녀의 몸을 흔들었다. 그녀가 쓰러졌다. 땅바닥에서 그녀가 거세게 몸부림쳤다. 그녀는 제정신이 아니었다. 나를 잡아 밀치더니 이내 불굴의 의지에 사로잡혀 나를 짓눌렀다. 마룻바닥보다 더 건조하고 딱딱한 이 접촉, 내 숨과 섞여드는 가운데 나를 질식시키는 이 호흡, 나로부터 벗어나 내 몸을 그것과 동일한 또 하나의 몸으로 압박하며 다가오는 이 혼돈이라니. 마치 날은 밝아 오기 위해 여태껏 이 순간만을 기다려 온 것이라는 듯, 창문이 나를 향해 점점 더 세차게 빛을 반사했고, 그 속에서 이 모든 건 나를 아연실색하게 했다. 내게는 모든 게 보였고 모든 게 느껴졌다. 무기력한 그대로, 나는 그녀의 분노에 동참하고 있었다. 눈물 한 방울 흘리지 않는 그대로, 나는 그녀의 경련과 흐느낌이었다. 나는 나 자신을 향한 이 유사 증오를, 기를 쓰고 선동적인 내밀함을 드러내는 이 허망한 낯섦을 구역질이 날 때까지 빨아들이고 들이마셨다. 갑자기, 그녀가 두려움으로 무너지면서 눈을 떴다. 내가 두 팔 안에 안고 있던 것은 무엇이었나? 다른 존재? 다른 삶? 아무것도 아닌 것에 보내는 마지막 작별인사? 여전히 전과 똑같은 투명한 표정이 보일 뿐, 바뀐 것은 아무것도 없었다. 나는 그대로 마룻바닥 위였고, 그녀는 고리들 새로 빠져나가듯 슬그머니 튀어 달아나 긴 의자 위에 다시 쓰러졌다. 잠깐 동안 나는 시야에서 그녀를 잃었다. 그렇다고 해서 내가 눈을 다시 뜨면서 확인한 것처럼 그녀가 자리를 옮겼던 건 아니었다. 이제 그녀는 두 손바닥으로 천천히 얼굴을 문지르다 이따금 여전히 아무 표정 없는 눈으로 날 바라보곤 했다. 그녀가 기계적인 동작으로 전화기를 끌어당겨 번호를 누르기 시작했다.

나는 급히 말했다. "뭘 하는 거죠? 누구한테 알리려고 그래요?"

"당신은 내게 동정심을 느끼게 해요. 더 이상 당신이 그런 식으로 길거리를 배회하도록 놔두지 못하겠어요."

하지만 그녀는 전화기를 다시 내려놓았다.

"조금 전 누구에게 알리려던 거였어요? 그 번호는 어떻게 알고 있는 겁니까?"

그녀가 목소리를 높이며 말했다. "당신은 자신이 완전히 미쳤다는 걸 알고 있나요? 다시는 그러지 말아요. 그리고 나를 그런…… 그런 편집증 병자 같은 표정으로 바라보지 말라고요."

나는 당황한 채로 있었다.

나는 말했다. "아! 내가 당신을 바라보는 게 거북한 거로군요, 그렇죠? 그렇다면 당신도 그걸 느끼는 거네요? 끔찍한 일이죠. 난 도무지 그걸 이겨 낼 수 없답니다."

그녀는 스스로 편집증적이라 부른 바로 그 표정을 하고 나를 계속 응시했다.

"조금 전에 발견한 사실인데, 우리는 서로 닮았어요. 우리 둘은 전대미문의 방식으로, 말도 안 되게, 서로를 혼동할 정도로 닮았습니다. 우리는 똑같아요. 그리고 당신도 그 사실을 느끼고 있죠. 내 시선은 당신을 거북하게 만드는데, 왜냐하면 그것이 곧 당신의 시선이기 때문이에요. 당신을 바라보는 게 다름 아닌 당신 자신인 거죠."

"입 다물어요." 그녀가 중얼거렸다.

"실상은 그런 거예요. 나를 원망할 순 없는 일이죠. 우리는 서로를 혼동하고 말 겁니다. 만약 우리가 서로를 분간한다면 그건 오로지 술책에 의해서만, 고통스러운 술수에 의해서만 그런 것이고, 매 순간 우리 사이에는 흘러 사라지고 마는 동일성이 유입되죠. 그 같은 동일성이 나의 있음을 기만적인 것으로, 당신의 있음을 무가치한 것으로 만듭니다. 내가 당신을 접촉할 수 없는 건 바로 그래서예요."

"입 다물어요."

"난 말해야겠어요. 숨이 막혀서요. 이건 수수께끼가 아녜요. 마치 우리 둘이 서로를 지나치게 잘 알고 있는 것과도 같은 이치죠. 우리 두 사람은 수천 년을, 영원의 시간을, 그러니까 아무런 사고도 시련도 없이 조금씩 조금씩 우리 둘 사이의 거리를 완전히 제거해 낸 평온한 영원을 함께 살았던 거라고 해도 될 거예요. 우리는 서로 지나치게 가까워요."

"좀 그치라고요." 그녀가 소리 질렀다. "우린 전혀 달라요. 난 당신과 공유하는 점이 아무것도, 아무것도 없어요."

"아뇨, 우리 둘의 얼굴은 닮았습니다. 우리 둘의 생각은 같아요. 나는 당신과 함께 존재하는 것이 아녜요. 내가 두 곱으로 존재하는 겁니다."

"우리 얼굴이……."

"그래요, 우리 얼굴. 무엇보다도 나쁜 게 그겁니다. 그게 견딜 수 없어요. 이리 와 봐요."

내가 그녀를 스튜디오 안으로 데려가 등을 밀자 돌연 거울 안내 얼굴 옆으로 그녀의 얼굴이 비쳤다. 두 개의 머리가 서로 닿았고, 내 눈에 고정된 그녀의 두 눈은 탁해져 있었다. 마주한 그 세계 속에서 차츰차츰 닮음이 드러나 번지기 시작하더니 결코 다다를 수 없는 현전의 평정 속에 제 명백함을 퍼뜨리며 오만하게 지배하고 군림했기에, 나는 그녀의 사나운 표정 너머로 그녀 역시 그 닮음을 인정하고 있음을, 그것으로부터 풀려날 수 없는 채로 그 닮음을 포착하고 있음을, 그리고 이후로도 그녀는 마치 법의 제어할 수 없는 근접성에 포획되듯 끊임없이 그것에 사로잡히게 될 것임을 알아차렸다.

그녀는 천천히 두 손을 들어 얼굴을 가리더니, 그렇듯 먼눈을 하고 가게 안까지 걸어갔다. 나는 여전히 그녀와 아주 가까이 있었다. 그녀가 다시 몸을 펴고 예의 침착한 표정으로 나를 쳐다보았다. 눈물로 뒤덮인 덕분에 그녀의 두 눈은 더한층 호의에 차고 평온해 보였다. 눈물이 그 두 눈을 가려 천천히 침수시켰다. 눈물은 범람했지만, 흘러내리지는 않았다. 마침내 그것이 흐르기 시작했을 때, 나는 자리를 떴다.

광장에 이르자 군중 속에 섞여 들고 싶었다. 많은 사람들이 삼삼오오, 그저 내가 그 사이를 지나가는 것만으로도 해체할 수 있는 우연의 무리들을 이룬 채 아직껏 기다리는 중이었다. 정오의 빛이 중천에 떠올라 있었지만, 그러나 이 정오의 깊은 안쪽은 여전히 어둑했다. 차들이 천천히 아래로 내려갔다. 버스 한 대가 가로수들 주변에 세워져 있었고, 사람들의 작은 무리들 전체가 끊긴 곳 없는 빽빽한 줄을 이루며 질서 있게 앞으로 나아갔다. 발판에 올라선 차장이 고함을 지르기 시작했다. 이름이 호명될 때마다 누군가는 스스로가 지명되었음을, 선호되었음을 자각하곤 했다. 남은 이들은 이름 불린 이들이 자기들 대신 떠나게끔 그들에게 일시적으로 권한을 위임했다. 그러고 나면 다시 기다림이 시작되었다. 챙 달린 갈색 모자를 쓰고 작업복 칼라의 맨 끝까지 꼼꼼히 단추를 잠근 한 남자가 이따금 나를 바라보았다. 유니폼으로 보아 나와 안면 있는 시청 사환 중 하나가 아닌가 싶었다. 그가 내게 말했다. "난 기다린 지 30분이 됐답니다. 도저히 집에 들를 시간이 안 될 것 같아요. 이것 참,

일이 안 풀리네요." 나는 고개를 끄덕여 동의했다. "최근엔 당신을 통 못 보았더랬습니다. 어디 아팠나 봐요?" "휴가를 내어서요." "요샌 빠지는 사람이 많군요." 또 다른 버스 한 대가 뱃밥 긴 고철 더미마냥 요란한 소리를 내며 멈췄고, 하차 안내에 따라 거기서 내린 모든 승객들이 우리 줄과 나란히 두 번째 대기 줄을 형성하자 여기저기서 항의가 터져 나왔다. 경찰들은 거기에 농담으로 답했다. 그건 그들이 상관할 바가 아니라는 거였다. 그 순간 나는 시간들의 깊은 안쪽으로부터 나를 얼어붙게 만드는 한 마디 말이 낮은 소리로 발음되어 나오는 걸 들은 듯했다. 태, 업. 나는 고개를 돌리지 않았고 아무도 쳐다볼 엄두가 나지 않았다. 무엇보다도, 들릴까 말까 하게 발음된 그 단어, 모든 것을 문제시하는 동시에 그 자체가 너무나도 금기에 가까워 공동으로 경청하기란 거의 불가능한 그 비난의 웅성거림을 내 시선이 다른 어느 누구의 몫으로도 돌리지 않아야만 했다. 태업. 태업. 이건 내 목소리인가? 나는 온몸이 마비된 채 나 자신의 목소리가 그 같은 외설의 메아리가 되어 울려 퍼지는 걸 듣고 있었다. 이 비천, 이 타락이라니. 어떻게 이런 일이 일어났던 것일까? 이 목소리는 누구의 이름으로, 누구에 맞서 말하는 것인가? 법의 공모자로서 말하는 것인가? 혹은 법의 고발자로서? 아니면 그것의 사형집행인 자격으로? "자, 조용히!"라고 경찰관이 말했지만, 질서를 환기시키는 그의 명령은 취약했다. 자진해서 그를 실추시키려 드는, 발음조차 불분명한 외침 앞에서 경찰관은 속수무책이었다. 내 주변에 텅 빈 공간이 형성되었다. 사람들이 물러난 것이 틀림없었고, 그들은 나를 눈여겨보지 않았으며, 그럴 권리도 없었으며, 그런 채 마치 저마다 죄인이 될 위협에 짓눌려 있기라도 하듯 두려워하며 기다리고 있었다. 뭘 한다? 어디

176

로 간다? "에이, 이봐요!"라고 누군가가 내게 외쳤다. 내가 팔꿈치로 쳐
그를 밀어내자 그는 완강하게 버티며 제 옆 사람에게 달라붙었다. 나는
이 어리석은 장애물을, 제가 지워지는 것을 원치 않는 이 근본적인 현전
을 보고 있었다. 경찰관이 말했다. "이봐요, 진정하라고." "결국엔 서로
짜증을 내게들 마련이지요." 내 시청 동료는 나와 공모하는 듯한 표정
을 지으며 팔꿈치로 친근하게 나를 건드리는 동시에 자기 옆 사람에게
도 눈을 찡긋하며 말했다. 이 선량한 사내의 표정이라니, 아! 나는 그것
을 알아볼 수 있었으니, 집달리부터 최고 임원에 이르기까지, 우리는 한
결같이 그처럼 관대하고, 이해심 많고, 모든 것을 정화하며, 전도된 판
독을 통해 최악의 규칙 위반을 정상적인 행위들로 탈바꿈시키곤 하는
것이었다.

　　나는 자리를 떴다. 이 거리 저 거리를 걸었고, 피로로 녹초가 되어
쓰러질 것 같았다. 내가 사는 지역에 도착할 즈음에 경찰의 방벽에 부딪
혔다. 작은 사거리든 카페 앞이든 광장 주변이든, 사방에 경찰관들이 깔
려 있었다. 통제 요원들 앞에 행인들이 세 줄로 늘어서 있었고, 이들 경
찰관들은 옥외에 설치된 테이블 앞에 앉아 행인들을 쳐다보고, 대답을
듣고, 결정을 내렸다. 나는 원칙적으로 그 지역에 사는 주민들에게만 그
곳을 통행할 권리가 있다는 사실을 알아차렸다. 나는 따라서 이 형식 절
차가 내게 걸림돌이 되지는 않으리라고 생각하고 있었다. 검사관은 나
를 본 후, 이어 내 신분증을 보았다. "공무원이야." 그가 자기 패거리에
게 내 신분증을 내밀며 말했다. 그들은 둘 다 우리 중 누구와도 다를 것
없는 복장을 하고 아무런 활기도 열정도 없이 말했고, 그들이 말하는 내
용은 그다지 무서울 것 없어 보였지만 그래도 내 숨을 멎게 하기엔 충

분했다. "당신 신분증엔 왜 스탬프가 찍히지 않은 거죠?" 그는 마치 내 신분증을 무가치한 마분지로 만들 셈이었다는 듯, 그것을 비틀고 있었다. 문득 그는 내가 묵묵부답인 것을 눈치챘다. 그가 말했다. "이것 봐요, 당신은 분명 시청 직원에다, 성명 앙리 소르주, 24세, ○○○로路 거주자로 되어 있는데…… 어째서 당신 신분증엔 증지가 붙어 있지 않습니까?" 소동의 파장은 옆 테이블에까지 번졌다. 그쪽의 다른 검사관이 우리 쪽을 쳐다보기 시작하다 급기야 하던 일을 중단했기 때문에 침묵은 더욱더 크게 느껴졌다. 나를 상대하던 검사관이 목소리를 높여 예의 바르게 설명하기를, 그 지역에 사는 모든 거주민들은 나흘 내에 백신을 맞으라는 명령을 받았는데 그 기한은 전날로 마감되었고, 나는 공무원이니 분명 시청의 의료 서비스를 통해 필요한 조치를 받았을 터인즉, 이상의 조건에서라면 당연히…… 그러면서 그는 자기 동료를 향해 몸을 돌리며 안 그렇느냐는 표정을 지었다. "물론일세"라고 그의 동료가 말했다. "이상의 조건에 의하면 당신의 신분증엔 당연히 확인 증지가 있어야 합니다. 여기 이 자리에요, 알겠소?" 그러면서 그는 손가락으로 자리를 가리켜 보였다. *나는 아팠습니다. 그 나흘 동안 난 부서에 나가지 않았어요.* "대체 뭐요! 당신 벙어리야?" 그가 경찰관의 목소리로 말했다. *나는 아팠습니다. 그 나흘 동안 난 부서에 나가지 않았어요.* 그가 나를 딱딱한 표정으로 응시했고, 그것은 마음의 말 말고 다른 방법으로 그에게 다가갈 수 있겠다는 희망을 내게서 남김 없이 제거했다. 그의 시선은 먼지로, 여름의 먼지로 이루어져 있었다. "어째서 대답하지 않는 겁니까?" 다른 이가 부드럽게 내게 물었다. 하지만 옆 테이블에서 그를 부르는 통에 나는 그의 원조를 잃고 말았다. "당신 신원을 확인해 봐야겠소. 그 사이 당신은 경찰서로 인도될 거요."

경찰서 안에 내가 알아볼 수 있는 이는 아무도 없었으며, 공기 중엔 차가운 연기 같은 것이 감돌고 있었다. 내 눈에 들어온 것이라곤 나와 정면으로 마주보고 앉은 한 남자를 향해 경찰관이 빵과 치즈가 든 꾸러미를 내미는 광경뿐이었다. 남자는 내게 슬쩍 빵 덩어리를 건넸다. "상인이오? 기술자? 아니면 선생?" 그는 내게 시선을 주지 않고 허겁지겁 자기 빵을 뜯으면서 속삭였는데, 그의 서두름 속에 뒤섞인 식욕과 불안은 현기증을 불러일으켰다. "난 관리인이랍니다"라고 그가 말했다. 경찰관이 우리 가까이 다가와 잠깐 나를 쳐다보더니 이윽고 벤치에 혼자 앉아 있던 구겨진 옷차림에 삐쩍 마른, 그리고 아직 매우 앳된 게 분명한 한 소년을 불렀다. 그들 둘은 함께 밖으로 나갔다. 그러자 이번에는 실내로 여섯 명가량의 사내들이 떼밀려 들어왔다. 바깥에서부터 우박처럼 날아든 곤봉 세례가 챙 달린 모자도, 재킷도 입지 않은 그들을 한쪽 구석으로 몰아넣어 가뒀고, 그들은 자리에 쓰러진 그대로 몸을 쪼그리거나 대자로 뻗어 버렸다. 내 옆에 있던 남자가 급히 몸을 돌리며 말했다. "아마도 내가 셋집 규정을 어긴 모양입니다. 시설 안에 가구 딸린 아파트가 몇 개 있거든요. 세입자들이 들락거리긴 해도 모든 건 다 규칙에 따라 이행되는데 어제 지배인이 체포되었어요. 어쨌거나 경험이 많은 사람이고, 맡고 있는 건물이 아마 쉰 채는 될 텐데 말이오. 당신 안 먹을 거요?" 그러면서 그는 내가 손가락 새에 쥐고 있던 빵 조각을 재빨리 되가져갔다. 그다음 다른 누군가에게 말을 걸었다. 잠시 후, 사람들이 남자를 데려갔다는 사실을 깨달은 것과 거의 동시에 누군가가 나를 호명하며 서장의 방으로 들어가라고 했다.

서장은 쾌활한 말투로 관리인에게 이렇게 말하고 있었다. "당신 건물은 그야말로 노아의 방주요." 이어 그는 내 쪽을 향하더니 마치 자신의 사적인 이익을 위해 내 생김새를 머릿속에 새겨 두고 싶기라도 한 것마냥 빤히 나를 쳐다보며 말했다. "신분증 여기 있습니다, 소르주 씨."

벌건 낯빛의 관리인은, 아마도 자신의 일은 다 해결되었다는 것을 내게 이해시키기 위해, 한쪽 눈을 찡긋해 보였다. 문 근처에서 나는 보건진료소의 하급직원 한 사람을 알아보았다. 바깥에 나오니 사람들이 서두르고 있었다.

안개는 아침보다 옅었지만 대신 좀 더 습하여 경찰서의 고루한 공기가 준 피로를 가시게 했다. 비록 그 안개가 경찰서의 분위기를 연장하는 듯도 해서, 거리에서 그것을 다시 대하니 마치 그게 우리와 같은 시간에, 함께 바깥으로 나온 걸 내 눈으로 직접 봤다고 믿길 정도였지만 말이다. 장이 서는 자리에서 안개는 발원지를 저지대의 집들 속에 둔 구름의 형태를 띠며 낮은 쪽으로 몰려 피어났는데, 밀도가 어찌나 빽빽하던지 그 아래로 잠겨 드는 행위는 특별히 빛나고 생생한 지역을 향해 가는 일인 듯 느껴졌다. 장은 텅 비어 있었다. 상인들이 자신들의 진열대 주변에 서서 날카로운, 때로 위협적이기까지 한 목소리로 손님들을 부르곤 하던 좁은 길은 침묵에 싸여 안개 쪽으로 하향했다. 작은 가게들의 문은 잠긴 채였다. 어느 골목길에서 사내아이 하나가 튀어나와 구두 굽을 덜거덕거리며 굴러떨어지듯 보도를 내려갔다. 좀 더 낮은 곳에서 나는 가게 덧문에 등을 기대고 두 손을 커다란 앞치마 주머니에 꽂은 채 꼼짝도 않고 있는 한 여자를 보았다. 우리 앞으로 지나가던 또 다른 여자 둘이 갑자기 어떤 문을 열고 그 뒤로 사라졌다. 거리가 활기를 띠는 것 같았다. 유리창에 공적인 성격의 커다란 게시물을 붙여 놓은 한 카페 앞에 이르자 내 동행인은 걸음을 멈추고 휙 휘파람 소리를 내면서 문을 흔들었다. 허사였고, 그가 다섯 걸음 더 떼어 또 다른 문 앞에 당도하자 이번 것은 빠끔히 열리면서 복도의 초입을 드러냈다. 복도 안쪽, 등유 램프의 불빛 아래로 두 명의 여자가 보였다. "담배 팝니까?" 그가 여자들에게 물었다. 여자들은 커다란 자루를 쑤셔 무겁고 커다란 고깃덩어리들을 꺼내더니 느릿느릿 눈높이께로 들어 보였다. 내 동행인은 욕설을 내뱉었다. 우리가 길을 내려갈수록 거리엔 사람들이 많아졌다. 보도까지 차지한 몇몇 소매상들은 지나가는 사람들을 붙잡고 억지로 자신들의 바구니 속 물건들을 구경시키려 했다. 모든 이들이 엇갈려 지나가며 쿵쿵거리고 냄새를 맡았다. 파는 사람이나 사는 사람이나 일순간만 안개로부터 벗어났다 너무도 빨리 그 속으로 되돌아가고 또 그러다 다시금 너무도 급하게 거기서 나왔으므로, 마치 우리가 발걸음을 내디딜 때마다 누구인지 알아차릴 수 없는 동일한 한 사람이, 우리 대답은 한마디도 들을 생각 없이, 계속 같은 것을 요구하고 같은 것을 내밀며 집요하게 괴롭히는 듯한 느낌이 들었다. 거리 아래 가로등 근처에는 대여섯 명의 경찰들이 암거래 시장을 등지고 서서 맞은편 보도를 지나가는 여자들을 바라보고 있었다. 그들은 그녀들을 보고 있었지만, 그러나 아마도 안개 탓에 그들에겐 그녀들이 보이지 않았을 테고, 그들 자신마저도 그저 전깃불의 가볍고 희미한 빛만을 받고 있어 퍽이나 아득하게 보였으며, 그렇게 드러난 그들의 모습은 추위에 마비되어 옴짝달싹 못하면서도 고집스럽게 임무에 전념하는 게 영락없이 머나먼 암초를 비추는 등대들처럼 빛나는 일이 자기들 임무란 듯싶었다. 우리는 좀 더 빨리 돌아가기 위해 라부아르 가를 거쳐 갔는데, 이 일대는 모든 집들이 다 비어 있는 것 같았다. 공중세탁장은 버려진 채였고 수로에는 물이 흐르지 않았다. 공기가 수증기에 자리를 내어 준 바람에 그 비위생적인 한기가 입보다도 어깨를 통해서 느껴졌다. 동행인은 거의 뛰다시피 했다.

내 집 건물에 이르자 안도감이 들었다. 어떻게 해서든 내 방구석에 틀어박혀 있자, 그것 말고 내가 원하는 건 없었다. 그러나 사람들로 북적대는 입구를 보는 순간 만족감은 순식간에 날아가 버렸다. 예전의 관리인용 거처에, 계단으로부터 그 위층에 이르기까지, 사람들이 열 명 남짓씩 무리 지어 있었다. 게다가 거기서 나는 냄새는 참기가 힘들었다. 그것이 내 집 문 안으로 새어 들어와 벽 뒤에서 느껴졌으니, 이 무슨 수치인가! 그것은 맹목적인 힘들이 연합한 징후, 혹은 그것들이 계획한 모의와도 같았다. 창문을 열까? 바깥에는 안개가 마치 타오르는 물처럼 피어오르고 있었다. 저녁나절의 얼마 동안은 층계참으로 오가는 발소리와 헐떡이는 숨소리가 들려왔다. 칸막이 벽 너머에서 사람들이 쿵쿵 발소리를 내며 가구들을 끌고 있었다. 자리에 누웠다. 이불에서 고약한 소독약 냄새, 페놀 향이 풍겼다. 먼 곳으로부터 멀미가 다가와 방 안을 떠도는 것처럼 보였고, 추웠다. 이 병의 증세로는 어떤 것들이 있을 수 있을까? 이건 티푸스의 일종일까? 글을 쓰고 싶어져 테이블 위의 종이 묶음을 집어 들었지만 별안간 조명 세기가 확 낮아지며 가늘고 붉은 열선의 수준으로 떨어지고 말았다. 위든 아래든, 이미 어디서나 발걸음이 끊긴 후였다. 칸막이 벽 너머에서 울려오던 진동 소리도 들리지 않았다. 사위는 완전히 어두웠다. 그런데, 갑자기 이게 웬 비명 소리인가! 내가 사는 지역의 대로 쪽에서 벌어지는 일이었다. 나는 이불을 홱 젖혔다.

같은 곳에서 소형 폭탄이 터지다 마는 듯한 둔탁한 소리가 여러 차례 반복해 울렸다. 공기가 한층 매캐해지는 것만 같았다. 별안간 내 앞에 거대한 섬광이 들어섰다. 바로 눈 앞에 밋밋하고 차가우며 불길보다 더 무시무시한 섬광이, 그랬다, 불의 회화가 펼쳐졌다. 나는 그것을 응시하며 천천히 그쪽으로 다가갔고, 섬광은 버틴 끝에 마침내 창유리에 달라붙었다. 멀리, 가로수들 뒤편으로 거대한 얼룩이 솟아올라 있었다. 밤은, 심지어 그것의 가장 어두운 부분들마저도, 온통 얼룩에 침범당한 상태였다. 열린 창문으로 불덩이가 우지끈거리기 시작했는데, 그럼에도 그 양상은 마치 불길을 키우려고 누군가가 규칙적으로 잔가지들을 부러뜨려 넣은 광경인 양 평온했다. 우리 건물엔 창으로 얼굴을 내민 이도 없었고, 웅성거리는 소리도 들려오지 않았다. 바람도 없었다. 모든 건 차라리 육중한 부동성, 또는 저 스스로 질식하는 무거운 여름에 가까웠다. 사이렌의 아우성이 들려오기를 기다려 봤으나 허사였다. 만약 내가 사이렌 소리를 들었다고 생각했다면 아마도 그것은 먼 추억 같은 것, 메아리의 메아리였을 터였다. 방재과防災科는 필시 다른 곳에서 분주한 모양이었다. 그건 그런데, 이곳에선, 누군가 불이 났다고 외치기는 했던가? 어쩌면 이 재난을 바라보고 있는 이는 나 혼자였는지도 몰랐다. 어쩌면 이미 쓸데없는 일이거나, 아니면 바라보는 행위가 금지된 것인지도 몰랐다. 나는 난간에 바짝 붙었다. 가로수들 위로 넓고 희끄무레한 막들이 펼쳐졌고, 타버린 잔해들이 집 쪽으로 올라왔다. 간간이, 타닥거리는 소리가 좀 더 커지면서 마치 돌들이 터지는 듯한 소음을 냈다. 모든 것이 단숨에 불타오르며 불길이 분노, 공격, 그리고 모든 이에 대한 도전이 되어 가기라도 할 듯한 기세였다. 하지만 차츰 조용한 윙윙거림이 되돌

아왔다. 이제 불은 서두름도, 끝도 없이 돌아가는 실감개에 지나지 않았
고, 얼빠지고 몽롱한 끈기일 따름이었다. 저것을 어떻게 견딘다? 불은
고독하게 혼자 타오르고 있었다.

　나는 침대 위에 걸터앉아 몇 시간 내내 꼼짝하지 않았다. 마침내 방
에 불이 켜졌는데 그게 어찌나 강렬했던지 나는 그만 불길이 집 안으로
옮겨붙은 줄 알았다. 그러나 이내 빛, 성가시게 이글거리는 성질을 띤
빛, 미친 태양이라 할 것이 내 눈에 들어왔다. 이 같은 혼동은 나를 극심
한 동요에 빠뜨려서, 나는 움직여야겠다는 강한 욕구를 느꼈다. 사방으
로 돌아다니고 싶었다. 결국 나는 옆방 여자를 떠올렸다. 그녀는 칸막이
벽 건너편에 살았지만 지금은…… 그건 치명적인 기억이었다. 곧장 그
아파트로 달려간다면 거기서 그녀를 다시 발견하게 될 거고 그러면 모
든 것이 원래대로 돌아가리라는 확신이 들었으니 말이다. 그 점을 믿어
의심치 않으며 그녀의 집 문을 밀었으므로, 그 안에 발을 들여놓다 뭔가
를 마시던 중인, 마시면서 볼 너머로 나를 쳐다보는 한 남자의 면전에
서게 된 순간, 나는 암만 구별하려 해도 나 자신의 방과 헷갈리는 이 황
폐한 방 안에서 맞닥뜨린 이가 정녕 그라는 사실을 억지로 납득해야만
했다. 그런 만큼 내가 느낀 혼란은 클 수밖에 없었다. 방은 이제 막 용도
에 맞춰 개조된 참이라 바닥 여기저기에 여전히 벽토 덩어리들이 흩어
져 있었다. 한쪽 구석에는 철제 침대의 분해된 조각들이 수북했다. 벽에
완전히 등을 돌리고 누워 있던 남자는 병의 영향으로 한창 변형되어 가
는 한 개인의 혐오스러운 모습을 하고 있었다. 수염, 아무렇게나 헝클어
진 머리카락, 그리고 그 피부라니. 아! 그는 대단히 아픈 사람임에 틀림
없었다. 거기에 발을 들여놓다니, 내가 제정신이 아니었다.

그가 말했다. "내 몸엔 마시는 게 필요하다오. 밤에 자리에서 일어날 수 있을 때면 난 걸으면서 마시지요. 걷고 난 다음엔 이불 속에 파묻혀 땀을 흘리고, 그런 다음 다시 마십니다. 그러고 나서 다시 걸어요."

그는 단지에서 자신의 그릇 속으로 달인 차 같은 것을 부었다.

"열이 있나요?"

"그렇소. 교활하기 짝이 없는 병이오! 처음 발작들은 아주 맹렬하지만 지속 시간은 얼마 되지 않아요. 그다음의 발작들은 좀 더 약한 대신 보다 길지요. 그런데 그게 지나가고 나면 미열이 도무지 가시질 않는 거요. 내 이름은 도르트라오." 그가 말했다.

"도르트라고요?" 나는 남자를 보면서 그의 이름뿐 아니라 얼굴 생김새도 낯익다고 느꼈다. 그 역시 조각상들 중 하나와, 단, 피로해 보이는 조각상과 닮아 있었다. 나는 부종으로 인해 그의 얼굴이 얼마나 심하게 훼손되었는지를 발견하고 그만 오싹해졌다.

"왜 나를 보려고 하죠? 난 기운이라곤 없는데." 그가 말했다.

"미안합니다. 가 볼게요. 난 순전히 실수로 들어온 겁니다."

"관청에서 일한다는 이가 당신인가요?"

"네, 옆집에 삽니다."

나는 나가려고 한 걸음을 옮겼다. 거북했고, 조급했다. 아마도 나는 천 가지 일을 하고 백 개의 서로 다른 장소에 있고 싶었을 것이고, 예를 들어 글을 쓰고 싶었을 것이고, 그에게 말을 하도록 시킨 후 오랫동안 그의 말들을, 나의 말들을, 또 그 순간에 일어나고 있던 일과 그 방에 관하여 적고 싶었을 것이다. 나는 그 모든 것을 놀라울 정도로 명료하게, 아무런 그림자도 없이 무시무시하도록 명료하게 보고 있었고, 그것을

(그리고 그것과 동시에 바깥에서 벌어지는 일들 또한 남김없이) 적고 있었다. 마치 역사 전체가 사방에서 나를 통과해 갔다고 해야 될 것처럼. 나는 숨이 막혔다. 창문을 열려고 했다. 그러자 그가 외쳤다. "열지 말아요. 식은땀을 흘리고 있으니." 그는 몸을 떨고 있었으며, 곧 발작을 일으킬 듯했다. "몸이 안 좋아요? 사람을 불러 줘요?" 그가 몇 초 동안 큰 소리를 내며 숨을 쉬었다.

"당신은 왜 이 방 근처를 서성대는 거요? 들어왔다가, 나갔다가."

"진정해요. 사실 좀 갑자기 들어오긴 했어요. 하지만 이곳엔 몇 주 전만 해도 내 친구 하나가 살고 있었어요. 그래서 별다른 주의 없이 들어섰던 겁니다."

"간밤엔 왜 왔었는데요?"

"간밤이라니요?"

"그래요, 당신은 갑자기 침입해서 나를 염탐하고 쳐다보곤 하잖소."

"나는 아무도 염탐하지 않아요. 난 당신이 누군지 몰라요. 북스가 딱 한 번 당신 이름을 말하긴 했죠. 그게 다예요."

"나는 돌덩이 밑에 깔려 있어요. 난 다시 일어나려고 애를 쓰죠. 그런데 그러는 사이 당신이 와 그 돌덩이를 깔고 앉아선 내게 이런저런 충고를 합니다."

"아무래도 내가 갑자기 나타나서 당신의 열병을 다시 들쑤셔 놓았나 보군요. 미안합니다. 하지만 그건 순전히 내 부주의 탓이지, 당신에게 해를 끼칠 생각은 추호도 없어요. 그리고 지난밤에 관해서는……."

"간밤에 당신은 꼭 지금과 똑같이 바람처럼 들어왔다 곧 다시 나갔어요. 만약 내 병이 당신 호기심을 끈 거라면 난 당신을 안심시켜 줄 수 있소. 이건 나 한 사람에게만 관련된 병이오."

"어째서 당신의 병 얘기를…… 정말이지 나는 그런 종류의 생각은 눈곱만큼도 하지 않습니다. 당신은 정확히 무슨 얘기를 하려는 겁니까?"

"당신은 많이 배운 사람이오." 그가 한층 진정된 어조로 말했다. "나는 당신이 열병의 발작 같은 것에 충격을 받거나 할 사람이 아니라고 생각합니다. 하지만, 이건 사실인데, 이곳엔 병자들이 한 다스씩 쏟아져 들어온다오. 요새 같은 때 이건 온통 관심을 끌 수 있는 주제요."

"전염병이 돌기 시작하는 것에 관해 말하려는 건가요?"

"전염병이라!" 그가 몸을 다시 일으키며 말했다. "당신은 그 단어를 입에 올리면서 모종의 뉘앙스를 풍기는 것 같군요. 당신은 그걸 믿지 않나요? 그 재난을 심각하게 생각하지 않나요?"

"모르겠는데요."

"어째서 미소 짓는 거죠? 뭔가 들은 소리라도 있는 거요? 나는 이 빌어먹을 열병 때문에 지독히 격리된 생활을 하고 있소. 나는 거의 일어날 수도 없구려. 그래요, 아까 내가 걷고 산책하곤 한다고 했죠. 그건 맞는 말이오. 그런 일은 일어났지요. 하지만 예전 일이오. 지금은, 아직까진 내 침대 위에 일어나 앉을 수는 있지. 보겠소, 이런 식이라오."

나는 순간 소스라치게 무서웠는데, 그가 이불을 걷어차면서 앉은 자리에서 몸을 한 바퀴 돌려 침대 바깥으로 두 다리를 늘어뜨렸기 때문이다. 그는 몸을 신체의 반이 마비된 사람처럼 움직였다. 하지만 그와 동시에 그는 제 묘기를 일말의 능란함을 통해 실행한 것이기도 해서, 그의 몸무게와 큰 키를 고려할 때 이 사실은 그에게 아직 대단히 강한 힘과 유연성이 남아 있다는 점을 밝혀 준 셈이기도 했다.

"내가 살이 빠졌네." 그가 자신의 두 다리를 움켜쥐면서 말했는데, 그의 다리들이 내 눈엔 오히려 터무니없이 비대할뿐더러 분명 부종 때문에 형태가 비정상적으로 바뀐 것처럼 보였다. "당신 보기엔 내가 병든 것 같나요? 당신이 받은 인상을 솔직하게 말해 주시오." 그가 아래쪽에서 나를 올려다보며 덧붙였다.

"아무래도 다시 눕는 편이 당신에게 나을 듯합니다. 방금 전에 땀을 흘리기도 했잖아요. 나만 해도 거의 추울 지경인걸요. 자, 다시 누워요."

"춥다고요? 이렇게 해가 났는데, 충분히 더운 날씨요. 어쩌면 상태가 썩 좋지 않은 걸 수도 있어요. 당신도 따지고 보면…… 당신은 왜 이 집에 있는 거죠?"

"아마 곧 여기서 나가게 될 겁니다, 난." 나는 그가 한 발로 땅을 디뎠다 떼고, 이어 발을 다시 조금 더 먼 자리에 옮겨 놓으면서 마룻바닥에 일련의 축축한 자국들을 남기는 모습을 혐오감을 느끼며 바라보았는데, 이 연습이 그에게는 강한 쾌감을 야기하는 듯했다. 그는 마치 그 동작에서 진짜 산책에 맞먹는 값어치를 발견하기라도 한 것 같았다. 나는 별안간 그에게 물었다. "당신은 백신을 맞았나요?"

"백신을 맞았느냐고요? 아니요, 왜요?"

"아니 이런, 모든 사람이 반드시 백신을 맞아야 한다고요! 뭐 이따위 감옥이 있어! 그러고도 여기가 보건진료소랍니까! 게다가 난 그럴 줄 진작에 알았다고요. 이 돼지우리 같은 정신병원에 대해선 나도 아는 바가 좀 있어요."

"이런, 뭐라고요? 왜 화를 내고 그래요?"

"당신은 북스의 친구죠?"

"그렇소, 그는 내 동료죠. 그건 그렇고 당신은 정말로 화가 난 것 같소."

"이 건물 안에선 다들 과장을 하죠. 아마도 당신은 보건위생과가 주민들을 안전하게 보호하기 위해 전반적인 플랜을 세웠다는 사실을 모를 겁니다. 모든 사람들이 일을 하고, 경찰은 길모퉁이마다 당신을 멈춰 세웁니다. 지각도 태만도 용인되지 않죠. 그런데 병의 중심지에 위치하고 있다는 이유로 일부러 특정 용도의 시설로 변형시킨 이 돼지우리에선 말입니다, 규정된 조치들을 비웃고 기한을 존중하지도 않아요. 그저 사람들을 꾸역꾸역 쌓아 놓고, 그게 다죠."

"그 백신에 관해서는 과연 얘기 들은 적이 있소. 다른 곳과 마찬가지로 여기서도 그 문제에 관해 생각을 해봐야 할 거요. 이 시설은 사람들로 넘쳐나는데 조직은 아직 미흡하지요. 이 방을 좀 봐요. 아니 그런데 말이오, 당신은 어쩌면 그렇게 소리를 질러 대기 시작한 거요! 무언가를 두려워하는 것처럼 보입니다." 그는 말을 멈추고 이불을 자기 무릎 위로 당기려고 했지만, 그 동작은 침대만 흔드는 결과를 불렀다. "그렇군요, 추워지기 시작하는군요." 그가 쉰 목소리로 말했다. "어쨌거나 그 병에 관한 소문은 당신 역시도 대단히 심각하게 받아들이고 있소. 당신 보기엔 사태가 정말로 나쁘게 돌아갈 것 같습니까?"

"난 아무것도 모릅니다. 난 전문가가 아니니까요. 내가 아는 거라곤 전반적인 조치들이 정해졌으며 공공의 이익은 그 조치들이 적용되기를 요구한다는 사실이 전부예요."

"그렇군요, 추세가 정말 나쁘게 돌아가는 거요. 사람들이 내게 백신을 접종했어야 한다고 생각하나요?"

"물론이죠."

"내가 다시 누울 수 있도록 도와줘요." 나는 그에게 다가갔지만, 그는 여전히 시선을 자신의 거대한 두 발에 둔 채 꼼짝하지 않는 것이 정말로 로도스의 거상 같았다. 그가 소심한 태도로 물었다. "혹시 내 열병 발작 때문에 접종이 불가능하거나 너무 위험해진 게 이유 아닐까요? 이곳 사람들이 내게 보이는 관심으로 미루어 볼 때 난 그들이 할 수 있는 한껏 나를 돌보고 있다고 가정하고 있소. 해서 그런 식의 태만은 납득되지가 않는데, 당신 의견은 어떤가요? 그 집단적 조치들은 별 가치가 없거나, 보여 주기 위한 연극이거나, 아주 건강한 사람들하고만 상관 있는 것일지도 모르죠. 반면 병자들의 경우에는 분명 할 일이 다를 겁니다."

"당신은 자기 친구들을 교묘하게 옹호하는군요." 대단히 느렸으며 심지어 혼란스럽기까지 했던 그의 말은 또한 꽤 서툴러 보이기도 했건만, 나는 그렇게 말했다. "당신 편에서 보자면 그건 자연스러운 일입니다. 너른 안목이라 할 수 있겠네요. 그렇다고 해도 말입니다, 정확히 당신의 경우를 놓고 볼 때 유일하게 합리적인 조치란 아마도 즉각 당신을 다른 곳으로 피신시키는 일일 겁니다. 당신을 이곳의 다른 병자들 틈에 버려둔다는 건, 지금 당신이 처한 취약한 건강 상태에선, 하나의 병에서 또 다른 병으로 옮겨 가도록 위험스럽게 노출시켜 놓는 행위나 진배없어요."

"무슨 말을 하려는 건가요? 마치 뭔가 암시하려는 듯한데." 그러면서 그는 잠시 기다렸다. "당신이 내게 이해시키려 하는 점은, 그러니까 사람들이 나를 여기 내버려 둔 이상, 그건 내가 이미…… 그런데 당신 그 점에 대해 누군가 얘기하는 걸 들은 적 있소? 당신은 내가 전염된 거라고 믿나요?"

"천만에요. 결코 그런 얘기를 한 게 아니에요. 나는 기껏해야 하나의 견해에 그치는 얘기를 당신에게 한 것뿐입니다."

"그래요, 나도 알아요. 당신은 기꺼이 이러쿵저러쿵 조언을 하지. 그러고 나서 질문을 던지고 염탐하는 걸 좋아하고 말이오. 자, 그렇다면 만족하구려. 내 병엔 감염의 의혹이 있으니까. 이걸 봐요."

그가 자신의 셔츠자락을 벌렸다. 그의 가슴은 털만 덤불처럼 무성했는데, 그 수북한 털들이 주는 인상은 무성함이 아니라 수척함과 궁핍함이었다. 그 사실을 제외하면 다른 이상한 점은 전혀 발견할 수 없었다.

"다시 자리에 누워요. 북스는 당신이 열병 발작을 앓는다고 했지, 다른 얘긴 없었어요. 이건 어린애 같은 행동이에요."

그는 자기 셔츠 안쪽을 선망에 찬, 거의 탐욕스러운 시선으로 훑어보았다.

그가 목소리를 바꿔 속내를 털어놓는 어조로 말했다. "이것을 봤냐고." 그는 손가락으로 자기 양 옆구리를 따라 퍼져 있는 뭔가를, 무슨 붉게 이어진 흔적 같은 것을 가리켜 보였다.

"이게 뭡니까?" 나는 약간 지나치다 싶을 정도로 급하게 물었다.

그는 역겨운 민첩성을 내보이며 눈 깜짝할 사이에 다시 눕더니, 마치 본의 아니게 자기 알몸을 노출하는 게 두려웠다는 듯 시트를 턱 밑까지 끌어 올리고 도전적인 표정으로 나를 바라보았다.

"당신 이걸로 겁 좀 날 텐데. 어때, 석연치 않죠?"라고 그가 말했다.

나는 그의 따귀를 갈기고 싶었다. 이 무슨 허무맹랑한 작태란 말인가! 그리고 이제 그는 일부러 한마디도 하고 있지 않았다. 나는 극도로 초조해져서 아무래도 더 이상 기다릴 수 없을 것 같았다.

"이 모든 건 다 당신 머릿속에서 생겨난 겁니다. 간밤에 내가 여기 들렀다는 생각처럼 말이죠. 당신 자신도 그걸 믿고 있진 않아요."

"간밤에 당신은 고함을 지르더니 우당탕 문을 밀치고 미친놈처럼 들어왔소. 다행스럽게도 내 손 안엔 라이터가 있었죠. 만약 나를 겁에 질리게 만들 심산이었다면 당신은 성공한 거요. 난 나머지 밤시간을 덜덜 떨면서 보냈으니까."

"그건 다 환상이에요! 간밤에 난 불 때문에 나는 시간의 4분의 3을 잠도 못 자고 깨어 있었다고요. 당신에게 그런 요술을 부리는 건 열 오른 당신 머리예요. 게다가, 그게 왜 나라는 겁니까?"

"내겐 당신을 관찰할 시간이 있었다오. 당신은 내가 손에 든 라이터의 불꽃을 믿을 수 없을 정도로 강렬하게 쏘아보았소. 마치 그것을 모조리 마셔서 꺼버리려는 듯이, 그 불꽃이 더 이상 오래갈 수 없으리라는 것을 내게 이해시키려는 듯이 말이오. 당신이 방금 전 들어왔을 때 나는 당신 얼굴을 완벽히 알아보았어요."

"그래요, 나도 당신 얼굴에서 뭔가 짚이는 게 있긴 해요. 하지만 그건 아마도 당신을 계단 어디선가 마주친 적이 있어서일 겁니다. 어쨌거나 난 허깨비가 아니고, 또 당신을 겁주려는 의도도, 당신에 관해 조사를 할 생각도 없다고요. 내가 볼 때 당신은 전염병이니 감염이니 하는 얘기를 하면서 스스로 자신을 불안하게 하려고 애쓰는 것 같군요."

"당신은 전염병의 중대성을 믿지 않소?"

나는 믿지 않는다는 시늉을 했다.

"내가 심각하게 병에 걸린 상태라는 생각이 들지 않나요?"

"아뇨, 안 듭니다."

그가 얼굴을 찌푸리는 듯하더니 갑자기 시트를 아래로 내려 자신의 옆구리를 내보였다. 옆구리 여기저기에 붉거나 보랏빛이 도는 반점이 보였다.

"그 코미디 좀 집어치워요." 나는 악을 쓰며 문 쪽으로 뛰어갔다.

그가 매우 비굴한 어조로 말했다. "여기 있어 줘요. 1분만 더."

"대체 무슨 뜻으로 이렇게 구는 거지요? 어째서 내가 밤마다 여기 온다는 말을 하는 겁니까? 그건 다 허무맹랑한 얘기예요."

"병자의 농담이라오, 아주 어리석은 농담. 내가, 말하자면, 잠 못 자는 사람이라는 걸 고려하구려. 나는 며칠 내내 잠시도 쉬지 못한다오. 그러면서 정신이 나가 버리는데, 그게 바로 열인 거요."

"당신은 때때로 뭔가가 당신을 떠미는 느낌, 뭔가가 당신을 앞으로 던지는 느낌을 갖게 되는 적이 없나요? 모든 게 불타고, 모든 게 점점 더 빨리 움직여 가면서도 결코 충분히 빠르지 않은 듯한, 그런 기분요. 아, 그래요, 충분히 빠르지 않다니까요!"

"자리에 좀 앉아요. 그렇게 빙빙 돌고 있으니 어지럽잖소. 아니, 난 그런 건 느끼지 않아요. 그보다는 구덩이 속에 있는 것 같지. 아니면 돌덩이 밑이나. 뭐 둘 다 그게 그거요. 듣자 하니 당신은 지도층에 끈이 닿아 있다던데. 아마도 그쪽에선 페스트가 발생해 나라의 일부를 송두리째 위협하고 있다는 사실을 인정하는 게 불리하다 보고 있을 거요. 그렇다면 이 수치들을 알아둬요. 이 건물만 해도 어제 검사를 거쳐 50여 건의 우려스러운 사례들, 확실한 사례들이 확인됐어요. 아래쪽 지역들의 경우엔 이런 게 아마 수백 건, 어쩌면 천 건은 될 거요."

"페스트라고요?"

"물론 꼭 그건 아닐 수 있지만, 어쨌거나 일반 사람들에게 그건 그냥 페스트요."

"다 말도 안 되는 소립니다. 뿐만 아니라 오늘날엔 그 모든 전염병에 대비할 강력한 수단들이 있는걸요. 새로운 치료법을 고안해 낸 위대한 학자들도 있고요. 진실은 아마도 전혀 다를 겁니다. 이건 어떤 행정적 조치들을 정당화하기 위한 연극이나 플랜이리라는 거죠. 그런 말 하는 걸 들은 적이 있습니다. 당신은 왜 정부가 전염병에 대해 함구한다고 주장하는 거죠? 정부는 결코 소문을 은폐하려고 하지 않아요. 그와 반대로, 신문들은 그에 관해 상세히 보도하고 있죠."

"내가 정부를 문제 삼는 것이 불편한가요?"

"당신은 이 지역에 떠도는 잡소문들을 똑같이 따라 말하고 있습니다. 그것들은 불건전한 생각이고 특히 당신 자신에게 해로운 생각들이죠."

그가 병자의 사나운 표정으로 나를 응시하며 말했다. "페스트가 한 개인을 비천한 넝마 조각으로, 전염병의 온상으로 탈바꿈시키는 현상을 확인하는 건 아마도 국가에게는 대단히 불리한 일일 거요. 집들이 다 썩은 누옥이 되고 나라가 수렁에 잠겨 가는 꼴을 보기란 국가로서는 매우 성가신 일이죠. 어떻게 생각해요? 당신은 좋은 시민이죠?"

"그래요, 난 좋은 시민입니다. 나는 내 온 힘을 다해 국가에 복무합니다."

"이런, 내 경우와는 다른걸. 난 좋은 시민이 아니오. 미심쩍은 자이죠."

"어째서요? 전혀 그렇지 않아요."

"내 병은 미심쩍소."

나는 간신히 말했다. "당신은 말장난하고 있는 겁니다."

"이리 가까이 와 봐요. 당신에게 털어놓을 게 있어요." 그러면서 그는 그 크고 축축한 손으로 내 옷소매를 잡았고, 나는 옷감을 통해 그 접촉을 느꼈다. 그가 낮은 소리로 말했다. "내가 정말로 아픈가? 나는 그에 관해 부정도, 긍정도, 아무 말도 하지 않은즉, 그건 비밀이오. 하지만 나는 미심쩍죠. 이 사실을 잘 생각해 보도록 해요. 나는 미심쩍은 자가 되는 데 성공했다는 걸. 그리고 지금 여기엔 수천의 미심쩍은 자들이 있고, 그 사람들에 맞서 국가는 방벽과 실력 행사를 통해 스스로를 보호하는 거요. 그들은 국가를 피해 달아나고, 이제 국가는 그들을 알아보지 못해요. 국가는 더 이상 그들을 모든 사람과 똑같이 취급할 수 없어요. 우리는 법의 바깥에 있소."

"그렇게 성급하게 말하지 말아요. 당신은 어떤 경로로 그와 같은 종류의 생각들, 다름 아닌 바로 그 생각들에 도달하게 되었습니까? 그것은 병적인 어법으로, 현실이 일체 배제되어 있어요. 당신들은 법의 테두리 밖에 있는 자들이 아니라 병자들입니다. 그리고, 당신 말과 반대로 정부는 당신들을 병자의 자격으로 특별히 돌보죠. 정부는 당신들에게 제가 보유한 가장 뛰어난 의사들을 파견하는 한편, 가장 현대적인 시설들의 혜택을 받도록 합니다. 정부가 몇 가지 난폭한 위생 조치를 취했을 수는 있다 하더라도 그것을 이끄는 것은 결국 공동의 선이에요. 정부는 최선을 다해서 작동합니다."

"그렇소, 정부는 엉큼하죠. 하지만 그건 우리도 그렇지. 우리도 엉큼해요. 한때 나는 꼼짝없이 절망에 빠졌지만 지금은 그 절망이 일종의 무기, 가공할 무기가 되었고, 돌덩이는 들어올려집니다. 그것이 나를 짓누를수록 난 점점 더 강해져요. 그래요, 당신이 옳소. 나를 깔고 앉구려. 그래야만 하니, 그렇게 해요."

나는 고함쳤다. "입 다물어요. 그 착상들을 대체 누가 당신에게 튕겨 준 거죠? 있을 수 없는 일이에요 이건. 당신은 그 생각들이 썩어 있는 걸 땅바닥에서, 벽들에서 발견했고, 내게서 그것들을 훔쳐 내 왜곡하는군요. 그 같은 착상들이 당신에게 걸맞지 않은지라, 당신은 그걸 아무렇게나 갈겨쓴 병자의 낙서로 만들어 버리죠." 이어 나는 말했다. "이봐요, 고쳐 말해야겠군요. 난 북스에게도 이와 비슷한 것을 말한 기분이에요. 그게 뭐였더라? 병에 관한 건데. 뭐 중요하진 않아요. 그러니까, 당신네들은 그렇게 이 공적인 재난을 구실로 삼아 무질서를 초래하고 법을 궁지에 몰아넣으려는 겁니까? 당신들의 조직들을 발전시키려는 생각인가요? 그렇다면 보건진료소는 위장일 수도 있겠네요? 이 모든 건 케케묵고 우스꽝스러워요. 이 보건진료소는 곧 닫힐 거고 당신들의 조직들은 청산될 겁니다. 북스는 당신들을 도살장으로 이끄는 혼돈이에요."

그가 소리 질렀다. "하지만 병자들이 엄연히 존재하잖소! 난 병자요!"

"뭐라고요?" 나는 그의 말을 거의 듣지 않았다. 그의 표정이라니.

납빛의 저 끔찍한 얼굴. 얼마나 역겨웠는지. "무엇이 당신을 절망으로 몰아넣었는데요? 당신의 절망이든 병이든 뭐가 그리 중해요? 당신은 최초의 병자가 아녜요. 당신은 치료받을 거고, 완치될 겁니다. 그리고 다시 일하게 되겠죠. 아니면……."

"아니면?"

"관둡시다. 당신은 허무맹랑한 수작으로 내가 분별력을 잃도록 만들었어요. 어쨌거나, 나 역시 아픈 사람입니다."

그가 말했다. "우리는 아마도 죽지 않을 거요. 이것은 몇 시간 내에 당신 숨통을 끊을 수도 있는 병이지만 동시에 때로는 아주 천천히 진행하기도 하니까요. 이봐요, 나는 와해되는 중이고, 우리는 흙 같은 것이 되어 자유로워질 거요."

나는 소리쳤다. "그만, 됐으니 그만해요. 그런 건 신비주의예요."

나는 계단의 누군가를 밀치면서 급히 바깥으로 뛰쳐나갔다. 거리에서도 아마 계속 달렸을 것이다. 하지만 이내 연기 냄새가 목구멍으로 스며들었다. 그렇다, 화재였다. 그런데도 길은 조용했고 집들은 말짱했다. 나는 작은 광장을 건넜다. 대로에선 공기가 한결 숨 쉴 만했으며 가로수들의 습기며 청량감도 느껴졌다. 다만 빛이 없어 숨이 막혔다. 가로등들이 꺼져서 이 넓은 대로가 양 끝으로 빛이 새어 나가는 터널이 되어 있었다. 도로 한가운데에서 나는 산더미처럼 쌓인 커다란 돌덩이들과 불에 타 버려진 목재 더미에 부딪혔다. 폭 전체에 걸쳐 포석이 뜯겨나간 도로들이 일종의 버려진 채석장을 이룬 가운데, 초롱의 조그만 불길이 그 위에서 타오르고 있었다. 누가 나를 쳐다보는 듯한 느낌이 들었다. 옆쪽으로 비스듬히, 돌덩이들 뒤편에서, 기름때와 진흙으로 얼굴이 뒤덮인 누군가가 마치 야행성의 새 같은 표정을 한 채 나를 응시하고 있었다. 내가 가까이 다가가자 그도 자리에서 일어나더니, 어린애들이 용쓸 때 그러듯 양 입술을 안쪽으로 빨아들여 입을 삼키다시피 하면서 한 손을 웃옷에 찔러 넣었다. 그가 갑자기 몸을 확 풀길래 나는 녀석이 날 향해 돌을 던진다 생각했고, 실제로 타격을 받아 하마터면 넘어질 뻔했다. 나를 맞힌 물건은 데굴데굴 구르다 다시 튕겨 올랐고, 그새 그는 도망쳐 달아났다. 그가 던진 건 분명 공이었다. 순간, 우르르 전력질주가 벌어졌다. 마치 방벽 뒤편 여기저기에 숨어 있던 한 다스의 애 녀석들이 골목길로 튀어 달아나기라도 하듯, 온통 조용한 가운데 도망치는 발소리가 울려 퍼졌다. 나는 그들의 뒤를 좇아 달려갔다. 얼마 지나지 않아서였을 것이다. 길의 중간쯤을 넘었을 때 나는 주변이 연기로 둘러싸인 것을 깨달았다. 연기가 하도 빨리 나를 감싸는 바람에 이미 내 주위의 사방에, 뒤로 물러서면 뒤쪽에서, 서두르면 서두르는 바로 그쪽에서 그 냄새가 느껴졌고, 그것은 점점 두터워지며 숨을 막았다. 눈을 감아야만 했다. 그러고서 나는 무턱대고 방향을 틀어 달아났다. 숨이 완전히 막혔다. 그럼에도 나는 꽤 천천히 쓰러졌으며, 정말로 의식을 잃은 것도 아니었다. 여러 사람이 다가오는 기척에 그들 발걸음의 방향을 추적할 수 있었고, 그럼으로써 그들이 내 주변에 모여든 것을 눈치챌 수 있었으니 말이다. 누군가가 내 등을 여러 차례 때렸다. 몸이 마구 요동쳤다. 그들이 비로소 눈에 들어왔는데, 약간의 무리가 나를 지켜보며 내가 기침과 구토를 멈출 때까지 침착하게 기다리고 있었다. 내 눈은 눈물로 흥건히 젖었다. 나는 내 옆에 무릎을 꿇고 있는 소년을 향해 미소 지으며 말했다. "연기 때문이란다." 아이는 내 손에 손수건 한 장을 쥐여 주었다.

내가 몸을 일으키려고 움직이자 아이는 마치 제가 나 대신 그 동작을 수행하려던 것인 양, 벌떡 자리에서 일어나 내달렸다. 다른 아이들은 이미 달음질치고 있었다. 이내 무시무시한 호각 소리와 고함소리가 내 몸을 뒤흔들었다. 나는 손에 그 헝겊 조각을 쥐고 보도 가장자리에 앉아 있었고, 경찰들은 나를 둘러싸고 관찰했으며, 나는 그런 그들을 바라보았다. 아마도 내가 좀 움직여 보려고 했던가? 일어나려고 했었나? 나는 메쳐져 땅바닥에 배를 깔고 엎어졌으며, 내가 몸을 돌리려고 할수록 격하게 빠른 구둣발 세례가 점점 더 거세게, 앞다투어 나를 짓밟았다. 경찰관 하나가 내 등 위로 달려들었다. 이어, 내가 기다리던 일이 벌어졌다. 목덜미로 불처럼 뜨거운 것이, 돌망치가 떨어지면서 포장된 도로 바닥을 향해 나를 쉼 없이 내리쳤다. 나는 천천히 숨을 내쉬었다. 그들 중 하나가 내 양 어깨를 잡고 있나 보았다. 다른 하나는 내 이마를 닦아 주고 있었다. 그가 물었다. "좀 낫소? 이제 괜찮아질 겁니다." 나는 그를 응시하며 미소를 지어 보이려 했다. 그 순간, 그가 손에 내 카드를, 그러니까 분명 내가 공무원이라는 사실을 밝혀 주었을 나의 신분증을 들고 있는 것이 보였다. 그 증명서를 알아보기가 무섭게 뱃속에서 구역질이 치밀었다. 그렇다, 신분증은 일종의 구멍이, 내 모든 체액들을 불러 모으는 거대한 부름이 되었고, 나는 그 액체들을 게워내기 위해 쓰디쓴 입을 벌렸다. 내가 토하기 시작하자 경찰들은 내게서 손을 떼고 뒤로 물러섰다. 나는 보도에 머리를 수그린 채 끝도 없이, 도저히 손쓸 수 없도록 토했고, 경찰들은 뛰고 있었고, 그들의 기척이 멀리서 내 귓전에 울렸다. 그들은 달아나는 중이었다. 나는 손수건 자락으로 입을 문질렀다. 목이 조여 왔다. "짐승 같은 놈들, 비겁한 놈들, 짐승 같은 놈들!" 하지만 몸을 일으키다 말고 문득 나는 내 앞에서 불결한 작은 웅덩이를 발견했다. 이번에는 내가 소스라치며 허겁지겁 몸을 돌릴 차례였다. 행여 그 웅덩이가 내게 콜레라를 옮겨 놓았을 수도 있다는 듯이, 나는 줄행랑쳤다.

6

"얼른 올라가요, 밖에서 뭘 하는 거예요?" 청소부 여자가 내게 소리쳤다.

나는 여전히 꼼짝 않고 있었는데, 그저 마룻바닥이 삐걱거리는 소리로 미루어, 그 미끄러지는 공허를 통해서만 뒤에서 등 떠밀고 있다는 사실을 느꼈을 뿐이었다. 등을 칸막이 벽에 기댄 자세로 나는 그들 두 사람을 지그시 바라보았고, 그들은 내 얼굴과 호흡, 얼룩진 옷 따위를 살폈다. 나는 뭐라고 중얼거리기도 했다. 하지만 무엇보다도 강한 게 피로였다. 얻어맞은 기억, 구토, 모든 것이 나를 땅바닥으로 이끌었다. "기다려요, 내게 가까이 오지 말아요." 침대에 누운 나는 그들이 멀찍이 떨어져 서 있다는 것을 깨달았다. 계부가 내선 전화를 집어 들었지만 난 그에게 가만히 있으라는 손짓을 했다.

그가 물었다. "걸을 수 있겠나? 자네 가방은 루이즈가 쌀걸세."

그는 자기 주변을 거의 소심하다 싶은 태도로 둘러보고 있었다. 이 방, 될 대로 되라는 듯한 분위기, 냄새, 그렇다, 특히 냄새, 이 모든 것이 그에게 일종의 불편을 유발한 것 같았다.

나는 옷걸이 쪽으로 향하는 루이즈에게 말했다. "그냥 있어. 그리고 저 애는 데리고 가는 편이 나을 겁니다. 이 집 전체에 병자들이 수두룩하니까요."

"그래, 모든 게 최상으로 돌아가고 있는 걸로는 보이지 않는군. 이 전화는 작동이 안 되나?" 그가 전화기를 흔들며 말했다. "이제 자네가 떠나야 할 때일세. 조블랭 근처에 마치 시골집처럼 차려진 요양소가 있네. 매우 안락한 곳이니 아주 편하게 머무를 수 있을 게야."

"시골집처럼이라고요?"

"가서 보게나, 완벽한 곳이네. 널찍한 시설에 공원도 있고, 더 바랄 게 없을걸세."

나는 낮은 목소리로 말했다. "유감이군요. 이젠 너무 늦었습니다."

두 눈이 타 들어갈 듯 뜨거웠다. 물컵을 집어 들었다. 몸이 덜덜 떨려 물을 마실 수 없었다.

루이즈가 다가오며 말했다.

"대체 어떻게 된 거야?"

"다들 움직이지 말아요. 넌 날 건드리지 마. 여기 있는 건 전부 오염되었어. 다 더러워."

"한 모금 마셔 봐." 루이즈가 고집스럽게 내 입에 물컵을 갖다 댔다.

"물이라…… 이 물은 끓이지조차 않은 거야. 자, 그러니 어디 마셔 보라고." 나는 액체를 누이 쪽으로 끼얹으며 말했다. "날 내버려들 둬요. 가라고요."

잠시 후 나는 컵을 다시 내려놓았다.

"여기서 지체하지 않는 편이 나을 거예요. 나 역시 병에 걸린 것 같으니까요."

"뭐라고! 방금 전 어디에 있었던 건데?" 루이즈가 말했다.

"뭔가 느껴지는 증세가 있나?"

"느껴지는 증세는…… 열, 그리고 욕지기죠." 나는 내 구두를 응시하며 말했다.

"열이 높은가?"

"모르겠어요. 춥고, 땀이 납니다. 봤잖아요, 내가 두 다리로 버텨 서지도 못하는 걸."

"사람들이 자네를 검사하긴 했어?"

아! 그가 특유의 진지한 표정, 사실을 중시하는 정신을 드러내며 나를 바라보았다. 나는 내 조끼와 셔츠를 잡아 뜯었다.

"증거를 원하는 거예요? 자, 여기 있습니다!" 나는 그렇게 소리치며 얻어맞은 흔적들과 오욕을 입은 검은 피를 쏟아서 생긴 얼룩들을 내보였다. 나 자신도, 두려움을 느끼며 그 자국들을 바라보았다.

"이제 다들 가요. 당신들 때문에 미치겠으니까."

그가 루이즈에게 말했다. "잠깐 기다려라. 내려가서 이곳 운영진을 만나고 오마."

"가방을 쌀까요?"

"네가 여기 있는 것들 중 뭔가에 손을 대면 난…… 난 창으로 뛰어내릴 테다."

루이즈는 걸상을 끌어다 놓고 나를 오랫동안 물끄러미 쳐다보았다. "어쩌면 이렇게 더럽혀졌을까!" 누이가 조용히 말했다. 그랬다. 나는 불결한 차림이었다. 내 옷들은 구겨지고 찢어져 있었다. 또, 이 혐오스러운 흔적들. 나는 말했다. "날 버려 두지 마." 누이의 얼굴이 새삼 다시 나타나는 것 같았다. 창백하고 초췌한 얼굴. 그리고 언제나 한결같은 저 원피스, 무릎 위에 앉혀져 있던 그 다른 여자애의 옷. 저건 대체 어디서 났을까? 어째서 저렇듯 서글픈 옷차림인가? 어째서 자신에게서 빛을 지워 버리는 저런 식의 처벌을 택한 건가. 모든 젊은 여자들을 통틀어 내게는 보이지 않는 단 하나의 여자가 있었으니, 나를 뒤흔드는 건 그 여자였다. 그리고 그건 바로 내 누이였다! 모든 것이 어쩌면 그리도 피로를 안겼던지!

"이제 어떤 일이 일어날까? 넌 내가 열이 오를 거라 생각하니? 내 손을 만져 볼래? 내 몸이 불타듯 뜨겁지 않아? 네 손을 닦아. 아니, 그 행 겊으로 말고. 그건 오염되었으니까. 내 생각엔 땀 역시 병균을 옮길 것 같아." 누이는 손가락을 하나하나 닦아 냈다. 나는 루이즈가 내 팔 위에 얹은, 그리고 내가 슬쩍 뿌리친 그 애의 손을 들여다보며 말했다. "겁나면 떨어져 있어도 좋아. 들어 봐. 방금 이상한 느낌이 들었어. 네 손이, 난 그게 꼭 다른 세상에 속해 있는 것 같아. 내가 알지 못하는 어떤 것, 완전히 다른 것인 듯하단 말이야. 그래, 묘하구나. 네 손 잠깐만 다시 얹어 볼래? 아냐, 그러지 마라. 내게 다가오지 마. 내가 묻고 싶은 건…… 그러니까, 너 보기엔 내가 지금 어때? 내가 너에게 어떤 존재일 수 있니? 우리가 어렸을 때 넌 날 못살게 굴었지. 넌 내가 비렁뱅이이기를 원했어. 기억나? 네가 내 빵을 빼앗아 먼지 더미 속에 버리거나, 나를 침대 밑에 밀어 넣고 쓰레기와 오물로 뒤덮었던 적이 한두 번이 아냐. 어쨌거나 이상한 일이었지. 이제 네 소원은 이뤄졌고, 난 불결해졌다. 오늘 아침, 식구들이 이곳에 들르기 얼마 전, 경찰들이 길에서 나를 발견하고 두들겨 팬 걸 알고 있니? 어제 그들은 나를 경찰서에 가뒀었지. 그리고 이 냄새, 이게 느껴져? 이 냄새가 이 집 전체에 퍼져 있어. 대체 무슨 냄새일까? 꼭 구덩이에서 올라오는 것 같달까, 그러니 넌 여길 떠나는 게 더 나을 거야. 이봐, 루이즈!"

"나 여기 있어."

"난 네가 생각하고 있는 것처럼 그렇게…… 약하지는 않아. 난 나의 무가치함으로 널 실망시켰지. 그런데 네가 내게서 기대했던 건…… 맞아, 넌 기다리고 있었는데, 대체 뭘 기다렸던 거야?" 우리는 서로를 쳐다보았다. "난 많은 걸 깨달았어. 그리고 그것들을 무한히 알고 있지. 어떤 의미에서 난 모든 걸 알고 있어. 네가 누군지, 네가 뭘 원하는지를 너 자신도 정확히 볼 수 없을 거야. 너는 과거에 지나치게 틀어박혀 있지. 넌 일종의 유령이야." 그러면서 나는 누이의 팔을 잡았다. "네게 집안의 내력 하나를 알려줄까? 이리 가까이 와, 내가 그 얘길 지붕 위에 올라가 외쳐 댈 순 없잖아. 겁먹지 말고. 난 너를 항상 우러러봤었다, 루이즈. 넌 내게 대단한 영향력을 발휘했지. 넌 그처럼 단호하고 탐욕스러운 존재야. 그리고 결코 배신하지 않고. 난 네가 웃는 걸 본 적이 단 한 번도 없는 것 같구나. 그건 왜일까? 그렇게 된 이유는…… 그래, 너 하고 싶은 대로 해, 굳이 움직일 것 없어." 루이즈는 칸막이 벽에 바싹 붙었다. 나는 내가 빼앗았던 헝겊 조각을 바라보았다. 그리고 중얼거렸다. "네가 옳아. 마땅히 주의해야 하지."

잠시 후 루이즈가 돌아와 무릎을 꿇었다. 나는 몸을 덜덜 떨기 시작했다.

"넌…… 너는 가장 뛰어난 인간 중 하나야. 너 역시 모든 걸 이해할 수 있는 사람이라고. 네게 뭔가 얘기하고 싶구나. 사무실에 내 동료가 한 사람 있는데, 그의 이름은…… 등록실에 가면 그를 볼 수 있을 거다. 키 크고 마른 친구인데 왼팔이 반쯤 마비되었지. 사소한 습격을 받은 끝에 그리 된 것 같아. 너 시청에 들어가 본 적이 한 번도 없지? 당연한 일인데, 미안. 거기서 내가 맡았던 건 아주 작은, 거의 우습기까지 한 직책일 뿐이었어. 나는 아무 중요성도 없는 바보 멍청이지. 국가에 복무하는 것, 법에 그것의 열기와 빛과 생명을 부여하는 것, 법과 함께 사람에서 사람으로 무한히 옮겨 가는 것, 이런 일들이 가능하다 느끼고 나면 우린 다른 건 일체 요구하지 않게 되지. 그것이야말로 가장 높은 차원에 드는 일이니까. 그것 외에 중요한 건 아무것도 없어. 뿐인가, 아예 아무것도 존재하지 않지. 무슨 말인지 알겠니, 그것밖에는 아무것도 없다고. 얘야, 가끔 거리로 이리저리 산책을 나서겠다고 약속해 줘. 부탁이니, 그렇게 해다오. 대로를 따라가며 지나가는 사람들과 집들을 바라보고, 포장 도로의 자갈을 약간 부숴 그 쪼가리를 쳐다보렴. 내가 너에게 요구하는 건, 때때로 그런 것을 해보라는 거야. 그건 아주 중요한 일이지. 날 위해 그렇게 해줘."

누이가 속삭였다. "어째서 그런 식으로 얘기하는 거야? 진짜로 아픈 거야?"

"나도 모르겠어. 네겐 이곳이 음산하지 않니? 또 이 지역 모두가……."

"하지만 오빠 여기 남지 않을 거야. 한 시간 후면 우린 이미 떠나 있

206

을걸. 가방은 내가 쌀게."

"그렇게 생각해? 내가 어디로 가게 될까? 말해 봐 루이즈, 이 전염병에 대해 넌 뭘 알고 있지?"

누이는 재차 자리에서 일어났다가, 다시 걸상에 앉았다.

그리고 망설이면서 말했다. "사람들이 그 얘기 하는 건 알고 있어. 몇 건의 사례가 발견되기도 했고. 하지만 그리 심각한 건 아니야."

"사람들이 그 얘길 한다고? 뭐라고 하는데? 티푸스의 일종이래?"

루이즈는 방 안의 제 주위를 둘러보며 말했다. "무엇보다도, 예방조치가 취해지고 있어. 의사가 오빠한테 뭔가 얘기한 것 있어?"

"의사라! 그리고, 그게 다고 다른 얘기는 더 없어? 수천 명의 사람들이 감염되었고, 몇만 명의 사람들이 위협받고 있어. 그야말로 한 지역 전체가 죽음에 휩싸여 있지. 그런데 네가 속한 세계에선 몇몇 사례니 예방 조치니, 그런 얘기나 늘어놓는다고! 그건 파렴치하고 비열한 행위야. 게다가 고의적이고."

"정말로 수천 명이래?"

"그래, 수천 명. 넌 눈이 멀었어? 이 지역에 들어올 때 네 눈엔 모든 게 정상으로 보이디? 도시의 절반이 접근 금지되고 사람들이 마치 감옥에 갇히듯 그 안에 봉쇄되고 가게들이 문을 닫는 게 정상인가, 경찰이 달려들어 널 두들겨 패고, 누군가가 집들에 불을 지르고, 시가지 전체가 불타오르는데도 어느 소방수 하나 까딱하지 않는 게? 그리고, 너 거리들의 공기가 어떤지 한번 들이마셔 봤어? 정말이지 불결과 비참이 고여 썩은 검은 물 같아. 식구들은 어떻게 여기까지 들어오는 허가를 받아 낼 수 있었어?"

"나는 모르지만, 그 사람이······."

"그래, 당연히 그렇겠지. 그럼 그는 뭘 하는 거야? 무슨 음모를 꾸미고 있는 거지? 네가 가서 찾아 와. 난 여기서 떠나지 않기로 결심했어."

나는 루이즈를 붙들었다. 나는 끊임없이 누이를 바라보고 그 애 원피스의 옷감을 뚫어져라 쳐다보았는데, 그것은 검은 비단의 일종이며, 여기저기 닳아서 반질거리거나 색이 바래 있었다. 그리고 옷이라기보다는 하나의 얼룩, 말하자면 누이에게 스며들어 있다가 그 애로부터 나왔으며, 형태도 색도 없이 그저 저 칸막이 벽 위의 커다란 곰팡이 자국과 닮아 있는 어떤 것이라 할 수 있었다. 그리고 심지어 이런 일, 즉 어쩌면 그것이 떠나가 버리리란 점을 생각하는 것만으로도 나는 악행을 저지른 듯한 감정, 죄의식을 느꼈다. 나는 배반하고 있었다. 무엇을? 원피스 하나를. 사람들이 들으면 웃을 말이지만 그러나 그것만으로도 내가 무너지기에는 충분했으며, 나는 더 이상 아무 말도 하고 싶지 않았다. 그래서 계부가 다시 들어왔을 때에도 나는 그가 돌아왔다는 사실에 거의 유념하지 않았다. 나는 그를 원망할 생각이 없었다. 나는 그가 내 자리를 대신하고 있다는 것, 내 속에서 살아서 고심하는 부분이 그이며 그가 나의 건강이라는 것을 알고 있었다. 그런 일은 마땅히 존재해야만 했다. 그가 루이즈와 숙덕이고 있다는 사실마저도 나를 괴롭히지 않았다.

갑자기 그가 말했다. "네 오빠는 눕는 편이 나을 거다. 오빠를 도울 수 있지? 누군가 사람을 확보할 수 있을지 내가 곧 알아보도록 하마."

"그럼 나는 안 떠나는 건가요?"

"아!" 그가 몸을 돌려 마치 발끝으로 걷는 듯한 자세로 다가오며 말했다. "이런, 다 정리되었네."

"어떻게요?"

"소장은 자네가 여기서 최대한 빨리 떠나야만 한다고 보고 있어. 자네를 이 지대 바깥으로 옮기기 위해서는 몇 가지 서류를 작성해야 하네. 하지만, 무엇보다도 그 전염병에 관해서라면 자네는 안심해도 되네. 자네는 확실히 무사해."

"내가 떠날 거라고요? 언제요?"

"아마 오늘이 될걸세. 오늘 오후."

"내가 무사한지 그가 어떻게 알죠? 소장은 나를 한 번도 관찰한 적이 없고, 심지어 의사도 아닌데요. 그는 그저 자기 이익만 추구할 뿐이에요."

"이성적으로 처신하게. 모든 병들에 대한 괜한 소문은, 자네도 그 점을 깨달아야 하지만, 그리 믿을 만한 게 못 되네. 전염병 따위는 없어. 그런 건 한 번도 존재한 적이 없네."

"자네 정말로 그렇다고 확언하지? 그걸 증명하겠나, 그러니까…… 글로 써서?"

"하지만…… 어째서요? 그래요, 당신이 그 부분에 집착하니 못할 것도 없죠?"

"자, 여기 이 종이에다 적겠나. 하나도 중요치 않은 절차야."

"나는 선량한 시민이며 운운하는 이 선언 내용은 당신이 작성한 건가요?"

"내가 했네. 이제, 자네가 이렇게 써 보는 거야. '관련 보고서들을 숙지하고 전문가들의 소견을 검토한 결과, 본인은 웨스트 지역 및 도시 전역, 그리고 이 나라의 어디에도 전염병이 존재하지 않음을 확언합니다.'"

"그게 다예요? 서명도 할까요? 아니라고요? 이제 그 서류로 뭘 하려는 겁니까?"

나는 서류를 손에 그대로 쥔 채 읽지 않았다. 그럼에도 이 얼마나 큰 변화란 말인가! 글자들은 환하게 빛났고, 반짝거렸다. 그것들 위에서 천 개의 다른 기호들이, 온갖 종류의 문장들이, 수치스럽고 전제적인 수식들이, 도취된 사내의 윤색과 야수의 울부짖음이 점화되었으며, 이 모든 타락에 관해 법은 흠 없고 결정적인 선고를, 결코 부인할 수 없는 만인의 하늘을 형성하고 있었다.

그가 말했다. "자네 왜 그러나? 무슨 문제라도 있어?"

나는 말했다. "네, 이 내용이 방금 내 손가락들을 태웠습니다. 지금은 퇴색 중이네요. 하지만 난 이걸 내게서 떼어 놓지 않으려고요. 부적으로 간직할 겁니다. 이건 나에게 맞서는 부적, 나를 영원히 비난할 증표가 되겠지요."

"농담치곤 지나치군. 자, 이제 그 서류로 괴로워하지 말게. 그보다는 그걸 내게 돌려줘."

나는 말했다. "오! 단 한순간이라도 그런 말투를 버릴 수는 없는 거예요? 내가 당신이 만든 서류들에 조금이라도 중요성을 부여할 거라 생각해요? 난 그걸 찢어 버릴 수도 있고 돌돌 뭉쳐 덩어리를 만들 수도 있다고요. 어째서 행정에는 항상 일말의 위선이 있는 겁니까? 공무원들에게는 정직함과 친절함이 권장되죠. 그들은 꼭 창유리처럼 투명해야만 한다는 겁니다. 그런데 사실 그들은 그저 얼어붙어 있을 뿐이에요. 전례典禮와 의식, 그리고 결코 목표에 도달하지 못하는 관용 정신의 끝없는 도정만이 펼쳐지는 온갖 형식들과 더불어서 말이죠. 또는, 그게 아니라면……."

"정말 그렇네, 그건 아주 정확한 지적이로군. 아주 예리해. 자, 그럼 우리 사이에 돌려 말하기란 없는 거로군? 그게 자네가 원하는 바인 게지? 마음을 툭 터놓고 하는 대화! 다만, 그건 다음번에 합세. 오늘은 자네 떠나는 문제를 해결해야 하니까."

나는 말했다. "아뇨, 몇 분만 더요. 난 당신을 기다린 지 너무 오래되었어요. 그리고 무엇보다도, 당신의 경찰들이 내게 가혹 행위를 했다는 걸 알고 있습니까? 어제 내가 경찰서에 몇 시간 동안 억류되었다는 것, 지역 전체가 계엄령 상태라는 것, 사방이 경찰의 지배하에 있고 주민들은 추격 당하거나, 더 나쁜 경우엔, 식량도 보호막도 아무 구제책도 없이 버려져 있다는 것을요? 나만 해도, 경찰들이 골병이 들 정도로 패더니 마치 페스트 걸린 놈 버리듯 보도에 남겨 두고 내뺐지요. 난 이제 신분증도 없어요. 그들이 내게서 그걸 빼앗았으니까요, 훔쳤으니까요. 이런 내가 여전히 무엇일 수 있습니까? 이런 사태를 대체 뭐라고 불러야 하나요?"

"자네가 경찰에게 얻어맞았다고? 어떤 상황에서? 어째서 내게 그 애길 전혀 하지 않았어?"

"얘기하잖아요. 나는 끊임없이 그에 관해 얘기한다고요. 하지만 당신은 계속 이 말 아닙니까, 전염병은 없다! 즉 무질서는 없다는 거죠. 파업도, 화재도요. 가정컨대, 소요 역시 없겠죠?"

내 조바심이 그를 때려눕히기라도 한 듯, 그는 잠시 꼼짝 않고 있었다.

그가 말했다. "없네. 또다시 자네를 흥분시킬까 봐 걱정은 되네만, 그런 건 없다네. 이 모든 어휘들은 당치 않은 것이네. 누가 자네 머리에 그것들을 주입한 걸까?"

나는 거세게 말했다. "아무도 안 했습니다. 하지만 이 멍들은 뭘 의미하나요? 그리고 저기 저 연기는요? 보입니까? 그리고 사방에서 몰려들어 이 시설을 잔뜩 메운, 더 이상 피신처라곤 없는 저 모든 사람들은요?"

그는 미심쩍다는 표정으로 몇 초 더 서 있다가 걸상에 주저앉았다. 그리고 야릇한 표정으로 말없이 나를 쳐다보았다.

그가 물었다. "자네가 동료들에게 직장을 관두고 싶다는 의사를 밝혔다던데, 정말인가? 그들과 대화하던 도중에 방금 한 언급과 유사한 불평을 입에 담은 적이 있나? 이런 종류의 착상들 중에 자네가 말하거나 행동에 옮길 수 있었던 것이 무엇이었는지 기억해 낼 수 있겠어?"

"어째서 하필 이런 순간을 택해 내게 그와 같은 시험을 치르도록 하는 거죠?"

"하지만 그걸 요구한 사람은 바로 자네이지 않나. 기억해 보게. 마음을 툭 터놓자, 마음을 툭 터놓자며! 게다가 이건 시험이 아니야. 그런지 아닌지만 대답하게, 그러면 얘기는 다 끝나네."

"그런 소문들이 어떻게 당신 귀에까지 들어간 거죠?"

"오 이런, 여보게! 자네가 사무실에서 말을 하면 그건 결코 텅 빈 공간에서 말하는 게 아니라네. 그 자리엔 언제나 누군가가 있어 각종 잡담들에 대한 보고서를 작성하지. 그게 전부일세. 그런 걸 두고 심각한 사건이라 할 순 없겠지."

"맹세컨대, 나는 사무실에서 그런 말을 한 적이 없습니다."

"좋아, 아주 좋아. 그렇다니 나로선 자네에게 솔직히 털어놓는 게 수월해지는군. 나는 자네의 영특함과 양심의 가책, 그리고 성실함을 늘 높이 평가해 왔네. 특히 그 성실함을. 성실함이 없다면 양심의 가책이란 유해한 것이니까. 자, 내가 이런 얘기들을 지금, 바로 지금 상기했다면 그건 자네를 곤란하게 만들려는 것도, 가족으로서의 호기심에 의한 것도 아닐세. 다만, 자네에게 이 점은 솔직히 털어놓을 수 있는데, 며칠 전부터 특히 우리 분과들 주변에서 심각한 위기의 신호들이 보여 엄격한 조처들이 가동되는 중이야. 무슨 일이 실시되고 있는지는 자네도 상상할 수 있을 것이네. 우리는 검열을 실시하고 서류들을 다시 검토하며 샅샅이 그 내용들을 파악하고 있어. 지극히 사소한 변칙 행위에도 몹시 고심하지. 그리고 특히, 이것이 당면한 현재의 생각이니까 잘 새겨듣게, 우리는 지위가 제일 높은 이부터 제일 낮은 이에 이르기까지 전원이 각기 일종의 신념 표명에 서명하도록 권하고 있네. 말하자면 허식에 그치는 선언인 게지."

"선언이라고요? 어떤 종류의 선언을 말합니까?"

그는 집요한 가운데 온화하기 그지없는 표정으로 나를 응시했다. 사람의 마음을 포위하는 간교한 그 호의는 마치 그가 내 한쪽 옆에만 있는 것이 아니라 그 반대쪽 옆, 내 앞, 그리고 내 뒤에도 있는 듯한 인상을 남겼다. 하여, 심지어 루이즈의 발걸음 소리가 들려오는 다른 방에서조차도, 왔다갔다하는 사람은 다름 아닌 그였다.

"아주 간단한 문구라네. 자네에게 써 줄 수도 있어. 아주 짧으니까. 이런 내용일세. '나는 법의 권위를 지키며 그것에 부합하도록 행동할 것입니다. 나는 나의 예를 통해 법이 존중될 수 있도록 하며, 항상 법을 보호할 것입니다. 나는 법을 흔들림 없는 것으로 간주합니다. 나는 법의 절대적 통치권을 믿습니다.' 그냥 사무실 투의 문체지 뭐." 그가 빈정거리며 말했다.

"그렇지만 무엇 때문에 그렇게까지 주의를 기울이는 겁니까? 무슨 일이 일어나고 있는데요?"

"자네 이런 속담 알걸세. 골칫거리에는 기억이 없다! 이번 일은 첫 번째 혼란도, 맨 마지막 혼란도 아니야. 그리고, 어쨌거나 때때로 행정도 자기 점검을 해야만 하는 것이지. 그런 일에도 굳이 설명이 필요한가? 그건 정당하고 정상적인 일일세."

"하지만, 혹시라도 거짓말을 하려는 건 아니겠지요? 단지 날 자극하거나 불안하게 만들려고 이리저리 궁리하는 건 아니죠?"

그가 또다시 그 우호적이고 교활한 미소를 지으며 나를 바라보았다.

"자넨 어찌 그리 경계심이 많고 비비 꼬였나! 자네가 괜히 공무원인 게 아닐세그려. 내가 비밀 한 가지 알려줄까? 그 문구는 말일세, 그렇네, 그 아이디어를 낸 사람은 나라네. 내가 그걸 고안한 당사자야. 그에 대한 자네 의견은 어떤가? 자네 일련의 세부들에 주목해 봤나? '나는 법을 보호할 것입니다. 나는 법을 흔들림 없는 것으로 간주합니다.' 이 두 구절 사이의 미세한 모순을 알아챘느냐고. 허, 허, 허, 자네는 이걸 두고 무슨 말을 할 텐가?"

그는 기이하고도 참을 수 없는 방식으로 웃었는데, 그것은 마치 다음의 사실을 선언하려는 것만 같았다. 자, 나는 웃을 권리를 남겨 두었다, 그러니 더 이상 이런 일들을 두고 웃을 수 없는 자들에게 저주를.

"내 서류요, 그건 당신 수중에 있었죠?"

"자네 서류? 물론이고말고! 하지만 자네도 그런 게 뭔지 알지 않나. 보고서 묶음, 서류가 된 인생 전체라는 게 아무 의미 없다는 걸. 집은 제가 생겨나게 하는 산더미 같은 문건들을 무효로 간주하는, 그런 장점을 지니고 있지. 각각의 사람들에게 집은 이렇게 말한다네. 당신이 당신 자신의 서류다. 그러니, 판단하고 결정하라. 지금의 경우, 설령 갖가지 추천장과 은밀한 기록들, 그리고 여타 권위 있는 서류들이 배제된다 하더라도, 어쨌거나 우리가 가족 관계로 맺어져 있다는 건 여전히 사실로 남는 법이네. 사람들이 자네의 성을 환기할 때면 그들은 그와 동시에 나의 성과 또…… 아무튼 역사 전체를 같이 환기한다는 것도. 자네도 그 점을 알걸세. 따라서 우리 두 사람은 좋든 싫든 같은 갤리선에 올라탄 셈이고, 그 사실은 자네나 내게 일어난 사소한 직업상의 사고를 서로에게 알릴 상호 조화의 의무를 우리 두 사람에게 지운다네."

"당신은 왜 자신을 나와 동일한 급수에 놓아 나를 조롱하는 거죠? 나는 그저 휴지통이나 비우는 하급직에 불과하고 당신은 꼭대기인데. 이런 건 야유예요."

"미안하네만, 법은 형식과 관계된 것이야. 같은 권리에 같은 의무. 하급직도, 예외적인 우두머리도 없지. 현관에 있는 사람은 이미 다락에 있는 사람이네. 아이들도 그렇게 노래하는걸."

그는 대체 어디서 저 말들을 끌어왔을까? 나 역시도, 예전에 저걸 알았었는데 말이다. 나는 가장 보잘것없는 자에서 가장 위대한 자에 이르기까지, 모든 이에게는 언제나 자기를 홀로 행정 전체를 대표하는 자라고 여길 의무가 있으며, 그럼으로써 행정은 단 한 사람의 수중에 넘겨지거나 노출되는 제 전 권력, 전 특권을 부단히 감지하게 된다는 것을 알고 있었다. 그러나 마치 그 진실이 빛 속에 전부 흩어져 버리고 만 것 같았고, 해서 나는 그것을 꿈이라는 힘없는 기억을 통해 추적하는 수밖에 없었다.

나는 느닷없이 말했다. "구덩이 속에 있는 사람에겐 더 이상 위로 올라갈 필요가 없습니다."

그가 탄성을 질렀다. "좋네, 좋아. 오래된 문건들에 어느 정도 유익한 점은 있지. 그런데, 아닐세. 여보게, 자네는 그저 자네 건강상의 오점에 의해 무너졌던 거라네. 병가를 냈던 만큼 스스로가 쇠약해졌다고 믿은 게야. 여가가 생긴 김에 이 사람 저 사람을 만나게 되었을 거고, 그러다 보니 불안을 느꼈을 테고. 그래서 뭔가를 찾아 나섰겠지. 마치 모든 것이 이미 자네에게 주어진 게 아니기라도 하듯 말일세. 그 결과, 무슨 일이 일어나는가? 결국엔 현기증에 사로잡히게 되는데, 그럴 경우 사람은 역사가 자신을 남기고 떠났다고, 역사가 자기만 빼놓고 제 갈 길을 계속 간다고 믿는 것이지. 이리하여 그는 계속 제 장화 뒤를 좇아 달리는 사내나 느낄 법한 경악감 속에서 판단하고, 말하고, 심지어 글까지 쓰기 시작하는 거라네."

그는 이 글을 쓴다는 말을 무심코 털어놓는 듯한 투로 한 번 더 반복했다. 마치 자신도 모르는 새 그 말이 나온 것이기라도 하다는 태도였다. 문득, 그 암시가 나를 건드렸다. 나는 끔찍한 어느 날에 썼던 편지 초안을 기억해 내고, 순식간에 침착함을 잃었다.

"아니, 그 편지를 셈에 넣어서는 안 되죠. 난 그걸 부치지 않았습니다. 그건 그냥 초안, 아니 그조차도 못 됩니다. 펜이나 놀려 보려고 쓴 두서 없는 문장 두세 줄에 불과해요."

"쉬, 조용히! 그렇다마다, 초등학생의 숙제. 나는 내 눈 앞에 그 종이를 펼친 순간부터 알아차렸다네. 이건 글쓰기 과제로군, 하고. 자네 알지, 사람이 새 펜을 시험해 볼 때는 특정한 종류의 문장들이나 괴상한 단어들의 연속, 혹은 문법 예문들 따위에 기대곤 하지 않나. 어쨌거나, 앞으로는 주의하도록 하게. 자네의 요약문에 좀 눈에 덜 띄는 문구들을 골라 쓰란 말이야."

"그 종이 어디 있어요? 대체 누가 내 사무실 내 책상에 와서 그걸 집어 간 거죠?"

"나는 자네의 그 방학 숙제에 관해 작은 조사를 했었네. 자네가 그걸 부쳤는지 아닌지 알고 싶었거든. 뭐, 알겠지만, 모든 일은 항상 단순하지 않나. 우연! 아니 그조차도 아니네. 그냥 일이 그렇게 되는 거지. 잘못을 저지른 장본인은 자네 동료들 중 하날세. 예전에 자네와 같이 일했을 거야. 그가 제 서류들을 정리하는 와중에 자네 편지가 섞여 들었는데, 그만 실수로 그걸 그대로 가져온 거지. 다음 날, 그가 이슈에게 서류철을 보여 주는데 덜컥 그 종이가 나왔지 뭔가, 다들 놀라게시리. 사람들은 그 필체가 자네 것임을 알아보았어. 그리고 부지불식간에 그 편지가 여기저기 돌게 된 것이라네."

"동료 누구요?"

"이름은 모르겠는데, 마르고 병약한 친구일세."

"팔이 마비된 그 녀석이로군요. 그럴 줄 알았어요. 내 책상을 뒤지더니만, 일부러 그런 겁니다."

"허! 딱한 젊은이인 게지. 그 사건은 분명 자네만큼이나 그에게도 그다지 유쾌한 일은 아니었을 거야. 자네도 한번 그 장면을 상상해 보게. 심각하고, 정확하고, 체계적이고, 늘 효율성 개선만을 생각하며, 말 그대로 근무를 빼면 존재하지 않는 이슈, 그 이슈가 그렇게 서류철을 한 장 한 장 넘기고, 토론을 하고, 노트를 하고 있는데, 늘 그랬듯이 그는 지식과 단호한 결단력으로 눈부신 빛을 발하고, 비서들은 전부 그를 둘러싸고 있고, 새로 들어온 그의 타자수는 완전히 도취해서 상관을 우러러보는 중인데, 그런데 우당탕 쿵쾅, 갑자기 이게 뭔가, 온갖 숫자들 한복판에 자네의 농담, 그 믿기지 않는 장난질이 하늘에서 툭 떨어졌으니!" 그러면서 그는 자기 주머니에서 종이를 꺼내 탐욕에 찬 배우처럼 그것을 훑어 내려갔다. "그래, 정말 재미있군. '저는 더 이상 이 부서의 일원으로 일할 수 없습니다. 저를 모든 업무와 책임으로부터 면제시켜 주시기 바랍니다. ○월 ○일 이후로 저는 제 자유를 되찾습니다…….'"

나는 그 종이를 빼앗기 위해 그와 말없는 다툼을 벌였다.

"그걸 돌려줘요. 그건 내 겁니다. 그리고, 넌 나가." 나는, 마치 더 이상 읽어 내려가기 어려워진 편지 내용과 나 사이에 누이가 끼어들어 상황을 복잡하게 만들기라도 한 양, 옆방에서 달려온 루이즈를 향해 소리쳤다. 그리고 그에게 도전하여 이렇게 말했다. "아마도 그 편지가 당신에겐 우스워 보이겠죠. 하지만 비록 그것이 우스꽝스럽다 하더라도요, 그 말들 뒤로 화재와 폭력, 헤아릴 수 없이 많은 불행, 그리고 대로 전체를 메운 관들이 보일 때면 난 웃을 생각이 줄어듭니다."

그랬다. 나는 그에게 도전하고 있었다. 그러나 그는 기분이 상하기는커녕 도리어 환하게 호의를 드러내며 나를 지켜보았고, 그 호의는 아무 말 없이, 계략 없이, 악의 없이, 마치 부드러운 눈길처럼 빛났다. 그는 구겨진 종이를 정성스럽게 편 후 테이블 위에 올려놓았다.

"자네는 무슨 연유로 사직할 생각까지 하게 된 건가?" 나는 으쓱했다. 그는 극히 온화한 태도로 말했다. "여보게, 사람들이 자네의 행위와 계획 들을 과소평가한다고 판단한다면 아마도 자네는 잘못 생각한 걸세. 각자가 하는 일은 모두에게 유용하고, 그렇기에 각각의 사람은 자신 안에 많은 미래를 품고 있는 것이야. 자네의 입은 곧 국민의 입이네. 아마도 자네는 자네 잉크통의 꿈들로 우리에게 약간의 소란을 안기려 했던 것이겠지. 하지만 상관없네. 우리는 그 꿈들이 사라지도록 내버려 두지 않을 테니. 우리는 그것들을 마땅히 그래야 할 때까지 계속 추적할 것이고, 그럼으로써 그 가치가 표현되고 활용될 수 있도록 할걸세. 내가 자네의 그 고심 어린 작품을 보고 웃은 건 그걸 존중하는 마음이 결여되어서가 아니네. 거기에 그 나름의 장점 역시 있어서 그런 것인즉, 그 글은 피로를 풀어 주지. 사람이 웃을 수 있도록 해주거든." 그가 종이를 다시 집어 들며 말했다. "받게, 그 서류 여기 있네. 이것에는 구체적이고 정확한 말들, 일련의 명료한 문장들이 들어 있지. 또 하늘조차 떨게 할 수 있을 중대한 결정을 분명하게 밝히고 있고 말이야. 그러나, 그럼에도 이건 아무것도 의미하지 않네. 그렇네, 좀 보게. 아무것도 없어. 이건 존재하지 않아. 이슈가 화강암처럼 단단한 문서 내용들을 열거하며 수행원 전체를 거느리고 부동의 바위 위를 전진하다 말고 밑도 끝도 없이 이 텅 빈 말들 위로 떨어져 내린 걸 생각하면, 정말이지 난, 자네에겐 미안하네만, 웃지 않을 수 없네. 영원의 서판書板, 신성불가침의 것들, 개혁, 칙령 운운하다가 갑자기, 저것, 연기, 얼룩, 좀 슨 구멍 따위 얘기를 늘어놓질 않나, 자넨 대체 뭘 어쩌자는 건가? 이건 진짜로 서커스 곡예이고, 그래서 피로를 풀어 주네."

그는 나를 바라보며 일종의 고마움을 표시하는 얼굴을 했는데, 그랬다, 그것은 끔찍했고 식은땀을 돋게 했다.

나는 말했다. "그 글은 정식으로 작성한 게 아닙니다. 그건 어쩌면 어리석을 테지만, 그렇지만……." 그가 턱 끝을 까딱하며 어서 계속하라고 했다. 나는 더듬거리며 말했다. "어째서 그런 사람 좋은 표정을 하는 거예요? 왜 속임수를 써요? 당신은 다 알고 있잖아요, 처음부터……."

"뭐라고?"

"그러니까……."

나는 폭풍 같은 분노와 함께 저 호의를 끝장내고 으스러뜨려 그 밑바탕에서 내가 모를 잔인함과 위선, 그리고 비열한 멸시의 잔재를 발견하고 싶다는 욕구가 밀려오는 걸 느꼈다. 오! 이 모든 것이 어쩌나 비열했던지. 이 쓸데 없는 파지 조각이 가장 멋들어진 법률적 문안과 동등한 가치를 지닌다는 사실을, 편지를 보내지 않음으로써 나는, 그것을 폐기한 것이기는커녕, 내 상사들 측에서 할 수 있을 일체의 답변 및 거절 가능성을 제거해 버림으로써 외려 결정적인 것으로 만들었음을, 그리고 그렇게 볼 때, 문제는 오로지 내게 달린 게 됐으며 노동인즉슨 나, 오직 나였던 이상, 이 모든 애깃거리들로부터 나를 실제로 해방시킬 유일한 수단을 바로 나 자신이 확보해 냈다는 말이 성립한다는 점을, 대체 누가 모를 수 있단 말인가?

나는 말했다. "어쩌면 이게 어린애 같은 짓이었을 수는 있죠. 그 때문에 난 괴롭고, 게다가 어째서 그것이 그처럼 불가피한 일이 되고 말았는지 아직도 모르겠지만, 그러나 이 점만은 거듭 말해야겠습니다. 나는 여전히 그 어린애이고, 또 당신 말마따나 앞으로도 내 장화들이 저희들 혼자서 뛰어다니도록 내버려 둘 거예요."

내가 그를 응시한 그 짧은 시간 동안, 그의 두 눈은 번쩍였다. 마치 방금 술 한 잔을 비운 사람 같았다.

나의 항변이 그저 단순한 여담에 지나지 않았다는 듯, 그가 말했다. "알았네. 자네는 진지한 젊은이이니 결정 또한 진지할 수밖에 없겠지. 바로 그게 짭짤한 재미야." 그는 갑자기 말을 멈췄다. 그러더니, 좀 더 빠른 속도로 말을 잇기 시작했다. "대체 자네는 그렇게 해서 어쩌자는 겐가? 자네의 행보는 법적인 지위나 관습에 반대되는 것이야. 노동은 엄격하게 규제되는 것이고, 모든 직업의 변동은 공식적인 승인에 따라야 할뿐더러 그럴 만한 중요한 동기가 있을 경우에만, 혹은 조정위원회의 발의에 의해서만 가능하다는 점을 자네도 모르지 않잖아. 이것은 일반 규칙일세. 중앙 행정의 구성원들로 말하면, 누가 됐든 예외없이 특정 의무를 따라야 하네. 그들은 종종 행정 외의 업무들로 파견되어 조직으로부터 떨어져 나가지만, 그러면서도 언제나, 심지어 행정 바깥의 업무에서 자신의 전 경력을 쌓게 되는 경우라 할지라도, 자신들의 최초 직무 유형에 의거하여 고려되고, 보수를 받고, 진급한다는 점에서 더 자유로운 동시에 덜 자유로운 자들이라고 할 수 있지. 더구나 이건 지위나 계약의 문제도 아닐세. 존재한다는 것은, 우리는 그걸 위해 투쟁한 것 아니겠나, 그런데 그것은 우리에게 매순간 스스로를 노동 혹은 노동의 유예라는 관점하에 고려하라는 임무를 지우고, 우리의 삶을 통해 일평생 우리를 우리가 맡는 임무에 비끄러매네. 그런 까닭에 일과 그 일을 하는 사람 사이에는 말하자면 아무런 차이가 없다고 할 수 있는 것이지. 존재하는 것, 계속해서 존재하는 것, 그것은 시시각각 자신을 아무런 유보 조항 없이 자신의 임무에 할애하는 것이네. 그와 같은 의향이야말로 우리의 신분에 주어지는 영예야. 삶의 사소한 움직임 하나하나에 우리와 일의 결속을 심오하게 표현하지 못하고 마치 무슨 이상한 활동에 매인 듯 굴게 될 때, 그럴 때 우리 앞에 떨어질지도 모를 비천한 삶을 피해 갈 수 있도록 허락해 주는 것이 바로 그것이니 말일세."

그는 마치 책을 낭독하고 있는 것처럼 보였지만 실은 내 마음을 읽고 있었고, 그 흠결 없는 생각을 나로부터 추출하고 있었다. 그래서 그가 마치 기계처럼, 마음에 없는 말을 입술 두 쪽만을 달싹여 발음하는 자 특유의 무심함과 수월함, 그리고 가벼운 경멸감을 드러내며 표현하는 그 내용이란, 정작 나로서는 내 정직성의 밑바닥으로부터, 점점 더 나를 지치게 만드는 노력을 통해서만, 제게 말이 결여될 가능성이 매 순간 존재함에도 그것을 의심할 시간도, 믿을 시간도 갖지 못하는 자의 신열을 통해서만 가까스로 끄집어 내어 표현할 수 있을 것이었다.

그가 갑자기 평상시 말투를 되찾으며 말했다. "여보게, 우리는 이 점에서 의견이 일치하네. 자네의 사표 제출은 장난이 아니라 전적으로 진지하다는 점, 하지만 그것은 어떤 것에 대해서든 아무것도 바꾸지 못하리라는 점. 그렇다면, 우리의 관례를 되찾는 것이 자네에게나 나에게나 더 이득이 되리라고 생각하지 않나, 이런 흔하고 뻔한 노래나 부르면서 지나치게 시간을 허비하는 대신?

이 더하기 이는 사
몽둥이엔 끝이 둘
처마 밑 고양이도
우리처럼 개가 아니네!"

나는 힘겹게 말했다. "이 모든 게 당신에게 지긋지긋하게 여겨진다
는 것, 이해합니다. 나 역시도 이 일이 피곤하니까요."

"자, 그럼 합의한 거지? 이 건은 옆으로 치워 놓는 거다? 대충 그 정
도 선에서 그치고 말하려던 내용 전부를 표출하지 않았대서 유감을 느
끼진 않겠지? 말한다는 것은 좋은 것이기도 하고 나쁜 것이기도 하네.
보기 나름이지. 하지만 어중간하게 말한다는 건…… 그건 석연치 않고,
횡포에 속하는 것이야. 이즈음, 그러니까 혼란이 시작된 이후로 난 그
런 경험을 할 기회가 종종 있었다네. 어쨌거나 이 사안 전체가 매우 심
각하다는 걸 이해하게나. 틀들을 완전히 부수고, 관리하는 자들과 관리
되는 사물들을 분리하는 온갖 칸막이들을 제거하려는 것이니. 자네는
이미 이 일이 어떤 식으로 진행되는지 알고 있어. 모든 직업에는 행정의
대변자가 하나씩 있지. 또 각각의 노동자 뒤에는 그가 하는 노동의 근거
를 살과 뼈로 구현하는 위임자가 하나씩 있고. 원칙상 위임자는 기술적,
정신적 원조를 제공하기 위해 있는 것이기도 하지만, 분명코 각종 행위
들을 통제하여 그것들이 최대한 훌륭하게 활용되도록 하기 위해 존재
하는 것이기도 하네. 이 모든 일은 그럭저럭 진행중이며, 체계에는 체계
만의 약점들이 있어. 결론적으로 말해, 나는 이 조직체를 철저히 재건해
내는 일에 나 자신을 걸었네. 나는 외부에서 온 몇몇 협력자들의 가치

를 검토하고 아침부터 저녁까지 그들과 수다를 떠는가 하면, 내 대화 상대자들이 귀가 열려 있는지, 동시에 내 말들이 아직 듣기에 괜찮은 것인지, 혹시라도 내가 이미 녹슬고 농익어 청산되기에나 안성맞춤인 게 아닌지 보려고 온갖 공론에 끼어들기도 한다네. 한데, 나는 매번 나 자신이 그들에게 비나 좋은 날씨에 대해서 얘기한다는 기이한 사실을 확인하게 되지 뭔가. 왜냐고? 왜냐하면 그편이 더 다가가기 쉽고, 나는 골머리를 썩이고 싶지 않기 때문이네. 그건 누구에게나 공통되는 주제니까. 그런데 거의 모든 이들이 내가 자신들을 가지고 놀고 있다고 믿는 거야. 그래서 그들은 겁을 먹으며 불안에 잠기고, 스스로를 탓하고, 비현실적인 얘기들을 늘어놓곤 하지." 그가 말했다. "그건 그렇고, 자네는 종종 서류들을 여기저기에 늘어놓는가? 내가 그 테이블 위에서 발견한 그 종이처럼 말이야. 자네가 뭐라고 썼더라? '나는 선량한 시민이며, 온 힘을 다해 국가에 복무합니다.' 이거였나? 당연히, 나는 그에 대해 뭐라 다시 말할 게 없네. 애국적이고, 훌륭해. 하지만 그 말이 자네에게 충격을 주지는 않는가? 아니라고? 어쨌거나 결국 그건 취향의 문제이지. 그래서, 자네에겐 그게 유용해 보이나? 그보다는 차라리 이렇게 쓰고 싶지 않나? 나는 지나치게 선량한 시민은 아니며, 각종 가혹 행위에 대해 기꺼이 공공의 이익을 위한 대응책을 취할 것이고, 파업을 위해 체계적이며 결연한 노동 중단을 실시할 것이며, 국가에 대한 나의 헌신을 당당히 선언하기는 하지만…… 아 참! 자네에게 말한다는 걸 깜빡했구먼. 그 끝도 없는 회합들 와중에 나는 자네 여자친구들 중 한 명을 알게 됐어. 키가 훤칠한 미인이던데, 아마도 상업 분과의 한 소속원과 함께 일할걸세. 순진하고 좋은 아가씨더군. 뿐만 아니라 심지어…… 자네에게 솔직히 털어놓을 게 있는데, 그러면 자네도 우리가 매 순간 어떤 얽히고설킨 상황에 맞서야 하는지 알게 될걸세. 그 젊은 처자는 기혼자가 아니니⋯⋯ 그렇네, 이 모든 건 좀 미묘한 문제이긴 해. 하지만 화내지 말게. 그녀는 순전히 돌아가는 상황 때문에 애초에 주어지지도 않았던 역할을 최종적으로 떠맡게 된 거였으니까. 요컨대, 자네와 아가씨는 거의 옆방에 살았었네. 그녀는 자네와 여러 번 마주쳤고, 자네는 그 아가씨를 만나려고 그녀의 작은 가게에 들르기도 했고, 자네들은 꽤 잘 맞았어." 그는 나를 향해 자신의 용의주도한 시선을 고정하며 말했다. "아니, 내 장담하네만 그 아가씨는 자네와 관련해서 아무런 임무도 지고 있지 않았네. 사전에 계획한 바도 일절 없었고, 그건 내가 자네에게 확언할 수 있어. 하지만 당연하게도, 자네들이 나눴던 자잘한 교분은 자네를 이내 그녀와 맺어 주었고 자네는 그녀 내력의 일부분이 되었네. 해서 아가씨는 자네 일을 신경 써야만 하게 된 데다, 마침 계제도 잘 맞아떨어졌지. 자네는 건강 문제로 모든 사람에게 근심을 안겼으니까. 특히나 자네의 불쌍한 어머니는 매일같이 자네가 대체 뭘 하고 사는지 알고 싶었을 게고, 자기 시야에서 잃지 않을 수 있다면 기꺼이 자네를 줄로 묶어 두기라도 했을걸세. 따라서, 자네 서류가 내게 제출되었을 때 나는 그녀를 불러들였고, 그 아가씨와 좀 더 가까워지고 또 말이라는 우리 공동의 가치도 확인해 볼 겸, 늘 하던 대로 거드름을 피우며 아무 얘기나 늘어놓기 시작했지. 내 젊었을 적의 일화 한 토막이었어. 스무 살 무렵에 나는 한 인쇄소에서 일했다네. 기술자는 아니었고 기계들의 상태나 작업의 추이를 점검하는 일을 했는데, 그 인쇄소는 수업 교재들이나 소책자, 심지어 초등학교의 규율 게시판 인쇄까지도 맡는 꽤 중요한 곳이었지. 인쇄소 직공들 중에는 내가 매우 좋아한 사람이 하나 있었네. 그는 이미 나이가 지긋한 데다 경험도 많아서 이런저런 많은 사건들에 참여한 전력이 있었고, 노동 조직과도 기꺼이 토론을 벌이곤 했지. 그의 말은 정당하거나 적어도 깨우치는 바가 있었어. 안된 일이지만 그는 자동차에 받힌 일이 있어 그 여파로 신경염을 앓았지. 그래서 어떨 땐 일이 퍽 힘겨운 날도 있었네. 그는 줄곧 온갖 잡다한 몸짓들을 했는데, 자신이 다잡을 수 없는 그 경련과 갑작스런 몸동작들로 인해 거의 불구자와 매한가지가 되고 말았지. 그리 되니 그는 더 이상 아무것도 제대로 할 수 없었어. 그가 자기 기계를 고장내고 욕설을 내뱉는 통에 현장에는 이제 그의 목소리밖에 들리지 않았지. 나는 그의 등 뒤에 서서 슬쩍 그를 돕거나 기계를 고치느라 내 시간을 보냈네. 하지만 아뿔싸, 사태는 점점 더 나빠져만 갔지 뭔가. 결국 인쇄소는 그를 은퇴시킬 수밖에 없었고 그건 내게 매우 큰 유감이었네. 자 이게 내 얘기였어. 나는 그 아가씨에게 어떻게 생각하느냐고 의견을 물었네. 내가 하려던 말은 이거였지. 이 이야기가 당신 마음에 듭니까? 그것이 당신에게 감동을 주었으며, 당신은 내가 거기에 부여한 서사적 의도들을 실감나게 느꼈습니까? 그런데 이런, 여보게, 그녀의 대답은 전형적인 것이었다네. '기계를 고의적으로 파손한 사람은 당신이에요. 그 사람의 작업이 더 이상 만족스럽지 않았던 데다 그가 말까지 지나치게 많았으니까요.' 바로 이런 것이 그들의 머리 돌아가는 방식이야. 그들은 어떤 이야기를 더 이상 신뢰하지 못하고, 그걸 이리저리 바꾸고 조목조목 파헤쳐서 하나의 교훈을 이끌어 낸다네. 그래, 뭐 어쩌면 기계를 고장낸 자는 나겠지만, 그게 뭐가 중요한가! 그렇다고 해서 그 일화가, 그러니까 그것이 내가 아무런 뒷생각 없이 그녀에게 증여한 어떤 것으로서 존재했다는 사실이 덜 엄연해지는 것도 아닌걸. 내게 뒷생각이 없었던 건, 나도 그녀처럼 하나의 존재이고, 그렇다 보니 그녀를 보는 순간 내 청춘과 옛 수습 시절이 새삼 다시 떠올랐기 때문이라네. 그 시절에 나는 나보다 나이 든 남자들이 비틀거리다 사라져 가는 광경을 목격했던 것이고, 그들은 바로 지금의 내 나이였지. 자네에게 무슨 말을 한다? 난 그 아가씨를 탓하지 않아. 옳은 건 그녀고, 만약 그녀가 내 경험담을 순전히 이야기 솜씨의 측면에서, 그것의 장식적 가치로만 평가했다면 아마 나는 이렇게 생각했을걸세. 어리석은 풋내기에 감상적인 바보 처녀로군. 하지만, 잘 들어 보게나. 이 점이 가장 기이한 것이니까. 자네도 이미 눈치챘겠지만, 내 의도는 그 아가씨가 자네에게 불리한 말을 하도록 만드는 거였네. 그래야만 했어. 자네에 관해 떠도는 모든 소문들 중 가장 그럴법해 보이는 것들로부터 접근해 들어가는 게 내 임무였으니. 그런데, 무슨 일이 일어나는가? 내 따분한 말들이 거품을 내면서 들끓기라도 시작한 양, 그녀는 그 속에서 뭔가를 발견하고 매료되는 게지. 이런 식의 소용돌이에 관해서라면 나는 내 자신이 멀리서도 그것을 알아보고 그 양상을 추적할 줄 아는 사람이라고 말할 수 있네. 그것은 그 전체가 하나의 발작으로, 그 결말이 뭔지도 내겐 훤하이. 태만과 공모를 털어놓는 천 가지 고백들, 돌연 저 자신을 드러내고 끝없는 증거들, 지나치게 많은 증거들을 통해 스스로를 고발하는 무의식이 그 끝이라네. 자네 친구의 경우, 여러 가지 성가신 상황 때문에 그런 게 특히나 먼 일이었네. 어찌나 멀었던지, 자신이 아마도 절망스러운 상황에 처했다는 것을 깨닫게 된 순간 이 아가씨가 별안간 취하게 되는 행동은 과연 무엇이겠나? 그녀는 내게 자네 이름을 대네. 아, 마침내,

라고 나는 생각하지. 그리고 주목할 만한 세부 사항들을 기록하기 시작하는 것이지. 나는 그것들을 기다리고, 앞질러 그것들을 문장으로 구성하고, 또 어떤 의미에서 그걸 즐기는데, 그럴 때…… 그렇네, 말이란 것의 변덕은 바로 거기에 있네. 자네의 유죄를 입증하는 대신, 그 애처로운 처녀는 자기 비통의 한가운데에서 그와 반대되는 일을 하네. 이제 그녀는 자네의 이름 속에서 스스로를 내게 의탁할 방편만을, 원조만을, 기회만을 보는걸세. 자네는 더 이상 그녀가 유죄 증명으로 파멸시켜야 할 혐의자가 아니라, 그녀를 무죄로 만들어 줄 유일한 인물로 바뀌네. 이에 관해 자네는 무슨 말을 할 텐가? 이 같은 계산착오를 거치고 나면 사람은 인내심을 가지는 법을 배울뿐더러 역사가, 심지어 그것이 다 끝난 이야기라 해도 말이야, 얼마나 긴 것이며 그 흐름은 또 얼마나 완만한 것인지를 발견하게 되지. 그건 마치 꿈과도 같네."

　　나는 그를 바라볼 수 없었지만, 알고 있었다. 바로 지금 이 순간이 아니라면 내 시선은 앞으로 다시는 그를 속속들이 꿰뚫어볼 수 없으리라는 사실을. 어째서 당신은 자신의 솔직함에 깃든 가장 무시무시한 측면을 펼쳐 보이는 일에, 그토록 대범한 솔직함이 실은 야비한 속임수이며 가장 공정한 이해심이 실은 결코 스스로를 드러내지 않는 얼굴의 가면임을 입증하는 일에 그처럼 전적인 솔직함을 보이는 것입니까? 왜 나로 하여금 보편적인 신뢰와 연대 속에서 배신의 끝없는 회귀를, 당신의 호의 속에서 무한히 되풀이되는 의혹을 알아보게 만들려고 애쓰는 겁니까? 그리고 당신의 말들이 이루는 안개는 어째서 지저분한 장면과 끄나풀들이 연루된 이야기들 위에서만, 눈에 보이지 않지만 우리의 호흡을 통해 스며드는, 이 사방에 흩뿌려진 먼지들 위에서만 걷히는 거죠?

그가 물었다. "끄나풀들이라고?"

"네, 경찰 말입니다." 나는 내 멍든 옆구리를 가리키며 더듬거렸다.

"경찰이라." 그가 점점 더 커져만 가는 놀라움, 일종의 불안과 함께 나를 응시하며, 마치 나를 보면서 처음으로 경찰이라는 게 무엇을 대변하는지 의식하게 된 것이기라도 하듯, 또 나를 보면서 비로소 경찰을 그 비천한 외양과 범죄적인 외관하에 조망하게 된 것이기라도 하듯, 되풀이해 말했다. "무슨 말을 하고 싶은 건가? 경찰은 자취를 감추지 않았어? 경찰을 다시 볼 수 있는 지역이 있나? 감옥들의 문은 활짝 열어 두었지 않은가? 거기 당도한 자들이, 그들의 과오가 그들 바깥에 하나의 건조물처럼 세워 놓임으로써, 죄스러운 내면을 모르고 그 과오와 오직 무구한 관계만을 유지할 수 있도록 말일세. 그들이 거기 들어가는 순간, 들어갔다는 그 사실만으로 다시 원상 복구되고, 그래서 자신들이 들어간 그 벽들로부터 이미 그 바깥에 있는 상태가 되어서 나올 수 있도록 하기 위해서 말일세. 그들은 자신들이 자유로울뿐더러, 스스로에게 범죄로 비춰졌던 일에 내면 따위는 없고, 그런 이상 이미 그 범죄로부터 벗어나 있다는 점만을 발견하기 위해 그리로 들어간 것이니까." 이어 그는 당황한 표정으로 자기 주변을 쳐다보며 덧붙였다. "그리고 경찰이라, 그런 겉모습을 하고 사물들을 붙잡아 세우려 할 만큼, 사물들이 보편의 움직임에 참여하도록 내버려 두는 대신 흉측한 폭력의 자격으로 그것들을 무한정 억제하려 들 만큼 경찰에 근접한, 혹은 그 정도로 경찰과 스스로를 혼동하여 생각할 수 있는 사람이 과연 있을까? 아마도 경찰이란, 한데 이 단어는 퍽도 머네그려, 어쩌면 그것은 바다 깊은 곳으로부터 오는 게 아니겠나? 그렇지, 경찰은 그것을 아래쪽에서 바라보는 이들에게는 저속할지도 몰라. 하지만, 사람이 진실에 대해 한결 덜 파편적인 생각을 갖고 있을 때에는 그 같은 인상이 변모한다네. 그래서 모든 것을 볼 수 있는 이에게는 더 이상 경찰이 존재하지 않지. 경찰은 사라지고 없어. 경찰이란 우리가 결코 발견하지 못하되 만사의 엄정함이 요구하는, 말하자면 거꾸로 비치는 그림자에 해당하네."

"그 같은 정당화는 익히 들었습니다. 난 그걸 물려받았죠. 하지만 더 이상 그 유산을 지니고 있을 수 없겠어요. 그 위선이 너무나 커서요. 당신들은 먼지를 너무 남발했어요. 그 때문에 공기가 숨 쉴 수 없을 지경이 되었습니다."

그가 잠시 숙고했다.

"어째서 자네는 그 '당신들'이라는 표현을 사용한 건가? 당신이라니, 그게 누구야?"

나는 말했다. "국가입니다. 즉 그건 당신이에요."

그가 진지한 어조로 말했다. "위선을 조심하게나." 이어 그는 몸을 굽혀 테이블 위, 사직서 옆에서 자신이 충성의 말을 적어 두었던 종이를 집어 들었다. "오늘 자네와 이 문제를 다루게 될 거라곤 생각하지 못했는데, 지금 우린 지나치게 앞서 나가 버렸군. 매일같이 토론을 재개하는 따위의 일은 하지 않는 편이 나아. 여기다 서명하겠나?" 그는 내게 종이를 내밀었다.

"아뇨." 나는 그렇게 말하고 종이를 밀쳐 버렸다.

"어째서? 이 문구에 동의하지 않는 건가?"

나는 물론 동의한다는 시늉을 했다.

그리고 말했다. "문구 따위는 중요하지 않아요."

"정부에 제기할 반론이라도 있는 겐가? 자네의 관점이 이와 일치하지 않는다고 느끼는 거야?"

"나도 모르겠습니다. 그런 것 같진 않군요."

그가 약속이라도 한다는 표정으로 말했다. "만약 자네가 개혁을 희망하는 거라면 주저치 말고 제안해 주게, 그건 우리가 두려워하는 사항이 아니니까. 과거의 체제들이라면 새로운 조처들을 두려워할 수 있었겠지. 미래를 향한 움직임은 그들을 위협했거든. 하지만 우리는 그와 같은 것을 전혀 두려워하지 않는다네. 우리가 그 미래이고, 미래는 만들어지고 있으며, 그걸 조명하는 게 바로 우리의 존재이니 말일세."

그 순간 나는 유혹에 굴복하고 말았다.

나는 그에게 말했다. "당신은 우리의 체제도 다른 체제들과 유사해지리라고, 언젠가는 그것이 무너질 것이라고 생각하지 않습니까? 당신은 그 순간이 어쩌면 가까울 수도 있다고 생각하지는 않나요?"

그가 나를 쳐다보더니 자리에서 일어났다. 나는 쿠션들 밑으로 몸을 파묻었다. 분명 그는 이 흠칫하는 꼴을, 그가 한 대 칠 거라는 예상에 내가 취한 이 방어의 몸짓을 보았을 것이었다. 그는 그저 웃고 말았다.

"다른 체제들과 유사해진다?" 그가 말 끝을 무겁게 늘이며 되풀이했다. "그래, 어쩌면 그렇겠지. 다만, 그 체제들이 준비했다가 무시해 버린 진실로서, 그것들이 스스로의 폐허에서 찾고자 했던 확언으로서 그러하네." 그는 특유의 교조적인 투로 말했는데, 그의 권위가 나로부터 유래하여 그에게 다다르고 있는 이상, 그것은 너무나 불쾌하고 진을 빼는 말투였다. "우리의 체제가 어떻게 끝을 맞을 수 있겠나? 그것이 어떻게 종결될 수 있겠나? 이미 끝나 버린 모든 체제들에 하나의 의미를 부여하는 것이 바로 이 체제이며, 따라서 그것이 부재한다면 어떤 것이 끝날 수 있다는 사실을 상정하는 일이 더 이상 가능하지 않을 텐데. 어떻게 보자면 이 체제는 그 자체로서 끝났네. 그것이 제 끝을 발견한 것이고, 모든 것과 저 자체에 종지부를 찍은 것이지. 그렇네. 이런 관점에서 보면 자네는 옳게 생각한 것이며 내게 분노를 일으키지도 않아. 우리의 체제를 죽음과 중단, 혹은 추락의 관념들과 결부하는 것은 어느 모로 봐도 지나친 일이 아니네만, 그러나 죽음을 표현하는 것은 다름 아닌 그것의 안정성이며, 그것의 추락은 곧 그것의 끝없는 지속일세."

그는 신발로 마룻바닥을 천천히 긁으며 얼마간 걸음을 옮겼다. 나는, 그것이 결코 상상의 산물이 아닐 수 있도록 하기 위해 신문들이 지나칠 정도로 많이 언급했던, 저 테러 사건을 떠올렸다.

나는 말했다. "모든 걸 다 사라지게 하면 쓰나요. 당신은 자기 강단에 선 법학 교수가 아녜요. 당신이 이야기에 푹 빠져 그것을 너무나 깊이 느낀 나머지, 도래하는 모든 것이 당신 앞에 즉각적으로 법으로 변형된다 해도 아무 소용 없어요. 내 눈엔 이 병자들, 파업들, 거리의 소요들이 보이고, 나는 그것들을 제거할 수 없어요. 나 자신이 병자죠. 나는 끝난다는 말이 무엇을 의미하는지 압니다."

그가 돌아서서 미소를 지었다.

"아니. 아마도 그것이야말로 아직 자네가 알지 못하는 것일 수 있네. 자네는 사건들을 필요로 하고 있어. 자네는 자신에게 태양이 결여되기를 바랄지도 모르겠군. 나는 사람들이 아쉬워하는 그 사건들이라는 게 대체 무엇일까 생각해 보네. 내가 깨닫기 위해 필요한 모든 것은 이미 도래했고, 그리하여 더 이상 아무 일도 일어나지 않는다면, 그건 도래할 수도 있을 일 중에 지금 내가 거쳐 가고 있는 진실을 한층 증대시킬 만한 것이 전무하기 때문일세. 역사적인 날짜들, 자네가 말하는 파업들, 지진이라든가 모든 종류의 붕괴들이야 앞으로도 여전히 많이 일어나겠지. 그렇지 않고, 그 못지않게 앞으로 다가올 세월들이 텅 빈 것일 수도 있겠고. 허나 무슨 상관이겠나. 중요한 건 지금 내가 자네 방 속을 거닐고 있다는 사실도, 내가 마땅히 그래야만 하는 대로 내 사무실에서 일하고 있으며 앞으로 전쟁이나 혁명 따위는 나의 평상시 사소한 몸가짐보다 더 중요하지도 덜 중요하지도 않은 것이 되고 말리라는 사실도 아니라, 한 발 한 발 내디딜 때마다 이 내가 저 불행과 승리 들로 가득 찬 움직임을 처음부터 끝까지, 낱낱이 기억해 낼 수 있다는 점일세. 우리로 하여금 만인 앞에 최후의 말을 함으로써 최초의 말을 정당화할 수 있도록 해주는 그 움직임을 말이네."

　나는 그가 신발로 그 가벼운 마룻바닥 긁는 소리를 내면서 천천히, 이리저리 걷는 모습을 보며 말했다. "왜 지금 내게 그런 식으로 얘기하는 겁니까? 당신은 여기 뭘 하려고 온 거예요? 내가 결정하는 일, 또는 내가 결정하지 않는 일은 당신에겐 아무 중요성도 없어요. 당신은 개인적인 감정에 복종하지 않죠. 그런 것들을 제거해 버렸으니 말입니다. 당신은 나를 좋아하지 않고, 나는 당신을 좋아하지 않으니……." 나는 말을 중단했다. "만약 내 친아버지가 여기 있었다면 어땠을까요? 만약에 무덤 역시도 짓궂은 장난에 지나지 않았다면 말예요? 그랬다면 내 아버지는 처음엔 고개를 설레설레 저었을 거고, 다음엔 오래도록 나를 쳐다보았을 겁니다. 그 따위 객설로 내 기분을 망치는 대신, 신뢰감을 가지고요. 그리고 마침내 내 팔을 잡으면서 이렇게 말했겠지요. 그래, 그럼 이제, 우리 그렇게 해보는 거다! 루이즈!" 나는 별안간 누이를 불렀다.

"자네 동생은 나갔네."

"열이 납니다. 그 애가 나갔다고요? 언제 나갔어요?"

"얼마 안 되었어. 내 협력자들 중 자네 이송 문제를 쉽게 처리해 줄 사람이 있어 그에게 알리러 갔네."

"그럼 당신은 왜 여기 남아 있습니까?"

"나도 곧 출발할 거야."

"그럼 이건 어쩔 겁니까?" 나는 종이들을 그에게 가리키며 말했다.

"자네 하고 싶은 대로 처리하게. 정부는 자네의 결심에 따라 최종 결정을 내릴걸세."

"만약 내가 거절하면요?"

"자네의 거부를 법적으로 인정하겠지."

"그리고 그다음은? 그다음 절차들은 어떻게 됩니까? 징계 말입니다."

"그런 건 있을 수도 없고, 있지도 않을 것이네. 자네는 여전히 정부 부서에 남을 거고 그 정부 부서는 자네가 선택한 존재 방식의 틀 안에서 자네를 활용하게 될 거야."

"하지만 나는 이미 사직했는걸요! 난 내 편지를 여전히 보존하고 있어요."

"우리도 그 사실을 잊지 않고 있네. 예전엔 사람들이 직장에 들어왔다 병적인 변덕과 함께 그만두고 나가면서 스스로가 자유롭다고 판단하곤 했지. 그건 조가비 내벽에 점착될 수 있을 만큼 완전한 성장 상태에 다다르지 못한 그들이, 스스로 작은 쪼가리에 불과한 이상, 제 조개껍질 안에서 움직일 수 있었기 때문이었네. 그다음에는 이런 무정부주의적 경향의 재발을 억누르고 자기 임무를 이행하지 않는 자들을 처벌하는 한 시대가 이어졌지. 하지만 오늘날에는 처벌 같은 건 더 이상 없네. 임무 불이행 역시 없으니까. 내부와 외부는 서로 호응하며, 가장 내밀한 결정은 그것과 불가분의 관계에 있는 공적 유용성의 형태에 이내 통합되네."

"하지만 당신이 여기 있잖습니까! 당신은 내 주변을 꼭 현기증처럼 빙빙 돌죠. 이것에 내가 서명해야 하네, 저것은 찢어 버려야 하네, 충성 선언을 해야 하네, 그러면서 나를 설득시키려고 말입니다. 그렇다면 그건 이 절차가 순조롭지는 않다는 얘기죠?"

"그렇네. 모든 게 다 순조로울 리는 없고, 이건 그저 자네를, 오직 자네만을 위한 일이야. 왜냐, 그렇게 해서 국가는 자네의 불복종을 활용하게 될 테니까. 그것도 단지 국가가 그것을 이용하게 될 뿐만 아니라, 자네가 반대와 반항을 통해 국가의 위임자이자 대변자가 되리라는 얘기네. 자네가 자네 사무실에서 국가의 법을 따름으로써 그리 되었을 경우와 똑같이, 전적으로 말이야. 유일한 변화가 있다면, 그건 자네가 변화를 원하고 있지만 그러나 그 변화는 일어나지 않으리라는 점이네. 자네가 국가의 파괴라 명명하고플 현상은 실제로는 자네에게 언제나 국가에 대한 복무로 나타날걸세. 자네가 법을 피해 달아나기 위해 취하게 될 행위는 자네에게 여전히 법의 힘으로 보일 거야. 그리고 국가가 자네를 없애리라 결정할 순간이 오면 자네는 그 파기가 자네의 과오를 벌하거나 역사가 보는 앞에서 반항자들의 헛된 오만을 자네에게 부여하는 대신, 자네를 저 하찮고 말 잘 듣는 봉사자들의 하나로, 거기서 나오는 면지에 모든 이의 복지와 자네 자신의 복지가 달려 있는 그 봉사자들의 하나로 만든다는 사실을 알게 될걸세."

"여기서 나가요." 나는 힘없이 말했다.

"갈걸세. 하지만 내가 떠난다고 해서 바뀌는 건 아무것도 없어. 자네가 내 자리에, 내가 자네 자리에 오는 일이 있을 수는 있겠군. 어쩌면 자네는 이미 내 자리를 차지하고 있는지도 모르지."

"나가요." 나는 되풀이해서 말했다.

"또 보세. 자네에겐 오후가 끝날 무렵쯤 차를 보낼 수 있을 거라 생각되네." 그가 문까지 다가섰다가 발걸음을 멈췄다. 그리고 느닷없이 예전 태도를 되찾으며 말했다. "나는 선량한 시민이며 국가에 복무한다! 이걸 잊지 말게나. 좋은 문구야!"

침이 입으로 흥건히 올라왔지만, 그는 이미 사라지고 없었다. 그와 거의 동시에 북스가 방으로 들어왔다. 그는 탁자에 널린 그 모든 종이들을 보더니 스스럼없이 손을 뻗쳐 집으려고 했다. 내가 들썩하는 순간 우리 둘의 시선이 교차되었고, 그는 그대로 자신이 하고 싶은 행동을 했다. 그는 예의 그 장화를 신고 있었다. 조악한 종류의, 기껏해야 다리 중간까지만 올라오는 길이임에도 그의 육중하고 거친 외양을 더욱 부각시켜 주는 장화였다. 나는 극도로 지쳐 있었다. 그가 말했다. "아주 좋아요. 글을 써요. 계속해서 글을 쓰는 겁니다!" 나는 어깨를 으쓱하는 걸로 대답을 대신했다. 그 순간으로부터 그를 떼어 낼 수 있다면 좋았을 것이었다. 그런데 그가 하도 민첩하게, 또 워낙 스스럼없이 앞서 나간 자의 자리를 이어받고 난 탓에, 나는 그 두 사람을 완전히 분리할 수 없었다. 그리고 그의 존재는 나를 녹초가 되게 만들었으니, 그 거대한 몸 안에는 무언가 짓누르는 것이, 진짜 산이, 내 피로에 맞먹는 돌과 흙으로 이루어진 어떤 것이 들어 있었다.

그가 석탄 찌끼와 숯 조각들로 뒤덮여 더러워진 자기 장화를 내게 내보이며 말했다. "고된 하루였죠. 당신은 컨디션이 그리 좋지 않은 듯 보이오만?"

"놀라지도 않나 봐요?" 나는 종이들을 가리키며 말했다.

"왜 놀란다는 거요? 저것들 때문에? 나는 당신이 무엇 때문에 괴로워하는지 오래전에 간파했어요. 당신은 자기 자신과 싸웠소. 스스로와 가장 가까운 것에 유죄 선고를 내리고 있다는 사실을 자기 속에서 확인하고 싶지 않았던 거죠. 하지만 논리가 이겼고, 끝까지 끈을 놓지 않은 명료함이 마침내 저 스스로를 고발한 것이오."

나는 지쳐서 그를 쳐다보며 말했다. "그래서 뭘 간파했는데요?"

"난 오래전부터 당신의 자취를 밟아 왔어요. 우리가 처음 만났던 일 기억납니까? 그 이후로 나는 당신이 누군지 파악했고 당신이 어떻게 행동하는지도 알아 놓았소. 당신에 관한 정보들도 가지고 있었고. 당신은 사례의 하나요."

"사례의 하나라고요?"

"그렇소." 그가 고개를 끄덕이며 말했다.

"그렇다면 이 사례는 어째서 그토록 강렬하게 당신 관심을 끄는 걸까요? 그 이유를 말해 줄 수 있습니까?"

"그렇소, 대답해 줄 수 있소. 내게 당신 질문은 난처하지 않으니까. 우선 나는 당신에 대해, 이건 사실이오만, 털어놓기 힘든 모종의 의도들을 품고 있었는데, 말하자면 지배 계급이 제 근성상 적수들이 사용한다

싶을 때는 부도덕하다고, 하지만 저 스스로가 이용할 때는 역사적이라고 규정할 기획들이 그에 해당한다고 하겠소. 당신도 알다시피 난 여기 돌아온 이후로 이런저런 병원들에서 일했죠. 하급직을 맡은 게 제일 흔한 경우이지만, 그래도 이따금 옛 동료들의 자리를 대신할 때도 있었다오. 의료계라는 건 다른 분과들보다 관직의 압박에 덜 지배되는 곳이니까요. 내가 당신을 처음 알아본 건 병원에서였죠. 당신은 막 발작을 겪고 난 참이었어요. 당신은 침착하게 복도를 거닐고 있었소. 당신이 왜 내게 강한 인상을 남기고, 심지어 동요시키기까지 했느냐? 나도 몰라요. 아마 당신의 걷는 방식 혹은 쳐다보는 방식이 그랬겠죠. 그래요, 당신은 주변의 사물들을 강렬한 태도로 응시하고 있었는데, 마치 그것들에 당신 자신이 접착되어 있는 것 같았소. 이런, 지금도 여전해요. 당신이 날 쳐다보는 방식에서 그때와 동일한 표정이 다시 나타납니다. 이상하기도 해라, 꼭 당신의 시선이 내 시선에 들러붙어 그걸 만지려는 것 같거든. 이런 걸 난 가사 상태에 빠진 어떤 이에게서 한 번 본 적이 있어요. 그가 다시 깨어날 때, 눈이 열리면서 대상들에 달라붙더이다. 당신 간질 발작을 겪어 본 적이 결코 없소?" 나는 없다는 시늉을 했다. "그 마주침 이후에 나는 당신이 누구인지 물었지요. 당신의 이름자가 놀랍더군요. 그리고 차츰차츰 난 우리 둘의 노정이 아무 이유 없이 교차한 것이 아니었다고 확신하게 되었소. 그래서 조사를 벌였어요. 당신 직업과 병에 대한 설명들이 확보되었죠. 나는 당신의 가족 관계에 대해서 많은 것을 알게 되었고, 역시 많은 것을 간파했소. 맞소. 결국 지나치게 멀리 나아간 거요. 난 이렇게 생각했죠. 이건 하나의 사례로군. 거의 말도 안 될 법한 무질서와 추문의 가능성인걸. 가장 오래된 역사가 다시 시작한다는 게, 그러니까 이 경우 그것이 유용하게 지배되고 복무하는 게 과연 가능한 일일까? 나를 계속 좇아다녔던 무언가 불안한 점이 바로 그 대목에 있었소. 진실을 말하자면, 나는 그때까지도 내가 뭘 원하는지 깨닫지 못한 거요. 나는 당신 주위를 배회했고 당신을 시험했지만, 결정을 내리지 못하고 있었어요. 마침내 내 눈을 뜨게 한 것은 당신이오. 당신은 날 유혹했어요. 그 점 역시 기이하지요. 통상 이와 같은 얘기에서 내 역할이란 나를 당신의 유혹자로 만드는 거요. 그런데, 당신은 내가 찾고 있는 게 무엇인지를 밝혀 줌으로써 되레 내게 유혹이 되었던 거라오. 당신이 내 속에 감춰진 바를 꿰뚫어본 순간, 나 역시 명료하게 보았지요. 내가 계획하던 전부가 내게 환하게 밝혀졌다는 거요. 다만 당신은 나를 내 계획들 속에 유폐했고, 그 이후로는 그것들을 무효화시켰소. 그도 그럴 것이, 자기 강박관념의 뒤편을 바라봄으로써 내가 당신을 끌어들여 어떤 일을 도모하도록 만들 수 있을지 간파하고 난 순간부터, 당신에겐 그것을 실천하는 일이 더 이상 가능하지 않게 되어 버렸으니 말이오. 당신은 해묵은 역사로부터 벗어나 당신 자신으로 돌아와 있었지. 어쩌면 그건 내 잘못이겠죠. 어쩌면 난 한층 더 시간의 인내와 성숙에 닮아 가며 보다 신중하게, 보다 조용하고 내밀한 방식으로 행동해야 했는지도 몰라요. 상관 없소. 핵심은 당신이 모든 것을 이해하기를 멈추지 않았다는 사실, 당신의 신열 자체가 모든 걸 알고 있었으며 나는 언제나 그 신열을 위해, 그것의 도구로서 복무했다는 사실이오. 그러므로, 그 이후 나는 오직 당신을 내몰기만을 원했소."

나는 피로감이 점점 더 커지는 것을 느끼며 말했다. "어째서 그 모든 내력을 털어놓는 겁니까? 그건 의사가 작성하는 이야기들인데요. 당신 내부에는 직업적인 습벽習癖이 있어서, 그게 당신을 끊임없이 자신이 축출당했던, 그것도 순전히 자기가 이행하지 못해서 쫓겨났던 직무로 도로 데려가는군요."

그가 격앙되면서 말했다. "무슨 말을 하려는 거요? 또다시 농담인가요? 어째서 당신이 하는 농담들은 하나같이 그토록 무례하고 상처를 주는 것이오? 그래요, 내 이 요점 정리는 꼭 필요한 것이었소. 왜냐하면 이제 그 모든 건 지나간 일이니까. 지금 나는 당신에게 솔직하고 싶어요. 내가 당신을 찾아온 것도 바로 당신에게 공개적인 협조를, 진정한 공동 작업을 제안하기 위함이었소." 그러면서 들어 봐요, 라고 그가 말했는데, 그의 말은 마치 그렇게 나의 말을 앞지름으로써 저와 내 생각이 별개의 것임을 두드러지게 하려는 것 같았다. "내 말에 대답하지 말고, 기다려요. 난 당신이 필요해요. 자, 이게 진실이오. 언젠가는 당신에게 그간 실행된 모든 걸 설명해 주리다. 일군의 집단들이 언제부터 작업 중이며 그들이 어떤 형태하에 움직이는지, 또 우리가 어떤 전망들을 갖고 있는지 말이오. 당신은, 아니 그 누구도, 산이 어느 정도까지 굴착되었는지 짐작하지 못해요. 나 자신도 그렇소. 나는 그저 사슬의 한 고리, 그러니까 천 개의 사슬들이 비밀스럽게 서로를 찾고 또 접합하여 다른 모든 사슬들을 없앨 수 있을 하나의 힘을 형성한다 할 때, 그 유일한 사슬의 어느 한 고리에 지나지 않으니까요."

"어째서 당신에게 내가 필요하다는 겁니까?"

"내게 당신이 필요한 건……" 그가 별안간 당황한 표정이 되어 되풀이했다. "그 이유는 아마 이렇게 말할 수 있을 거요. 우린 전 계층에 지원책과 중개인 들을 보유하고 있어요. 그 잘난 당신 행정 조직의 위에서 아래까지, 전 단계에 걸쳐서 그렇소. 하지만 내겐 중개인이 한 명 더 필요해요. 더욱이 당신은 몸이 아픈 데다, 움직일 수도 없죠."

"볼모란 겁니까?"

"그렇소." 그가 갑자기 고양되면서 말했다. "아마도 볼모이겠군요. 나는 당신을 놓아주고 싶지 않고, 당신을 이 방 안에 두고 종종 몸소 들르고 싶군요. 오! 경솔하게 말하는 게 아니라오, 난 오랫동안 당신을 지켜봐 왔으니까. 내 서랍 속엔 당신에 관한 서류들이 잔뜩 있소. 당신은 법의 적은 아니지만 그럼에도 그것을 떠나고 싶어하고, 그건 지극히 중요한 점이오. 당신의 사직은 그 자체로는 내 관심을 끌지 않아요. 자신이 섬기는 바를 배반하는 공무원들이라면 내가 알고 있는 자만도 수백 명은 될 터요. 그런데 바로 그 부분에서 당신은 배반을 하고 있지 않소. 당신은 법에 매여 있고, 그리고 더 이상 그것을 섬기지 않는 거죠. 내가 당신을 바라본다, 그러면 난 당신 얼굴에서 내가 몹시 싫어하는 모든 것을 다시 발견하게 되오. 호의, 그런가 하면 가장 모욕적인 빈정거림이 혼재하는 포용의 정신 하며, 하다못해 그 시선마저도 그렇소. 상냥하면서 초연하고, 거의 죽어 있는, 당신을 보기 위해서 내가 당신으로부터 빌려오는 바로 그 시선이잖소. 그 모든 게 얼마나 공격적인가 이 말이오! 하지만 당신은 어느 누구도 공격하지 않죠. 반대로, 나는 그토록 오랜 시간 내게 상처를 입혔던 바를 관조하면서 일종의 쾌감을, 평화의 감정을 느끼게 되는구려. 이제 난 당신을 볼 때 상처받는다는 게 불가능해요. 당신은 나를 밝혀 주지, 불태우지 않소. 당신은 정녕 내가 찾는 자요."

몇 초 정도 되었을까, 그는 나를 탐욕스럽게 바라보더니, 내가 영

대답이 없자 침대 위로 뛰어들어 반은 무릎을 꿇고 반은 앉은 자세로 한쪽 무릎과 장화를 내 얼굴에 바싹 올려 붙였다. 내게 충격을 준 사실은 거의 제정신이 아닌 것으로 비치는 그의 열광이, 마치 이 붕괴의 밑바닥에서 그가 제시한 현기증 나는 상승에 내가 마땅히 참여라도 해야 했다는 듯이, 그리고 그 자신의 말을 따르자면 도약과 성공, 화해의 내용으로 이루어진 그의 꿈을 난 오직 그의 몸무게에 맞먹는, 날 마비시키는 이 숨 막히는 부피감으로만 알아야 한다는 듯이, 내 안의 그 크나큰 피로와 한데 이어져 있었다는 점이었다. 게다가 그의 공손함은 지나칠 정도여서, 그는 무의식적으로 자기를 낮췄으며, 짐승이 두들겨 맞고 나서 보이는, 아니 심지어 두들겨 맞지 않았는데도 보이는 비굴과 복종을 지닌 채로 스스로가 당당하다고 믿었다. 그는 심하게 얻어터진 말의 가죽에 지나지 않았다. 나는 몸을 뒤로 뺐다. 그리고 그렇게 움직이다 말고 그가 자고 있는 것을 발견했다. 해서 내가 팔을 거두자 그는 점점 더 앞으로 기울어졌다. 그의 가죽 재킷 새로 내게 이 집의 냄새 전체를 환기시키는 악취가 풍겨 나왔다. 북스는 몹시 지쳐 보였다. 나는 지나치게 느린 동시에 지나치게 신속하다는, 그가 경계해 마지않던 그의 혈행에 대해 생각했다. 북스의 말을 따르면 자신의 주인인 그것이 지금 순간 단숨에 그를 제압해 버린 참이었다. 그의 수면이라니, 얼마나 이상한 일인가! 그것이 나 자신에게도 휴식을 주었는바, 그건 방의 잠이면서 이 집 전체의 잠, 그리고 나 자신의 잠이었다. 몇 시쯤 되었을까? 갑자기 그가 다시 일어나더니 나를 쳐다보며 몸을 세웠다. 그리고 음울한 목소리로 말했다. "몹시 지치는군." 북스는 자리에 선 채 졸린 표정으로 창 쪽을 바라보았다. "가서 커피를 마셔야겠소." 여전히 무기력하게 꼼짝도

242

하지 않았지만, 그래도 차츰 정신이 드는 모양이었다. 그가 뭔가에 귀를 기울이는 모습이 눈에 들어왔다. "들려요?"라고 그가 물었다. 과연 웬 억눌린 비명 같은 것, 좀처럼 시원하게 터져 나오지 못하는 거센 기침이라 할 소리가 들려오고 있었다.

"당신 친구예요. 그가 저러는 걸 조금 전에도 이미 들었죠."

그는 한 차례 더 귀를 기울이더니 기분이 상한 듯 언짢은 기색을 했다.

"입을 다물게 해야겠소. 꼭 개처럼 신음하는군."

그가 여러 번 짧고 빠르고 불규칙하게 칸막이 벽을 두드리자 신음 소리는 이내 멎었고, 그런 다음 나는 물었다. "저 사람은 무슨 병입니까?" 북스는 어깨를 으쓱하더니 방 한가운데로 되돌아왔다. "그런데 당신은 이 병자들 모두를 데리고 뭘 할 건가요? 당신은 그저 벽을 두드려서 병자들을 입 다물게 하는 걸로 만족할 사람은 아닐 테니까요. 그리고 당신 자신도, 사람들이 당신을 여기 유폐하고 보건진료소를 닫아 버린다면 어쩔 거예요?"

"여기, 보건진료소를? 어째서 이걸 닫아 버린다는 거요?"

"경찰이 당신을 염탐하고 있습니다. 당신도 그 사실을 잘 알고 있고요."

"경찰? 왜 경찰이 온다는 거요? 무엇보다도, 경찰이 어디 있소? 그들은 여기 올 의향이 없어요, 내 맹세하리다. 심지어 그들은 근처 지역을 돌아다니고 있지도 않아요. 오늘은 경찰의 날이 아니라오."

"조만간 올 겁니다. 그들은 항상 와요. 그러니까 당신은 아무 눈치도 못 채고 있는 거잖아요! 그들은 당신보다 상황을 더 잘 알고 있어요.

그리고 그 상황이 그들을 두렵게 하지도 않고요."

"물론, 그들은 상황을 알고 있소. 통계자료들이 말해 주잖소. 병이 스스로를 드러내는 순간이 온 거요. 오늘은 통제위원회가 우리에게 4개의 새 센터를 열 재원을 공급하는가 하면, 또 모르지, 내일이 되면 거리마다 의무대를 설치해야 할지. 그러나 괜한 농간은 더 이상 어느 누구의 관심도 끌지 않소."

"무슨 말이죠? 그만둬요…… 아니 그리고 당신이 여기 있다니! 당신 안에는 뭔가 광기 어린 것이 들어 있어요, 북스. 그런데 그들이 당신이 마음대로 행동하도록 내버려 둔다면 그건 더욱더 심각한 일이라고요! 그러니까, 만약 그들이 당신을 지지한다면 그건 순전히 당신을 파멸시키기 위해서라는 사실을, 당신은 이해하지 못하고 있군요. 그들의 원조는 당신을 파괴할 거예요. 게다가 그들은 당신을 돕고 있는 것도 아녜요. 그건 그저 겉모습에 불과하죠. 당신 측이 사용할 수 있는 수단은 어떤 것들입니까? 어떤 조치들을 취할 수 있다는 거죠? 당신들은 휩쓸려 버릴 거고 휘날려 갈 거예요. 그들은 그 점을 알고 있어요. 당신들은 파멸할 거고, 우리는 모두 끝장나고 말 겁니다. 당신은 날 가지고 뭘 어쩌려는 거예요?"

"여길 떠나고 싶소?"

"사람들이 내게 차를 보내도록 되어 있어요. 소식, 알고 있어요?"

"이 집에 남아 있다는 건 물론 매력적인 전망은 아닐 테죠."

"당신 말은 불쾌하군요. 나는 그 결정에 책임이 없어요. 만약 명령에 의해 여기서 나가야 한다면 그에 따르는 수밖에 없습니다."

"당신 좋을 대로 해요." 그는 서류들을 집어 올려 무심한, 거의 거만

한 표정으로 쳐다보았다. "당연하게도, 당신의 출발은 의무사항이로군요. 당신 가족들은 당신이 떠나도록 하려고 대단한 집착을 보이는구려, 의심의 여지 없이!"

"어째서 그런 말을 해요? 뭔가 짚어 낸 바라도 있다는 겁니까? 당신은 그와 다른 명령을 받았었나요?" 북스는 여전히 서류들을 쥐고 그것들을 응시하고 있었으나, 그가 그것들을 읽고 있지 않다는 점은 역력했다. "이봐요, 인심 좀 써요. 어째서 내가 떠나는 걸 여기서 원치 않았다는 사실을 내가 굳이 깨닫도록 한 거예요? 당신은 그걸 어떻게 알고요?"

"전혀. 난 아무것도 몰라요."

"꺼져요!" 나는 구석으로 몸을 더 깊이 파묻으며 말했다.

그가 약간 다가왔다.

"만약 당신이 여기 남길 원한다면, 아주 쉽소. 당신이…… 병자이며, 전염병에 걸렸다는 사실을 확인하는 증명서에 내가 서명을 하면 끝이오. 그 순간부터는 아무도 당신을 바깥으로 내보낼 권리를 갖지 못하게 되죠. 설사 최고 권력층이라 하더라도 말이오."

"하지만 그건 권력 남용이에요. 그게 아니라면…… 내게 진실을 말해요! 나는 당신에게 진실을 말할 것을 명령합니다. 당신은 내게 비인간적인 방식으로 행동하고 있고, 당신의 신중함은 역겨워요."

"난 당신을 억지로 붙잡지 않소. 당신의 동의하에만 서명할 겁니다."

우리는 침묵을 지켰다. 칸막이 벽 뒤에서 도르트가 다시 기침을 하기 시작했는데, 그건 그야말로 역겨운 기침, 더러운 기침, 저 _스스로를_

짓누르는 기침이었다.

"저 병의 증세들로는 어떤 것들이 있죠?" 그는 모른다는 시늉을 했고 그것이 의미하는 바는 이랬다. 당신 자신이 이미 말했다시피, 난 진짜 의사가 아니오. 하지만 그 몸짓은 어쩌면 또다시 이런 것도 의미하고 있었다. 무엇보다도, 증세들에 대해 염려하기 시작하면 안 돼요. 당신은 그에 관해 충분히 알고 있고, 우리 역시 그에 관해 모두 충분히 알고 있소. "이걸 봐요", 라고 나는 말했다.

이제 살갗은 살짝 진홍색의 양상을 띤 것이, 혐오스러운 동시에 매력적이었다. 그의 두 손이 내 갈비뼈를 타고 간호사나 할 수 있는 더할 나위 없이 숙련된 방식으로 내려왔다. 그가 말짱해 보이던 내 넓적다리를 건드리자 돌연 몹시 아팠다.

나는 귀가 윙윙거리는 것을 느끼며 낮게 말했다. "경찰이에요! 그들이 오늘 아침 나를 두들겨 팼죠."

그는 오랫동안 내 얼굴을 들여다보더니 이윽고 내 뺨을 여러 차례 짧고 세차게 때렸다. "기절하지 말아요. 당신이 습포로 찜질을 받을 수 있도록 해두겠소. 이건 뭐죠?" 자리에서 다시 일어서다 말고 내가 손에 꽉 쥐고 있던 종잇장을 발견한 것이다. "이리 내놔 봐요!" 그는 내 허를 찔러 종이를 빼앗으려고 했다. 나는 그를 밀어내면서 말했다. "이거 왜 이래요!" 그런 다음 이불 밑에서 새로이 그것을 읽어 내렸다.

"이게 뭔지 알아요? 내 계부가 나를 안심시키려고 꾸며 낸 농담이죠. 전염병은 없고 나는 아무런 위험도 겪고 있지 않다는 걸 확인하는 선언 문서란 말입니다!"

"그게 당신 계부가 쓴 거라고?" 그는 서류를 손에 넣기 위해 나를 밀쳤다. 나는 그를 때렸다.

　　나는 퉁명스럽게 말했다. "당신, 지나치게 나가는데요. 게다가 내가 당신에게 읽어 준 구절인 '나는~ 확언합니다' 그 이상의 내용은 전혀 없다고요."

　　"그의 필체를 보고 싶소."

　　"그냥 별다를 것 없는 필체예요. 모든 사람이 사용하는 글씨체처럼, 내 것처럼." 나는 멀찍이 떨어져서 그걸 그에게 보여 주었다. "내가 이 종이를 왜 간직하고 있는지 알아요? 아마 당신은 비웃을 겁니다. 이건 부적이에요!"

　　"부적이라고! 당신 자신을 전염병으로부터 보호하기 위해서?"

　　나는 말했다. "당신이 의사고, 뭔지도 모를 얘기를 들려주며 나를 치료하고자 한다고 칩시다. 또, 그런 한편 당신은 실제로 불법적인 행위를 추구하고 있고, 나를 수중에 넣고자 하며, 이 나라는 어딘가 삐걱거리고, 병이 당신의 공모자가 되어 주고 있다고 칩시다. 당신이 괴짜에다 두 얼굴을 가진 존재라고 치자고요. 만약 당신이 국가에 대항하여 성공을 거두길 바란다면, 당신은 사실 병자가 아닐까요? 그리고 만약 당신이 병자라면, 당신이 실행하겠다고 주장하는 모든 것은 한낱 안개에 불과하지 않을까요? 당신의 침체를 의미하는 기호인 그 안개 말이에요. 그런데, 만약 당신이 정말로 정상이 아니라면, 다시 말해 국가에 이질적인 자라면, 그렇다면 국가란 그 자체가 미끼이자 허위와 기만의 구축물에 불과하고, 당신은 옳아요. 당신은 가장 정당한 것을 위해 싸우는 겁니다. 억압된, 그리고 불행한 진실을 위해서요. 하지만, 당신이 옳다 하더라도 어쨌거나 당신은 국가의 도구이자 그것의 헌신적인 종에 지나지 않아요. 비록 그 사실을 부인하더라도, 법의 명령에 의해 스스로 그 부인否認을 고통으로 겪음으로써 법이 살고 승리하도록 하는 종 말입니다. 그리고 만약 당신이 그런 종이라면, 그렇다면 당신은 또한 나의 종이기도 합니다. 당신은 나를 섬기고 보살피죠. 당신이 진짜 의사인지, 위임장 없는 의사인지, 아니면 내 주변에서 자기 꿈에 이용할 담보물을 찾고 있는 정신 나간 작자인지는 중요하지 않아요. 나는 못 하나에 매달려 있으며, 그 못이 진실입니다. 이제 난 내 목을 조를 거고, 아무도 날 못에서 벗겨 내려놓지 못할 거예요. 당신도, 다른 이도. 이 종이가 내게 환기시키는 바는 바로 그겁니다."

"당신은 정말로 나를 편집광 취급하는 건가요?"

"나는 못을 뽑아낸다는 희망 속에 몸을 이리저리 흔들고 있고, 그게 답니다. 저 사람 소리 들려요?" 나는 북스에게 칸막이 벽을 가리키며 말했다. "저런 유의 기침은 들어 본 적이 없군요. 마치 병자가 아니라 병이 저 스스로를 터트려 뱉으려는 것처럼 이리저리 갈라지고, 꼭 가짜 같고, 또 병적인 기침이에요."

그는 벽 앞을 유심히 바라보고 있었다. "나는 저 사람을 20년 전부터 알았다오. 저보다 나은 친구는 없었소. 그런데 지금은 뭐요? 침대 위에 누운 고깃덩어리일 뿐이니!"

"만약 내가 여기 남으면, 그다음에 내겐 어떤 일이 벌어지게 됩니까?"

"걱정하지 말아요. 내가 이따금 당신을 보러 올 테니. 모든 게 잘될 거요." 그가 잠깐 망설이다 덧붙였다. "지금으로서는, 내가 당신에게 부탁할 일은 단 한 가지요. 글을 쓰고 싶을 때, 써요. 뭐가 됐든, 당신 머릿

속에 지나가는 모든 걸 쓰시오. 심지어 그게 아무것도 아니라 해도."

나는 그를 바라보았다.

"나를 믿지 말아요, 북스. 부탁이니, 나를 믿지 말라고요."

그는 내게 우정 어린 인사를 건넨 뒤 문을 닫았다.

"자려고 노력해 봐요. 이따 간호사가 올 겁니다."

7

내게는 손에 땀 흐르는 느낌이 드는데 막상 피부 표면은 습기가 거의 없고 심지어 차갑기까지 한 현상이 생겨났다. 빛이 작열하고 있는데도 말이다. 자리에서 일어나 침대 끝에 걸터앉았다. 한쪽 다리를 펴면 아팠다. 다리를 반쯤 구부리면 종기 난 부위가 약간 땅겼고 이따금 격통이 일기도 했다. 부종은 약간 가라앉은 듯 보였다. 샌들을 그러모았다. 해는 마룻바닥의 여섯 번째 홈에 닿아 있었다. 벽 치는 소리가 계속되었다. 세 번, 이어 또 세 번. 그리고 한 번, 이어 다섯 번. 짐승 한 마리가 반대편에서 조용히 긁어서, 혹은 석고 속에서 가볍게 쏠아서 냈다고 하면 될 소리였다. 다섯 번, 이어 두 번. 그리고 한 번, 이어 다섯 번. 저건 뭐가 됐든 대수롭지 않은 것이리라. 가령 죽어 가고 있는 한 마리 파리라든가. 하지만 파리들은 빙빙 돌거나 저희끼리 들러붙고 있었고, 또 아주 작아서 파리라기보다는 햇빛 속에 반죽을 이뤄 떠다니는 작은 날벌레들에 가까웠다. 여기선 저런 것들을 쫓아 버리라고 권하렷다. 해서 나는 샌들 한 짝으로 거칠게 벽을 내려쳤다. 벽이 이내 대답했다. 한 번, 한 번. 또 한 번, 한 번. *아, 아!* 그가 제 라이터 모서리로 벽을 치고 있다는 사실을 나는 알고 있었다. *아, 아!* 그는 그게 재미있다고 생각한 참이었고, 벽은 웃고 있었다. 조금 전, 벽은 이렇게 말했었다. **나는 일어나요.** 나는 막대기를 집어 살살 두드렸다. 내 면전에 글자판이 나타나며 대문자들로 구성된 다섯 행이 보였다. 그 행들은, 마치 내 종기가 신경질을 부리듯, 내 머릿속에서 가볍게 타는 듯한 소리를 냈다. 게다가 내게 내 다리보다 더 잘 감지되는 건 그 벽 자체였고, 아니 그 벽뿐만 아니라 칸막이 벽들 전체가, 각각의 물건들, 마룻바닥의 나뭇조각 하나하나가 내겐 다 그랬고, 그가 몇 시간이건, 낮이건 밤이건, 끊임없이, 그 자신을 삐걱거리고 걸어다니고 날아다니는 모든 것과 혼동하게끔 만드는 비밀스러운 신중함을 보이며 벽을 두드려 댄 끝에, 이제 와선 어느 것 하나 이미 말소리가 아닌 소리, 이미 말소리가 아닌 침묵은 없게 되어 버렸다. 빛은 제 일곱 번째 홈에 도달해 있었고, 내가 다시 몸을 펴자 통증도 덩달아 은밀하게, 또 일부러 발작적으로 내 넓적다리 안쪽을 때리기 시작했다. 느리게 네 번, 이어 아주 짧게 한 번. 다시 느리게 한 번, 이어 빠르게 다섯 번. P. E., 아마도 페스트겠지. 피부 주위 전체가 자갈보다 더 딱딱하게, 그야말로 감각처럼 변했고, 그것의 무감각이야말로 가장 큰 고통이었다. 그 부분에서 병의 악덕은 착각을 일으킬 만큼 붕대와 흡사해서, 상태가 악화될수록 사람은 병이 나았다고 믿게 되기 마련이었으며, 그래서 그와 정반대의 설명 역시 가능한바, 병은 무감각해질수록 점점 더 큰 고통을 느끼게 했다. 둘 중 뭐가 됐든, 지금으로서는 열이 그것을 불태우고 있었다. 나는 다시 일어섰다. 지난밤에 블라인드가 떨어져 버려

해가 창문을 덮고 방 전체를 차지하고 있었다. 거기엔 뭔가 더 이상 참을 수 없는 것이 있었다. 그게 열기였을까? 그랬다. 열기가 그랬고, 뿐만 아니라 저 빛도 마찬가지였다. 그것은 물의 혼미와 인내를 지니고 있어서, 열림의 여지를 주기 무섭게 흘러들었고 열지 않았어도 스며들었다. 몇 시간, 며칠, 몇 세기에 걸쳐 퍼져 나가는 그 빛은 물에 속한 것이었다. *뭘 하고 있소?* 벽이 물었다. 나는 가까이 다가가 그 벽을 쳐다본 후, 손가락으로 얼룩의 가장자리를 따라갔다. 이제 얼룩은 위쪽을 향해 확장되면서 좀 더 눈에 띄게 된 듯했다. 그리고 무엇보다도 전보다 더 축축하고 기름지게 변해 있었다. *얼룩을 보고 있죠*, 라고 나는 가볍게 두드렸다. 나는 그가 어떤 모습일지 짐작했는데, 필시 칸막이 벽에 바짝 웅크리고 머리를 갖다 붙인 채, 그래서 마치 거기서 서식이라도 하는 것처럼 보일 정도가 된 채, 염탐하고 있을 것이었다. *그래 어떻소?* —— *더 커졌군요.* 즉시, 벽이 쾌활하게 웃었다. *아, 아! 아, 아.* 두 번의 짧고 둔탁한 소리가 몇 초간 되풀이되었다. 나는 침대에 몸을 던졌다. 멀리서 물이 내는 소리가 울려 퍼지고 있었다. 물 소리, 볼과 컵받침 들이 내는 소리, 간혹 들려오는 외마디 비명과 함께 종일토록 침묵이 이어졌다. 나는 이불로 몸을 감싸고 그 칸막이 벽을 들여다보았다. 결국에 가서는 그 벽에서 일련의 단어들을, 마치 벽 위에 그것들이 덕지덕지 붙여져 있기라도 하듯, 거의 읽을 수 있는 형태로 볼 수 있게 되었다. *본 건물들을 통틀어, 열이 나고 신체 어느 부위에서든 반점이나 부종을 보이는 자가 발견될 경우*…… 구절은 갑자기 꺼졌고, 경계하라는 신호가 건너왔다. 나는 내가 저 습관적인 벽 두드리는 소리를 단박에 읽어 냈다는 사실을 깨달았다. 간호사의 발소리가 계단을 타고 올라오고 있었다. 누구 것인지 알아차리기 쉬운, 언제나 똑같이 오른쪽, 왼쪽, 왼쪽, 오른쪽으로 리듬 없이 공평하게 바닥을 누르는, 하지만 너무 무겁고 불편하게 들리는 그 소리는 필시 지나치게 큰 신발로부터 나오는 것이 분명했다. "왜 여태까지 일어나지 않은 거예요?" "다리가 무척 아파서요." 간호사가 부종 위로 몸을 숙였다. 그녀의 가운은 뻣뻣했다. 흡사 그녀 자신의 뻣뻣함으로 풀을 먹인 것 같았다. 간호사는 만능 열쇠로 창문을 열어 블라인드를 제자리에 다시 단 후, 위쪽 여닫이 창으로 공기가 약간 들어오도록 했다. "그렇다고 그것 때문에 바깥에 나가지 않으면 안 돼요. 그 반대죠"라고 그녀는 말했다. 벽이 즉시 다시 수작을 부리기 시작했다. *금시초문인걸?* 나는 머리를 감싸고 벽에다 *조용히, 조용히,* 라고 두드렸지만, 내 손이 잠깐 멈추기 무섭게 벽 치는 소리들은 다시 울려왔고, 그 소리들이 어찌나 민첩하고 희미하면서도 집요했는지, 내가 벽을 두드릴 때조차 그 배후에서 그것들을 분간해 들을 수 있었다. *산책*, 이라고 나는 말했다. 그러자 벽이 말투를 바꾸더니, *바라봐, 바라봐*, 라는 말을 되풀이했다. 그는 그 말을 아마 열 번쯤은 반복했고, 한 번 말할 때마다 한 쉰 번쯤 벽을 때렸다.

북스가 미처 예견하지 못했던 점은, 내가 글을 쓸 필요가 없었다는 사실이었다. 사건들은 스스로 기록되고 기술되었으며, 내가 거기 있다는 그 사실 하나만으로도 하나의 이야기를 형성했다. 하여 모든 것은 그토록 명료하고 신속했거나, 또는 그와 반대로 대단히 느렸다. 매 순간 끝이 도래했고, 그러나 그와 동시에 끝은 오래전부터 이미 와 있었다. 나는 창가로 갔다. 뭐가 보이려나? 아무것도. 집들이 솟아 있는 자리엔 아마도 한 무더기의 어둠이나 발견될 터였다. 불 켜진 창은 하나도 없었다. 다시 침대로 돌아왔지만, 침대는 나를 밀쳐 냈다. 마룻바닥에 누웠다. 이 거리가 똑똑히 눈에 들어왔다. 열 채, 스무 채 정도 될 건물들이 폐쇄되어 있었는데, 몇몇은 재앙이 이미 그 안에 들이닥쳐서, 다른 것들은 재앙이 제 안에 들어오지 못하게 하려는 것이었다. 그리고 늘 그렇듯 행인들과 늘어선 집들, 보도들이 보였다. 심지어 나는 창가 여럿에서 꽃을 발견하기까지 했다. 사람들이 계속 마주 지나갔고, 그들은 서로를 보지 않은 채, 그러면서도 모든 걸 보면서 걷고 있었다. 조금이라도 의심스러운 징후, 가령 붕대 감은 다리나 완장 같은 것이 보이면, 그들은 멀찌감치 비켜섰다. 마루 널빤지 위에서 계속 그러고 있을 수는 없었다. 하지만 걸으면 그에게 내 소리가 들릴 게 뻔했다. 어둑할 무렵엔 가구들 주위를 열 번 도는 걸로 현기증을 느끼는 데에 충분했지만, 낮에는 마흔 번, 쉰 번을 도는 것도 모자라 현기증에 관해 생각을 기울이기까지 해야 했다. 나는 선잠을 자보려 했다. 반수 상태를 비집고 그가 쥐처럼 벽을 긁는 소리가 줄곧 나를 괴롭혔다. 사실을 말하면 이제 그것은 더 이상 두드리는 소리가 아니라 문지르는 소리, 날개 치는 소리였다. 밤이 되면 그는 지쳐 떨어진 끝에 그저 주먹을 벽에 대고 스치는 정도로 만족하곤 했다. *뭐라고요?* 라고 나는 물었다. *당신이 들었다고요?* 그가 뭘 들을 수 있었다는 건가? 이 건물 안의 열병 환자들이 내는 소리? 그들은 헛소리를 하며 비명을 지르곤 했다. 몸에 상처가 생긴 자들은 붕대를 감는 시간에, 다시 말해 아홉 시와 다섯 시 무렵에 비명을 질러댔다. 하지만 그의 말로는 거의 매일 밤마다 인근 지역에서 고함소리들이, 저 무시무시한 비명들이 들려온다는 거였다. 사흘 전 산책 중에 우리는 출입이 금지된 어느 건물 앞을 지나갔는데, 그 집의 창 하나가 열려 있었고 그리로 웬 여자 하나가 세 번을 이렇게 외쳤었다. "죽어." 작은 집이었고, 아마도 그곳에 다른 세입자는 없었을 것이다. 여자의 어조는 내게 그 말만큼이나 놀랍게 여겨졌었는데, 그것은 욕설도 증오도 아닌, 마치 그 여자 스스로가 자신을 죽음에 초대한 것이기라도 하듯 그저 생기 없고 체념적이며 단순한 목소리에 지나지 않았기 때문이었다. *죽어, 죽어, 죽어*, 벽은 이제 예의 은밀하고 무미건조한 말투로 그 고함을 반복하고 있었다. 그것이 계속되다 다시 다른 막대기 치는 소리가 이어졌고, 그다음 그는 잠잠해졌다. 나는 소리들을 헤아려 보려 했다. 하지만 건물 안에서는 아무 소리도 나지 않았다. 기침 소리도, 문 소리도, 물 소리도 없었다. 침묵, 꼭 기차가 모든 걸 굉음 속에 묻어 들리지 않게 만들 때와 흡사한 침묵이었지만, 그러나 이곳에서 굉음이란 찾아보려야 찾을 수 없는 것 아니던가. 게다가 바깥에서는 더욱더 광막하고 더욱더 간파하기 어려운 침묵만이 다가오고 있을 뿐이었다. 나는 가장 가까운 길이 어디로 지나가는지 떠올려 보았다. 머리 뒤쪽이었다. 오른쪽으로는 나대지들이, 왼쪽으로는 길과 광장, 그리고 그에 이어 대로가 있다. 멀리서, 아마도 트럭들이 지나가는 듯한 소리가 희미하게 났다. 다시 몸을 일으키자 그가 재차 벽을 두드려 대기 시작했다. *구덩이. — 뭐라고요? — 거기서 작업 중이오. — 입 다물어요*. 일은 걸핏하면 그가 토목공사 하는 소리가 들린다고 주장했던 저 나대지 인근에서 벌어지고 있는 게 틀림없었지만, 나로서는 여전히 똑같은 침묵의 바탕만이 감지될 뿐이었다. 요컨대, 아무것도 아닌, 아마 가볍게 발로 다지는 정도의 기척이었다. 그가 들었다는 건 필경 차들이 지나가는 소리였을 것이다. 의심할 여지 없이 멀리서 트럭들이, 육중한 트럭들 또는 길게 열 지은 트럭들이 굴러가고 있었다. 소리는 연속되지 않는 채로 가까이 다가왔다, 멀어졌다, 사라지곤 했다. 이따금 다른 차들이 쏜살같이 앞으로 달리는 가운데 차 한 대가 멈췄다, 다시 출발했다, 또다시 멈춰 서는 것 같기도 했다. 꼭 쓰레기 수거 트럭 같았다. 순간, 건물의 문들이 열리는 듯한 느낌이 들었다. 내 머리 위쪽에서, 누군가가 침대에서 뛰어내렸다. 병자들이 다시 기침하거나 신음하기 시작했다. 그리고 지금은, 이건 분명한 사실이었는데, 트럭 한 대가 거리로 들어와 있었고, 그것이 내는 굉음이 가까이 다가오며 우리 건물의 벽들을 울리다 별안간 뚝 그쳤다. 창으로는 아무것도 보이지 않았고, 현관문이 열리는 일도 없었다. 미끄러지는 소리, 발자국 소리가 들렸는데, 길 쪽에서 사람들이 조심스럽게 작업을 하며 물건들을 미끄러뜨려 옮기고 있었다. 나는 더 이상 아무 소리도 듣고 싶지 않아 걸상에 걸터앉았다. 그리고 실제로 이내 침묵이 되찾아들긴 했지만, 그러기 무섭게 그것은 사방으로 퍼지며 도시 전체를 덮어 버리는 무시무시한 소음에 또다시 굴복하고 말았다. 나는 그 소음이 우리를 엄습해 오는 것을 듣고 있었다. 소음은 나를 에워쌌고, 나를 쳤으며, 나는 그게 비이며 폭풍우라는 사실을 분명 알고 있었음에도 그 소음이 어찌나 말이 많던지, 어찌나 많은 경고와 협박으로 차 있던지, 단 한 순간도 쉴 수 없었다. 그것은 나를 몰아세워 미칠 지경으로 만들었다. 내가 다시 자리에 누웠을 때는 이미 소리가 다시 잠잠해진 뒤였고, 비는 이제 조용히 내렸다. 도르트가 내게 호송차 소리를 들었느냐고 물어 왔다. *무슨 호송차요?* 그는 느리게 자기 질문을 되풀이하더니, 이윽고 입을 다물었다.

종기는 점점 더 뜨겁게 나를 태웠다. 그다음엔 점점 더 고약을 바른 듯한 외양을 띠며 무감각해져 갔다. 앞서 산책 도중엔, 한 남자가 내달리는 걸 보았었다. 그는 근처 길에서 나와 대로를 따라 가고 있었다. 담요 한 장을 두른 채였다. 아무도 그를 제지하려 하지 않았다. 대로 귀퉁이에서 그는 그만 넘어졌다. 행인 두세 명이 그를 도우려 했다. 그러나 그는 그들이 다가오도록 내버려 두었다, 고함을 지르며 그들에게 달려들었다. 북스가 남긴 종이 더미들을 바라보는 것만으로도 나는 병에 불이붙는 것 같았다. 종기 깊숙이 살아 있는 못 같은 것이 심겨 있어 읽고 있으면 그 못이 박혀 들었고, 그래도 읽기를 계속하면 그것은 아예 나사송곳이 되어 버렸다. 그럼에도 나는 꾹 참고 읽었다. 그것들은 끝나지 않는 페이지와 페이지들, 보고서들, 오만한 비상식의 무더기였다. 그는 어째서 내게 이 모든 설명들을 보낸 것일까? 내가 어떤 감정들을 느끼게 될지 파악하려고? 글 쓰는 훈련을 시키려고? 내가 더욱더 타들어 가게 하려고? 이런 일이 더 이상 오래 지속될 수 없다는 것을, 나는 감지하고 있었다. 만약 타는 듯한 느낌이 계속해서 나를 괴롭힌다면 나 역시 달려가야 하리라. 그러면 아무 데로나 가야지. 강에 몸을 던져 버리리라. 이 타는 듯한 느낌이 전신을 훑고 지나가 나는 손가락 끝에서도, 목에서도 그것을 발견할 수 있었고, 그것은 내 몸을 말라붙게 했지만, 그럼에도 그런 게 그것의 진짜 목적은 아니었다. 그것이 원하는 바란 바로 내두 눈에 도달하는 것, 내 시선에 닿고 내 시선을 너무나 쓰라리고 뜨겁게 만듦으로써 내가 더 이상 눈꺼풀을 내리깔 수도, 쳐들 수도 없도록하는 것이었다. 그리하여, 글을 읽고 있는 것은 이제 작열의 느낌 자체였다. 그것은 기호 하나 놓치는 법 없이, 희희낙락 주의를 기울이며, 초등학교 교사의 숙련된 인쇄체라 할 글씨를 통해 다음과 같은 북스의 말을 읽었다. "나는 모욕당한 인간이다. 이 말이 특정한 누군가가 나를 모욕했다는 뜻은 아니다. 아니다, 나는 모욕을 받았다. 누가 내게 상처를 주건 내게는 모든 이가 책임이며, 만약 내가 보복의 힘을 빌리게 된다면 그때 내가 그것을 행사할 대상은 필연코 그중 가장 큰 잘못을 저지른 자다. 나는 책임자를 찾는 게 아니다. 어떤 이들은 다른 이들보다 더 죄가 크지만, 그러나 모든 이가 각기 이루 말할 수 없이 죄인이니까. 제도들을, 인간들을, 법들을 구분하는 일이 중요하랴. 하나의 정부를 파괴하는 것은 공허하고 무의미한 행위다. 그러나 공적인 인간의 명예를 실추시키면 그로 말미암아 그는 영원히 나의 동맹자가 된다." 나는 어떤 의미에서 이 말들이 나 자신에 의해 쓰여졌다는 걸 알고 있었다. 나는 그것들을 읽었고, 그것들이 수치스러운 내용이라 판단했지만, 그러나 그것들을 이해했고, 그것들에 동의했다. 그가 나로 하여금 억지로 그것들을 읽도록 한 건 그런 이유에서였다. 어느 또 다른 페이지에는 통계자료들이 있었다. 신설된 센터가 네 곳, 새로 사람들이 비워진 건물들이 스물한 채, 출입이 금지된 곳들이 쉰일곱, 그중 발병이 의심되는 건들 때문에 그렇게 된 곳은 마흔셋, 거주자들이 감염자들과 접촉했기 때문에 그렇게 된 곳은 열넷. 이 수치들은 다 무엇 때문에? 내게 공포감을 주려고 넘겨준 것인가? 그것들을 반박의 여지가 없는 것으로 만들고, 내가 그것들을 유일하게 남은 권위로 받아들이도록 하려고? 나는 사람들이 무엇 때문에 나를 끌고 다니며 이 지치는 산책을 시키는 것인지도 알아차리고 있었다. 경비 및 행정명령에 의한 방벽들과 함께 폐쇄된 저 집들을 단단히 조여 묶을 사람이 나여야만 했던 것이다. 내게 이 지역 전체가 매 걸음마다 공기를 오염시키고 빛을 유린하는 저 더러운 화재를 겪은 것으로 비춰져야만 했던 것이다. 물론 길거리엔 아직 지나다니는 사람들이 있었지만, 그래도 그것은 사막이었다. 법으로 출입이 금지된 지대와 똑같이 텅 빈 공간, 지나가는 사람들이 더 이상 진짜 주민들의 현실감을 안겨 줄 수 없는 지역 말이다. 이 모든 것이…… 그러니까 내 시선이 그 모든 걸 합법적이라 인정하도록 하기 위함이었다. 전염병이 죽음의 조처들과 만사에 일어난 변화, 예컨대 지금 거리로 들어서는 행위는 곧 진흙탕 속으로, 불길한 물의 고독 속으로 들어서는 것과 다름없다는 사실을 공공연히 정당화하도록 하기 위함이었다. 나는 종이짝들을 던졌다. 마시고 싶었다, 아무 액체나. 하다못해 소독약이라도. 컵 역시, 다른 것과 마찬가지로, 기름진 얼룩이 묻어 있었다. 내 손가락들은 사방에 제 흔적을 남겼다. 침대 시트에도, 벽에도. 아마도 열일 터였지만, 내 몸으로부터 일종의 기름이 나오는 것 같았다. 다리를 살필 때면 거기다 손을 댈 엄두가 나지 않은 게, 내 다리는 흡사 돌덩어리 같았다. 또 피부는 구역질 나도록 창백해서, 마치 살을 변형시키기 위해 그 위에 어마어마한 압착을 가한 듯했다. 기이한 압착이기도 하지, 그것은 내게 무언가를 상기시켜 옛날로 이끌어 갔으며, 그래서 하나의 추억만큼이나, 과거 전체만큼이나 무거운 것이었다. 또, 이 바라본다는 행위도 그랬다. 내가 실감한바, 바라본다는 건 지나친 것이었다. 내 시선은 타는 뜨거움에 산酸을 끼얹어 그 뜨거움이 저 자신 속으로 되돌아가도록 만들었다. 어쩌면 이건 공기나 빛과의 접촉이었을까? 일찌감치 빛은 병을 눈으로 볼 수 있도록 만들어 놓았다. 고로 병을 앓는 걸로는 더 이상 충분하지 않았으니, 그에 더해 그것을 보아야만 했고, 병은 방 전체를 점령하고 나를 나의 바깥으로 끌어냈으며, 방 전체는 내게 고통을, 아니 고통 이상의 것, 뭔가 그보다 더 참을 수 없는, 나를 들어올리고 열광시키는 어떤 것을 주었다. *당신은 아픈가요?* 하지만 벽은 여전히 아무 대답이 없었다. 그저 무정형의 커다란 얼룩만이 도르트가 새긴 낙서 혹은 그의 존재 증명으로서, 그의 열과 발한이 행한 노동의 결과로서 저를 표명하고 있을 뿐이었다. 정말 그랬다. 얼룩은 더 커진 듯한 게, 점점이 확장되어 있었다. 달려가서 그 위로 손을 뻗쳐 재차 벽을 두드렸다. 나는 그가 자고 있지 않다는 걸 잘 알고 있었다. 멋대로 하라지. 나는 다시 걷기 시작했다. 어쩌면 방이 지나치게 텅 빈 것이거나, 벽이 지나치게 하얬다. 그리고 또 방은 지나칠 정도로 곧바로 바깥을 향해 나 있기도 했으니, 그게 내가 잠시도 가만 있을 수 없는 이유였다. 일전에 좀 쉬어 보려고 시선을 고정할 수 있을 판화 몇 점을 달라고 부탁했었는데, 북스가 주겠다고 한 건 기껏 자신의 모습이 들어 있는, 그와 도르트, 그리고 스무 명쯤 되는 사람들이 찍은 기이한 분위기의 사진 한 장이었다. 그 사진이 내게는 거의 코미디처럼 보였지만, 그럼에도 그것은 두려울 정도로 진짜였다. 거기서 내가 알아볼 수 있는 사람은 북스뿐이었다. 그는 그때에 비해 딱히 늙거나 변한 것 같지 않았으며, 또 바로 그 점 때문에, 그를 전혀 딴사람으로 보이게 하는 그 의복 속에서 내가 지금 알고 있는 인물과는 어떤 공통의 척도도 갖지 않은 채, 믿을 수 없이 환상적인 존재, 거의 영웅 같은 자가 되어 있었다. 바짝 붙어 두 줄로 늘어선 다른 사람들은 수감자나 병자, 혹은 같은 사무실에서 일하는 직원들처럼 보였는데, 하나같이 뭔가 음흉한 것을 속내에 지닌 듯한 맥없는 표정에다 매장된 자의 모습이었다. 아마도 왼편의, 북스 바로 뒤에 서 있는 사람이 도르트

일 것이다. *이봐요, 도르트?* 대체 이자가 뭘 하고 있는 거지? 그 방 쪽에
선 아무 소리도 들려오지 않았다. 그는 더 이상 기침을 하지 않았고, 이
따금 앓는 소리를 냈다. 이제는 차라리 그의 고함을, 아니면 그저 말소
리라도 듣는 편이 나을 것 같았다. 그의 방에서는 사람들이 대화하는 법
이 거의 없거나, 적어도 내 귀에 말소리가 들린 적이 없었으며, 그 방에
들른 간호사는 서둘러 나가곤 했다. 도르트에게 무슨 일이 생겼다는 생
각에 나는, 마치 이 건물 전체에서 그의 존재만이 유일하게 진짜였기라
도 한 듯이, 당황해서 어쩔 줄 몰랐다. 나는 도르트의 얼룩을, 그가 식별
가능한 기호들을 흩뿌려 놓은 그의 벽을 쳐다보았다. 그리고 종이들 틈
에서 길거리 사방에 나붙은, 그에게는 신도송信徒頌이나 다름 없는 벽보
들을 집어 그 벽에 대고 펼쳤다. *출입이 금지된 건물은 그 전체가 경비원
2, 3인의 감독하에 놓이며, 외부와의 소통은 이들 경비원들이 담당하도
록 한다. ── 의료 당국에 의해 의심스러운 사례가 확인된 건물은 그 전체
에 일주일 동안 출입을 금지한다. 병의 확산으로 실제 전염 사실이 발견
되는 경우, 건물은 즉각 비워진다. 퇴거 명령을 받은 건물에 주거한 적이
있으나 감염되지 않은 주민들은 일주일 동안 관할 센터의 관찰하에 놓인
다. ── 출입이 금지된 건물에는 허가받은 사람들만 접근할 수 있다. 해당
건물의 입주자들에게는 어떤 경우에도 외출이 허용되지 않는다. ── 새로
운 표결 안이 나오기 전까지 선행 법규들의 효력은 중지된다.* 아래층 복
도들에서 뛰는 소리가 났다. 나는 이상한 욕지기를 느꼈는데, 그것이 나
의 읽는 행위와 관련되어 있다는 점은 감지할 수 있었지만 대관절 어
떤 방식으로 그런 것인지는 이해가 가지 않았다. 창으로 갔지만, 그것
은 열 수 없도록 되어 있었다. 공기가 부족했다. 무릎을 꿇고 틈새를 통

해 바깥에서 들어오는 약간의 공기를 마셨다. 뜰 건너, 바로 맞은편으로 흰 덩어리를 이룬 침대 하나가 보였다. 침대는 아마도 비어 있는 듯했다. 그러나 잠시 후 그 창유리의 두께에 웬 그림자 하나가, 뭔가 두툼한 것이 다가와 겹쳐졌다. 나는 그것에 신호를 보냈다. 그림자는 움직이지 않았다. 키가 그토록 작은 걸로 보아 침대 위에 무릎을 꿇은 사람이거나, 어쩌면 아이일 수도 있겠지만, 그러나 그렇게 여기기엔 몸피가 널찍한 데다 기형에 가까웠다. 나는 창유리에 두껍게 발린 칠을 손으로 문질렀다. 그다음 종이 한 장을 쥐고 유리를 손톱으로 긁어낸 끝에 그것을 약간 투명하게 만드는 데 성공했다. 놈은 꼼짝하지 않았으나 분명 나를 봤고 또 관찰하고 있었다. 나는 손짓을 보내 그보고도 창유리를 문지르라고 부추겼다. 갑자기, 맞은편의 녀석이 놀라울 정도로 흥분하더니, 창 전체를 오가며 매우 빠른 속도로 몸을 세웠다 낮추기 시작했다. 그는 기다가 다시 몸을 일으키곤 했다. 놈의 그림자는 일순간 놀라운 방식으로 늘어나 십자형 창의 위쪽에 가 닿는가 하면, 다음 순간 다시 종전의 그 춤 비슷한 동작을 취했다. 이 광경은 나를 동요시켰다. 나는 무서워져서 침대로 뛰어들었다. 등 뒤에서 그 광경이 계속되고 있다는 느낌, 방금 본 것이 여전히 목격 가능하다는 점이 경련을 일으켜, 나는 바닥으로 떨어졌다. 하지만, 마음은 이내 다시 진정되었다. 마룻바닥에 누워 그것의 먼지 냄새를 맡을 수 있다는 사실이 묘하게 쾌적했기 때문이다. 나는 천천히 숨을 들이쉬었다. 조바심이 다시 한계에 달해 있었다. 기어서 창가로 가 보았다. 여기저기에 조명이 켜진 뒤였다. 필시 그 모든 방엔 보건진료소의 운영 부서들이 피신해 있을 터였고, 우리가 갇힌 구역은 이제 병자들만 받는 이상, 나는 건물 4층의 맨 끝에 위치한 방들 가운데에 북스가 살고 있다고 믿어 보려 했다. 맞은편 방은 여전히 어둠에 싸인 채였다. 나는 야등夜燈에 불이 들어올 때까지 계속 웅크리고 있었다.

약간의 물로 얼굴을 축이는 사이 북스에게 편지를 쓰려는 결심이 섰다. 하지만 조명이 하도 어두워 거의 글을 쓸 수가 없었다. 그 시간 내내 나는 이곳에서 겪는 내 존재의 굴욕적인 성격이 여타 모든 생존의 굴욕을 얼마나 많이 능가하는지 실감했으니, 이유인즉 나는 읽고, 쓰고, 생각해야만 했기 때문이었다. 나는 모든 것을 깨닫고 있었다. "당신의 문서들을 읽었습니다. 당신은 내게 충고를 요구하지 않았지만, 며칠 전부터 나는 당신에게 이런 말을 해주고 싶었습니다. 당신은, 지나치게 많이 씁니다. 당신은 글로 쓰인 것에 맹신을 품고 있어요. 지나칠 정도로 설명과 지시와 보고서 들에 신경을 씁니다. 게다가, 당신의 문구들에는 뭔가 정확성이 결여되어 있군요. 이것들은 무지한 모사본들이고, 지금 일어나고 있는 바에는 잘 적용되지 않는 옛 본보기들을 다시 살리려 드는 학습된 언어입니다. 그 결과 과거는 과연 되돌아오고 있는 듯 보이지만, 그러나 그건 사람들이 도모하는 모든 일을 헛되게 만드는 왜곡된 예언 같은 것이죠. 내 얘기를 하자면, 상황은 견딜 수 없게 되어 갑니다. 병이란 늘 서글픈 문제이긴 하죠. 그러나 이 정도로까지 실추시키는 성격을 지닐 때, 병은 아예 저 자체를 불가능한 것으로 만들고 맙니다. 내가 일어나고 있는 모든 일을 이해한다는 사실을 아마 당신은 잊었을 테지요. 내가 모든 걸 꿰뚫어본다는, 그 점을 잘 기억해 둬요. 그리고 그 때문에 난 더 이상 오래 버티지 못할 겁니다. 수치스럽군요. 이 방 안의 냄새는 대략 견딜 만해요. 그러나 복도로 와 봐요. 거긴 부패 그 자체로, 마치 모든 방에서 말[馬]들이 썩어 가는 것 같습니다. 이건 더 이상 공기가 아네요, 명예를 실추시키는 어떤 것일 뿐이지. 그리고 거리들이란, 부탁이에요, 내일 거기 나가는 일을 면해 줘요. 내 안색이 나쁘기 때문에, 또는 내게서 나쁜 냄새가 나기 때문에 멀찍이 비켜서는 사람들과 마주치는 일에 더 이상 나 자신을 노출시키고 싶지 않습니다. 길들 전체가 부패하고 있어요. 공포가 너무 큽니다. 그리고 당신네들은 아직도 어떤 도축업자들에게 그들의 짐승을 썰도록 허락하나요? 그건 미친 짓이에요. 이봐요, 진창 외에 더 이상 아무것도 아닌 불행한 이들을 모욕해선 안 돼요. 설령 그게 그들을 낫게 하려는 의도일지라도 말이죠. 당신에게 단언하는데, 모욕을 주면서 낫게 하는 건 역사에서 최악의 국면에 해당합니다. 사람이 모든 걸 이해할 경우, 나처럼요, 그건 지옥이에요." 자리에 누웠지만 나는 다시 불안에 사로잡힌 상태였다. 저 가련한 녀석이 껑충거리고 뛰었다 몸을 낮추곤 하는 모습이 보였다. 그는 셔츠 바람인 게 틀림없었다. 저자는 고통을 겪고 있나? 어째서 나를 보자 정신이 나갔던 걸까? 그게 아니면, 저건 한결 더 비천한, 말하자면 계산된 어떤 것일까? 나는 반쯤 조는 와중에 포 쏘는 소리를 똑똑히 들었다. 야등은 줄곧 타고 있었다. 포 소리는 멀리서 매우 은은하게 들려왔다. 그것은 저 나대지로부터 오는 것일 수도 있었다. 그러나, 훨씬 더 가까운 곳에서 갑자기 일제 사격이 벌어졌고, 그 소리가 어찌나 세찼던지 그에 의해 일대가 포위되는 것처럼 여겨졌을뿐더러 뒤쪽의 정면에서 벽에 바른 석회가 부슬부슬 떨어져 내리는 소리마저 들렸다고 믿길 지경이었다. 드디어 당국이 깨어났다는 게 내 생각이었다. 나는 일어나서 보러 가고, 고함을 지르고, 문에 몸을 부딪고 싶었지만, 자리에서 일어나지 않았다. 아침이 되자 다시 극도로 불안한 감정이 느껴졌다. 손과 웃옷의 냄새를 맡아 보았다. 눈앞에 작고 하얀 빛이 반짝이고 있었는데, 내 시선은 아마도 내가 잠에서 깬 이후로 줄곧 그것에 고정되어 있었던 듯했다. 이 빛은 벽에 얹혀 있었지만 얼룩과 같은 방식으로 그랬던 것은 아니고, 움직였을 뿐 아니라 칸막이 벽에서 떨어져 나와 공중에 제 형태를 드러내기까지 했다. 급기야 나는 근심을 느끼며 그것을 관찰하기에 이르렀다. 잠시 후, 옆방에서 웬 목소리가 들려왔다. 그러고 나서 누군가가 나갔다. 나는 입구로 달려가 틈새로 보려 하다 다시 자리에 누웠다. 차츰차츰, 그 하얀 반점의 위험성이 분명해졌다. 그것은 나로 하여금 이제 빛 속에 뭔가 날카로운 것이 있음을 느끼게 했다. 이제 그건 한 개의 이빨, 혹은 나를 분쇄해서 전날의 소동을 다시 환기하도록 하기에 충분한 기분 나쁜 동강이였다. 그 자국이 창 위에 바른 칠이 벗겨진 자리와 일치하며 그리로 해가 비쳐 드는 것임을 깨닫고 난 후에야 비로소 나는 무기력 상태에서 벗어났다. 벽이 나를 향해 웅얼거리는 것 같았다. *도르트?* 대답 대신 무한히 가벼운 어떤 소리가, 물방울이 한 점, 이어 또 한 점 떨어지는 소리가 났다. 당신 *아파요?* 당신 때문에 *겁*이 났다고요! 물소리는 더 이상 나지 않았다. 나는 그가 벽 속의 자기 자리로 되돌아왔다고 상상하고 있었다. *대답해요.* 마치 저수지 하나가 스스로 다 차기를 기다리고 있는 것만 같았다. 몇 시간을 기다려 딱 한 방울, 그토록 여러 날을 줄곧 침묵해서 저 두 방울이라니. 갑자기, 가볍게 벽 두드리는 소리가 약간 무질서하지만 그래도 분명하게 다시 들려왔다. *마비.* ― 저건 *북스* 예요? 하지만 다시 침묵이 떨어졌다. 우리 둘 모두, 간호사의 발소리를 듣고 있었다. 그녀는 커피가 든 큰 냄비와 물동이를 가지고 들어섰다. 그녀가 바깥으로부터 방 안으로 묻혀 들여온 냄새가 하도 깊고 역해서,

그 못지않게 나쁜 약품 맛이 나는 그 액체를 나보고 마시라는 건 당찮은 일이자 도전이었다. 간호사를 향해 마시지 않겠다는 시늉을 하자, 그녀는 내게서 볼을 거두기 위해 손을 내밀었고, 그러자 그녀의 두 손이 내 앞에 펼쳐졌고, 드러났다. 나는 그 손들의 크기와 거칢에 충격을 받았는데, 그것들은 마치 따로 노는 듯한 인상을 풍겼다. 이 손들은 대체 어떤 노동에 처넣어졌던 것인가? 그런 질문은 품지 않는 편이 나았다. 손들은 볼을 잡더니, 마치 이제까지는 보관함 속에 간직되다 특별히 밖으로 나와 앞으로 두 번 다시 볼 수 없을 외관 아래 스스로를 내보이려는 것이기라도 하듯, 내 눈앞에서 천천히 위로 향했다. 그제서야 나는 간호사가 거의 항상 장갑을 끼고 있었다는 사실을 깨달았다. 맨손의 그녀를 본 건 아마도 처음일 터였다. 간호사는 내게서 멀어져 위쪽 여닫이창을 열러 갔다. 등 뒤로 그녀가 내는 소리가 들릴 듯 말 듯 했다. "어째서 여기서는 날 치료해 주지 않는 겁니까? 다리에 열이 나는데." "습포를 해 줄 순 있어요." "그깟 습포 따윈 치워요. 난 아파요. 당신 아프다는 게 무슨 뜻인지 알는 들어요? 아프다고요! 그리고 계속 메스껍고요." 간호사가 내 얼굴에 크레오소트 냄새가 나는 물을 약간 적셔 주었을 것이다. 그녀는 침대를 정리했다. "당신은 어떻게 이런 냄새를 참고 견디죠?" 그러나 간호사는, 심지어 나를 바라보지조차 않은 채, 그 너그럽지도 엄격하지도 않은 특징 없는 얼굴로 물건들을 응시하며 계속 움직일 뿐이었고, 그 냉담한 표정 주변에는 곰팡내 또한 감돌고 있었다. "당신은 왜 이런 일을 해요? 어째서 도망치지 않나요?" 간호사는 어깨를 으쓱해 보였을 것이다. 그녀는 돌아서서 자신이 가져온 몇 안 되는 점심 식사용 식기들을 챙겼다. "여기에 커피를 두고 가지 말아요?" 나는 간호사를 쳐다본 후 두지 말라는 시늉을 했다가, 문이 닫히려는 순간 큰소리로 그녀를 불러 세웠다. "저쪽 맞은편 방에는 누가 삽니까?" "어디 말인가요?" "뜰 건너편이요." 나는 침대 위에 무릎을 꿇었다. 간호사는 창 쪽으로 가 꽤 오랫동안 지켜보았다. 그녀가 몸을 반쯤 숙인 게 보였는데, 그녀가 신은 큼직한 신발은 다리의 거의 중간께까지 올라왔다. 그것은 웨스트 지역의 탄광에서 일하는 남자들에게서 볼 수 있는 장화의 일종이었다. 그녀가 몸을 돌리며 말했다. "저건 개들을 위한 방이에요." "개들이라고요! 개들이 거기서 뭘 하죠? 정찰용인가요?" 그녀는 가볍게 으쓱해 보였다. 간호사가 떠나기 무섭게 나는 자리에서 일어나 창으로 달려갔다. 유리 창 뒤편으로 예의 그 침대처럼 보이는 하얀 덩어리가 방의 가로 폭 전체를 차지한 채 펼쳐져 있었다. 문고리 손잡이에, 아니 아마도 의자 위에 헝겊 조각이 하나 걸쳐져 있었다. 방은 빈 듯했다. 나는 모든 짐승들을 죽이라는 명령이 떨어진 후이며, 해서 그때까지도 길거리를 배회하던 짐승들은 붙잡혀 몰살당했다는 사실을 알고 있었다. 그럼에도 며칠 전, 그건 우리가 처음 산책을 시작한 무렵의 어느 한때였는데, 그 산책길에 우리는 대로 한복판에서 40마리쯤 되는 커다란 개들과 마주쳤던 것이다. 보도 전체를 점령한 자들이 개들을 묶은 줄을 쥐고 있었다. 그 거대한 짐승들은 털이 짧게 깎여 허옇고 병든, 마치 여자의 피부를 우스꽝스럽게 흉내낸 듯한 살가죽을 드러내 보였다. 개들은 짖지도, 심지어 으르렁거리지도 않은 채 단체로 커다란 소리를 내며 보호자들의 발걸음을 따라 행군했다. 오른쪽이 됐든 왼쪽이 됐든, 개들은 저희들에게 자리를 비키기 위해 급히 보도 위로 올라가는 행인들에게 아무런 관심을 보이지 않았다. 아마 개들 눈엔 그들이 보이지조차 않았을 것이었다. 개들은 맹목적으로, 기괴한 종기의 일종인 듯한 인상을 풍기며 한판의 짧은 산책을 위해 소집되었다 다시 저희들의 개집으로 돌아가기 위해 걷고 있었다. 당연히, 참기 힘든 광경이었다. 게다가 냄새마저도 딴판이 되어, 마치 가장 무미건조하고 부드럽던 것이 돌연 숨막히는 강렬함을 띠게 된 것마냥, 내밀하고도 간사했다. 그 당시에 나는 이루 말할 수 없는 혐오감을 느꼈었는데, 이제 그 혐오가 바로 눈앞에, 그것도 내 방과 흡사한 방 안에 머무르고 있는 것이다. 나는 그대로 방과 뜰에 눈을 고정한 채 기다렸다. 만약 저 개들이 짖는 소리가 들려온다면 난 결코 그것을 참지 못할 것이며, 그러면 최악의 사태가 벌어지리라는 생각이 들었다. 결국에 가서 나는 나 자신이 창유리 속에 벌여 놓은 3인치 길이의 빛을 좀 더 잘 관찰함으로써 그것이 일종의 새김글과 비슷함을 인정하게 된 즉, 이 새김글은, 그 틈새를 통해, 내가 보는 모든 것에 동일한 이름을 부여하는 듯했다.

훼손된 데가 거의 없는 두 채의 집들 뒤편으로 한 자락 검은 연기가 새어 나와 거리 위에 부동의 덩어리를, 다른 어디로도 가려 들지 않는 음울한 무리와도 같은 것을 이루고 있었다. 사람들이 그것을 바라보았고, 내가 수를 헤아려 본 걸로 치면, 그들은 대략 스무 명, 서른 명쯤 되었다. 그러나 그들은 서로 거리를 두려고 주의를 기울여 정말로 한 떼를 이루지는 않았고, 그들 각자의 사이에는 복도 하나만큼의 간격이 나 있었으며, 몇몇은 제 얼굴을 천 조각으로 가림으로써 완전히 사라지고자 애쓰고 있었다. 그리고 나는 그녀가, 그러지 않았어야 했던 만큼, 그 자리에 오래 머무른다고 느꼈다. 그녀는 딱히 불탄 집들을 쳐다본다기보다 곧장 자기 앞을 바라보고 있었다. 첫 번째 건물들은 아마 아직 사람들이 살고 있을 것임에도 가장 생기가 없어서, 창들은 닫혀 있었고 발코니들은 방치된 상태였다. 사소한 빈틈마저도 여지없이 메워 버리려는 듯, 많은 수의 창유리들에 천 자락, 종잇조각들이 발려 있었다. 블라인드가 있는 집들은 어김없이 그것을 내려 두었다. 불에 탄 큰 건물들 너머로 경비원들이, 한 사람은 대충 지은 작은 초소의 문지방에 선 채로, 그 나머지는 거리에서, 손에 곤봉을 쥐고 우리를 지켜보는 중이었다. 좀 더 멀리, 집들은 하나같이 불에 탄 흔적이 역력했으며, 그럼으로써 그것들은 거리가 사막이 되도록 이끌었다. 몇몇 사람들이 말하는 장면이 보였는데, 그보다 더 기이한 광경도 없었다. 그들은, 마치 말이란 게 일찍이 아무 특징 없는 현존의 보어에 불과했다는 듯, 서로 쳐다보지도, 가까이 다가가지도 않은 채 무한히 거리를 두고 지껄였으며, 그 결과 거기서 유발되는 소리들은 도르트가 벽 두드리는 소리와 닮아 있었기 때문이었다. 도르트가 이와 거의 같은 말을 했다는 게 기억났다. 집들에 불을 지른 자들은 그 맞은편 건물에 세 들어 사는 이들인가 보았다. 거기라면 꽤 큰 건물로, 1층에는 옷가게가 들어와 있었다. 분명 방화범들은 그들과 달랑 길 하나로 갈린 저 창들의 뒤편에서 전염병이 부화하는 것이라 믿었을 터이며, 그리하여 그들은 적법한 퇴거 절차를 기다리기보다는 여러 통의 석유를 들이부어 순식간에 자신들의 이웃을 불덩이로 변형시키는 편을 택하고 말았다. 누군가가 낮은 소리로 말했다. "저 꼴사나운 집들을 전부 태워 버려야 할 텐데." "그래요, 저긴 송두리째 불을 질러야 해요." 그러자 모든 사람들이 천천히 그 말을 반복하기 시작했다. 그것은 마치 재 속에서 부화하는 하나의 명령어, 불길로부터 빛나는 외양을 선사받고 있는 죽은 말 같았다. 마치 연기의 냄새, 우리를 향해 불어오는 그 쓴 악취가 우리를 서늘하게 식혀 주고 병을 들이마시지 않도록 보호해 주며, 하늘 아래 존재하는 가장 순수한 것이 되기라도 한 듯했다. 경비원들이 우리보고 저리 가라는 시늉을 했다. 이내 여러 사람들이 자리를 떴다. 경비원 하나가 팔 밑에 제 무기를 끼운 채 가까이 다가왔다. 사람들 말로는, 외출금지 명령을 받았던 세입자들이 지난밤 그 불타는 집들에서 달아나려 했을 때 그들의 탈출을 저지함으로써 질서를 유지한 자가 바로 그라고 했다. 어쨌거나 일제 사격에도 불구하고 그중 여럿이 달아나 근방을 배회하고 있으리라는 것이 모두의 생각이었다.

경비원이 10미터쯤 떨어진 자리에 멈춰 서서 우리를 불렀다. 그 순간 그녀가 쳐다보고 선 대상이 내 눈에 들어왔는데, 그건 거리 표지판, 그러니까 웨스트 가의 표지판이었다. 그 표지판의 위쪽에 검은 원과 흰원이 그려져 있던즉, 그 기호는 그 거리에 퇴거 조치가 내려진 건물들 및 출입 금지령이 떨어진 또 다른 건물들이 있다는 사실을 나타냈다. 애벌칠을 한 벽 위에는 붉은색으로 침묵이라는 단어가 쓰여 있었다. 그녀는 분명 남은 이는 우리뿐이라는 걸 알아차렸을 테지만, 경비원의 목소리, 마치 우리가 그 장소에 지체하고 있다면 그건 우리 자신이 저 오염된 더러운 집들의 일부이기 때문이리라는 의혹과도 같이 내 귀를 울리는 그 목소리에는 아랑곳하지 않았다. 대로변의 거의 모든 나무들에 공고문이 하나씩 붙어 있었고, 그 공고문들은 거의 다 갈가리 찢긴 상태였다. 커다란 종잇조각들은 젖고 더럽혀진 채로 휘늘어져 있었다. 그래도 그것들 중 하나는 온전했다. 전혀 크다고 할 순 없지만 나는 멀리서도 그것을 볼 수 있었는데, 공문서임을 나타내는 색상의 선이 그것을 대각선으로 지르고 있었기 때문이었다. 어쩌면 그 공고는 아주 최근의 것일 수도 있었지만, 가까이 다가가 그걸 읽으려 하는 행인은 아무도 없었다. *라부아르 가의 경비원들에게 알림. 출입 금지된 두 가구를 제외한 전 건물들에 퇴거 명령이 내려진 라부아르 가에서, 이 두 가택을 지키던 경비원들이 여타 다수의 경비원들과 결탁하여 봉쇄된 빈 건물들을 약탈했을 뿐만 아니라, 아직 사람이 살고 있는 세대의 세입자들을 죽이고 절도를 자행했다. 조사 과정에서 두 구의 여자 시체가 발견되었는바, 한 명은 권총에 의한 타살이며, 다른 한 명은 목이 헝겊으로 틀어 막혀 초래된 질식사였다. 검사 결과 이 두 여성은 급성 전염병에 감염된 것으로 판명되었으며, 따라서 이들에게 접근했던 모든 이는 심각한 전염의 위험에 노출되었다.* 그녀가 말했다. "당신 뭐 해요? 이리 와요!" 공고의 마지막 행들은 경비원들을 대상으로 최대한 신속히 보건진료소에 들르지 않을 경우 그들이 겪게 될, 또 그로 인해 주민들이 겪게 될 위험을 경고해 놓았다. 내가 길거리에서 지껄여 대는 꼴을 그녀가 달갑게 생각하지 않는다는 점을 나는 알고 있었다. 그래서 나는 그녀 뒤에서 꽤 떨어져 계속 다리를 끌며 걸었고, 그런 나머지 걸음을 뗄 때마다 한쪽 다리의 고통이 최고조에 달하며 강렬한 경련을 일으킬 것만 같았다. 집 건물에 도착해서 예전의 관리인 용 거처 바로 앞에 이르렀을 때 급기야 나는 실신하고 말았다. 사람들이 나를 작은 방으로 옮겼고 나는 거기서 대야 속의 솜과 더러워진 속옷을 집어 양동이에 버리고 있는 가운 차림의 한 남자를 알아보았다.

희미한 공기 사이로, 그 남자는 내 눈꺼풀 아래에 손가락을 들이밀었다 뗐다. 그녀가 우비 주머니 속으로 두 팔을 팔꿈치 부분까지 밀어

넣은 채 내 가까이 서 있는 것이 보였고, 남자는 그 반대편에 서서 이런 저런 손짓을 하거나 때로 재빨리 두 손을 입에다 가져다 대곤 했다. 그는 여러 차례에 걸쳐 금속성을 띤 오만하고 단호한 목소리로 감옥이라는 단어를 되풀이했으며, 그녀는 입술을 달싹이며 그 단어를 따라 말하는 것이 역력했는데, 그러면서 그녀는 마치 그가 가시적으로 빛나는, 조금 전 불이라는 말이 거리의 사람들에게 그랬던 것만큼이나 빛나는 형태를 가지기라도 한 것처럼 그를 쳐다보았다. 불현듯 그가 쩌렁쩌렁한 목소리로 선언했다. "감옥도 곧 비워지게 될 겁니다. 이건 더할 나위 없이 확실하게 증명된 바이지만, 나라 전체에 그보다 더 위생적인 건물은 없소." "그래요." 그녀가 짓눌린 듯한 목소리로 말했다. 그때 나는 그녀의 얼굴이 얼마나 가시적으로 변해 있는지를 깨달았다. 그녀의 목마저도 매우 기이하고도 뚜렷한 움직임을 통해 우비에서 빠져나와 머리 쪽으로 올라갔기 때문에, 그녀가 그 부위에 손을 갖다 댈 때마다 명백해지는 점은, 그녀 또한 스스로를 지나치게 드러내고 있다고 느꼈고, 그래서 과연 무슨 일이 일어나는 건지 더듬어 보고자 그리로 다가간다는 사실이었다. 그녀는 자기 앞을 바라보는 걸 멈추지 않으면서 우비를 벗으려 했고, 그다음엔 무언가에 의해 행동을 중단했으며, 그러고 나선 이제까지와 반대로 벨트 버클을 당겨 몸을 꽉 감쌌다. 그가 벼락같은 목소리로 말했다. "이건 우리 조직으로서는 결정적인 단계요." 그는 내 앞을 지나쳐 가 테이블 위에서 수첩 한 권을 집었다. 그건 일종의 작은 원장부元帳簿 같은 것이었다. 그녀가 천천히 몸을 돌리며 눈으로 그를 좇으니, 그는 그녀에게 신경질적인 목소리로 "이걸 봐요"라고 말했고, 그래서 그녀가 그쪽에 다가가기 위해 하도 급히 움직였기 때문에 나는 뒤로 물러섰다. 그가 내 쪽으로 짜증 섞인 시선을 던졌다. 그는 "아, 미처 예상 못 했는데 들어온 경우가 열네 건이군. 그들은 임시로 작은 홀에 있도록 했소"라고 말하면서, 몸을 굽혀 벽에 고정된 평면도의 한 지점을 가리켰다. 여자는 선반들 중 하나에서 약병을 집었다. "이거요?"라고 그녀가 물었다. 그녀가 내게 내민 유리병에서 박하 향이 섞인 알코올 냄새가 살짝 풍겨 나왔다. 나는 다리 때문에 신음했다. 이번에는 그녀가 평면도를 쳐다보았다. 도면엔 작은 깃발들이 무수하게 꽂혀 있었다. "그럼 저 사람의 방은요?" 두 사람 모두 벽을 향했다. 나는 다리 때문에 거칠게 신음했다. "정말로 아픈 거요? 어디 봐요." 그는 붉은 병과 솜을 집어 거의 철철 흘러내리도록 액체를 붓고 나서, 내 옷 위든 바닥이든 그것이 조금이라도 흘러내리는 부위는 능숙하게 닦아 냈다. 그녀는 기묘한 표정으로 그를 관찰하고 있었다. 불같은 느낌이, 그 아래에서 생생히 감지되는 일종의 악의와 함께, 신속히 배와 가슴으로 엄습해 왔다. 병은 참을 만했어도 유리병으로부터 떨어져 내려 고의적으로 나를 예민하게 만드는 이 적의는 그렇지 않았다. 나는 몸부림쳤다. 그래도 그는 여전히 액체를 부어 댔다. "이 정도면 됐소?" 그가 내 허벅지 위로 붕대를 조이면서 말했고, 나는 고통이 위험하게도 나와 함께 유폐되지 않도록 하려고, 그것이 통풍이 잘 되는 채로 모든 이의 눈앞에 남겨지도록 하려고 애써 붕대를 밀쳐 냈다. "다 좋아질 겁니다!" 그가 그렇게 말하며 내 어깨를 가볍게 두드렸다. 나는 그를 뚫어져라 쳐다보았는데, 그러자 문득 거리에서 행인들 한가운데로 달려가던, 하지만 아무도 제지할 엄두를 내지 못했던 저 셔츠 바람의 사내가 북스의 사진으로부터 튀어나오는 듯한 느낌이 들었다. 똑같이 핏기 없는 표정에다 똑같이 제어 못할 흥분 상태인,

그 사진 속 사내들 중 하나가 틀림없었다. 어떤 순간, 고통이 그를 침대에서 뛰어내리게 했으며, 이어 담요를 뽑아 두른 채 맨발 바람으로 바깥에 몸을 던지도록 만든 것이었다. 그는 맨발에다, 나는 이 사실을 눈여겨보았었는데, 왼발이 붕대로 싸매여져 있었다. 붕대는 그의 발목을 잡아 조인 후 다리를 칭칭 감고 돌았다. 그가 나를 문까지 바래다주며 부르짖듯 말했다. "억류 중인 사람들이 있을 곳도 곧 정해질 거요." 그가 나를 그 문 쪽으로 밀었지만 나는 계속 그를 주시했다. 그의 목엔 매우 크게 부풀고 약간 축축한 멍울들이 띠를 이뤄 둘려 있었다. 그의 눈꺼풀 가장자리는 붉었으며, 게다가 어쩌면 그리 왜소한 것일까, 나보다 젊은 놈이 나보다 더 비실거렸다! 그가 그녀를 향해 거드름 피우는 목소리로 소리쳤다. "잔, 그 열네 사람, 잊지 말고!" 그녀는 내 어깨 너머로 그를 향해 미소를 건넸다.

나는 머지않아 그들이 내 방에 여러 명의 병자들을 들일 것이라고 확신했다. 소문에 의하면, 방을 옮기고 사람을 새로 들이고 하는 일이 끊이질 않았다. 도르트의 방에도 병자들이 들어왔다. 예전에 북스가 쓰던 방에도 분명 여럿이 입실했을 터였다. 층 전체가 매우 소란스러워졌고, 냄새가 하도 강해 내 방 입구에까지 스며들어 왔다. 이 소동들은 저녁 무렵에 끝이 났다. 그러나 이내 새 사람들이 도착했으니, 스무 명, 서른 명, 아마 그보다 더 될 듯했다. 임시로 그들을 들여놓은 안뜰에서 내가 세어 본 인원만도 열다섯 명이 넘었는데, 어떤 이들은 누워 있었고, 대다수는 쭈그리고 있거나 서 있었다. 그 열다섯에 다른 이들이 이어지며 그 기척이 들려왔고, 나는 질질 끌리는 동시에 적대적인 무언가를 지표 삼아 멀리서도 그들을 알아보았다. 그들은 특별히 병색이랄 걸 띠고 있지 않았으며 외려 강건하고 건장해 보였다. 그러나, 길에서, 안뜰로, 복도로, 쿵쿵거리는 발소리들이 새로 이어질 때마다 나는 병이 올라오는 것을, 내 몸의 열이 끓어오르는 것을 느꼈다. 그럴 때면 이 악이 소강 국면을 맞을 때마다 되살아나던, 그것을 저지할 수 있으리라는 희망은 더한층 깊은 지하 소굴에서 나오는 더욱더 어두운 악에 휘말려 있곤 했다. 저들은 어디서 오는 걸까? 마치 철저히 감시받던 저 모든 집들이 외부와의 접촉을 재개하기라도 한 듯했고, 둑이 부서지면서 스미기 시작한 물줄기가 이제는 침착하고 고독하게 흘러드는 것이기라도 한 듯했다. 의심의 여지 없이, 모든 게 악화되어 갔다. 여기서는 부속실들에, 복도들에, 문들 앞에, 내 문 앞에 그들을 쌓아 놓을 수밖에 없었을 테고, 때때로 나는 그들이 내 방 안에 있다고 상상하기조차 했다. 그렇듯, 점점 더 다가와 칸막이 벽을 뚫고 들어오는 그 숨소리에 의해, 투덜거림에 의해, 그리고 무엇보다도 마룻바닥에서 마치 전부 한데 묶여 있는 것처럼 뒤척이는 그 움직임에 의해, 그들은 시시각각 전진하는 가운데 조금이라도 비어 있는 공간은 어디든 점령하려 드는 듯 보였다. 꽤 늦은 시간에 간호사가 들어왔다. 전등이 없었으므로 나는 그녀가 어떻게 그처럼 바로 내 앞에, 자기 자신의 무표정한 빛으로 스스로의 얼굴을 밝히며 서 있을 수 있는 것인지 이해가 되지 않았다. 그러는 새 그녀는 내 손을 향해 뭔가 보이지 않는 것을 내밀었다. 그녀가 회중전등을 아래쪽으로 내렸고, 나는 유리컵을 받아 옆에 놓은 후 간호사를 바라보았다. 그녀가 말했다. "마시라니까요, 난 급히 가 봐야 해요." 간호사를 쳐다보았는데, 얼굴에 핏기가 없었다. "이 방에 병자들을 들일 예정인가요?" "아뇨." 나는 액체를 마시고 그녀에게 컵을 돌려주었다. 간호사가 컵을 받는 동안 나는 그녀의 장갑에 손을 올려 회중전등을 천천히 그녀 얼굴 윗부분으로 향하게 했다. 그녀는 내가 하는 대로 내버려 두었고, 그 얼굴은 한층 더 회색을, 시멘트의 회색을 띠면서 빛났다. "무슨 일이죠? 아주 안 좋군요, 그렇죠?" 그녀가 뒤로 물러서는 동작을 했다. 아마도 나를 더 잘 보기 위한 행동이었을 텐데, 그러나 간호사가 그렇게 물러나는 순간, 그녀가 마주치고 싶지 않아 회피했던 무언가가 그녀 표정의 부동성 위에 얹히며 그것을 더한층 꿈쩍 않는 것으로 만들었으니, 그 무언가는 바로 나 자신의 두려움과도 일치하는 듯 보였다. 나는 "아주 안 좋아요!"라고 말했으며, 내 눈앞에 보이는 것이 그 어떤 두려움보다도 더 공허하고 메마른 것임을, 더 굴욕적인 것임을 알고 있었다. 여자는 고개를 가로저었다. "저 사람들은 다 어디서 오는 겁니까?" "쉬, 조용히 해요." 그녀는 메마른 목소리로 '쉬'라는 말을 되풀이했다. "저 사람들은 어디서 오는 거죠? 위중한 병자들은 아니죠?" "아니에요." "그럼 무엇 때문에 저들을 이곳으로 데려오는 겁니까?" "난 그건 전혀 몰라요. 당신 다리는 어때요?" 나는 이 한 점 빛의 뒤편에서 그것이 어둠 속으로 몰아낸 그녀를 찾았고, 여자의 넓은 어깨와 역시 넓고 투박한 하관을 응시하고 있자니 나의 들끓는 열은 타오르는 수치심으로 바뀌었고, 또 뭔가 가난하고 굴욕적인 것이 되고 말았다. 나는 말했다. "그래요, 당신의 그 보조 의사는 나를 건성으로 다뤘죠. 그걸로 됐고, 상태는 좋아요. 그 애송이는 대체 누굽니까?" "분비액이 흘러나오게 해야 해요"라고 그녀는 말했다. "고마워요, 알겠어요. 그 부하직원은 누구죠? 그와 이미 마주친 적이 있는데." "그는 로스트라고 해요, 다비드 로스트." 그녀가 차갑게 말했다. "로스트?" 조명이 입구의 문을 비췄다. 그녀가 간호복 위에 우비를 걸치고 있는 것이 보였다. "다른 건 안 먹어도 돼요?" "없어요." 그녀가 말했다. "당신에게 진정제를 한 알 주었어요. 잘 쉬어요."

그 진정제에도 불구하고 나는 여전히 깨어 있었다. 많이 아프지는 않았다. 나는 그보다 더 아팠으면 했다. 그 로스트라는 사내에 대해 생각하면 할수록 그가 나와 함께 안개 속으로 내려가 텅 빈 거리들 속으로 들어가는 광경이, 그리고 두려움에 사로잡혀 안개 속을 달리는 모습이 떠올랐다. 그때의 그는 부하직원에 불과했으나, 이제 와서는 고함을 질러 댔고, 그의 목소리는 우레처럼 울렸다. 감옥이라는 단어는 그의 입 속에서 그에게 고유하게 속한 어떤 것, 오직 그만이 이해할 수 있는 기념비적인 지시어가 되어 있었다. 다만, 그가 말한 내용은 내게 아무것도 가르쳐 주지 않았다. 감옥이라면 그보다는 내가 더 잘 아는 것이었다. 나는 전에 감옥에 속한 사무실들을 방문한 적이 있고, 거기에 크라프라는 아는 친구도 하나 두었으며, 그래서 그가 유리벽을 통해 식탁들이 비치는 구내식당을 보여 준 적도 있었다. 크라프는 자신이 소파에 앉아 줄곧 감시해야 하는 오래된 건물들도 보여 주었다. 내가 몇 번이나 그곳에 들렀던가? 한 해 사이에 꽤 자주, 나는 그를 발견하고 당황하곤 했다. 크라프는 거기서 지독한 한직閑職을 맡았으며, 그 대가로 잃은 자신의 손가락 네 개에 대해서 유감을 느끼지도 않았다. 어느 날 나는 그가 눈높이까지 제 손을 들어올린 후 오랫동안, 거의 사랑에 빠진 것처럼 그것을 쳐다보는 걸 목격한 적이 있다. 비록 그 손이 없어진 손가락들보다는 남은 하나 때문에, 일종의 흰 끈처럼 믿을 수 없이 길고 말랐으며 악의적이고 냉혹한 집게손가락 한 개 때문에 보기 끔찍했을지라도, 그는 그것에 진정한 인사를 건넨 후 입맞춤을 했었다. 그는 수감자들이 있는 안뜰

쪽으로 난, 조명이 환하고 널찍한 사무실을 썼다. 건물들은 분명 훌륭했으며, 불결한 거리들이 지천인 이 지역에서 가장 현대식이었다. 좀 더 떨어진 자리에는 아이들을 위해 새로 만든 작은 쉼터가 펼쳐져 있었는데, 키 큰 나무들이 있고 호수와 잔디밭, 그리고 작은 동물원까지 갖춘 매우 아름다운 곳이었다. 감옥에서는 공원을 볼 수 있었고, 전망은 훌륭했다. 크라프가 사고를 당한 건 그로부터 두세 해 거슬러 올라갔다. 당시는 행정부서들이 이동을 막 마쳤을 무렵이었으며, 감옥 건물들은 아직 비어 있었다. 따로 50여 명의 기존 수감자들만이 아직 해체되지 않은 오래된 건물들 속에 남겨졌다. 그 건물들은 본디 그다음 해에 헐어야 하는 것들이었지만, 감방들이 특정 훈육을 목표로 이용된 바람에 결국엔 그러지 않고 계속 사용되었다. 크라프는 새로 지은 건축물이 지나치게 화려하다고 판단했고 나 역시도, 지금에서야 비로소 헤아리게 된 사실이나, 거기에 들어서면서 그 안락함과 호사스러움, 그리고 실용적으로 잘 배치된 구성 때문에 다른 것들과 영 다른 건물에 들어온 듯한 느낌만 들었다. 크라프는 그것을 신랄하게 요양원이라고 불렀다. 감옥에서 일어나는 모든 일, 수감자들에게 닥치는 모든 일을 크라프는 알고 있었고, 그것을 자기 일기에 기록했다. 사정을 좀 더 잘 알기 위해 간수들에게 돈을 지불하기도 했다. 그래서 사람들은 크라프의 업무가 그저 호적에만 국한되어 있음에도 불구하고 그가 특별 감시의 임무를 맡은 게 아닌가 의심했다. 이 끄나풀로서의 명성이 아마도 크라프에게 그 이름에 마땅하고자 하는 욕망을 불어넣었던 것이리라. 그의 일기는 유명해졌다. 그는 자신을 찾아온 모든 이에게, 동료들뿐 아니라 사무실 사환들에게조차 거기 나오는 대목들을 읽어 주었다. 그는 내게도 여러 페이지를 읽어 주었고, 그 모든 사악한 수감자들의 사연이 다 어슷비슷했음에도 도무지 지치지를 않았는데, 그도 그럴 것이, 그의 말에 따르면, 그들이 겪는 일은 우리가 상상하는 것보다 더 숨겨져 있고 더 희한하기 때문이었다. 크라프는 범법자들 중 다수가 자신들의 수감 기간을 연장하기 위해 처벌을 받으며, 자유로워지고 싶어서 일을 내는 신참 죄수들과 더 이상 자유로워지고 싶지 않아서 일을 벌이는 만기 복역수들로부터 받는 공격만이 유일한 두려움인 간수들도 그 점을 알고 있다고 주장하곤 했다. 이 크라프는 일종의 편집광이었다. 그는 어느 수감자 한 명을 잘 알게 되고 그의 사회에 들어갈 수만 있다면 기꺼이 그 죄수와 감방을 나누어 썼으리라. 결국, 그가 처한 상황은 그에게 굴욕을 주었다. 그가 겪은 사고가 그의 모습을 바꿔 놓은 것이었다. 자신이 문과 엘리베이터의 샤프트 사이에 끼인 것을 알았을 때 그가 지른 비명이 어찌나 컸던지 시청 전체가 그 소리를 들었으며, 게다가 그 사실이 그의 목숨을 살렸다. 엘리베이터 사환이 즉시 전류를 차단했기 때문이었다. 크라프는 지금 어떻게 되었을까? 그 순간 내겐 그의 손이 떠올랐고, 마치 그가 방 안에 들어와 있기라도 한 듯 그의 모습이 선명하게 보였다. 결코 그에 대한 생각을 하고 있지 않았는데도 말이다. 그리고 감옥은? 어째서 로스트는 그처럼 의기양양한 어투로 그 이야기를 했던 걸까? 그는 그것에 관해 뭘 알고 있었나? 주의해라, 라고 나는 나 자신에게 말했다. 넌 너 스스로를 속이고 있어. 너는 더 이상 분명하게 보고 싶지 않을 텐데. 나는 잠들지 못했다. 진정제의 약효가 대단히 좋지는 않았다. 다음 날 아침, 난 일어날 수가 없었다.

정오쯤 되어서, 더위와 불안에 짓눌린 채, 옷을 입었다. 이 아침은 길기가 족히 20년은 될 듯했고, 그것은 몇 세기 이래로 계속 똑같은 것일지도 몰랐고, 또 그것이 찾으려 드는 건 가장 나쁜 날들 중에서도 최악의 시간들일 수도 있었으니, 아마도 나는 이보다 더 불행한 상태는 알지 못했으리라. 복도에는 아무도 없었다. 담요, 가방 들만이 있을 뿐이었다. 다들 식당에 가 있을 터였다. 나는 도르트의 방 문을 하도 세게 민 바람에 그만 그 뒤에 있던 누군가를 쳤다. 내 예상대로였고, 그 방에 들여진 그들은 열다섯 명쯤 되었다. 여덟은 침대 안에, 나머지는 바닥에 누워 있었다. 도르트는 늘 그렇듯 자기 자리에서 졸고 있었다. 나는 그의 바뀐 모습에 당황했는데, 다음 순간 그가 눈을 떴을 땐 더더욱 그랬다. 몇 초간 나를 뚫어져라 바라본 끝에 —— 그가 나를 마치 허깨비 바라보듯 하는 게 느껴졌고, 다름아닌 그 점 때문에 나 또한 그가 무서웠다 ——, 도르트는 몸을 일으켜 비실거리며 침대 속으로 들어가더니, 그 거대한 팔을 뻗어 이불을 던지려고 했다. 이 동작은 내게 공포심을 일으켰다. 잠시 꼼짝도 않던 그는 불안한 눈으로 나를 주시하다 바닥을, 이어 자신의 몸을 쳐다보았고, 살짝 망설이더니 다시 나자빠졌다. 나는 여전히 끔찍한 기분이었다. 나가 버리고 싶었지만 혼탁한 공기와 당혹감이 나를 녹초로 만들었다. 내 발치에 누워 있다시피 한 어느 늙은이가 시선을 내게 고정하고 있었다. 창 옆에는 또 다른 이가 얼굴을 두 무릎 위에 올려놓은 채 일련의 호기심을 드러내며 나를 관찰했다. 그 순간 나는 전염병이 나와는 여전히 무관할 거라고 생각하기 위해, 혹은, 일정 부분의 과장을 포함한 이 재난은 사람들이 그것을 보지 못하고 지체하는 한에서만, 그들이 재난의 진정한 본성을 인식할 수 있게끔 그것을 초극하는 힘을 지니지 못하는 한에서만 무시무시한 효과를 발휘한다고 믿기 위해 나 자신이 얼마나 억지를 부렸었나를 깨달았다. 이제 나는 숨이 막혔다. 내 종기가 그의 팔처럼 마비로 끝나 버리리라는 확신, 그 확신이 모든 것 위에, 그의 창백한 얼굴 위에, 나의 납빛 손 위에, 병의 전염에서 나라고 예외가 아닌 이상 그냥 열어 놔둔 내 문 위에 기록되어 있었다. 아마도 내가 그의 침대 위에 쓰러졌을 것이다. 오래가지는 않은 일이었다. 그가 몇 마디 말을 발음하는 걸 듣고 나서도, 나는 정신이 든 그대로 두 손에 얼굴을 묻고 있었고, 그러자 뒤이어 그가 바로 그 째질 듯이 비천한 종류의 비명을 질렀다. 그의 얼굴이 거의 뒤로 젖혀진 상태였기에 내겐 그의 턱과 뭔지 모를 말을 지껄이는 입술밖에 보이지 않았다. "도르트"라고 나는 고함쳤다. 나는 그 못지않게 크게 소리를 질렀고, 자리에 서 있었다. 터무니없는 일이 벌어진 건 바로 그 순간이었다. 그러니까 나는 자리에 서 있었고, 피곤하고 졸린 듯한 표정으로 나를 응시하는 그곳의 모든 사람들을 바라보았으며, 그자들이 이 무기력 상태에서 벗어나 앞으로 도래할 일에 함께 참여하라고 하기 위해 그들을 때리고, 죽이고 싶을 지경이었으므로, 분명 어떤 기이한 행동을 취했을 것이다. 그러자, 그가 달려들어 내 손을 물어뜯었다. 어떤 식으로 보자면 나는 그가 그러기 전에, 고통이 내 어깨 꼭대기까지 꿰뚫고 올라오기 전에 이미 그럴 걸 알고 있었다. 그가 몸을 일으켰을 때부터 나는 내 극렬한 공포감에 비추어 그리 될 것을 짐작했고, 어쩌면 그보다 더 나쁜 일을, 가령 그가 내 목으로 뛰어들어 나를 질식시키는 따위의 꼴을 보게 되리라 예상하고 있었던지도 몰랐다. 1초, 2초 동안 그가 너무도 맹렬한 결단력을 보이며 제 이빨들을 박았기 때문에 나는 거의 눈이 멀 듯한 지경이 되어 침대 위로 쓰러졌다. 나를 뒤흔드는 일종의 흐느낌 또는 딸꾹질 소리가 귓전에 들렸으므로, 의식을 잃은 건 아니었다. 나는 또 그가 내게 자리를 내어 주기 위해 몸을 약간 뒤로 빼려고 애쓰는 것도 짐작할 수 있었다. 잠시 후 그는 나를 친근하게 서너 차례 살짝 쳤고, 이어 무슨 말을 중얼거렸다. 나는 다시 일어나서 내 몸에 엄지손가락을 대고 계속해서 있는 힘껏 죄었고, 그리하여 그 역시, 마치 자신이 방금 한 일이 약간은 지나치며 비난받아 마땅하지만 그러나 불가피한 것이기라도 했다는 듯, 소심하고 겁에 질린, 마치 계집아이 같은 눈길로 내 손가락을 바라보지 않을 수 없었다. 그리고 그가 다시 눈을 들어 이번에는 나를 바라보았을 때 그 침착한 표정에 어찌나 생생한 — 거의 빛나다시피 하는 — 시선을 하고 있던지, 그 물어뜯은 행위가 내가 믿었던 것보다 훨씬 더 광기 어린 것이었다는 생각이 나를 훑고 지나갔다. 고통이 엄습하면 그 때문에 침대 시트를 찢거나 물어뜯을 뿐만 아니라, 심지어 때로는 자기 손을 깨물어야 할 지경이 된다고 설명하는 도르트의 말이 들려왔다. 나는 그 말을 들었고, 그와 동시에 그는 계속해서 더할 나위 없는 침착함을 띤 채 나를 바라보았는데, 그것은 허영심의 충족을 드러내는 기이한 표정이었다. 나는 내 엄지의 불룩한 부분을 내보이며 바보처럼 말했다. "피가 나요." 그가 당황한 표정으로 상처를 물끄러미 보았다. "즉시 붕대를 감아 달라고 해야 할 거요." 그가 말했다. 나는 자리에서 일어나 얼어붙은 듯한 동작으로 내 몸을 이끌었다. 그가 또다시 비명을 질렀다. 그랬다, 새로이 지른, 적어도 계단에서도, 심지어 내가 아래층 간호사실에 다다랐을 때까지도 들을 수 있었던, 처음 것과 다를 바 없이 째질 듯 비천한 비명이었다. 보조 의사가 내 손바닥에 가벼운 전기 지혈침을 쏘이자 어깨 마디께까지 따끔거렸다. 그는 느리고 성실하게 일했다. 붕대를 다 감자 그는 "입을 벌려 봐요"라고 말했다. 나는 그의 붉은 눈꺼풀 뒤에서 시선이 흔들리는 것을 보고 있었으며, 그것은 위로 향하여 내 이마에까지 제 의혹 어린 표정을 보냈다. "이 사람이 밖으로 나왔군." 그는 자신의 치료를 거들도록 불러다 놓았던 키 작은 하녀를 향해 말했다. "어떻게 이게 가능하지? 당신은 요새 바깥으로 나와서는 안 되는 게, 주위 위생 조건이 너무 나빠요." "문이 열려 있었습니다." "글쎄, 문이 열려 있다 해도 마찬가지요. 그리고 당신은 너무나 아픈 나머지 손을 이 지경으로 만든 겁니까? 자기 자신에게 고통을 가하고 있다는 걸 느끼지도 못했어요?" 나는 말했다. "아니, 그건 내가 한 게 아니에요. 내가 보러 갔던 어느 병자가 한 짓입니다." "어느 병자라고요?" "그렇소, 당신도 그 사람을 알 겁니다. 도르트요!" "도르트라." 그는 눈을 내리깔고 되풀이했다. 그 순간, 주사가 누그러뜨려 놓았던 타는 듯한 느낌이 다시 나를 엄습하기 시작했다. 나는 그를 떼밀고 싶다는, 그리고 그를 당황케 할 무모하고 도전적인 말들을 발설하고 싶다는 욕망을 느꼈다. "북스는 어디 있죠? 그를 만나고 싶습니다." 앞서는 내 말을 듣는 눈치가 아니었는데, 갑자기 오만한 놀람의 표정을 지으면서, 거의 장난치듯 나를 바라보았다. 그토록 작은 그가, 커져 있었다. "그럼 북스는 여기 오지 않는 겁니까?" "그래요. 그다지 자주 들르지 않지 뭐요!" 그가 동정하는 말투로 말했다. 간호사실에서 나올 때 하녀가 나보고 층계 밑에서 기다리라고 했다. 층계에서 사람들이 떼로 내려오고 있었다. 서른 명, 마흔 명쯤 되는 사내들로, 대부분이 걸보기로는 매우 젊었고, 안색이야 분명 나쁘고 창백했지만, 그렇대도 좀처럼 병자들로 보이지는 않았다. 그들 중 한 명이 하녀를 불러서, 여자는 그들 뒤를 좇아 달려가며 나를 향해 곧 갈 테니 방으로 올라가 있으라고 외쳤다. 문가에서 나는 도르트에게 붕대를 보여 주었다. 방 전체가 열과 병의 온상과도 같은 인상으로 내게 충격을 안겼다. 거기는 과열된 지하실, 일종의 구덩이였다. 게다가 마치 영속적인 혼수 상태가 어르고 있는 듯한, 살기 위해서든 죽기 위해서든 아무것도 하지 않는 저 반수 상태의 사람들은 모두 어디에서 왔단 말인가?

"이 사람들은 다 어디서 오는 거예요?"

그가 피곤한 표정으로 나를 바라보며 슬쩍 미소를 지었다.

그가 속삭였다. "말해 봐요, 내 꼴이 어떻소? 난 많이도 변했다오!"

나는 그 방을 둘러보며 말했다. "사람이 너무 많군요."

"글쎄 가까이 좀 와요! 난 오른쪽으론 더 이상 움직일 수 없소. 그쪽 전체가 말을 안 들어요. 내가 받은 인상으로는, 그렇지, 당신도 이걸 이해할 거요, 난 몸의 반쪽이 벽돌인 것만 같아요. 거기에 석공이 하나 있어서 돌을 쌓아 벽을 만들죠. 이게 가능한 일이오?"

"만약 정말로 마비된 거라면 당신은 더 이상 큰 고통을 느끼지 못할 테지요"라고 나는 무뚝뚝하게 지적했다.

"느낀다오, 그 벽이 무너질 때는. 그러면 모든 게 붕괴되고, 모든 게 해체되죠. 생명이 되돌아오는 거요." 그가 나를 살폈다. "당신 안색이……."

"그래요, 나 역시 상태가 좋지 않아요."

"안색이 나쁘진 않은걸."

그는 계속 힘겹게 나를 바라보았다. 당황한 기색이었고, 게다가 몹시 피곤해 보였다. 그에게 안락사를 내리고 싶을 지경이었다.

"당신은 변한 것 같지 않아 보여요. 아마 곧 병의 끝에 다다를 겁니다. 당신은 지금 병을 마모시키고 있는 거죠."

"그렇게 생각해요?"

그가 곰곰이 생각하기 시작했다. 그는 명료한 상태를 유지하기 위해 비범한 노력을 기울이고 있었다. 이따금 얼굴을 찌푸리기도 했다. 그는 얼핏 미소를 띠며 "난 이제 열이 나지 않지"라고 말했다. 그러다 불현듯 악취미가 번뜩이는 곁눈질로 나를 응시했다. 그의 얼굴 아래쪽으로부터 심술궂은 통찰력이 드러나는 게 눈에 띄었다. 그것은 그 거대한 몸 깊숙한 곳으로부터 떠올라 제 발언권을 행사하려 들었다. 다만, 말이 입 밖으로 나오지 않았을 뿐이었다. 그는 드르렁거리는 소리를 냈고, 그건 입이 아니라 차라리 그의 가슴 및 배와 상관 있는 소리였다. 입은 벌어진 채 기다리고 있었으나 접수할 수 있는 것이라곤 그저 무정형의 파편들뿐이었고, 그것은 혐오감과 함께 그 파편들을 내뱉곤 했다. 느닷없이, 그가 또렷하게 말했다. "병이 언제나 같은 방식으로 진행하는 건 아니라오." 그러더니 그는 만족해서 힘이 넘쳐 나는 시선을 내게 두었으며, 그 시선은 지속되었다가, 흔들렸다가, 마침내 나를 놓쳤다. 나는 몸을 돌렸다. 문은 아직 빼꼼히 열려 있었다. "가지 말아요. 그리고 그건 좀 어떻소?" 그가 내 손을 쳐다보며 중얼거렸다. "로스트가 처치해 줬어요." "로스트?" "그래요, 아래층 의사요." 그때 그가 기침을 하기 시작했다. 아니, 시끄럽게 숨 쉬기 시작했다는 편이 더 맞을 것이다. 그는 마치 넘쳐날 정도로 많은 공기를 흡입한 바람에 최대한 빨리 그것을 떨쳐 내야 하는 이처럼 보였다. 기침이 멎자 그도 쇠약 상태에서 벗어난 듯했다.

그가 명랑하게 말했다. "다 끝났군! 이제 석공도 다시 평온하게 제 벽 작업에 매진할 수 있겠는걸. 그가 아주 빨리 일하지는 않는군요, 정 말이지. 요샌 병자들이 질질 끌지는 않는데. 사흘, 이틀, 하룻밤 정도. 어 떤 가족들은 열두 시간 안에 싹 제거되었소."

"그런 사례가 있다는 얘길 들은 적 있습니다."

"어째서 어떤 사람들에겐 잠깐이면 되고, 다른 옛 병자들에겐 몇 주, 몇 달, 어쩌면 그 이상씩 걸리는 걸까요? 그리고 가장 나쁜 건 뭐며, 가장 좋은 건 뭐겠소? 사람들 말로는 가장 위태한 순간은 오후 세 시경 이라던데. 당신, 그걸 알고 있었나요?"

"옛 병자들이라니, 무슨 뜻이죠?"

"선구자들, 그러니까 예전에, 전염병이 한창 번지기 이전에 그 병 과 접한 사람들 말이오. 사람들이 당신에게 로스트의 가족들, 그의 누이 와 모친에 대한 얘기를 해주던가요?"

"아뇨, 난 로스트에게 그다지 관심이 없습니다."

"아, 아, 그가 당신 마음에 별로 들지 않는다? 그의 허영심 때문에? 당신은 로스트가 자만심이 강한 사람이라 생각하죠?"

"주의해요. 당신은 스스로를 피로하게 하고 있어요."

"아니, 만약 여기서 내가 말을 끊으면 난 끈을 놓치게 될 거요. 들어 봐요, 그건 얼마 전, 오후가 끝날 어느 무렵에 벌어졌던 일이라오. 그 두 여자는 이 구역에 장을 보러 내려왔다가 꽤 늦어서야 귀가했소. 그녀들 집에 하숙하던 여자 말에 따르면, 둘 다 아주 건강했다나. 헌데, 식사 도 중 로스트의 누이 말이, 자기가 먹는 음식에서 나쁜 맛이 난다는 거였소. 모든 음식에 조미료가 너무 들어가서 갈증이 난다고. 그리고 식사가 끝나고 나자 그녀는 가벼운 반수 상태에 빠졌지요. 하지만 다시 일어났을 땐 기분도 좋았고, 그래서 그녀는 집 안을 정리하기 시작했다오. 그런데 그 일을 하던 중 강한 가려움증이 뜨면서 누이는 무릎이며 다리를 끊임없이 긁어 댔답니다. 그러다 갑자기 비명을 지르고, 자기 허벅지에 묵주처럼 번진 붉은 반점들을 다른 사람들에게 보여 주죠. 그걸 발견한 순간부터 그녀는 죽은 사람과 매한가지인 거요. 그 어머니는, 딸의 상태를 보더니, 마치 정신 나간 사람처럼 집 안을 뛰어다니며 병자도, 이웃도, 자기 자신도 아랑곳하지 않은 채 비명을 지르고 손발을 허우적거렸지요. 하숙생은 도움을 요청하기 위해 밖으로 나갔고. 그녀가 자리를 비운 사이에 어떤 일이 벌어졌겠소? 그녀가 보건진료소에 전화를 걸고 돌아왔을 때, 아파트에 불이 붙어 집이 타오르고 있었다오. 어머니가, 발광해서, 딸과 함께 사라져 버리길 원했던 걸까요? 아니면 정신을 차린 딸이, 너무 고통스러워서, 자기 옷에 불을 붙인 것이겠소? 모든 게 가능한 얘기요."

"그래, 설마 그게 로스트의 측근에게 일어난 일이라고요?"

도르트가 히죽거리면서 말을 이었다. "그 하숙생이 여기 살아요. 그녀가 당신에게 그 얘길 들려줄 수도 있으련만. 그리고 그 이후로 로스트는 영웅이, 전설 속 인물이 되었죠. 그처럼 예외적인 방식으로 죽지 못하는 다른 이들을 그는 자신의 우월감으로 짓뭉개는 거요. 어디, 당신 생각은 어떤가요?" 그는 나를 은밀히 응시하며 덧붙였다. "나는 자문해 보는데, 당신 표현대로 병을 마모시키는 자들, 그 병이 지속되고 계속 살아남도록 하는 자들, 병이 지나가는 모든 걸 오염시킬 만큼 완강해질 때까지 제 안에 품는 힘을 지닌 자들 또한 몇 시간 내에 파멸하여 사라지는 이들만큼 중요한 것이 아닐까요?"

"뭐라고요!"

"그렇소, 사람들을 공포로 얼어붙게 만드는 일, 사람들이 병을 두려워하게 되고 그럼으로써 결국 병 속으로 이끌리도록 하는 일, 이건 감동이자, 쾌거요. 하지만 그건 내일이 없는 드라마이기도 하죠. 병 역시도 살아가야 한다는 걸, 당신 이해하겠소? 병 역시 깊음 속에서, 천천히, 끝없이 제 작업을 행해야만 하고, 제가 건드리는 것을 변형시킬 시간을 필요로 한다오. 병은 각각의 사람을 하나의 무덤으로 만들어야 하고 이 무덤은 열린 채로 있어야만 해요. 그래야 한다고! 역사는 그런 식으로 오염되는 거요."

그는 고양되어 침대 위에서 몸을 일으켰다. 그러나 내게는 그 말들이 다 옛날, 그가 건강이 좋았던 시절에 표현을 골라 놓은, 그리고 머릿속에 더 이상 다른 건 들어 있지 않은 탓에 늘 되풀이할 수밖에 없는 낡은 문장들이나 다름없었다. 그러는 새 내 손은 뜨겁게 타올랐다!

"끔찍하게 아프군요. 맙소사, 당신은 어째서 날 깨문 거예요? 나 역시도 결국에 가선 이 추레한 건물에 불을 지르게 될 테죠! 그리고, 당신은 지금 그 상황에서도 여전히 자신의 엉뚱한 생각들을 놓고 따지고 있는 거예요? 이 전염병이 정말로 만사의 흐름을 바꿔 놓을 거라 믿는 건가요? 이 세상이 당신이 아프다는 이유로 흔들리게 될 거라고 믿는단 말이에요?"

"그렇소." 그가 음울하게 말했다.

"저기, 미안하지만, 어째서 당신은 치료해 주는 대로 가만히 있습니까? 저들은 왜 당신을 치료해 주죠?"

그는 실성한 듯한 표정으로 나를 바라보았는데, 그의 시선을 통해 내가 읽어 낼 수 있었던 건 대략 이런 말이었다. '아니, 하지만 저들은 우리를 그다지 잘 치료해 주고 있지 않고, 외려 우리가 죽어 나가도록 방치해 두고 있는 편인데!'

"치료도 병의 일부죠"라고 그가 소심하게 말했다.

법이 병자를 돌볼 때 병은 법을 오염시킨다. 그의 머릿속에 떠오른 건, 그렇다, 필경 그런 종류의 경구들일 터였다. 나는 침대 앞을 빙빙 돌며 걷기 시작했다. 아, 불에 탄다는 게 어떤 것인지 아무도 모르리라! 내 팔 속으로 일종의 용암 같은 것이 올라왔다. 불, 이 모든 집들을 소진한 불길보다 천 배는 더 끔찍한 금속성의 불이 말이다.

그가 중얼거렸다. "당신 안색이 묘한걸."

"내 안색이 어떤데요? 당신은 이 말만 하면 될걸요. 내가 뼛속까지 감염되어 있다, 나도 당신처럼 죽게 될 거다. 그리고 그다음은 뭔가요? 수백만 명의 병자와 시체, 불구자, 광인 들이 생겨날 테고, 당신들은 대단히 허탕쳤소이다, 이건가! 뭐가 바뀌어 있으리라는 거죠? 당신은 갖가지 미신 같은 생각들로 스스로를 위안하려 하고 있어요. 당신은 법을 끝장낼 수 있으리라 상상하죠. 하지만 법은 당신의 병자며 납골당 들 덕을 톡톡히 보고 있다고요. 당신은 헛되게 전락하는 중이에요. 그리고 그걸 알고 있는 난, 당신보다 더한층 비천합니다."

나는 왔다 갔다 하는 나를 저지하기 위해 그가 크나큰 노력을 하고 있다는 걸 깨달았다. 그는 시선으로 나를 좇았으며, 나는 그를 혼란에 빠뜨리고 있었다.

나는 걸음을 멈추고 물었다. "북스는 어디 있어요?"

그가 당황하며 고개를 가로저었다. 나는 그를 살펴보았다. 그의 표정이 내게 뭔가를 떠올렸다. 그는 존중하는 태도로, 그랬다, 열정과 숭배심을 품고 나를 바라봤지만, 그와 동시에 나를 비웃는 것 같기도 했다. '대체 내게 어떤 일이 일어나려는 걸까?'라는 생각이 들었다.

그가 물었다. "그게 사실이오, 당신이 북스에게 강한 인상을 남겼다는 게?"

"아뇨, 난 그러지 않았어요. 아니길 바라요. 어째서 내게 그걸 묻는 겁니까?"

"왜냐하면, 당신은 내게도 역시 큰 인상을 남기고 있기 때문이오. 그리고 북스는 대단히 강하며 교활한 사람이고, 또, 이걸 기억해 둬요, 그는 미쳤어요. 아무도 그를 제거할 수 없을 거요."

"당신은 그 정도로 그가 하는 일을 신뢰합니까?"

그가 꿈꾸는 듯한 어조로 말했다. "내게 그는 일종의 개요. 마치 개처럼 한자리에 머무르질 못하죠. 대단하기도 하지, 그는 모든 걸 뒤엎고, 찾고, 이리저리 배회하고, 그러다 갑자기 잠든다오. 왜냐하면, 이걸 잊지 말아요, 북스의 피는 잠들 수 있으니까. 감옥에 있을 때 그는 몇 주 동안을 잠만 잤소. 심지어 서서도 잤지."

"감옥에 있을 때라고요?"

"그래요."

"북스가 설마 감옥에 있었다고요?"

"분명히. 당신 그걸 몰랐소? 그렇지 않았다면 내가 어떻게 그를 알았겠소? 우린 감방 동기인데. 당신은 한 번도 감옥에 가 본 적이 없어요?"

"없습니다. 거기 갈 수 있으리라는 생각조차 해본 적이 없어요."

"나는 인생의 3분의 1을 거기서 보냈소. 그리고 그중 반을 독방에서 보냈고. 그 시절 독방 형은 작은 칸들로 나뉜 거대한 시멘트 지하감옥 한가운데에서 치러야 했다오. 그건 길고 좁은, 진짜 구덩이였소. 그 바닥은 매우 비좁았죠. 두 개의 경사면이 수직으로 올라가면서 위로 갈수록 넓어졌지."

"잠깐만요! 난 그 모든 세부 사항들을 일일이 알고 싶진 않아요."

그러나 말들이 그의 입에서 흘러내렸고, 그는 마치 바다 하나를 다 고갈시키기라도 해야 하는 이처럼, 자기 인생의 전 지점에서 합류해 들어와 급급히 제 작고 검은 물들의 출구를 찾아다니는 그 수천의 물줄기들을 어서 바깥으로 내보내야만 하는 사람처럼 굴었다. 이제 추억에 잠겨 두 눈을 감은 그는 어느 노인 하나를 똑 닮아 있었다. 내 근처에 누워 제 짧은 외투자락을 머리 위에 올린 채 거드름 피우는 표정으로 나를 바라보고 있는 노인이 바로 그였다. 확실히 그자에게는 병이라는 단어가 꼭 적합하지는 않을 듯했다. 혹은 적어도 늘 그렇지는 않을 듯했다.

"독방들을 분리하는 칸막이는 얇았소. 하지만 각 방 사이에 격리 공간이 설치되어 있어서, 이웃한 죄수들과 의사소통을 하기 위해선 위쪽 감시자들에게도 들리도록 꽤 세게 두드려야 했죠. 더구나 그들은 우리를 조용히 시키려 들지도 않았죠. 우리가 하는 얘기를 간파해서 보고하려던 자들이었으니 말이오."

"당신은 왜 감옥에 들어가게 됐습니까?"

"기술적인 문제 때문이었소, 일종의 규칙 위반에 해당하는. 공장들을 대리하는 척 몰래 내 차고로 빼돌려 생산 점검 절차를 밟지 않게 했다는 혐의로 고발되었던 거요."

"그만한 사건으로 감옥에 10년씩 있었던 건 아니죠?"

그가 말했다. "아니오, 꼭 그런 건 아녔지. 알게 뭐요. 중요한 건 사람이 왜 감옥에 가느냐가 아니라 왜 그가 거기에 남느냐 하는 거요. 그래요, 분명 감옥에 감금된 자에게 자유란 언젠가는, 또 종종 이내 제공되죠. 하지만 그러기 위해 어떤 값을 치르고서? 노동, 끊임없는 노동, 정규 시간을 넘어 몇 시간이고 몇 시간이고, 때로는 밤새 내내, 혹은 하루종일 이어지는 추가 노동이 그 대가요. 과연 누가 그와 같은 규제를 버텨 낼 수 있겠소? 그리고 그걸 면하려는 자는 눈감아 달라고 하기 위해 감시 기관의 환심에 기대야만 하는데, 그 방편엔 비용이 들죠. 결국 그는 또다시 경찰 내부에 들어와 있는 자기 자신을 발견하기에 이르고, 그럼으로써 항상 감옥에, 그것도 가장 타락한 측면의 감옥, 더 이상 그로부터 빠져나올 수 없는 감옥에 연루되고 마는 거요."

"당신, 사실을 왜곡하는 거 아니죠? 그럼 거기서 북스를 알게 된 건가요?"

"북스는 그 같은 집행유예가 제공하는 수혜를 받아들일 준비가 된 이들을 이내 악착같이 공격했소. 그는 자신이 지닌 책사로서의 힘을 발휘해 그들을 추격하고, 박해하고, 무력화시켰지요. 마침내 그는 진짜 조직을 세워 냈는데, 이 경험은 우리 모두에게 결정적인 것이었소. 왜냐, 국가가 사람들을 감옥으로부터 끌어내려 하고 그들을 억지로 자유로운 바깥으로 이끄는 건, 감옥이 국가에겐 하나의 위험이며 사람들은 감옥에 처박힘으로써 국가를 위험에 처하도록 만들기 때문이니까요."

"그렇게 생각해요? 방금 전 당신은 빈정거리면서 내게 감옥에 간 적 있느냐고 물었죠. 아뇨, 나는 당신과 같은 방식으로 감옥을 알지는 못합니다. 그래도 감옥에 대해 말할 수 있을 거예요, 나 역시도요. 나는 몇 번 그 안에 들어가 본 적이 있습니다. 크라프라는 자가 일하던 행정 과의 업무와 관련해서요. 당신이 방금 상기한 그 사소한 장면들이 크라 프에게서는 전혀 다른 식으로 설명되었죠. 그와 같은 환경에서 늘 벌어 졌기 마련인 너저분한 풍기문란으로요."

"왜 아니겠소? 거긴 매우 예외적인 장소인걸." 그가 오만한 너그러 움이 밴 말투로 말했다.

"아뇨, 그렇게까지 예외적인 건 아닙니다. 당신이 곤란한 환상을 품게 될까 걱정되는데, 당신이 방금 말한 모든 것은 아마도 중요성이 거 의 없을 듯해요. 당신들은 당신네 독방에 처박혀 있는 게 능란한 처사라 믿었겠지요? 하지만, 당신들은 뭘 한 건가요? 국가의 욕망에 따랐던 것 밖에 없어요. 왜냐, 국가가 지닌 가장 소중한 희원이란, 당신들이 어떤 과오를 저지른 이상 당신들을 감옥에 계속 넣어 두는 것이면서, 동시에 자유의 획득이야말로 당신들을 석방하는 진정한 목적인 이상 당신들이 원한다면 자유롭게 거기 남도록 하는 것이니까요. 그건 그렇고, 북스고 당신이고 실제로 감옥에 있었던 것이긴 해요? 그럴 수도 있겠지만, 어 쨌거나 난 아무 상관 없어요. 뭐가 됐든 그게 당신의 우월감으로 날 짓 뭉갤 이유는 되지 않는다고요!"

"정말 큰 소리로 말하는군요! 당신에게 결코 생이 결여된 것 같지 는 않구려."

"비방하려는 의도로 하는 말은 아닙니다만, 당신들은 사태를 있는 그대로 보질 못해요. 당신네들은 전체를 보지 못합니다. 그러나, 이 나는 모든 걸 보죠."

"맞는 말이오, 우리는 전체를 보지 못하지요. 그것이 우리의 힘이 그토록 큰 이유라오."

"이것 봐요, 당신의 말투는 별로 우호적이지 않군요! 이젠 솔직히 자기 생각을 해명하고 싶지는 않은가 봐요? 방금 전 당신은 날 깨물었는데, 그건 고의로 그런 게 아니라 고통 때문이었나요, 아니면 다른 이유로, 말하자면…… 원한 때문에 그런 겁니까?"

그가 교활한 표정으로 나를 쳐다보았다.

"하지만 내가 정말로 당신을 문 건 아니오. 난 이렇게 당신의 손을 눌렀죠." 그러면서 그는 놀랄 만큼 민첩한 동작으로 내 나머지 멀쩡한 손을 잡아채더니 제 입술을 갖다 댔다. 벼락이라도 맞은 기분이었다. 나는 기계적으로 손을 빼 침대 시트에 비볐다. 그리고 손을 바라보았다. 그 차가운, 음탕한, 산성의, 그랬다, 물어뜯는 입이 여전히 손에 닿아 있는 듯했다. "자, 이걸 봐요." 그가 탁한 목소리로 말을 이으며 입을 벌렸다. 거기엔 이빨이 하나도 없었다. "난 당신을 전혀 증오하지 않아요. 이제 칸막이 벽을 통해 의사소통을 할 수 없다는 사실이 아쉽군요. 우리는 어떤 의미에서 감방 동료였으니까. 그리고 지금 당신은 병에도 불구하고 날 만나러 왔지요. 당신의 방문이 내게는 좋은 효과를 미치는구려. 당신이 다시 온 후로 발작도 일어나지 않고, 또 말도 많이 하고." 그는 뻔뻔함의 기미가 비치는 표정으로 나를 바라보며 말했다. "결국 따져 봤을 때, 당신은 무엇 때문에 다시 온 거요?"

나는 시선을 떨구어 내 손을 바라봤다. 그는 정말로 이 손에 입을 맞추려던 것이었을까? 그는 뭔가를 흉내 내는, 먹거나 무는, 혹은 입 맞추는 시늉을 했었다.

"나도 모르겠습니다. 필경 불안에 굴복했던 것이겠죠. 어제 이후로 이 건물은 그야말로 팽창하는 중이니까요. 그럼 병자들이 다시 늘어나고 있다는 얘긴가요? 아니면 어떤 지역들에서 주민들을 퇴거시키는 중입니까? 그에 관해 아는 바 있어요?"

"당신이 들어왔을 때 난 생각하길, 당신이 온 걸로 보아 결국 끝이…… 그러니까 내겐 드디어 그 순간이 도래했다는 느낌이 들었소. 당신을 보게 될 거라곤 예상하지 않았는데, 당신은 너무나 당당하고, 너무나 의기양양한 태도로 다가왔다오! 그저 턱 끝 까딱하는 몸짓 하나만으로 우리의 운명을 결판내고 지하감옥을 다시 덮어 봉인할 것만 같은 태세였소. 그 표정이 어찌나 놀랍던지, 그 태도는 얼마나 영광스럽던지! 그 순간에 내가 당신을 원망했을 수는 있어요. 그 무례함이 내겐 지나친 것으로 비쳤고, 무릇 이와 같은 일들은 완벽한 평등 속에 단순하게 진행되어야 한다는 나의 신념에 그것이 상처를 주었으니 말이오. 그리고, 어쨌거나 이걸 잊지 말아요, 승자는 당신이 아니었다는 걸."

나는 떨리는 내 손을 바라보며 말했다. "하지만, 당신이 나를 금방 알아보지 못했다면, 당신은 대체 날 누구라 여긴 겁니까?"

그가 다시 나를 응시했다. "하지만, 난 당신을 아주 잘 알아보았소. 내게 충격을 준 건 당신의 그 건강해 보이는 표정이었다고 생각해요. 눈을 뜨면서 난 당신의 빛나는 안색을 마주치게 되었죠. 그건 정말이지 예상 밖의 일이었거든! 내 눈앞에 있는 것이라곤 그저 이런 얼굴들뿐인데, 갑자기 당신의 표정을, 당신의 빛나는 시선을 보게 된 거요. 그건 기이한 순간이었소."

"내가 정말로 그처럼 건강해 보이는 얼굴을 하고 있었습니까?"

"무서울 정도로."

그가 가볍게 눈을 슴벅였고, 이어 그 두 눈은 감겼다. 나는 얼마나 슬프고 굴욕적인 기분이 되었던지! 그 이유를 정확히 설명하는 건 한층 힘들었다. 동시에, 내 상태는 좀 더 나아졌으며, 손목의 고통은 완화되었다. 나는 나를 돌봐 주는 대신 무리 속 남자들과 함께 내빼버린 하녀를 생각하고 화가 치미는 가운데 이제 나가 보기로 작정했다.

그가 눈을 뜨지 않은 채 얼굴을 찌푸리며 말했다. "또 저 포장鋪裝하는 소리."

"이번에도 여전히 당신의 그 석공인가요?" 나는 모종의 짜증을 느끼며 물었다.

그가 미소를 지으며 지적했다. "저 사람은 자신이 할 수 있는 최선의 작업을 하지요. 어쩌면 지나치게 양심적인 자이다 싶구려. 공들여 손질을 하고, 매번 같은 장소로 돌아오고, 그걸 보면 그에게는 벽면이 결코 충분히 매끄럽지 않은가 보오. 그가 어떤 머뭇거림 끝에 돌 하나를 옮기려 할 때, 난 그걸 느낀다오. 오!" 그가 울부짖었다. "오! 오!"

그는 휘둥그레진 눈으로 다시 몸을 일으키며 나를 사납게 응시했으며, 그의 비명은, 비록 내가 익히 예상한 것이었음에도, 너무나도 격하게 나를 밀쳐 내서, 난 그만 늙은이를 발로 한 대 차고 말았다. 그는 그 나름대로 곧 평정을 되찾았다.

나는 그에게 다가가며 말했다. "내 방에서는, 당신의 비명 소리가 거의 들리지 않는데요."

"그건 내가 잠에서 거의 깨어나지 않기 때문이오. 그런 사고들은 반수 상태에서 일어나요. 그리고 또, 난 저 석공을 돕죠. 그 작업이 성공하기 위해서는 내가 아주 살짝, 그저 단 한 줄만 이동하면 충분하거든. 나 역시, 나의 작은 역할을 이행하는 거요."

나를 자극하려고 하는군, 이라고 나는 생각했다. 자기가 아픈 사람이기 때문에 나보다 우월하다고 믿고 있는 거야.

그가 벽을 쳐다보며 다시 말을 이었다. "이 종이에다 대략의 진행 기간을 계산해 놓았죠. 2부는 아마 매우 빨리 진척될 수 있을 거요. 척추를 지나쳤다면, 이제 이건 거의 단 한 방에 건립되는 거라오. 돌덩어리 전체가 이미 마련된 접합부들 사이에 정확히 자리 잡지요. 반드시 대단히 주의를 기울여야 해요. 그러지 않으면 건축물은 산산조각 나고 말 테니까."

"그리고 모든 게 다 잘 이행되면요?"

그가 명랑하게 말했다. "이런, 그럴 땐 당신이 짐작하고 있는 일이 도래하는 거지."

나는 심술궂게 말했다. "당신이 완쾌될 테지요. 다른 많은 사람들처럼 당신은 완쾌될 겁니다. 저 사람들은 모두 다 그다지 아파 보이지는 않는걸요."

"나도 모르오. 저 중엔 아주 깊이 감염된 이들도 있죠." 그가 속삭였다. "몇몇은 감방에서 막 나왔소. 여보게, 아브랑, 자네 옆에 누워 있는 저 녀석 말일세……"

대체 누구에게 한 말인가? 몸을 뒤로 돌릴 수 없는 도르트는 무턱대고 아무나 응시했는데, 아마도 몸집이 크고 피부색이 매우 짙으며 제 매트 위에 쭈그린 그대로 얼어붙은 몰골의, 쉬드 지역 출신 농부쯤 되는 한 사내를 지목한 듯했다. 그 사내와 바로 맞닿은 위치엔 다른 병자 하나가 빈 공간에 몸을 묻고 있었고 — 사내가 그를 반쯤 짓누르고 있었다 — 그래서 내 눈에 들어온 건 이불 위로 뻗은 그의 벽돌색 손이 붕대를 감은 나머지 한 손을 꽉 쥔 모습이었다. 어째서 도르트는, 마치 우리 둘이 저들을 우리 대화의 바깥에 두자고 미리 합의라도 본 것처럼, 혹은 적어도 그러는 게 자명한 일이기라도 한 것처럼, 저들에게 말을 건넴으로써 내게 놀라움을, 심지어 충격을 준 걸까? 그리고 지금은 모든 이가 굳은 시선으로, 또 그중 몇몇은 그다지 호의적이지 않은 표정으로 그를 뚫어지게 쳐다보고 있었다. 나는 이름을 불린 이가 짧은 외투를 걸친 족장 같은 사내라는 것을 깨달았다. 사내는 몸을 일으킨 후 매우 나이 많은 사람들이 흔히 그러듯 무표정한 얼굴로 뻣뻣이 제 몸을 지탱했으며, 아마도 귀를 기울이고 있는 듯싶었다. 하지만 결국 우세한 건 침묵이었다. 꽤 오랜 시간이 흘렀다. 우리가 그들 사이에 개입한 후로, 방 안 공기는 더욱더 무거워지면서 열기나 켜켜이 쌓인 몸뚱어리들, 온갖 소독제들의 타르 냄새와는 무관한, 거의 감지되지 않다시피 하는 무미한 냄새들로 한층 더 채워졌다. 무언가 전적으로 작은 것이 한구석에서 썩어가는 듯했는데, 그럼에도 호흡하지 못할 정도는 아니었다. 어찌나 보잘것 없고 낮은 냄새였던지, 나 자신이 땅바닥에 쭈그리고 가는 홈 새의 먼지 위로 두 손과 얼굴을 댄 채 킁킁거리며 그것을 추적하고 있는 것 같은 기분이 들었다. 나는 방 한가운데로 걸어 나갔다. 그리고 아무도 쳐다보지 않은 채 말했다. "기회가 닿는 대로 다시 오겠습니다." 내 방 문이 활짝 열려 있었다. 방에 들어서면서 나는 나 자신이 어떤 불행을 확신해야 하는지 명료하게 보았으니, 내 두 눈이 감기지 않으리라는 사실이 바로 그것이었다. 나는 너무 많은 것들을 알고 있었고, 그것은 최악의 모욕이었다. 나는 침대 위에 털썩 쓰러져, 식기들과 음식물을 들고 온 작은 하녀를 내쫓았다. 작고 뚱뚱하고 비정상적으로 뵈는 그녀에게 나는 공포감을 주었고, 그녀는 비루했다. 어느 순간, 칸막이 벽 뒤에서 소음이 들려왔다. 저들이 말하거나 신음하기 시작했다는 생각을, 거북스러운 기분으로 했다. 저녁 무렵에는 북스에게 편지를 쓰기로 결심했다. 편지를 쓰겠다는 이 같은 유혹은 얼마나 큰 위험인가, 나는 이 점을 그 누구보다도 잘 알고 있었으나, 이 시간들은 너무나 길었고 또 너무나 죽어 있어서, 나는 그것들로 이야기를 만드는 걸로는 만족할 수가 없었다. 그 시간들은 언제나 똑같은, 그리고 내게는 충분하지 않은 단 하나의 문장으로 지탱되고 있었다.

"당신이 무척 바쁘다는 건 압니다. 하지만, 부탁이니 이 글을 읽어줘요. 나는 국가를 위해 평온하며 규칙적이지만 때로 부실한 건강 탓에 어두워지기도 하는 생활을 영위했습니다. 지금은 사건들의 흐름을 바꾸려는 당신의 시도들에 겁먹은 채 참여하고 있죠. 이건 당신을 비난한다는 말이 아녜요. 나는 당신에게 호의를 품고 있고, 당신의 광기는 내게 위안을 줍니다. 아아! 이유인즉 그 광기가 당신으로 하여금 자신이 단죄하고자 하는 모든 것에 봉사하도록 만드니까요."

"나는 당신에게 유용한 사람이 되고 싶고, 최대한 충실함을 보이고 싶습니다. 그러나 당신은 눈이 먼 채 심연을 향해 달려갑니다. 어떻게 하면 당신이 눈을 뜨도록 할 수 있을까요? 당신은 당신 적들의 진영 속에서 투쟁하고 있고, 그리고 나 자신은, 나의 솔직함을 당신에게 설득함으로써 당신을 기만합니다. 내가 당신에게 진실을 말한다면, 당신은 싸움을 포기할 겁니다. 내가 당신에게 희망의 여지를 남겨 놓는다면, 당신은 싸움에 대해 착각하게 될 테지요. 나는 당신에게 이 점을 이해해 달라고 청하는바, 나로부터 당신에게 이르는 모든 것이 당신에게는 거짓에 불과할 것입니다. 왜냐하면 나는 진리니까요."

"당신에게 다음 사실을 설득하고 싶군요. 부서들과 행정, 눈에 보이거나 감춰진 모든 국가 기구를 공격함으로써, 당신은 잘못된 방향을 선택한 셈입니다. 그것들은 중요하지 않아요. 당신이 그것들을 제거한다면, 그건 아무것도 제거하지 않은 일이 될 겁니다. 당신이 그것들을 다른 것들로 대체한다면, 그건 그것들을 같은 것들로 대체한 일이 될 테고요. 더구나 그들이 목적하는 바는 오직 공공의 선뿐입니다. 제대로 행동하기 위한 것이기만 하다면, 그들은 언제나 당신에게 동의할 겁니다. 당신에게 이 사실을 단언합니다. 부서라는 곳에 수수께끼라고는 없어요. 저 작은 비밀들, 그러니까 탄원인을 당혹감에 빠뜨리며 겉면 뒤로 무언가 본질적인 일이 일어나고 있는데 그 자신은 결코 거기 다가가지 못한다고 믿게끔 만드는 낡은 행정의 쩨쩨한 전유물 따위는 일절 없다는 말이죠. 누구든 항상, 모든 걸 알 수 있습니다. 행정, 분류, 결정은 만천하에 드러내 놓고 실행하는 일이며, 완벽한 평등은 국가를 향하는 이의 신체와 정신에 매 순간 국가 전체가 깃들도록 합니다. 국가는 도처에 있어요. 모든 이가 저마다 국가를 느끼고, 그것을 보며, 자신이 그것을 통해 살아가고 있음을 감지합니다. 부서들 속에서 국가는 현전한다기보다는 재현됩니다. 거기에서 우리는 국가를 그 공적 특성들과 더불어 발견하며, 그 점에서는 역사적인 건조물들, 기관들, 공무원들, 탁자

나 서류함 같은 외관들도 결코 예외가 아니어서, 부서들에서는 가장 사소한 물건조차도 특별한 위엄을 띠게 되지요. 중심이 무엇인지 탐색하는 자가 그것을 발견했다고 자부해도 좋을 곳이 바로 거기입니다. 그러나, 그것은 또한 그저 중심에 불과하죠. 막상 거기에 도달하고 나면 우리는 간접적인 방식을 통해서만, 문 위에 새겨진 글귀라든가 수위들의 유니폼 따위만큼이나 별반 의미 없는 단서들을 통해서만 그것을 포착할 수 있을 뿐, 중심은 제 밖에 있지 않은 자들에게는 자취를 감추고 맙니다. 만약 우리가 일정 부분 부서들과 관련되어 있다면, 부서들은 증발됩니다. 부서들이란 그것들을 공격하는 이들의 눈에만 정말로 존재할 뿐이에요. 우리가 부서들에서 마주치게 되는 저 공허의 느낌은 그로부터 비롯합니다. 그 공허감이 단지 과거의 불확실한 번쩍임이 스쳐 지나가는 각 실室들의 약간 서글프고도 엄숙한 외양에서만 기인하는 것은 아니죠. 그 모든 방에는 가장 진지하게 일하고 있는 사람들의 끊임없는 왕래가 있고, 업무 중에 초래되는 기이한 웅성거림이 있고, 그렇듯 각자가 분주히 움직이고 있음에도 방문객은, 마치 그 모든 이들이 무위와 권태 속에 하품이라도 하고 있는 것마냥, 자신도 모를 무기력함과 무용함에 사로잡히니까요."

"나는 당신이 그 가짜 외관들에 관해 깊이 생각해 보았으면 합니다. 칙령들, 규칙들, 온갖 종류의 조처 등, 행정이 법에 포착 가능한 현실을 부여하기 위해 실시하는 모든 것은 때로 모든 이가 가담한 권능의 기만적 표명처럼 비치기도 합니다. 반성이 즉각적인 감정에 가당찮은 변형을 겪도록 만드는 것과 비슷하게요. 법들이 그런 식으로 해서 제 진정한 가치를 획득한다는 점은 다들 잘 알고 있습니다. 그것들은 그런 값을 치름으로써만 법인 거지요. 그러나 노동이 비밀에 싸여 있다든가 사후事後에 개입이 이뤄진다는 등의 불쾌한 인상은 여전히 남습니다. 정부가, 규정할 수는 없어도 만인이 인정하는 저 모든 것을 알 권리에 공식적인 승인을 하기 위해서, 개인들 주변에 그 사실을 알리는 중개인들을 파견한다든가, 시민 누구에게나 마땅히 제공되어야 할 암묵적인 앎을 고려해 제 주요 결정들을 벽보로 게시하고 신문지상에 활자화하도록 할 때면, 딱 그 물질적 수단들의 수준에 상응하는 그토록 보잘것없는 정보들은 차라리 협박의 조처들을 감추고 있는 것처럼 보이고, 그럴 때 법이란 각각의 개인이 공동의 정신을 향해 스스로가 호명됨을 느끼게 될 만남의 장소이기는커녕, 어떤 이유에서인지 우리를 적으로 취급하기로 결심한 한 공무원이 우리에게 건네는 개인적이고 이상한 경고에 지나지 않습니다."

"이 외견상의 일탈은 결코 심각하게 받아들여질 수 없을 겁니다. 국가의 위신, 국가에 대한 우리의 사랑, 그리고 무엇보다도 우리가 주저와 반란을 통해 국가에 부여하는 절대적인 찬동은 각각의 사람들을 한데 묶고, 그들로 하여금 자신들이 결코 떨어져 나올 수 없을 거대한 구성물 속에서 한 치의 균열도 발견하지 못하도록 합니다. 체제와 그 체제를 표명하는 바를 구별해 내는 일, 그걸 해낼 수 있는 자는 아무도 없습니다. 법은 저 자체를 무턱대고 아무렇게나 드러낸 게 아니니까요. 법이란 그것을 사람들 각각의 영혼에 깊숙이 새기고 그것을 대변하는 최고 통치 기구하에서만 바깥으로 표출되도록 한 저 공동의 움직임 속에서만 진실을 가질 뿐입니다. 실천의 차원에서라면 사람들은 언제나 비판을 할 수 있고, 또 실제로 그들은 잊지 않고 그렇게 합니다. 공무원들은 다른 이들과 다를 바 없는 사람들인바 그 어떤 점에서도 자신들이 관리하는 사람들보다 우월하지 않지요. 만약 그들이 티끌만큼이라도 특정 권한을 부당하게 취득한다면 그건 우리가 아직도 우리의 본향에 다다르지 못했다는 뜻이고, 따라서 몇 세기 내내 그랬어야 했듯, 우리는 변함없이 머나먼 지배 권력에 대항해 싸워야만 할 것입니다. 그러므로, 공무원들이 아무런 이득도 취하지 않은 채 자신들의 직무를 완수하는 건 대다수 인간들보다 더 많은 인간미를 지닌 이들이어서가 아닙니다. 공무원들은 실제 그들 자신이 그런 것보다 더 능동적인 의식을 가진 것으로 간주되곤 합니다. 실상은, 그들은 덜 살아 있으며, 더 신중하죠. 그리고, 이 사실을 나는 잘 알고 있는데, 우리에게 행정적 변형의 흔적이 남게 되는 건, 또 우리의 가장 내면적인 생각들이, 마치 그것들이 항상 어떤 보고서의 대상이 되어야 하거나 아무런 수정 없이 하나의 이야기 속으로 옮겨져야 하는 것이기라도 하듯, 어떤 질서정연하고 객관적인 측면을 갖추게 되는 건 바로 그 덕분입니다. 어떤 중요한 공인들을 특징짓는 성찰과 술수의 양상이, 아마도, 그로부터 생겨나는 것일 테지요. 그뿐만 아니라, 마치 자신들의 성찰은 기다림과 우회로와 지연 등을 통해 표명되는 대신 권위의 조바심과 맹목적인 경직성을 요구한다는 듯, 집행 대리인들이 걸핏하면 취하게 마련인 저 거칠고 저열한 태도들도 마찬가지고요. 법은 교활하다, 그게 법이 주는 인상입니다. 법은 후려칠 때조차 농락해요. 결코 마다하는 적이 없다는 핑계하에 그것은 도처에 끼어듭니다. 세상의 그 누구에게도 유죄 판결을 내릴 수 없음으로 인해, 법은 늘 호의 밑에 제 의도들의 음흉함을 감춰 두고 있는 것처럼 보입니다. 법은 광명 그 자체이자, 뚫고 들어갈 수 없는 것이죠. 그것은 우회 없이 스스로를 표명하는 절대적 진리이되, 흔적을 남기지 않는다는 가장 믿을 수 없는 허위에 의해 외부와 우리 마음에 호소합니다. 그러나 그렇다고 해서 법이 음모를 꾸민다고 믿지는 말아요. 나는 내 온 힘을 다해 당신이 그처럼 고지식한 동시에 타락한 착상에 다가가지 못하도록 말리렵니다. 법의 공정함이 우리를 감시의 느낌으로 에워싸니, 그 느낌을 완화하고자 가끔씩 그것이 음험한 간계를 꾸며 낼 수 있다고 믿는 척하는 건 우리 자신이니까요. 우리는 그 감시의 느낌으로부터 해방되어 휴식할 수 있기를 바랍니다. 우리는 어떤 음모가 있다고 상상합니다. 무한히 더 복잡하며 선의와 광명에 기반한 관계들이 존재한다는 생각, 우리에게 낯선 것이기는커녕 가장 가까우며 가장 내면적인 어떤 것을 표명하는 관계들이 있다는 생각을, 우리는 견디지 못하는 법이니까요."

"이제, 부탁이니 내 말을 경청해요. 당신에게 실로 중대한 얘기를 하려는 거니까요. 내가 당신에게 하나의 위험으로 다가오는 것은 단순히 내 존재 방식이나 지력의 움직임, 습관 때문만이 아녜요. 사람들은 또한 내가 일하도록 만들기도 합니다. 나는 하나의 역할을 이행하고, 명령들을 받아 집행하죠. 어떻게요? 그걸 설명할 수는 없습니다. 왜냐하면, 따지고 볼 때 그건 사실이 아니니까요. 그건 착상들이 나를 쥐었다 놓았다 하는 것이자, 문구들이 직시할 용기가 나지 않는, 또 늘 살아 낼 수는 없을 하나의 상황으로부터 나 자신이 적절한 거리를 유지하도록 해 휴식을 주는 일입니다. 그러나, 그렇다고 해서 그 착상과 문구 들이 터무니없이 지어낸 이야기인 것은 아니죠. 그와는 거리가 멀어요. 우리보다 앞선 시대에는 아마도 사물들을 대하는 그 같은 관점이야말로 진리 그 자체였을 거예요. 그리고 오늘날에도 여전히 그것은 은유로서의 엄밀함을 고스란히 지니고 있습니다. 사무실에서 살면서 각종 법령에 서명을 하고, 국가의 유지를 위해 일하고, 우리가 보기에 난폭하거나 부당한 결정들을 취하는 공무원들은, 바로 그런 점에서, 어느 누구도 있는 그대로 받아들일 리 없는 이미지들 이상으로, 시대에 뒤진 잔재로서이긴 하지만 어쨌거나 풍속과 정치적 숙명, 그리고 일반적인 의미에서 세상의 삶이 무엇인지에 대해 하나의 착상을 주는 이들인 걸까요?"

"이 가공할 사실에 대해 잘 생각해 봐요. 여러 면에서 볼 때 이 내가 하나의 형상에 지나지 않는다는 점을요. 하나의 형상이라니, 무슨 말이냐고요? 당신은 그와 같은 단어가 과연 어떤 방식의 삶을 가정하는지, 그 위험하고 믿을 수 없고 아무 희망 없는 삶의 방식을 간파할 수 있겠습니까? 나는 하나의 가면이에요. 나는 가면을 대신해서, 바로 그 가면의 자격으로, 지나치게 법으로 포화된 인류 위에 — 마치 그 섬광을 완화하기 위한 가벼운 니스처럼 — 보다 거칠고 단순한 인류 하나를 덧칠하는, 저 보편적 날조 과정 속 허위의 역할 하나를 행사하는 겁니다. 제 종말에 다다라 다시 이전으로 돌아가고자 허튼 시도를 벌이는 하나의 흐름 속에서, 앞서 있던 단계들을 소환하는 일 말이에요."

자정 무렵에, 나는 다시금 거의 기분 좋다고 할 상태가 되었다. 충분히 휴식을 취하고 난 터라 거절했던 내 식사가 아쉬웠다. 매우 어두웠어도 복도가 텅 비어 있다는 건 보였고, 내 방 문은 여전히 잠기지 않은 상태였다. 잠시 후 옷을 벗고 있자니 차갑고 눈을 멀게 할 듯한 빛이 방으로 쏟아져 들어왔는데, 아마도 안뜰의 커다란 램프로부터 발원하는 것인 듯싶었다. 그와 거의 동시에 끔찍하게 큰 소리가 났다. 개들이었다! 나는 황급히 바닥으로 뛰어내렸다. 놈들이, 열 마리쯤 되는 몰로

서스 견종이 보였다. 그 커다란 개들은 두 명의 사내가 진압하려 애써도 꼬떡도 않은 채 내 창을 향해 울부짖었다. 그런 울부짖음이라니, 이 제껏 어느 누구도 들어 본 적 없는 소리들이었다. 그것들은 숨이 막히는 듯했고, 바닥을 기었고, 땅에 나뒹굴었다. 짖는 소리라기보다는 뜰에서, 그리고 이미 내 방 안에서 꿈틀거리고 있는 기름지고 눈먼 유충들 같았다. 그보다 더 비천한 것은 없었다. 그 소리들은 비굴한 사나움을 지니고 나를 염탐했고, 둔하게 마비된 채 나를 감시했다. 불현듯, 탐조등이 꺼졌다. 그와 거의 동시에 개들도 진정했다. 내가 자리에 누웠을 즈음엔 개 짖는 소리가 거리에서 들려왔다. 저 개들은 어디로 달려가는 것일까? 사람들은 저것들을 어디로 데려가는 건가? 나는 이 작은 사건에 대해 오래 생각했다. 개들의 이 야간 이동은 한밤에 별안간 황폐와 공포의 세계를 일깨웠으며, 나는 그것을 눈감아 넘길 수 없었다. 그렇다, 나는 알고 있었으니, 밤에는 언제나 더 많은 무질서가 생겨나곤 했다. 집들이 불타는 일, 경비원들이 사람을 강간하거나 죽이는 일 들은 밤에 일어났다. 밤이면, 출입 금지령이 내려진 집들에서 내뺌으로써 이미 한번 규칙들의 바깥으로 발을 떼고 난 이들, 병으로 인해 발광하여 뜰의 깊숙한 곳이 됐건 나대지가 됐건 아무데나 숨어 사는 자들, 출구 없는 자신들의 집에서 빠져나오면서 가차없는 죽음으로부터 빠져나왔다고 믿는 병자들이 모두 몰려나왔다. 이 전락한 자들의 무리 전체가 낮에는 숨어 있다 밤이 되면 출몰했고, 먹을 것을 찾아서 혹은 일탈의 광분과 행복한 사람들에 대한 증오로 집들을 덮쳐 공격하곤 했다. 어쩌면 그들은 지금에 이르러서는 진정한 조직적 원정을 벌이는 것인지도 몰랐다. 이 혼돈은 끊임없이 자라났다. 그것은 제 둑을 넘어 범람하는 강이었고, 갈

수록 점점 더 많은 잔해들을 요구하는 잔해의 물결이었고, 이제는 그에 맞서 공권력이 들고 일어난 검은 조수였고, 그러나 공권력 역시 그 조수 못지않게 모호한 것이었으니, 애초엔 그것을 소환해 제 경계의 바깥으로 나가라고 하더니 이제 와서는 다시 그 경계의 안쪽으로 되돌아가라고 명령하는 것이었다. 그와 같은 시기에 이 모든 비참한 자들의 운명이 그것의 믿을 수 없는 농간 속에서 그토록 뚜렷하게 내 앞에 나타났으므로, 나는 그럴 수만 있다면 그 비참을 훤히 밝힐 말들을 하늘 위에 불의 글자로 적어 그들에게 알리고 싶을 지경이었다. 그리고 그 말들을, 나는 실제로 적었다. 그러나 비참은 돌과 납으로 이루어져 있기에, 위를 올려보고 그로부터 광명을 받아들이는 행위가 원동력이 될 리 없었다. 아니, 심지어 아무 보탬도 될 수 없었으리라. 움직이는 병의 힘이 그러한즉, 설령 그 병이 천체들 가운데에서 빛나기 시작했다 하더라도, 그것이 폭로한 바는 기껏해야 모욕적인 조롱, 그리고 악 자체보다 더 가차없으나 피할 길 없고, 고발할 수는 있어도 중단시킬 수는 없는 하나의 농간에 불과했을 테니 말이다. 부패일로에 있는 이 모든 더러운 찌끼들, 뛰어다니며 울부짖는 저 병자들, 진정한 망자들의 횃불, 자기 자신의 바깥으로 던져진 광인들이 이제는 어떤 의미에서 그들에게 도주를 강요했던 바로 그 사람들에 의해 도주했다는 이유로 내몰린다는 사실. 이것은 수치스러운 광기이며 음산한 소극笑劇일 터였다. 그런데, 이 일의 책임은 누구에게 있었나? 지나치게 가혹한 규칙을 탓할 수도 있었으리라. 하지만 규칙들은 그저 병이 가차없는 것이기에 엄격했을 따름이며, 그리하여 전염을 제지하기 위해 부과해야 했던 준엄한 명령, 가혹한 동시에 이미 그 자체가 불순하고, 부패하고, 병에 감염된 상태인 그 명령의 귀결에 의해, 모든 일은 점점 더 많은 수의 불행한 자들이 강제로 불법의 상태 속에 떼밀려 들어가는 수순으로 진행되었으니, 그들은 그 명령에 복종하는 경우엔 자신들이 파멸했음을, 그리고 그것에 복종하지 않는 경우엔 자신들이 진창 같은 생존이라는 형을 선고받았음을 목도해야 했다. 경비원들은 재앙으로부터 자신들을 보호하기 위해 있는 것임에도, 이미 많은 이들이 그들을 재앙 자체로 여기고 두려워하기 시작한 후였다. 경비원들 중 몇몇은 절도를 저지르고 사람을 죽였었다. 맡아 관리하는 각종 수수료에서 자기 몫을 떼어 챙긴다든지, 불법 외출을 눈감아 주는 대가로 강제로 돈을 요구하고 거금을 받아 낸다든지, 구조대와 의사들의 도착을 지연시킨다든지, 병의 확산을 막아 내는 데 이용되어야 할 규칙들을 정작 병보다 더 무시무시하게 만드는 식으로, 경비원들이 제가 지키는 집들에 피해를 입혀 가며 생계를 유지하는 일들이 발생했다. 이 같은 악습이 다반사로 저질러지지는 않았으리라. 그리고 그것은 경비원들이 수행하는 기능이 매우 위험하다는 말로 해명되곤 했다. 게다가 개중에 많은 경비원들은 헌신과 용기를 보이기도 한 터였다. 그러나, 감시의 대상이 된 집은 어김없이 죽음의 타격을 입고 이미 빈사의 상태에 들어간 집이라는 사실을 주지시키는 데에는 지나치게 공공연해진 몇몇 사례만으로 충분했다. 여기에 각종 고발과 염탐마저 덧붙여졌으니, 병에 대한 이 같은 공포란 모든 것을, 심지어 가족의 유대관계마저도 이기는 것이었다. 모든 사람들이 자기 주변 사람들 모두를 감시했으며, 비극적인 증세들을 발견하기 위해 그들을 염탐했고, 어떤 병자를 가까이했다거나, 미심쩍은 사람을 스쳤다거나, 어느 도주한 자의 곁을 지나쳐 갔다는 식으로 그들을 의심하곤 했다. 많은 이들이 다만 고발이라는 위협의 강박에 사로잡혀 자취를 감췄다. 또 다른 이들은 자신들의 발 아래에 빈틈없이 펼쳐진 덫을 보는 두려움에 아예 선수를 쳐서 진짜 계략을 짰고, 그렇듯 이웃들에 의해 집 안으로 이끌려 온 불행한 도주자들 중 하나쯤은, 자신에게 어떤 역할이 강요되려는 것인지 눈치챘든 아니든, 하룻밤의 피난처를 갖기 위해 아무 제안이나 받아들이기 일쑤였다. 만약 누군가가 달아날 경우 그의 실종은 그의 부모와 지인들, 하다못해 가장 먼 친구들에 이르기까지 모두에게 타격을 안긴바, 심지어 후자들은 도주자와는 아주 까마득한 시절에 사귀었을 뿐인데도 그에게 피난처를 제공해 주었으리라는 줄기찬 의혹의 대상이 되곤 했다. 그야말로 천 개의 드라마를 초래하는 진정한 집단 고발이었다. 앞서 보건과는 사람들에게 최대한 각자의 집에 머무르며 거리로 나가지 말라고 권장했었다. 그런데 사람들은 심지어 가족끼리도 아파트 내부의 구획을 나누고 지나치게 넓은 방들을 잘게 분리했다. 그리고 저마다 스스로를 홀로 유폐했다. 가정은 진짜 감옥이 되었다. 뿐만 아니라 정황은 또 그 반대이기도 해서, 그토록 많은 건수의 자살들이 일어났다면 그 이유는 경미하게 감염된 어떤 병자들이 지나치게 경과가 긴 병의 위험들을 자신의 측근에게서 덜어 줄 방편을 거기서 찾았기 때문이었다. 실종되었다고 여겨지던 많은 이들은 그 같은 조건들하에 죽은 것이었고(살해된 게 아니라면), 그들은 그렇게 어느 구석엔가 다소간 단단히 파묻혀 부패의 온상이 되었으니, 어떤 거리들에서 악취의 확산에 기여했던 게 바로 그것이었다. 그 밤들에 어떤 일이 일어난 것일까? 그 일은 개들이 울부짖는 소리를 통해 표시되곤 했다. 그 일은 지금 이 순간에도 일어나고 있거나, 이내, 내일이면 일어날 것이었다. 전에 계단을 내려오다 내 시선에 잡혔던, 병자도 수감자도 아닌 사내들이 어디를 향해 가던 것인지 나는 알고 있었다. 비워진 거리들의 텅 빈 건물들에는 이미 달아났다 온 이들이 단 한 명도 없었으니, 그들 중 가장 비참한 자라 해도 결코 그리로 되돌아올 엄두를 내지 않았다. 그들은 그 집들 속에서 자신들을 기다리고 있는 단말마를 감지했으며, 앞서 그들이 피해 달아났던 것도 바로 그것이었고, 그리하여 그 도피는 집들을 죽음의 거처로 만들어 놓았다. 도주자들이 우선적으로 찾는 장소는 지하실 깊숙이 파 놓은 구멍, 계단 밑 은신처, 아직은 생명이 남아 있는 어느 집의 눈에 띄지 않는 거처 따위였으나, 그런 피신처들에 비해 자신들의 수가 너무나 많았던 까닭에 그들은 좋건 싫건 저 나대지를 향해 이끌려 갈 수밖에 없었다. 그곳에 그들은, 함께 모여 있는 것에 대한 자신들의 증오에도 불구하고, 대부분 서로 뭉쳐서 마침내 안식처를 세우기에 이르렀다. 그 일대에 사람들은 커다란 구덩이들을 파 놓았고, 바로 그 이유 때문에 거기에는, 사람들이 붙인 별명을 따르자면, 생활 쓰레기 처리를 담당하는 몇백 명의 개인들, 즉 타락한 주정뱅이에다 자신들이 이행해야 하는 작업에 반쯤 미친 한 떼의 사람들만 들어가곤 했다. 미리 준비된 이 구덩이들이 가장 많은 사람들의 은신처 역할을 했다. 도르트는 때때로 칸막이 벽 너머로 그곳에서 발견된, 그때까지도 목숨이 붙어 있던 사람들 얘기를 들려주었는데, 그들은, 이 사실을 그는 흥분해서 말했다, 서로를 매장하려 하고 있었다는 거였다. 실상 그 일은 도주자들 중 운 없게도 작업중이던 구덩이 속에 몸을 숨기게 된 몇몇 이들에 국한된 얘기였다. 거기서 사람들은 그들을, 어쨌거나 오매불망 살아남으려는 그들을 시체와 혼동한 것이었다. 그도 그럴 것이, 그들 운명의 비극적인 매듭이 바로 거기였으니 말이다.

이 비참한 찌끼들이라고 해서 완전히 아무 자양분 없이 지낼 수는 없었다. 병자들이 열로 포식한다면, 다른 이들은 살고 싶어했다. 그리고 산다는 것은 어떻게 해서든 정상적인 세계로 다시 들어가는 것이었다. 광기의 발현으로, 또는 전멸의 상태로 떨어지지 않기 위한 매일 저녁의 불가피한 공격들은 공권력의 편에서 어떤 공모를 발견할 필요가 있었고, 내가 보기에 이곳에서의 공권력은 북스의 이름과 연결되어 있었다. 그토록 많은 수의 무리가 그냥 자신들에게 방기된 채로 통제를 벗어나 있다는 건 있을 수 없는 일이며, 더구나 그 무리는 저 죽음의 법령들로부터 도주하기를 바라면 바랄수록, 정작 저희가 그 법령들이 주는 공포 때문에 구덩이들 속으로 뛰어들게 된 것임에도, 자신들을 결코 놓아주지 않는 엄격한 감시의 적용을 더한층 촉구했다. 내가 본 사내들은 바로 그 임무를 수행하러 출발하던 길이었다. 이후로 그들은 거기서 살게 될 것이었다. 속수무책인 그 무리에게 그들이 부과될 것이고, 그들은 사전에 준비된 비축품들로 아무 위험 없는 발송 체계를 조직할 것이며, 무리를 은밀히 통치함으로써 그들을 다시 삶 쪽에 가까이 데려다 놓을 것이었다. 이것은 끔찍한 희극이 아니던가? 가장 큰 비참의 상태로 떨어진 인간들의 이 무정부 상태는 그것이 가장 급박하게 궁지에 몰린 것으로서, 나날의 공포 속에 질서 없이 살아가도록 선고 받은 것으로서 여겨지던 순간에조차 제가 피해 달아났던 저 공권력의 관용과 선동을 통해서만 움직일 수 있었으니, 기실 공권력이란 그 무정부 상태를 삶 속에 유지시키는 동시에 삶으로부터 떼어 놓으며, 지나치게 큰 무질서를 제지하기 위해서뿐만 아니라 무정부 상태가 정상적인 삶으로 귀환하는 일 역시 여전히 불가능하도록 하기 위해, 때가 오면 주저 없이 그것을 겨냥한 광기 어린 억압을 명령할 것이었다. 그렇다, 이건 희극이었다. 그러나 이 희극은 더 이상 중단될 수 없었다. 그리고 더한층 가혹하게도, 이건 그 주도권을 쥐고 있다고 믿는 이들이 곧 희생물인 희극이었다. 그리고 그보다 더욱더 가혹하게도, 이건 나 자신의 희극이었다. 그리고 별안간, 더 이상의 희극은 없었고, 대신 모든 것 위로 잔혹하고 위압적인 진실이 솟아올랐다. 저 죽음의 장소들을 산 상태로 유지시키도록 명 받은 그 사내들 역시 때때로 구덩이 속에서 균형을 잃고 쓰러질 위험이 있다는 걸 누가 깨닫지 못했겠는가? 많은 이들이 그와 같은 전염의 위협에 스스로를 노출시키는 편보다는 도망가는 길을 택했고, 그럼으로써 새로운 범주의 낙오자와 패배자들을 만들어 냈다. 먼저 구렁텅이에 던져졌던 이들과 그들이 거기서 살 수 있게 만들라는 명령 때문에 그들과 합류하러 온 자들 사이에는 동일한 불행 속에 종말을 맞으리라는 익명의 가능성이, 이후 거기서 빠져나와야 한다는 동일한 난관이, 그리고 궁극적으로, 구덩이에 대한 매료가 공통점으로 존재한다는 걸 누가 깨닫지 못했겠는가? 한쪽 이들에게는 부과되고 다른 쪽 이들에게는 감춰지는 명령은 그 누구의 운명도 바꾸지 않았다. 이젠 북스에 의해 파견되어 이들 면책의 무리를 관리하던 사내들 자체가 무책임 속으로 들어설 차례였다. 그들이 그곳에 도입한 책임감은 날로 무지해져서 급기야 그들 자신조차 구제할 수 없는 것으로, 다시 말해 사내들 스스로가 저희들이 결국 누구를 위해 봉사하고 있는 것인지 알지 못하는 그만큼, 그들에게 구원을 제공할 수 없는 것으로 변해 갔다. 사내들이 스스로를 북스의 편에 속하는 동시에 일정 부분은 자신들이 감시하는 저 잔해들과도 연결된 것으로 여겼다 한다면, 북스 자신은 모욕받은 자 특유의 맹목 상태에서 자신이 풀려나고자 하는 바로 그 법을 위해 행동하고 있었으니 그럴 수밖에. 이렇게 해서 이 모든 혼돈, 이 모든 광기는 결국 권력에 복무하였으며, 후자의 관점에서 볼 때 모든 것은 최선의 형태로 진행되었다. 이런 걸 생각해서는 안 될 거다, 라고 나는 혼잣말했다. 그러나 밤은, 밤의 나머지는, 그리고 아마도 낮도, 또 아마도 많은 날들이, 이 생각 위로 흘렀다. 때때로 나는 또다시 이렇게 생각하곤 했다. 그건 그렇고 난 어째서 이곳에 있는 걸까? 나는 아무렇게나 흐트러진 침대를 문득 보곤 했다. 내가 없는 새 사람들이 그 위에서 여러 장의 담요를 거둬 새로 들어온 이들에게 배급한 것이 틀림없었다. 그리고 어쩌면 그것들은 몇 안 되는 무리의 짐 가방 속에 실려 나가, 지금쯤 헐벗은 채 구멍 속에 쪼그리고 누운 저자들 중 누군가를 위해 쓰이고 있을지도 몰랐다. 그러한 착상은 나를 경악시켰고, 나를 사로잡았다. 그것은 그러나 나를 따라다니지는 않았고, 심지어 기이한 나태함을 드러내기까지 했다. 다만, 그것을 밀쳐 내는 일, 그것으로부터 거리를 두는 일, 그것이 다시 움직이도록 하는 일을, 난 할 수 없었다. 내가 행하는 모든 것의 뒤편에 그 생각이 말없이 머무르면서, 그렇듯 자리를 차지하고 있었다. 그러다 간호사가 들어오자, 그때부터는 더는 아무 일도 일어나지 않았다. 그녀를 쳐다봤자 아무 소용없었다. 열기는 너무 무거웠고 빛은 하도 가혹해서 나는 그녀가 침대 가까이 다가오거나 테이블 쪽으로 걸어가는 모습, 종이쪽들을 집어 정리하는 모습을, 마치 바짝 말리는 열기와 부동의 빛 사이로 나날들이 흐르고 흘렀어도 결코 그에 의해 그 말없는 거동들이 제거되지 못한 것이기라도 하듯, 아연히 보고 있었다.

　어느 날 아침, 간호사는 나보고 침대를 정돈하게 자리에서 일어나 달라고 했다. 나는 걸상에 앉아서 그녀의 뒷모습을 관찰했다. 그녀는 작업복 대신 색이 다 바래다시피 한 회색 원피스를 걸쳤고, 목이 올라오는 그녀의 무거운 단화로부터는 맨다리가 드러났다. 그녀가 방 안을 이리저리 걸어다녀서 나는 그녀를 때로는 물병 근처에서, 때로는 창 앞에서 다시 발견하곤 했다. 그녀의 머리 뒤로 대로의 가로수들이 죽은 잎들을 뻗치고 있었고, 그 나무들 뒤로는 집들이 말없는 정면을 드러낸 채 빛의 오만한 승리로부터 저희들의 숨겨진 부패와 은밀한 시신들이 밝혀지기를 끈기 있게 기다리고 있었다. 나는 그녀를 바라보면서 생각했다. 저 여자는 저기서 무엇을 하는 걸까? 벽들을 닦는 일이 이제 진력나지도 않는 걸까, 저것 말고 다른 할 일은 없는 건가? 나는 그녀가 창유리를 닦고 있다고, 며칠 전부터 지치지도 않은 채 느른하게 그것들을 문지르고 있다고 생각했다. 매일 아침 저 창 앞에 다시 서서, 그리고 매일 아침 거기 왔다가 다시 자리를 뜨고, 또다시 돌아오고, 때로는 크레오소트 냄새가 풍기는 작업복을, 때로는 거의 원피스라 할 수도 없는 저 색 바랜 원피스를 입고서 말이다. 나는 걸상에서 일어나 옷가지들을 찾았다. "내 옷들은 어디 있어요?" 그녀는 잠깐 창에서 멀어져 내 맨다리 위로, 넓적다리에 감은 붕대 위로, 드러난 허리 위로 무심한 시선을 보냈다. 그녀의 평평한 얼굴과 내 피부 위에 멎은 회색 눈이 보였다. 그녀의 맨다리가 목이 길고 두툼한 단화의 가죽으로부터 차갑고도 거칠게 솟아 있는 것이 보였다. 내가 옷을 반쯤 입는 동안, 그녀는 나를 도와주지 않았다. 나는 그녀에게 옆방으로 간다고 알렸다. "그러고 싶다면요"라고 그녀는 담담히 말했다. 옆방으로 들어서면서 나는 눈이 부셔 비틀거렸다. 도르트는 상태가 몹시 안 좋아 보였다. 그의 왼손마저도 부어 있었다. 그는 나를 바라보기만 할 뿐 꼼짝하지 않았다. 그래서 나는 그가 마침내 완전히 마비된 것이라 생각했다. 그의 동료들에게 말을 걸어 보려 했으나, 그들 또한 그 어느 때보다도 더 무기력하고 무감하게 보였다. 일전에 사람들이 아브랑이라는 이름으로 불렀던 자는 머리를 제 외투로 반쯤 덮고 입을 벌린 채 매트 위에 누워 있었는데, 쑥 들어간 뺨에 기인한 것도, 흐릿하고 탐욕스러운 두 눈에 기인한 것도 아닌 수척함으로 야윈 이 얼굴이 무엇 때문에 그토록 기이하게 보이는 건지 좀처럼 알아차릴 수 없었다. 이 얼마나 끔찍하게 늙은 사람인가, 라는 생각이 들었다. 그의 나이는 늙음이 허구적 장중함의 경지에까지 도달하지 않은 채 아직은 서글픈 현실에 그칠 뿐인, 그런 단계를 넘어선 게 확실했다. 그는 이미 유서 깊다 할 나이였다. 그는 턱부터 가슴까지 늘어진 일종의 가벼운 식물 소재를 한 손으로 당기고 있었다. 그것은 다갈색과 흰색으로 이루어진, 약간 구불거리는 몇 가닥의 털실과 흡사했다. 그는 그것들을 강박적인 동작으로 잡아당기거나, 흐트러뜨리거나, 길게 잡아 늘였다. 나는 궤짝 한귀퉁이에 걸터앉았다. 열기는 극도에 달했다. 방에 파리와 벌레들이 수백 마리는 있는 듯했고, 그것들이 벽과 창유리, 천장에 부딪히며 윙윙대는 소리가 거기 꼼짝 않고 있는 사람들 전부를 합친 것보다 더 큰 소음을 냈다. 마침내 나는 그들 모두를 마비시킨 것이 열병도, 열기도, 병도 아니라는 것을 깨달았다. 도르트에게서 움직임을 앗아 단지 그 불안하고 경계하는 메마른 시선만을 남긴 것은 진짜 마비가 아니었다. 어느 순간 누군가가 무언가를 떨어뜨리는 소리가 났는데, 내 생각엔 그의 샌들 두 짝의 소리가 아닌가 싶었다. 소리는 마치 바람처럼 방 안을 관통했으며, 움직이는 이는 아무도 없었지만 저마다 모두와 함께 동요했고, 얼굴들은 일제히 창 쪽을 향했다. 나 자신도 온 힘을 모아 창 너머를 바라보았다. 정신이 든 도르트가 두어 마디 말을 지껄였다. 그의 목소리가 몹시 거북스럽게 들렸다. 나는 그가 손 때문에 신음하는 것임을 눈치했다. 그는 숨이 막힌다고 말했고, 물을 달라고 했다가, 이어 다시 침묵 상태에 빠졌다. 그의 주변으로 열 마리 남짓 되는 파리들이 날고 있었다. 그것들은 서로 번갈아 그의 입술 아래쪽, 수염이 비고 없는 자리에 난 작고 흰 상처에 앉으려고 했다. 때때로 파리들은 이마 위쪽에 앉거나, 변덕스럽고 교활한 동작으로 뺨을 타고 내려오거나, 털 속에 얽혀 곤란을 겪다 요행히 흰 가르마에 도달해 다시 윙윙거리기 시작하곤 했다. 나는 두 차례에 걸쳐 자리에서 일어나 그것들을 쫓으려 했지만, 내 몸짓이 도르트를 겁먹게 했다. "더러운 파리들 같으니"라고 나는 말했다. 파리들은 아주 작았다. 전염병이 돌기 전에는 그와 같은 종을 본 적이 없었던 듯했다. 파리의 몸통은 온통 시꺼멓고, 심지어 날개마저도 그랬다. 그것들은 팔짝거리면서 아주 가벼운 소리를 냈는데, 그 건조한 소리는 흡사 그것들의 몸뚱어리 자체가 부서지는 소리처럼 들렸다. 한 마리가, 이어 또 다른 것이 감히 입술 위에 앉았다. 나는 최대한 인내심을 발휘하여 그것들을 지켜보았다. 파리들은 꼼짝하지 않았다. 입술 역시 아무 움직임이 없었다. 내 눈앞에서 피부가 둘로 갈라져, 그대로 마르는 동시에 물로 덮이는 듯한 느낌이 들었다. 그 순간, 무시무시한 폭발이 일어나면서 내 몸이 튕겨 올랐다. 나는 땅바닥에 쓰러졌다. 건물의 기초가 무너져 버린 것만 같았다. 빛마저도 뻣뻣한 반사광으로 변해 흔들리고 있었다. "무슨 일이죠?" 나는 자리에서 몸을 일으키려 했다. 도르트의 얼굴은 회색 자국들로 뒤덮여 엉망이었다. 나는 물병을 집어 그의 얼굴에 물을 뿌렸다. 그의 입이 느리게 달싹였다. 행주에 물을 적셔 그 입 위를 점점이 눌렀다. 그가 로스트라는 이름을 발음하는 것처럼 보였다. "로스트를 불러와야 할 것 같아요"라고 나는 늙은이에게 말했고, 그자는 매트 위에 거의 나자빠져 있다시피 하다 몸을 일으키려고 애썼다. 그러나 일단 일어선 뒤에는 가까이 오지도, 심지어 병자를 바라보지도 않고 창가에 모여 있던 다른 사내들을 향해 몸을 돌렸다. "이제 좀 낫소"라고 도르트가 말했다. 그는 깊이 숨을 몰아쉬었다. 얼굴에 다시 약간의 생기가 돌았다. 땀을 흘리고 있어 그것이 그에게 일종의 표정을 주었다. 그가 말했다. "이제 좀 낫소." "무슨 일이 일어난 거죠?" 나는 물었다. 주변에서 사람들이 말을 하고, 속삭이고 있었다. 폭발이 몇 차례나 일어났던 걸까? 두 번, 어쩌면 세 번? 그럼에도, 모든 건 한 번 더 일어날 듯 보였다. 나는 궤짝 위에 다시 앉았다. 이제 우리 한가운데에 뭔가 음산한 것이 자리 잡고 있었다. 어쩌면 그것은 무의식적으로 "이제 좀 낫소"라 되뇌는 저 입으로부터 오는 건지도 몰랐다. 아무도 그 말에 신경쓰지 않았고, 무관심 속에 떨어져 버린 그 말은 그러자 다시금 솟아오르려고, 또다시 다른 중얼거림들 속에 섞여 들려고 했다. 나는 사람들이 감옥의 낡은 건물들을 폭파하려던 것임을 알게 되었다. 그것들은 벌레들의 온상이었으므로, 만약 새로 올린 건물들이 병원 센터로 사용되어야 한다면 그 근방에서 그것들을 제거해야만 했다. 그러나 여기서 감옥이라는 단어는 저 자체의 것으로 남겨진, 그러니까 제가 가고 싶은 데로 가며 제게 좋은 것을 표현하는 단어였다. 그것은 발설되기 위해서 그 어떤 입도 필요로 하지 않았고, 그것 뒤에서 모든 이들은 얼굴에 얼굴을 마주하고 모여든 채 그 말을 외치거나, 중얼거리거나, 이빨로 씹어 으스러뜨렸다. 듣자 하니 수감자들이 제 독방을 떠나기를 거부하고 그 안에 자신들을 차단한 후 그 어떤 설득도 끝내지 못할 관성에 기대 그곳에 집요하게 처박혀 있다는 것 같았으며, 그 결과, 그 조치에 자신의 자취를 남긴 북스로서는 예전에 스스로 내린 지시들과 다시 대면한 상태였고, 그 지시들이 그에게 수감자들의 돌 같은 침묵을 대립시킨 이상 그것들에 맞서 싸울 수밖에 없었다. 다시 말해 그는 원천적인 맹렬함을 발휘해 자기 자신에 맞서야 했으며, 어떤 것 앞에서도 물러서지 않을 듯한 그 맹렬함이란, 제압하는 행위가 과연 자신을 서 있게 할지 아니면 쓰러뜨릴지 일체 염려하지 않으면서 제압하려 하는 데서 나오는 것이었다. 나는 이 북스라는 이름을 큰 소리로 발음해야 했다. 그리고 그 말이 내 입 밖으로 나오자마자 도르트는 애원과 공포로 가득 찬 정신 나간 표정으로 나를 쳐다보았다. 내게 고정된 그의 두 눈은 그러나 나를 내가 있는 곳에서가 아니라 더 먼 곳에서, 벽 반대편에서, 문에 기댄 모습으로, 이어 더 멀리, 이 방과 이 건물의 너머에서 보고 있는 듯했고, 사방에서 나를 발견했으며, 그럼에도 여전히 나를 다시 발견하기 위해 끊임없이 더 먼 곳으로 향하고 있었다. 그 순간 내게는 도르트 역시 저 물 차오르는 소리를 듣고 있다는 확신이 들었으니, 그토록 많은 나날 동안 나는 그 죽어 버린, 고갈되고 만 물줄기들의 소리를 들어왔던 것이다. 그는 물들이 천천히 열기와 빛을 가지고 차오르는 것을, 그리고 부패와 불행, 굴욕으로 일렁이는 눈 먼 검은 조수들인 그 물들이 우리에게 도달해 봤자 아무 소용 없을 것인즉 그래 봤자 일어나는 일이란 우리가 빛의 정점에서 영원히 좌초한 채로, 빛의 영광과 선의 때문에 영원히 지치고 수치스럽고 절망한 채로 남겨지는 일뿐이리라는 것을 감지하고 있었다. 구덩이가 다시 닫히는 순간은 곧 자신이 그것으로부터 결정적으로 배제되는 순간이기도 하리라는 사실을 느끼면서, 그토록 많은 고통과 인내 끝에, 제 불행한 과거의 깊음 속에 그 구덩이를 판 끝에, 스스로가 또다시 법의 광명 아래로, 그것도 실추의 절정답게 이전에 그가 자신의 신념 전부를 불어넣어 준 이들의 행동에 의해 내던져질 수도 있다는 사실을 공포가 뒤섞인 놀라움과 더불어 감지하면서, 그와 같은 패퇴를 실감하면서, 도르트는 이미 놀라고도 애원하는 눈길로, 앞으로 도래할 바를 부정하는 눈길로, 모든 걸 부정하며 그저 자신이 아까보다 나은 상태라고 되풀이할 뿐인 눈길로, 정확히 법이 요구하는 대로 삶과 병의 완치를 호소하며 나를 관통해서는 방 전체를 내가 도무지 견딜 수 없는 저 넘칠 듯한 굴욕과 회한과 희망으로 채우는 눈길로 나를 바라보고 있었다. 나는 식사를 받으러 아래로 내려갈 준비를 하는 사내들을 향해 "의사에게 알려야겠는데요"라고 말했다. 그들은 가 버렸다. 그들의 뒤를 따라 가장 몸이 성한 병자들이 구내식당으로 내려갔다. 식사를 하면서 마음이 약간 진정되는 걸 느꼈다. 방의 거의 반이 비워진 후였다. 늙은이는 내 가까이에서 열성적이고 진지한 동작으로 조용히 음식을 씹고 있었다. 나는 그의 수척함이 지닌 그 같은 기이성이 어디에서 기인하는지가 이제서야 보였다. 그건 그의 턱수염 자체가 몹시 성글어서 그의 얼굴과 아무런 관계도 없는, 그리고 심지어 지금도 그의 손이 계속해서 잡아당겨 펴는 중인 두세 가닥의 터럭에 불과했기 때문이었다. 그는 여전히 음식을 먹던 중임에도 몸을 일으키고 내게 인사를 건넸다. 그리고 한기 때문에 덮고 있던 자신의 외투를, 이어 두 다리에 겹쳐 감은 여러 장의 두터운 헝겊 붕대를 내 눈앞에 드러냈다. 그는 그것을 뭔가 흥미롭고 내 관심을 끌 만한 것이라도 되는 양 내게 보여 주었고, 내가 열기 때문에 숨이 막힐 지경인 그곳에서 자신은 추위를 느낀다는 사실을 한탄하기 위해서 그런 건 아니지만, 그럼에도 그가 나를 증인으로 삼는 그 태도는 마치 이렇게 말하는 것 같았다. "이걸 보고 즐기되, 다음 사실을 기억해 둬요. 지하감옥에서 지낸 사람은 그 결과 자기 자신과 함께 추위를 가지고 가게 된다오." 그 또한 자신이 거기서 왔다는 사실을, 자기 인생의 커다란 부분을 법의 속박하에 거기, 독방 깊숙한 곳에서 보냈으며 그곳에서 간수는 다름아닌 자기 자신이라는 얘기를 내게 성급히 들려주었으니까. 아, 물론 형을 선고받았으나 그건 그로서는 그저 아주 오래전, 아마도 소싯적에나 일어날 수 있었던 일이며 그 바람에 많은 세월이 허비되었다는 것인데, 그러나 그의 말을 듣고 있자면, 마치 감옥이란 곳은 이 노쇠의 기억을 통해 드러나는 걸 즐길뿐더러 그것을 빌미로 저를 빛에 더한층 낯설고 무감각한 실재로 변형시키는 장소라도 되고, 늙은이가 자신의 모든 추억과 함께 빠져 있는 곳은 바로 거기인 것처럼 여겨질 따름이었다. 그는 그 실재를 지칭할 때 결코 이 감옥이라는 이름을 부여하지 않았다. 그에게 그것은 그냥 지하 독방이거나 구덩이로 불렸다. 그런 나머지, 그가 그에 관해 제아무리 침착하게, 또 느리고 격식 차린 화법을 통해 이야기한다 해도, 그의 언어에는 위험스러울 정도로 교활한 암시가 담겨 줄곧 같은 내용만을 되풀이했다. 그 내용이란, 시간과 더불어 감옥은 땅 밑으로 파묻혀 들어갔다는 것, 그래서 늙은이 자신의 세월이 사라져 들어간 구덩이와 아래쪽의 세계가 되었다는 것이었다.

"이 사람은 무슨 얘길 하는 겁니까?"라고 다비드 로스트가 말했다. "똑같은 말만 되풀이하는 노인네 같으니라고!" 그러면서 그는 그의 팔을 흔들었다. 나는 일어났다. "그런데 당신은 또 여기서 뭘 해요? 방에서 나오면 안 될 텐데, 그리고 다른 방들로 가는 건 더더욱 안 되고. 내가 이미 말하지 않았나?"

"난 간호사의 허락을 받고 온 겁니다."

"어떤 간호사?"

"잔 말입니다."

"뭐라고요?" 그가 그러면서 자기 목에 한 손을 갖다 댔다.

"도르트의 상태가 그다지 좋지 않아요. 당신에게 그 사실을 알리는 게 좋겠다고 생각했죠."

그는 불쑥 침대 가까이 다가가더니 몸을 굽혀 상급자인 양, 그러나 관심 어린 태도로 도르트의 얼굴을 관찰했다. 그는 장갑 낀 손으로 도르트의 입을 만졌다. 그러더니 앰플에 든 내용물을 컵에 부어 천천히 마시게 했다.

"똑같은 말만 되풀이하는 노인네." 그는 그렇게 말하면서 늙은이를 밀친 후 궤짝 위에 앉았다. "당신은 어째서 늘 같은 얘기만 하는 거요?"

늙은이는 짐짓 점잔을 빼며 말했다. "난 그걸 겪었으니까요. 그리고 아직도 그걸 겪고 있고. 내게 그 기억들은 마치 그 고통스러운 날들로부터 결코 빠져나오지 못한 것마냥 가깝다오."

로스트는 나를 바라보며 말했다. "저자들은 항상 같은 얘기만 하죠. 마치 그들 모두가 단 하나의 동일한 내력만 가지고 있는 것처럼 말이오. 자신들에게 닥쳤던 일과 자신들이 들은 일을 제대로 구분해 내지도 못하겠지." 그는 업신여기는 태도를 취하며 입술로 풉, 하는 소리를 냈다. 그리고 말했다. "당신도 방으로 되돌아가는 게 좋을 거요."

아브랑이 예의 경건한 어조로 말했다. "우리 모두가 같은 고통을 겪은 건 아니오. 그러나 그 고통들을 되새기는 이야기들은 모두에게 속해 있는 것이고, 그래서 우리는 제각기 거기서 자신이 경험한 적 있는 사실들을 알아보지요. 그리고 그 사실들이 우리에게 나머지 모든 것에 대한 권한까지도 주는 겁니다. 잊는다는 건 가능하지 않소. 기억들은 지나치게 고통스러우며, 우리가 그것들을 다시 떠올리는 일은 대단히 큰 슬픔이오. 하지만 우리는 그것들을 환기해야만 하지요. 왜냐하면 바로 그것이, 다른 어떤 것도 아닌, 우리의 삶이었으니까요."

로스트가 말했다. "저 사람 말을 들어 봐요. 저들은 한탄을 늘어놓고, 의례적인 애도의 제스처들을 취하죠. 그 어떤 이도 저들보다 더 불행하지는 않았을 거요. 하지만 결국, 저들은 저것만을 좋아하죠. 자기들 푸념을 늘어놓는 것, 궁핍이라는 자기들의 황홀경에 빠지는 것. 저들이 뭔가 더 나은 것에 도달하기 위해 스스로 조금이라도 노력을 할 것 같소? 저들이 노동을 하려 할까요? 그래요, 우리는 이 사실을 믿게 됩니다. 오직 감옥만이 저들에게 어울린다. 그게 저들이 사랑하는 바요. 그리고 만약 저들이 그것을 사랑하지 않는다면, 그건 더 나쁘죠. 왜냐하면, 저들이 가장 기꺼이 살아갈 장소는 어쨌거나 지하감옥이니까 말이오."

"저들은 병자들입니다"라고 나는 말했다.

"나 역시, 병자요." 로스트가 자신의 멍울들을 만지며 말했다. 나는 그를 쳐다보았다.

"당신 가족도 감염되었겠죠, 아마?"

"전염병은 그 경로를 경유했죠"라고 그가 잘난 척하는 어조로 말했다.

"의사 선생은 우리 이야기의 장중한 특성을 빗대어 말했구려." 늙은이가 미소 어린 표정으로 나를 향하며 말했다. "예식들이란, 가장 서글픈 것들조차도 어쨌거나 축제들과 닮아 있죠. 우리의 불운은 비극적인 사건들에 부합하는 진지한 형태로 환기되오. 우리는 그걸 일상적인 투로 얘기할 수가 없어요. 우리는 그 기억들을 향해 이미 준비된 이들만을, 공포감으로 가득하지만 그러나 존중하는 마음 역시 충만한 이들만을 인도해 갈 뿐이오. 혼자서 그 무게를 지탱할 수 있을 자는 아무도 없어요. 심지어 우리들 모두가 힘을 합쳐 우리 안에 있는 가장 불행한 것들을 남김없이 하나로 모은다 해도, 그처럼 커다란 비참에 적합한 방식으로 응답하기엔 어림없을 겁니다. 우리는 우리가 겪는 모든 것을, 심지어 환희나 감사처럼 외견상으론 부적당한 감정들까지도 여전히 그것과 연결시켜야 해요. 우리의 애도는, 그것이 단지 눈물과 비통으로만 구성된다면, 결코 충분히 크지 않을 거요. 그러니 무엇 때문에 우리가 그것에 우리 삶의 어느 일부를 내어주길 거절하리까?"

미친 언어다, 라고 나는 생각하고 있었다. 그의 말들 위로 부어진 이것은 심오한 도유식塗油式의 곡조일까? 오직 굴절하는 음성을 통해서만 표명되는 맹목적인 무언가를 가리키는 모호한 지시인가? 아, 내가 느끼기에 그 언어는 분명 가장 큰 위험을 가두고 있었으며, 그 어조는 거의 당치 않다 할 것이었다. 마치 그게 나를 위한 용도로 무지 아래의 무지를, 어떤 잔혹한 원초적 행위를 멀쩡히 문화의 일상적인 규칙들에 따라 언어로 표명하기로 작정이라도 했다 할 것처럼 말이다. 그랬다. 그는 내게 그렇게 믿게끔 하려고 했다. 매우 연로한 자라는 스스로의 위상에 완벽히 부합하게도, 그는 구체적인 상황들과 무관한, 따라서 예배 의식에 의해 미리 고정된 역할을 받아들여야 비로소 우리 쪽의 대답이 가능해지는 희생제의적인 표현들만 쓸 수 있었다. 그리고 내 역할이란 끊임없이 부재하나 줄곧 연루되는 청중의 자격으로 그 이야기에 개입하는 것이었다. 나는 아무 말도 하지 않고 있었지만, 그러나 모든 것은 내 앞에서 말해져야만 했다. 그 엄숙한 시편 낭송이 진행되는 동안, 낭송을 통해 마치 지금 이 순간의 고통인 양 그 비통의 나날들에 대한 기억이 되풀이되는 동안 우리는 저마다 거기에 귀를 기울였을 것이지만, 우리뿐만 아니라 지극히 높은 어떤 자 또한, 자신의 세심한 주의를 통해 이 애통한 반추에 희원과 아름다움의 특성을 부여하는 그 누군가 또한, 그것을 경청하고 있었을 것이다.

로스트가 소리쳤다. "자 이제 그만, 같은 말 되풀이하는 건 그 정도면 됐소! 당신들은 쓰레기에다 무가치 그 이하의 존재가 되어 버렸는데, 그조차도 충분치 않군. 당신들은 여전히 그 지난 과거 앞에서 절을 올리고 싶어해요. 그 과거만 생각하고, 그걸 경배하죠. 그게 당신네들의 주인이오."

로스트는 입을 다물고 나서도 여전히 이런저런 몸짓을 했다. 그는 불쑥 자리에서 다시 일어나다 자신을 굽어보다시피 하고 있던 한 사내에게 부딪힐 뻔했다. 그 사내가 누구인지를, 나는 그의 손에 감은 붕대를 보고 알아보았다. 그가 로스트에게 바짝 다가서며 거의 낮은 목소리로 말했다.

"어째서 여기선 내가 나가는 걸 막소? 왜 우리는 한 주인을 다른 주인으로 교환해야만 한다는 겁니까?"

로스트는 그를 쳐다보는 둥 마는 둥 하며 어깨를 으쓱했다. 그리고 투덜거렸다. "가식 떠는 놈들! 허울 좋은 거지들!" 일어선 그는 왜소해 보였다.

늙은이가 내게 말을 건넸다. "우리는 그 불행한 과거에 송두리째 빠져 있는 것처럼 보일 때조차도 늘 미래에 대한 동일한 희망을 가지고 있답니다. 아주 큰 희망을요."

낮은 목소리의 사내가 물었다. "어떤 희망 말입니까? 이 미치광이들의 집에서 이 불행한 자처럼 썩어 가리라는 희망? 다른 작자들처럼 폭탄이 터지는 통에 바깥으로 내던져지리라는 희망?"

아브랑은 말했다. "난 몹시 늙었지만, 지하 독방이 내가 아는 전부일세. 어제의 독방, 오늘의 구덩이지. 그러니 나는 내 희망을 오직 지하 독방에 투입할 수밖에 없다네. 우리 비참의 밑바닥과 그것에서 나가게 되리라는 희원을 어떻게 구분할 수 있겠나? 비천하고 끔찍한 비참, 해서 그저 그 기억을 되찾는 것만으로도 몸이 부들부들 떨리네. 자네들은 모두 우리가 삶을 한 개의 구멍 속에서 보냈다는 걸 기억할걸세. 그렇지만 그 구멍은 또한 우리의 은신처이기도 했고, 우리가 숨어 산 그 피난처는 차차 우리의 거처가 되어 갔지. 여전히 살 만한 곳은 못 되지만, 어쨌든 넓어졌네. 그 구멍이 이제는 이 깨끗하고 통풍이 되는 건물인 게고, 우리는 여기서 불편을 감내하지만, 그래도 우리의 필요에 따라 이 건물 또한 확장되었어. 조심스럽게 말하자면, 우리 상황에서 명료하게 말한다는 건 적절하지 않으니 말이야, 만사의 진행을 볼 때 우리의 희망은 때로는 우리를 집어삼키고 때로는 우리를 보호하는 이 구멍 같다네."

"그게 사실인가요?" 부상당한 사내가, 공격하려는 의도에서가 아니라 자신의 대화 상대자와 일체가 되기 위해서, 로스트 쪽으로 점점 더 바짝 다가서며 중얼거렸고, 로스트는 사내로부터 몸을 빼려는 시도조차 하지 않은 채 그저 깊은 경멸감을 드러내는 표정을 띠며 노골적으로 고개를 돌리는 데 만족했지만, 어쨌거나 그가 표시한 경멸감이란 여전히 애송이의 그것이었다. "예전에는 우리가 우리의 독방에서 나가면서 스스로 자유롭게 산다고 생각했다는 게? 이 죽음의 장소로부터 멀어질 때의 우리는 깊은 데서 솟아올라 새로운 삶 속에 자리 잡는 것처럼 보였다는 게? 우리에게, 우리 편에 의해 관리되던 이 건물은, 우리가 지녔던 희원의 실현 그 이상이었소. 그것은 희망을 앞지르는 축복이었고, 우리에게 매 순간 모든 걸 주었던 은총이었죠. 그런데 지금은 어떤가요? 우리는 이제 그저 명령들을 기다리는 것 말고는 아무것도 몰라요. 우리에게 맞서 내려지는 명령들인가, 혹은 우리 이외의 자들에게 맞서 내려지는 명령들인가? 과연 누가 우리에게 그걸 설명해 줄까요? 건물이란 항상 감옥이다, 라고 아브랑 당신은 말하죠. 분명 그래요. 하지만 그건 타락한 약속으로서의 감옥, 저주가 되어 버린 희망이라고요. 숨막히는 환멸인 겁니다."

늙은이가 말했다. "이런, 자네는 우리에게 솔직하게 자네 마음을 열어 보였고, 자네 생각을 역설했네. 하지만, 자네가 자네의 불평을 문구화하는 데 사용한 그 힘은 동시에 그것들의 근거가 반만 타당하다는 점도 보여 준다네. 이곳의 생존에 맞서 정당한 논고를 구성하는 자네의 말을 통해 드러나는 것은 어쨌거나 감사와 토로야. 자네는 두 개의 판자 사이에서 제 몸을 납작하게 할 수 있는 쥐며느리의 자유가 아쉽다고 말하지. 그러나 자네가 신음하고 반항하는 순간, 숨이 막혀 오는 듯한 느낌의 바로 옆에서 한결 가볍고 행복한 생의 감정이 자네에게 주어지는 걸세. 자네는 그와 같은 생의 이름으로 항변하는 거야. 그리고 자네의 비난은 최종적으로 사면의 행위로 변화하는 것이지. 약속은 실현되지 않지만 또한 결코 사라지지도 않네. 모든 게 꺼질 때 그것이 빛나지. 모든 게 사라졌을 때 약속이 거기 있네. 오, 내 소중한 동료들이여, 나는 우리의 비탄이 무엇을 의미하는지 모른다네. 그리고 어쩌면 우리는 우리의 말을 허비하는 것인지도 몰라. 우리의 애통은 분명 크나커서, 아무리 내 나이가 많아도 그것의 신산함을 전부 맛보고 알기에 충분할 만큼 오래 산 건 아닌 듯 여겨진다네. 과연 누군가가 우리를 궁지에서 꺼내 줄 수 있을까? 나는 그와 같은 가정을 정녕 경계하려네. 누군가라고? 자네들과, 또 나와 다름없을? 내가 나의 비참 속에서 그처럼 가당찮은 생각에 미소 짓도록 내버려 두게나. 나는 자네들 모두를 증인으로 삼겠어. 그러니 필요하다면 내가 그 누구도 부당하게 원용하지 않았다는 것을, 내가 내 짐에서 벗어나게 해달라고 요구하지 않았다는 것을, 그리고 언제나 내 불행과 같은 방향에 서서 다만 구덩이의 더 깊은 곳으로 내려가기만을 갈망했다는 것을 자네들이 증명해 주게나."

로스트가 소리 질렀다. "됐어요, 다들 좀 가요. 이 무슨 우스꽝스러운 의례람!" 그는 손을 제 목으로 가져다 댔다. 늙은이는 잠잠히 매트 쪽으로 물러났고, 다른 이들도 비켜섰다. 로스트는 신경질적으로 이죽거리면서 말했다. "이건 그저 의례일 뿐이오. 대화의 세부 내용이 바뀌어도 저들은 여전히 같은 말의 주위를 맴돌죠. 간혹 저들은 목소리를 높이고 한 사람이 다른 이에게 응수하기도 합니다. 마땅히 말해져야 하는 것이 스스로 감춰진다고 믿는 것에 대답하는 거요. 저들이 뭘 원하느냐? 무슨 생각을 하느냐? 아무것도. 그 안에는 더 이상 생각이랄 게 단 하나도 없어요. 저건 전적으로 우스운 쇼일 따름이오."

"의례일 뿐이라고요?"라고 나는 말했다. "그걸 확신하나요? 당신은 이전에도 저 말들을 들은 적이 있습니까?"

그가 그 경멸하는 표정을 지으며 말했다. "백 번은. 강박증 환자들은 모두 같은 말만 되풀이하니까요. 당신 이 점을 알고 있소? 당신 역시 같은 말만 되풀이한다는 것을?"

그러나 그 역시 같은 말들을 되풀이하곤 했다. 꼭 북스의 말을 듣고 있다는 기분이 들도록. 나는 생각했다. 난쟁이 같은 놈, 난 원하기만 하면 널 없애 버릴 수도 있단 말이다.

나는 그를 응시하며 말했다. "자기들을 위해 도모된 행위에 그 정도로까지 무관심해진다니, 있을 수 있는 일입니까?"

그가 교활한 쾌활함을 드러내며 나를 쳐다보았는데, 그건 이렇게 생각하는 자의 쾌활함이었다. 바로 그렇다니까, 내가 뭐라고 했어.

그가 갑자기 진지하게 확언했다. "아니 그들도 그에 대해 생각을 하죠. 이봐요, 관둡시다."

그는 도르트를 바라보았고 도르트 역시 그를 바라보았다. 그는 도르트의 눈꺼풀을 젖힌 후 그 경계하는 시선을 덮고 있는 회색의, 거의 검정에 가까운 반점 위로 몸을 굽혔다. 그가 중얼거렸다. "정말이지 이 병이란. 좋아질 겁니다, 노인장, 좋아질 거예요. 조금 있다 주사를 한 대 놓아 주겠소." 문 앞에서 그는 그 안달하는 목소리로 내게 외쳤다. "그리고 당신 말이오, 당신 방으로 돌아가요. 오늘 수다는 그 정도면 충분하니까!"

그가 나가자마자 나는 다시 앉았다. 마치 연극의 막간 휴식이 끝난

328

것 같았다. 조수가 밀려들고 있었고, 우리는 그 사실을 알고 있었다. 조수가 밀려들고 있었고, 그리고 비록 아무도 그것의 공범이 아니었어도, 또 공기는 날벌레들의 회오리 한복판으로 오직 빛과 열기만을 들여놓을 뿐이었어도, 그 가벼운 스밈을 간파하지 못하는 자, 자기 자신을 겨냥하여 물의 자취들이 거리들 속을, 이 집을 따라, 벽들을 타고 올라오는 것을 이미 보지 못한 자는 아무도 없었다. 과연 이 일이 정말로 도래할 수 있을까? 나는 생각했다. 과연…… 그러나 지금은 모든 것이 평화롭고 조용했다. 낮잠 잘 시간이었다. 늙은이는 코 위로 제 외투를 내려 덮은 후였고, 다른 이들은 입을 벌리고 자고 있었다. 모든 이가 자고 있었다. 그럼에도, 빛과 열기를 뚫고 오는 희미한 울림을 듣지 못하는 자, 스며들어 오는 무언가에 대한 느낌을 갖지 못하는 자, 어둠 속에서 형성되어 맹목적으로 확산되며 빛 속에서, 빛의 영광 속에서 떨어져 내려 결코 지울 수 없는 진정한 얼룩이 되고자 단 하나의 틈을 찾고 있는 물 한 방울을 감지하지 못하는 자는 우리 가운데에 아무도 없었다. 그리고, 갑자기 그 틈이 발견된 것 같았다. 문득 도르트가 다시 일어났다. 그의 두 팔이 약간 움직였다. 심지어 완전히 마비되었던 그의 오른팔까지도 살짝 흔들렸다. 그가 자신의 침대 위에 침착하게, 또 능숙하게 앉았다. 그리고 고개를 들어 나를 바라봤다. 내가 다가가도 그는 나를 여전히 내가 앞서 있던 자리에, 궤짝 위에 앉아 있는 모습으로 응시하고 있었다. 명료하고 자신 있는 시선이었다. 그 일이 지속되었다. 그의 두 눈은 움직이지 않았으며, 이윽고 그는 나를 더 먼 곳에서, 벽 뒤 나의 방에서, 내 침대 위에서 두 눈을 벽의 얼룩으로 향하고 있는 모습으로 바라보았다. 그 일이 또다시 지속되었고, 우리는 서로를 조용히 쳐다보고 있었다. 나는 그의 앞, 내가 서 있던 자리에서. 그는 내가 바라뵈는 자리에서, 내 방에 누워 벽 위의 무언가를 뚫어지게 쳐다봄으로써. 우리는 둘 다 서로의 얼굴을 똑바로 바라보고 있었으며, 우리보다 침착한 것은 아무것도 없었고, 방과 이 집과 우리 주변에서 울리는 물줄기들의 희미한 으르렁거림보다 평온한 것은 아무것도 없었다. 그가 천천히, 느리고도 능숙하게, 칸막이 벽을 바라보는 자세를 취하며 모로 누웠으며, 그가 그와 같은 동작을 취하는 사이 바닥이 움직이기 시작하면서, 마치 땅이 바스러지는 소리 같은, 가벼운 살랑거림이 들려왔다. 도르트의 몸이 하나의 자세를 찾아냈을 때, 나는 그의 두 팔 중 하나가 펴지더니 칸막이 벽으로 가 그걸 만지는 것을 보았다. 그는 벽을 더듬으며 그 위에서 어떤 형태의 윤곽을 발견했고, 그러자 확신을 가지고 그것을 따라가기 시작했다. 그 순간, 폭발의 굉음이 도래한 바로 그때, 우리의 발 아래로 쩍쩍 금이 갈라지면서 무너지는 소리가 우리 주변에 하나의 검은 구멍을 여는 사이, 내 눈은 칸막이 벽 위에서, 도르트의 손이 긋는 경계선들을 따라, 그토록 무수한 나날들 이래로 그의 땀과 맹렬한 누름이 벽돌과 석고를 뚫어 마침내 내 방 벽까지 압착해 낼 수 있었던 그 두텁고 축축한 얼룩을 보았다. 나는 그 얼룩을, 아무 윤곽도 없이 벽의 내장 깊은 곳으로부터 체액이 스미듯 배어 나오는 그것을, 그 어떤 사물과도 혹은 그 어떤 사물의 그림자와도 닮지 않았으며 머리도 손도 사물도 형성함 없이 그저 두텁고 비가시적인 흐름으로만 새나오고 확장되는 그것을, 마치 이전에 단 한 번도 본 적이 없는 것처럼 바라보았다. 내가 그것을 보았듯, 그 역시 분명 그 얼룩을 보았을 것이었다. 그 역시 그 토네이도 같은 폭발음을 들었을 것이었다. 돌연, 그가 몸을 돌려 앉더니 두 눈을 내 눈에 고정시켰다. 이윽고 그가 무시무시한 도약을 통해 두 발로 우뚝 일어섰고, 흡사 여자의 그것처럼 날카로운 외마디 비명을 내지르며 이렇게 외치기 시작했다. "나는 죽지 않았다, 나는 죽지 않았다." 심지어 내 손이 그의 입을 덮쳐 그것을 누르고 으스러뜨려 틀어막고자 했을 때조차도 내 손가락들은 계속 똑같은 그 비명을 듣고 있었고, 그 외침을 그치게 할 수 있는 건 아무것도 없었다.

8

마침내 나는 방으로 되돌아왔다. 나는 내 방에 틀어박혔다. 이제는 그녀가 내 침대 위에 앉아 몇 시간이고 거기 머무르곤 했다. 그리고 내가 말할 때면 아마도 그녀는 내게 귀를 기울이긴 했겠지만, 그러나 내 말들은 여전히 나의 몫으로 남아 있었다. 쓰는 척하는 것, 단지 그것만이 내가 벗어나지 않은 유일한 일이었다. 나는 테이블로 가곤 했고, 자발적으로 글을 쓰지는 않았지만, 그럼에도 종이들은 검어져 갔고, 사건들은 경험되어 나갔다. 어쩌면 나는 내내 글을 썼는지도 모른다. 저 여자는 내 등 뒤에서 뭘 하는 걸까? 이 질문 또한 나를 떠나지 않았다. 예전엔 이 시각이면 여자들은 침대 시트를 털거나 가구들을 이리저리 움직였고 남자들은 일터로 출발하곤 했다. 지금은, 계단으로 끊임없이 발자국 소리가 울리고 사람들이 층을 오르내려서, 마치 기갑부대의 꿈을 꾸는 것 같았다. 그리고 어쨌거나 전염병은 진정되었다. 하지만 그것이 덜 맹렬해진 이후로, 이게 내가 알아차린 사실이지만, 폭력은 병에서 병자들로 넘어가 있었다. 바로 여기만 해도 병자들의 신음 소리가 달라졌다. 귀를 기울여 보면 이제 음산한 비명이나 침묵은 더 이상 들리지 않았고, 대신 참을성 없고 야만적인 비명들, 또 그뿐만 아니라 병영에서의 소란 같은 것이 들려왔다. 마치 삶이 다시 정상으로 돌아오고 나니 병자들과 정상인들이 점점 더 서로 혼동되어 가기라도 하는 것 같았다. 그렇다면 그녀는? 그녀는 나를 지키고 있었지만, 그 태도가 어찌나 소홀한지 나를 보지도 내 말을 듣지도 않았다. 그리고 바로 이 순간에도, 내 등 뒤에 있는 그녀가 바라보는 대상은 내가 아니었다. 그녀는 차라리 벽을 응시하고 있었고, 내가 뒤로 돌아섰다 했을 때 눈에 들어오는 건 물 때문에, 빗물과 세탁장의 물 때문에 색이 바랜 그녀의 회색 원피스와 무거운 남자용 단화, 그리고 그로부터 제 희고 식물적인 삶과 함께 비어져 나온 다리이곤 했다. 이 모든 것은 마치 거기에 그녀를 볼 사람이 아무도 없었다는 듯 한결같이 뻔뻔한 침착함을 보이며 펼쳐지고 노출되었다. 그리고 잠시 후면 그녀는 식사를 받으러 내려갈 것이고, 쟁반을 받쳐 들고 다시 올라올 것이며, 내가 먹도록 내버려 둘 것이고, 오후가 시작될 무렵 다시 들를 것이었다. 처방약, 그녀는 내게 그것들을 줄 것이고, 또다시 이일 저 일을 할 것이고, 그런데 그녀는 그것들 말고 천 가지 다른 일들을할 수도 있었을 텐데, 어쩌면 그녀가 그렇게 되는 날이 올 수도 있을 것이고, 그렇더라도 그걸 계기로 저 납덩이 같은 현전이, 그러니까 그녀의몸이라 할 수 있을 동시에 오만하게도 일절 다듬어진 바 없는 화강암이기도 한 어떤 걸 대충 다듬어 덮은 피막으로밖에 보이지 않는 그녀 원피스의 저 돌 같은 부동성이 변화하는 일은 결코 일어나지 않을 것이었다. 그녀가 로스트 가족의 불행을 목도하고 그것에 참여했던 바로 그 여자인지, 아닌지, 나는 알지 못했다. 나는 그 사실을 결코 안 적이 없었다. 그런 건 중요하지 않았다! 그러나 그녀는 끊임없이 저 로스트를 만났고, 그는 나를 증오했다. 나 역시 그를 증오했다. 혹은, 적어도 그를 좋아하지 않았다. 내가 누군가를 증오하는 법은 없으니 말이다. 이 도량이라고는 없는 애송이는 뭔가 역할을 행사하는 데에 집착했다. 어쩌면 그가 이곳에서 북스를 대리한 것인지도 몰랐는데, 보다 광범한 지역들에 영향력을 미치는 일을 하는 북스가 우리 있는 곳까지 들르는 경우는 드물었고, 또 비록 로스트가 늘 그렇듯 빈정대면서 확인시켜 준 사실이긴 했어도, 내가 전하는 말은 항상 북스에게 넘겨져 있었기 때문이었다. 말수적고, 거만하고, 교활하고, 부지런한 것이, 그렇다, 여러 측면에서 그는 자신의 상관과 닮아 있었다. 다만 그에게 모자라는 것은 좀 더 세차고 좀 더 비극적이며 좀 더 거침없는 피였다. 교양 역시도. 그는 나를 이해한 적이 한 번도 없었을뿐더러 나를 이해하려 하지도 않았다. 내가 그의 눈에 어떤 존재로 비쳤는지를 나는 너무나 잘 짐작할 수 있었다. 그러나 그는 내가 자신을 꿰뚫어보고 있다는 사실을 알지 못했다. 자, 바로 그것이 우리 둘의 차이점이다, 라고 나는 생각했다. 병은 그의 일이었으며, 그의 역할은 돌보고 고치는 것이었다. 그것도 조급하고 열성에 차서, 무언가 야만적인 점을 지닌 채. 그와 같은 야만이 이제는 도처에 깔려 있었다. 나는 알고 있었으니, 거리 사방에 야만이 확산되고 있었다. 야만은 마치 병이 남긴 잔해이자 그것의 완치를 위해 치르는 값과 같았고, 지나치게 엄격한 규칙의 압박하에 절정에 다다른 열기와 탈선에서, 또 아직 공식적으로 자기 집에 되돌아오지는 않았으나 이제는 모든 이들의 삶에 다시금 스며든 도주자들 가운데에서 어둡고도 만족을 모르

334

는 상당히 잔혹한 움직임이 일기 시작했다면, 그럴 때 거기서 분명히 간파해야 하는 건 마침내 진정 국면에 든 병이 띠게 된 새로운 형태, 그것이 초래한 것과 이후에 남기는 것, 그것으로 하여금 사라짐으로써 잔존하도록 허용해 주는 무언가의 존재였다. 웨스트 지역에서 수그러든 전염병이 에스트 지역에 출현했다든가, 그것이 위생 격리 구역을 넘으니 이내 그때까지 멀쩡하던 지역들에서 맹위를 떨치게 되었더라는 등의 사실은, 마치 만고의 법칙이기라도 한 양, 모든 이의 눈에 공공연한 현상이 되었다. 이리하여, 사람들의 생각으로는, 우리가 이미 겪은 공포와 무질서가 도처에서 다시 시작되리라는 것이었다. 그리고 이제 공동체의 바깥으로 떨어져 나가 저 혀를 부풀리는 병, 몸을 뜨겁게 태워 은밀히 타락시킴으로써 그것을 그 안에서 사람이 썩어 가야만 할 구덩이로 변형시키는 병 속에 틀어박힐 위험을 맞게 된 건 여태껏 법의 빛나는 보호 아래에 있으면서 페스트의 참화를 비참을 향한 광적인 영합쯤으로 돌렸던 이들이었다. 아마도 많은 이들이 그렇게 되길 희망했다. 다시 삶 쪽을 향해 올라온 병자들은 어쩌면 제 병을 타인들에게 옮기기를 욕망하도록 만드는 저 유황과 역청의 정기를 품은 채 되돌아온 것인지도 몰랐다. 이곳에서 익히 목격된 것처럼, 죽어 가는 자들이 사력을 다해 거리를 건너고 병자 없는 아파트들로 들어가 거기서 쓰러져 죽고, 그렇게 죽음으로써 건강한 자들에게 죽음의 타격을 안기는 식으로 말이다. 과연 누가 다른 지역에서 티푸스나 페스트 같은 사례들이 발생하지 않는다고 말할 수 있었겠는가? 이곳에서는 전염병이란 말이 제 영향력을 전부 분출하고 거의 소진되어 더 이상 같은 형태로 경계선들을 넘어갈 수도, 다른 지역에서 동일한 위력을 회복할 수도 없게 되었다는 점이 내

보기엔 명백했다. 그러나 그것이 제게 새로운 또 다른 시간대에 들어가고 수백 년 수천 년의 세월을 건너뜀으로써 이제는 법의 순수 영역과 접촉했고, 이어 법을 감염시키고 마비시키려 애쓰는 게 또한 사실이라면, 이 경우의 그것은 불법성의 정신으로 출현해 그 모습으로 승리를 거머쥐려 할 것이었다. 이런 종류의 변형에 관한 한, 그 징후들은 결코 결여되지 않았었다. 인간들이 부당하다는 감정보다 더 무시무시한 감정에 떠밀려 — 나는 이 부당하다는 감정은 인정한다 — 국가의 보편적 선의에 눈감은 채 심원한 역사 속에 뻔뻔하게 몸을 던질 때, 그들이 개시하는 사건들은 손쉽게 다양한 층위로 확산되며 발생하게 마련이다. 그리고 첫눈에 그것들을 알아보고, 겪었으며, 이후에도 영원히 그것들을 다시 사는 자의 공상적인 시선 앞에서, 전적으로 날것의 상태인 그 사건들은 쉽사리, 마치 신화들처럼, 제 의미에 추월당해 떠돈다. 그러나, 북스뿐만 아니라 그가 구성한 저 위원회의 성원들 역시도, 자신들이 어떤 터무니없는 조건들 속에서 행동하고 살아가야만 하게 된 것인지 의식하지 못하고 있는 듯했다. 나는 익히 그 사실을 북스에게 말한 바 있고, 그것을 그에게 끊임없이 글로 알려 왔던바, 지금도 여전히 그 말을 쓰고 있었다.

"당신은 그릇된 경로를 밟고 있습니다. 당신은 이 체제에 대항해 마치 그것이 다른 체제들과 유사한 것인 양 투쟁하고 있어요. 아마도 이 체제는 그것들과 닮은 데가 있겠지만, 또한 그것들과 매우 다르기도 합니다. 이 체제는 세상 속에 너무나 깊이 침투한 나머지 더 이상 거기서 분리될 수가 없어요. 그것은 단 하나의 정치 조직이나 사회 체계로 구성되는 게 아녜요. 사람들과 사물들이, 그리고 속담에서 이르듯 하늘과 땅이 법이며, 그것들이 국가에 복종하는 이유는 저희가 곧 국가이기 때문입니다. 당신은 국가의 위원들을, 공인들을 공격하고 있는데, 아마 그것이 전 주민과 가옥들을, 이어 이 테이블과 종이를 공격하는 행위보다 더 쓸모 있다고는 못할 겁니다. 자신이 아마도 스스로를 공격해야 할 거라는 점을, 당신은 잘 알고 있죠. 당신은 티끌 하나조차도 장애물로 바라봐야 합니다. 당신에 맞서 모든 것이 당신이 뒤엎고자 하는 바와 공모하죠."

그러나 이 같은 경고에 대해 그는 내게 어떤 대답을 했던가? 때로 대답은 거칠었다.

"우리의 목적이 무엇이냐? 구태여 그걸 찾으려 하지 말아요, 너무도 단순하니까. 정부 기관들을 우리의 권위 아래 놓을 수 있게 되면, 그때 난 내 임무가 거의 완수되었다고 여길 것이오. 당신의 관점이라, 내가 그걸 한 순간이라도 인정한다면 아마도 나는 내가 벗어나고자 하는 세상에 영원히 갇힌 셈이 되고 말겠죠."

때로 대답은 보다 불안해하는 것이었다.

"이봐요, 난 공상적인 기질의 소유자가 아니오. 나는 오랜 세월을 이 사회를 관찰하면서 보냈고, 그것이 지닌 힘을 나보다 더 잘 아는 사람은 없어요. 난 이 사회를 분석했으며 그 역사를 깊이 파고들었소. 나는 모든 진실을 고려에 넣고 있어요. 나보다 앞서 다른 도약의 시도들도 있었소. 만약 그들이 전부 실패했다 치더라도, 아니 심지어 성공이 그들을 국가의 평정 지대로 올려 보냈다 하더라도, 그들은 불법적인 힘들의 유적을 남겼고 세계는 그 유적들로 가득 차 있어요. 만약 그 모든 것이 나에 앞서 이미 존재하지 않았거나 그 흔적이 간직된 시간 속에서 반쯤은 호감이 가는 공범을 발견할 수 없었더라면, 내가 과연 한 인간의 단순한 삶 속에다 그처럼 커다란 조직을 발전시킬 수 있었을 것이며 또 그처럼 행동과 선전, 감시와 보복 들로 이루어진 망을 발전시킬 수 있었을까요? 그 내부에 어떤 초벌 상태의 전복적 조직이 적대 정신을 지켜 가고 있지 않은 지역이나 구역은 존재하지 않소. 심지어 가장 관료적인 중앙 기관들조차도 그렇죠. 비록 그 조직이 아직까지는 저 스스로에 대해 의식하고 있지 않고 제 과거와 목표 또한 알지 못한다 할지라도 말이오. 바로 그 같은 싹들 덕분에 반항, 전쟁, 파업, 독방과 같은 말들이 하나의 의미를 보존하게 된 겁니다. 각각의 공장들, 각각의 주택 단지들은 몇 세기에 걸쳐 제각기 저희들의 불법적인 구획을 보존해 왔는바, 그 구획들은 때로는 무의미한 노조, 때로는 수다쟁이들의 협동조합이 되곤 했지만, 그래도 그 목적들 중에서도 가장 비공격적인 최종의 것을 위해 끊임없이 불법적 생존을 열망해 왔소. 나는 이 모든 형태들을 되찾고 다시 살렸지요. 그러나, 당연하게도, 이건 아무것도 아니오. 모든 것의 주인인 국가는 제 불안 인자들을 흡수할 것을 주장하니까요. 국가는 저를 뒤흔드는 요소로 인해 행복을 느끼며 그 취약한 무질서 속에서 저 자신을 보존하는 움직임을 발견하죠. 무한하고도 끝없는 신뢰가 정부와 그것을 공격하는 시민들을 화해시키오. 죄인들은 결코 존재하지 않소. 오직 혐의자들만이 있을 뿐. 우리가 저지른 범죄가 어떤 것이든 간에, 우리는 결국 그것들을 해명해 주는 만족한 선의에 의해 재정복됩니다. 또, 예전에 때가 오면 변화를 도왔던 모든 불행한 감정들이 아마 그 어느 때보다도 뿌리 깊게 존속되고 있을 터임에도, 지금에 와서는 압제가 주는 슬픔과 불의가 안기는 공포, 두려움, 죽음이 그저 일종의 충만의 계기들로만 감지되고, 그럼으로써 그것들은 우리를 다시 국가로 인도해 갑니다. 저 스스로로부터 나온 정신은 그곳, 국가에서 최종적으로 저 자신을 재발견한다는 거요. 따라서 이 세계와 싸우는 데에 독트린이란 아무런 의미를 갖지 못하오. 그것들은 바로 그 세계로부터 저희들의 진실과 힘을 도출하니까. 나란 사람은 관념들을 증오합니다. 사람들이 날 자가당착에 빠져 있다고 봐도 상관 없소. 나는 도표들로 기입되는 분명한 수단들과 더불어 단 하나의 단순한 목표만을 겨냥합니다. 사람들은 나보고 국가의 물질적 시스템들을 점령하는 것 외에 아무것도 원하지 않는다고, 그런데 그건 아무 소용없다고들 말할 거요. 그들은 더 이상 아무 일도 일어날 수 없다는 점을 내게 상기시키려 할 거요. 그렇다고 칩시다. 만약 그것이 하나의 도전이라면 난 그걸 받아들이겠소. 아무 일도 일어나지 않을 테지요. 그리고 바로 그럼으로써 우리는 우리의 행동과 우리의 진창과 우리의 눈물로부터 나올 어떤 것이 도래하는 만사의 국면을 지양하게 되리라고 확신하는 것 아니겠소."

그러니까 그는 하나의 농담을 통해 위기를 벗어나고 있었다. 그리고 실제로 농담에 대고 무슨 대답을 할 수 있겠는가? 농담이 적혀 있었고, 그게 다였고, 나는 그것을 읽기만 하면 되었다. 나는 그것을 다시 읽었다. 그리고, 그 농담을 진짜로 만들기 위해서, 손수 그것을 썼다. 그러자 그 순간 무언가 기묘한 일이 일어났다. 그녀가 자리에서 일어난 게 분명했고, 그녀가 내게 다가오는 것이 느껴졌다. 내 등 뒤에서 그녀가 나를 응시하며 염탐하고 있었다. 나는 계속 읽고 쓰는 척하면서 그 납덩이 같은 발걸음에, 남자들이 맡는 무거운 임무로부터 생겨나 원피스 자락 스치는 소리를 함께 일으키며 오는 듯한, 흡사 여자 한 명과 남자 한 명이 함께 걸어오는 것처럼 구는 그 발소리에 귀를 기울였다. 그녀는 거의 내 곁에 이르러서 걸음을 멈췄다. 나는 그녀가 내 어깨 너머로 쳐다보도록 내버려 두었다. 나는 종이들을 펼쳐 이리저리 훑어보았고, 그녀가 보는 앞에서 내 손이 그녀가 원하는 걸 쓰도록 놓아두었다. 이윽고, 나는 더 이상 집중하지 못하고 뒤를 돌아보았다. 지척에 그녀가 있었다. 몇 초 동안, 그녀는 이제껏 내가 한 번도 보지 못한 모습으로 스스로를 드러냈다. 그녀의 얼굴은 송두리째 가시화된 채로, 마치 입때껏 내가 그 자리에 있지 않았기라도 한 것처럼, 내 앞에 출현하고, 전진하고, 부유하고, 영향력을 발휘했다. 그것은 흐릿하면서도 놀라울 정도로 잘 보이는 어떤 것과도 같이, 또 나는 그 자리에 없다는 듯이, 내 쪽을 향해 전진했다. 이어 한 발 한 발, 문을 향해 뒷걸음질쳤다. 그때도 그녀는 줄곧 나를 응시하고 있었다. 그녀가 천천히 자기 등 뒤의 걸쇠를 돌린 후 문턱을 넘어가는 소리가 들렸다. 그녀가 가면서 말했다. "그대로 얌전히 있어요. 당신이 나를 겁나게 하는 게 아녜요. 난 당신 점심을 받으러 내려가는 거예요." 나는 기다렸고, 그녀는 다시 올라오지 않았다. 나는 화가 나서 그녀를 기다리고 있었고, 어째서 나 혼자서 있으면 세상 전체와 있게 되는 것이며 또 어째서 그녀와 마주하면 그저 홀로 있는 누군가와 있게 될 따름인지, 그걸 감상하고 싶었다. 간호사는 왜 나를 그런 식으로 쳐다봤던 걸까? 오후 꽤 늦은 시간이 되어서야 그녀는 키 작은 하녀를 대동하고 방에 다시 들렀다. 시트와 담요를 가져온 것이었다. 그녀는 침구를 준비하고 방을 정돈하더니 하녀를 내보냈다. 잠시 후, 그녀가 자기 일을 놔두고 내가 벽을 등지고 선 구석 쪽으로 몸을 돌렸다. 햇빛이 그녀를 온통 환하게 밝히고 있었다. 그 햇빛 때문에 그녀의 모습이 잘 보이지 않았다. 나는 자리를 옮겼고, 빛이 그녀의 머리 위로 떨어져 내렸다. 그러자 그녀의 돌출한 뺨이, 또 결코 그녀 의지의 영역에 속한 힘이라고 할 수 없을 어떤 냉정한 필요에 의해서, 말하자면 돌과 납의 숙명에 의해서 지탱되는 그녀의 넓은 턱이 내 눈에 들어왔다. 나는 다가가서 그녀의 팔을 건드렸다. 그녀는 경직된 두 손을 포갠 채 동상처럼 굳어 있었다. 위로 끌어올려져 똑바로 놓인, 이제야 처음으로 기립한, 그리하여 한때 무덤에 등을 기댔던 여인의 오만한 표정을 훤한 빛 속에 드러낼 수 있게 된, 진짜 묘혈의 조각상처럼 말이다. 그녀 위에선 반사광 한 점 빛나지 않았는데, 그런 그녀는 오히려 흐릿했음에도 놀라울 정도로 가시적이었고, 또 그녀 발치의 그림자는 그녀만큼이나 요지부동이었다. 나는 그 그림자를 뚫어져라 바라보았다. 그것을 지켜봐도, 마치 빛이 우리의 관계를 아무것도 바꿀 수 없었다는 듯, 혹은 우리에겐 아예 아무런 관계도 존재하지 않았다는 듯, 그림자는 자리를 이동하지도, 길게 늘어나지도 않았다. 어둠이 내리고 나서야 —— 그러나 날은 한낮 때만큼이나 푹푹 쪘는데 —— 나는 그림자가 없어졌음을 깨닫고 다시 고개를 들어 방 안 어디에 그녀가 있는지 찾았다. 그녀는 걸상 위에 앉아 있었다. 나는 그녀를 억지로 일으켜 침대 위로 떼밀었다. 그녀의 커다란 남자용 단화가 나무틀에 부딪혔다 내 다리 위로 무겁게 떨어졌다. 정확히 말하자면, 그녀는 반항하지 않았다. 나는 그녀에게서 그 원피스를 벗겨냈다. 남자 같은 근육이 있는 그녀의 건장한 몸은 격투를 받아들였고, 우리는 싸웠지만, 그러나 야만스러우며 제 목적에도 무심해 보이는 이 격투는 자신들이 무엇을 원하는지 모르는 채 단지 그래야만 하기 때문에 서로 힘을 겨루고 있는 두 존재 간의 공격처럼 비쳤다. 그녀가 발버둥치는 것을 멈추고 마침내 내 쪽으로 약간 몸을 돌렸을 때조차도 그녀에게서는 동의나 포기가 드러나지 않았으며, 마찬가지로 나를 밀쳐 내려는 그녀의 노력 역시 거절도, 단호한 반항도 띠고 있지 않았다. 그 어떤 순간에도 그녀는 초조함이나 불편함을, 혹은 감정에 해당하는 어떤 것을 보이지 않았다. 그녀는 어느 기이한 심판에 의해 채택되어 그녀 자신과는 간접적으로만 관계될 뿐인, 그리고 정작 그녀 자신의 결단은 보류하는 모종의 결정에 복종하는 듯 보였으면서도 여전히 침착했다. 그녀는 내가 건조하고 딱딱한 하나의 몸뚱어리를 건드리도록 놔두고 있었는데, 그 몸의 냉랭함으로 말하자면 심지어 수면 상태의 수동성조차도 지니고 있지 않아서, 묵인보다는 차라리 충직하면서도 경멸 어린 통찰력을 증명한다고 해야 적절할 것이었다.

그녀는 자기가 맡은 일을 변함없이 이행했다. 여전히 방을 정돈하고 내 식사를 올려 왔다. 그리고 계속해서 나를 감시했고, 필시 그녀의 직무와 의사의 명령 때문에 맡게 되었을 임무들을 완수했다. 아마도 여러 날이 그녀를 바라보고 그녀가 내는 소리를 들으며 흘러갔을 것이었다. 그 사이 그녀는 방에 들어와 걸어다니거나, 곧장 테이블 근처로 가 무한한 주의를 기울여 무의미한 물건들을 닦거나, 아득히 먼 데서 이행되는 듯 보이는 행동들에 과도한 끈기와 정확성을 투입하곤 했다. 나는 그녀가 자기 마음대로 행동하도록 내버려 두었다. 내 앞에는 음식 접시들이 놓여 있었는데, 때로 내 손이 그것들 쪽으로 향할 때면, 나 자신이 영양을 섭취하고 있다는 생각, 날들이 흘러가고 있고 그때까지 내가 알지 못했던, 혹은 책을 통해서만 알고 있었으며 사람들이 일컫기로는 시간이라 불리는 무언가가 나를 끌고 가려 한다는 생각이 들곤 했다. 하지만 또 때로는, 반대로 나 자신이 이 요지부동의 여름날들 중에서도 특히 메마른 한순간에 영원히 고정된 것처럼 느껴져서, 대체 언제부터 이 말 없는 왕래들이 지속되고 있는 것인지, 우리가 혹시 맨 첫날에, 다시 말해 그녀가 나를 기이한 태도로 바라보면서 이전에 그랬을 것보다 더 가시적이면서 더 흐릿하게 변했던 그 순간에 여태 머무르고 있는 것은 아닌지 질문하는 일을 그만 포기하곤 했다. 이따금 로스트가 방에 들어와 앉곤 했으나, 그의 말이 항상 내 귓전까지 도달하는 건 아니었다. 그의 말에 의하면, 북스는 커다란 난관을 겪기 시작했다. 심지어 그는 일부 무리들 쪽에서도 그 같은 난항에 부딪혔는데, 그들이란 법의 망 속으로 유입해 들어온 이후로, 승리를 거둬서 그들을 해방시키겠다는 스스로의 욕망에 의해 북스 자신이 그들을 피했던 것처럼, 북스를 피해 달아날 수밖에 없었던 자들이었다. 재난의 비참한 찌꺼기이면서 어떤 비극적 피로로 인해 끊임없이 역사의 밑바닥으로 다시 떨어지도록 이끌리는 듯한 그들의 무기력한 회구가 북스를 마비시켰을뿐더러, 그들 속에 들어 있는 것 중 가장 어둡고 법에 가장 위험한 특질 역시 그가 그 법을 향해 싸우는 데 걸림돌이 되었다. 그들이 살아가도록 하기 위해 그는 맹폭한 권위에 의존했고, 그러면서 너무나 체계적이고 가혹한 나머지 마치 권력의 모든 형태에 대해서, 심지어 그중 가장 가볍고 가장 위선적이라 할 무한한 타협, 상호적 신뢰, 임무의 투명성에 대해서까지도 그 권위를 떨어뜨리고자 하는 듯한 권력을 행사했다. 그런 것이야말로 사람들이 법의 편에서 발견하는 특질인데, 정작 불법성이 저 자체를 위해 규칙들의 완강한 비타협을, 또 모호하면서도 면밀한 훈육의 엄정성을 요구하고 나온 짝이었다. 찌푸린 정신의 소유자인 로스트는 현 상황에 맞서려는 본능적 적대감을 진정한 힘으로 변형시키기 위해서는 조직체에서 그 같은 엄격성이 필수적이라 믿었다. 그에 의하면, 이 거대한 무기력의 정체 수준을 방해와 난관의 체계에 힘입어 완만히 상승시킴으로써, 그것의 수동성을 변질시키는 일 없이, 고스란히 모든 장벽 위로 들어올려야 한다는 것이었다. 현재의 병자, 예전의 병자 할 것 없이 모두가 다량의 지시에 복종해야 하며, 외출도, 심지어 안뜰 출입도 못한 채 거의 방 안에 유폐되어, 때로는 의사의 통제하에, 때로는 병의 통제하에 놓이는 제 시간의 매 순간을 느껴야만 하는 우리 건물 내에서, 이 같은 규칙과 감시에도 불구하고, 또는 굴욕적인 시련을 조장하는 이 감시의 가혹함으로 인해, 각자 자기 마음대로 행동하던 시절에 비해 생존이 더 무정형적이며 더 무질서하고 더 혼돈스러워졌다는 느낌이 드는 건 다 그런 이유 때문이라는 말이었다. 다른 보호시설이나 일반 가정에서도 분명 사정은 마찬가지일 터여서, 항시 임무 수행 중인 경비원들은 지속적으로 모든 것을 보고 모든 것을 되풀이하는 와중에 그들 뒤편으로 뭔지 모를 무언과 맹목의 우글거림을 엄폐한다는 것이었다. 이 모든 것에서, 오만하게도 로스트는 더 우월한 차원의 효과들을 발견한다나. 그러나 그는 알지 못하고 나는 알았던 점이 있으니, 그것은 그 같은 권위와 질서가 실은 사람들이 조직화하고자 열망하는 저 무정형의 비탄과 동일한 성격에 속한다는 사실이었다. 그리고 만약 북스가 자신의 가장 큰 힘을 글을 쓰고, 조정하고, 관리하는 데에 할애하면서 그 임무에 국가의 그 어떤 운영위원보다도 더 많은 성찰과 행동을 투입했다면, 그건 그의 내면 속에서는 무질서가 체계이며 무기력이 노동, 그것도 너무나 맹렬하고 가차없는 노동이어서, 그 결과 자신이 가장 규칙에 맞는 방식으로 해내는 모든 일들이란 게 목적을 지니지 않는, 그리고 이루어진다기보다는 해체되는 정념의 결과처럼 비쳤기 때문이었다. 그가 과연 여전히 무엇인가를 희망할 수 있었을까? 그에게 결여된 것은 힘도, 음모를 꾸미는 기질도, 그 자신의 것과 같은 유의, 과오를 향하는 본능도 아닌즉, 그는 어디에서든 그것들을 재발견하거나 발생시킬 수 있었다. 그의 내면에는 점차 다음과 같은 진실이 스며들어 있었으니, 법은 도처에 현전하는 것이고, 어디가 됐든 법이 드러나는 자리에 도래하는 것은 빛으로 넘쳐나며, 그와 동시에 국가라는 육중한 물질적 바퀴는 비가시적인 것으로 화한다는 것이었다. 해서, 경찰이 모습을 드러낼 때, 노동자가 자신의 작업 뒤편에서 자기를 감시하며 고발할 가능성마저도 지닌 감독관을 발견할 때, 그와 같은 폭력들과 통제는 흔히 어쩔 수 없는 상황으로 치부되고 법에 의해 용인되는 —— 그러나 법이 거기 참여하는 것은 아니다 —— 저 불행한 조건들의 하나로 비치지 않는다는 것이었다. 그와 반대로, 곤봉의 타격은, 국가의 무한한 관용에 모순되는 것이기는커녕, 그것의 가장 순수한 포용 정신을 대변함을, 당신을 넘겨줄 채비가 된 어느 반역자의 엉큼한 염탐은 마음 깊은 곳에 자리하는 진실의 올곧고 정당한 시선과 완벽히 동일시되기 마련임을 지각해야만 한다는 것이었다. 그렇게 해서, 얻어맞고 고문당하며 지하 독방에 갇히는 자는 그를 통해 끝없는 호의로 넘쳐나는 —— 그는 그 사실을 알고 있다 —— 이 법이란 것에 절실하게 호소하게 되고, 추가되는 타격들을 받아들일 수밖에 없으며, 그의 비명을 듣는 경찰관들 역시 웃음을 터뜨리며 그의 따귀를 때리고, 그를 불에 태우고, 고함을 지르고, 악마처럼 행동하기 시작한다는 것이었다. 그 순간에는 그것이야말로 그들이 스스로 가장 인간적인 존재들임을, 인간들 중 가장 나은 자들임을 보여 주는 방식이니 말이다. 사물에 대한 그 같은 관점으로부터 북스는 다음의 기이한 결론을 끌어낸 듯하단다. 즉 그가 손에 넣은 주요 기회들은 국가에 대한 복무와 같은 쪽에 속해 있었고, 공공 업무를 수행하는 수많은 대리인들은 결국 그의 공모자이지 적대자가 아니었다. 역시 같은 까닭에서, 보편적인 법의 지배가 바로 그런 것이라 보았기에 그가 혐오하던 모든 탄압과 불평등의 체계는 이미 그 자신의 체계가 된 채 그가 권력을 발휘한 도처에서 제도로 확립되었으며, 그 자신을 분열시키는 저 체계적인 광기에 힘입어 개량되었다. 이렇게 해서 북스는 온갖 종류의 공무원들과 다양한 관계를 확보해 두고 있었다. 그리고 국가가 공적인 삶을 갖는 모든 장소에 은밀한 소小지부들을 보유해 놓은 참이었다. 몇몇 장소들에서 대두되는, 국가가 확고부동한 것이 되어야 할 필요성이야말로, 북스가 보기에는, 그가 국가에 대항해 싸우기 위한 큰 수단들을 제공했다. 공식적인 조직 전체가 최종적으로는 북스 자신의 비밀스러운 조직을 보호해야만 했다. 동일한 자원들이 그 둘 모두에게 복무했으니, 똑같은 서류들, 똑같은 인장들, 그리고 때로는 똑같은 사람들이 동원되었다. 다만 그중 하나는 불법이어서 적법한 문구들의 사용은 또 한 차례의 도용에 지나지 않았고, 반면 다른 하나는 진짜이자 그것의 사용을 요구하는 모든 것을 진짜로 만들어 주는 것이었다. 그토록 교묘하고 면밀하게 구성된 자신의 망 전체가 자신이 덮치고자 하는 자들에게 송두리째 알려져 있다는 사실을, 따라서 그 망을 수립하는 데 스스로가 분명 공공 서비스의 공모 덕을 보았으되 그 공모는 두 개의 방향을 지녀서 한편으로는 자신에게 봉사하는 동시에 다른 한편으로는 자신을 넘겨준다는 사실을, 북스가 모를 리 없었다. 그가 실행하고 결정하는 모든 것은 알려지고, 분류되고, 평가되었다. 그가 드러냈다고 믿는 모든 것은 곧 그 자신을 드러냈고 그럼으로써 그를 무해하게 만들었다. 그는 자기 자신의 염탐꾼과도 같아서 자신의 비밀을 사들이는 그 순간에 그것을 팔아 버렸다. 그 사실이 그를 동요시키지는 않았다. 북스의 내면에는 행동의 광기가 있어 모든 것이 그것을 격려했고, 자기에 맞서 자기를 이용하는 각종 공권력의 작용에 의해 스스로가 남용된다고 느끼면 느낄수록 그는 그것들의 위선과 비열함, 기만 또한 더 크게 감지해 냄으로써 마침내 자신의 실패 속에서 싸우고 승리해야 할 새로운 이유를 찾아내는 경지에 이르렀다. 로스트가 방에 들어오면 간호사는 나가곤 했다. 그들은 모종의 시선을 교환했다. 남자들이 로스트를 탐탁지 않게 평가했던 반면 여자들은 대체로 그를 존중했다. 로스트의 내면에 존재하는 난폭하고 어린아이 같은 무엇, 일종의 근무 태만 같은 성향이 그녀들 속에서 그보다 더 난폭하고 어린아이 같은, 그리하여 쉽게 유혹에 넘어가는 무언가를 용케 찾아내곤 했기 때문이다. 어느 날 아침 그녀는 내 앞에 볼과 빵이 올려진 쟁반을 내려놓더니만, 내가 급히 음료를 마시려 들자 내 몸을 흔들면서 제지했다.

"아마도 난 다른 업무를 맡게 될 거예요. 그럼 더 이상 여기 들를 시간이 없을 거고요."

그녀는 그 말을 공격적인 어조로 했다. 나는 고개를 다시 들고 거의 침대에서 나오다시피 했다.

그녀가 빈정거리며 말했다. "그렇다니까요! 그래서 뭐냐고요? 앞으로 당신에겐 다른 사람이 이 일을 해주게 되는 거죠."

그녀가 원한 게 무엇이었을까? 그 말들엔 뭔가 착각을 불러일으키는 것이 있었다. 나는 그녀를 이해할 수 없었다. 일어날 수 없는 어떤 것이 일어나고 있었다. 무슨 일이 벌어지고 있었던 건가? 그녀가 무슨 말을 한 거였지? 그 일은 불현듯 내게 도달했다. 나는 어안이 벙벙해진 채로, 이 모든 나날 동안 그녀가 늘 해야 할 일을 제대로 이행해 왔으되, 단 말하는 것만은 예외였다는 점을 발견했다. 말하는 것, 정말로 말하는 것. 이에 관한 한 나는 그녀가 그러는 걸 본 기억이 단 한 차례도 없었다. 분명 그녀는 내게 말을 건네긴 했지만 그건 절대적으로 그래야만 할 때 개인적 감정이 표출되지 않는 어조로 그랬던 거였고, 그래서 그것은 말해지자마자 제가 말해졌다는 사실을 중지시켜 버리곤 했다. 그나마도 하루가 시작될 무렵, 그녀가 공동 침실에서 밤을 보낸 뒤에, 또는 주방에서 다른 여자들과 함께 일하고 난 뒤에 다시 올라올 때 외에는 좀처럼 일어나지 않는 일이었다. 그녀가 일단 나를 살펴보고 식사를 하도록 놔뒀다 몸 씻는 걸 도와주고 나면, 금세 침묵이 다시 시작되곤 했다. 그녀의 얼굴에서는 말하는 무언가가 지워져 있었다. 나는 그녀가 이것을, 또는 저것을 하는 걸 바라보고 있었는데, 그러면서도 지금 저 여자는 이것을 하는구나, 지금 저 여자는 저것을 하는구나, 라는 생각을 떠올릴 수조차 없었다. 심지어 나는 그녀에 대해서 더 이상 생각하지 않았다. 어쩌면 실제로는 그녀가 내 눈 앞에서 자신이 했던, 따라서 내가 번연히 목격한 일들을 그 작은 세부들까지 몇 시간에 걸쳐 낱낱이 이야기했을 수도 있고, 침묵의 크기는 그 이상도 이하도 아니었을지도 몰랐다. 그리하여 결국 나는 그녀의 그 같은 나날들이 내가 방 한 귀퉁이에 앉아 그녀의 일거수일투족을 좇으며 그녀 말에 귀 기울이다 무심결에 대답하곤 하던, 저 진절머리 나는 수다의 단조로움 속에 잠겨 사라져 버

348

린 건지, 아닌지, 뚜렷하게 확신할 수 없는 지경에 이르고 만 것이다.

나는 말했다. "무슨 일이에요? 뭘 어쩌겠다고요?" 나는 그녀가 아래층에서 예컨대 속옷을 다린다든가 수선하는 따위의, 그녀로 하여금 초과 근무를 면하도록 해주는 일감을 가져오게 되었고, 그렇다면 그녀는 둔하고 무심하며 자신이 하는 일 이외의 것엔 시선을 두는 법이 없는 하녀와 비슷해지게 된 것이라 생각했다. "당신 정확히 무슨 말을 한 거예요?"

"여기 계속 오지 못할 것 같다고요."

나는 그 목소리에 귀를 기울였다. 특색 없고 생기 없이 속삭이는 목소리였다. 나는 그 목소리를 오랫동안 경청했다. 어째서 이 여자는 더 이상 오지 못한다는 것일까? 그녀가 중얼거렸다.

"난 그걸 원하지 않아요. 이건…… 이건 내가 감당할 수 없는 일이에요."

그녀는 나를 바라보지 않고 볼과 빵을 응시하기 시작했다. 무슨 일이 일어나려는 거였나? 마치 그 말들을 계속 이으려는 듯이, 그녀의 깊은 속으로부터 다른 말들이 올라와 끼어들려 했고, 그것들이 그녀가 말하는 것을 방해했고, 동시에 그녀가 말하도록 했고, 그녀를 뒤흔들었고, 그녀를 난폭하고 열광적인 부동성 속에 굳어들게 했다. 그녀의 입이 꽉 다물렸다. 약간의 침이 그녀의 한쪽 입꼬리를 적셨다.

그녀가 더듬거렸다. "난…… 나는 할 수가 없어요. 이 일에 익숙해질 수가 없다고요."

작은 기포가 부풀었다가, 말라붙었다. 나는 볼을 집어 천천히 그 내용물을 마셨다. 그녀는 변명을 하려는 듯 딴엔 웃음 비슷한 걸 섞어 가며 "본능적으로 말이에요"라고 말했다. 그리고 입술을 닦는 동작을 했다. 그녀 몸 전체의 윤곽이 어찌나 두드러졌던지, 거의 그녀를 쳐다볼 필요도 없었다. 갑자기 그녀가 몸을 돌리더니, 입을 약간 벌리고 두 팔을 벌린 채 나를 바라보았다. 침대 쪽으로 그녀의 냄새가 풍겨왔는데, 그건 더 이상 소독약 냄새가 아니라 겁에 질린, 어둡고 불행한 냄새였다. "본능적으로 말이에요. 본능적으로 되지 않는다고요." 그리고 그녀가 그 말을 하는 사이 내게는, 그 말들 아래로, 목구멍 밑에서부터 올라오는 일종의 꾸르륵 소리가 들리기 시작했다. 그랬다, 그것은 처음엔 물의 중얼거림으로 시작되더니, 뒤이어 그녀가 비명을 질러 댔다. 나는 그녀의 양 어깨를 쥐고 흔들었고, 그러자 내 두 손을 거쳐 소리 지르고 있는 그녀가 느껴졌다. 그녀는 점점 더 크게 울부짖었다. 마침내 그녀의 몸이 굳어 들었고, 그 울부짖는 소리는 공포나 착란이 아니라 그저 무심한 탄식을, 단순한 비인간적 충동만을 표현하는 단조로운 백색의 음정으로 고착되었다. 나는 그녀 입을 다물리는 걸 포기하고 주저앉아 그녀가 내는 소리를 들었다. 그녀는 머리를 약간 떨구더니 걸상을 찾았다. 그러더니 "이제, 다 지나갔어요"라고 말했다. 잠시 후 그녀는 문 쪽으로 향했다. 나가나 보다고 생각했는데, 그녀는 발길을 멈추고 테이블로 가더니, 급히 주변을 뒤져 종이 한 장을 찾아 가지고 다시 다가왔다. 얼굴이 잿빛처럼 창백했다. 입술마저 하얗게 변해 있었다. 나는 그녀가 나로 하여금 몇 마디 말을 적게 하려 한다는 걸 깨달았다.

"나를 계속 간호사로 쓰기를 원한다고 써요." 그러면서 그녀는 손가락 새에 쥔 종이를 내게 내밀었다.

나는 그 새하얀 종이를 바라보았다.

"당신은 다른 간병인은 원하지 않는다고 쓰라고요."

"뭐라고요? 내가 그렇게 써야 된다고요?"

"그래요."

"정말로 당신을 교체하려고들 해요?"

"그렇게 될 수 있어요."

"당신을 다른 데서 쓰려고 하는 사람은 로스트인가요?" 그녀는 고개를 떨궜다. "이 종이가 무슨 소용이 있죠? 아무 효과 없을 겁니다."

이내 그녀는 몸을 부르르 떨었다. 그녀의 양 어깨가 푹 내려앉더니, 부들거렸다.

그녀가 낮은 목소리로 속삭였다. "오, 아니요, 뭔가 효력이 있을 거예요. 내게는…… 그 효과가 클 거예요."

나는 두려움에 사로잡혔다. 그 말들은 너무나 먼 곳으로부터 오고 있었고, 또 여전히 너무나 멀리 떨어져 있는 듯했다. 나는 사라지고 싶었고, 숨어 들어가고 싶었다. 그녀에게 묻고 있는 나 자신의 목소리가 들려왔다.

"방금 전엔 왜 비명을 지르기 시작했던 거죠?"

"나도 모르겠어요." 그녀는 고개를 들었다. 차츰차츰 그녀의 얼굴 위로 원한이 서린, 거의 증오에 가까운 표정이 떠올랐다. "내 눈에 갑자기 당신이 이 자리에, 몸소 있다는 게 보였어요." 그녀가 살짝 조롱하는 목소리로 말했다. "어서 쓰라니까요! 뭘 기다려요?"

그녀는 제 주머니에서 연필을 하나 끄집어 내곤 내 무릎 위로 휙 쟁반을 던졌다.

"내가 왜 당신이 계속 남게 해달라고 요구해야 한다는 거죠? 당신 자신이 그걸 원하지 않는다면서요."

"그러면 상황이 더 분명해질 테니까요."

"당신이 스스로 감당할 수 없는 일을 억지로 하도록 강요할 순 없어요."

내가 여전히 꼼짝하지 않자 그녀는 내게서 종이와 연필을 뺏어 적기 시작했다. 그러더니 이렇게 쓰인 종이를 내밀었다. "나는 잔 갈가가 자신이 가능한 시간에 계속 나를 돌보아 줄 것을 원합니다."

"이게 전부인가요?" 그녀가 그렇다는 시늉을 했다.

나는 그 종이를 그녀에게 돌려주었다. 여자의 술책이요, 꾀라니! 침대 위에 누웠다. 빛이 벌써 몹시도 무거워진 탓에 방 전체가 펄펄 끓는 수도관 같았다. 나는 내가 몇 시간에 걸쳐 끝나기를 기다리고자 했던 이 날 하루에 대해 생각해 봤다. 나는 이렇게 계속 누워서 해가 떠올라 낮의 거대한 번쩍임과 한데 섞이는 광경을 볼 것이고, 그다음에 해는 지면서 하얗게 변하며 공중에서 부유할 것이고, 그러다 결국은 질 터였고, 그러면 무기력 상태는 한층 더 둔중해져, 점점 어둠이 예고되어 가는 가운데 낮 시간 동안 희망을 의미했던 빛은 줄곧 현전하면서 여전히 희망을 의미할 터였고, 또한 여름은 태양의 퇴락도 가을의 예감도 허락하지 않은 채 밤낮으로 끊임없이 빛나고 불타오를 것이었다. 나는 그녀가 이 방에서 자신이 너무 긴 시간을, 그러니까 통상 그래야 하는 것보다 더 많은 시간을 보내고 있는데, 이 건물엔 할 일이 아주 많아서 다른 여자들이 자기가 자리를 비우는 걸 두고 불평들이고, 만약 내가 그 문구에 서명한다면 적어도 자신으로서는 어떻게 처신하면 될지 알게 될뿐더러 이 방에 오래 머무르는 까닭 또한 한결 수월하게 해명이 될 거고, 그렇게 되면 자신 또한 아무 하는 일 없이 시간을 보내며 과실을 저지르는 기분을 느끼지 않아도 되리라고 줄줄이 늘어놓는 말을 듣고 있었다. 나는 그 말들을 귀 기울여 듣고 있기도 했고, 그렇지 않기도 했다. 침대에 반쯤 걸터앉은 그녀는 손에 계속 종이를 쥐고 기다리고 있었다.

느닷없이 그녀가 낮은 소리로 "계약이에요"라고 말하곤 내 팔을 잡아당겼다.

"무슨 말이죠?"

"이게 일종의 협약이나 계약이 될 거라고요."

"이 종이가요?"

"네, 이게 분명히 나와 관계된 문제라는 걸, 다른 어떤 여자도 아닌 내가 여기 있도록 지명되었다는 걸 확정하는 서명인 거죠."

나는 그녀를 바라보았고, 그녀는 나를 주의 깊게 살펴보고 있었다. 나이가 얼마나 되었을까? 나와 동갑일까? 만약 그렇다면 얼마나 이상한 일이었겠나! "당신 몇 살이에요?" 그녀가 내 손가락 사이로 연필을 밀어 넣었다. "여기다 서명해요." 나는 서명했다. 그러자마자 그녀는 단숨에 다시 일어섰다. 간사함과 오만, 만족이 한데 섞인 믿기지 않는 표정으로 머리를 치켜든 채, 그녀는 자기 주변 전체를 둘러보았다. 그러면서 물건들 하나 하나를, 마치 그것들을 모욕하려는 듯이, 그 자리에 있는 것들의 전부를, 걸상, 테이블, 종이들, 그리고 나를 의기양양한 기색으로 쏘아보았다. 그녀가 두르고 있던 머리띠를 풀었다. 머리칼이 풀어 헤쳐지자 그녀의 얼굴은 어떤 정도의 나이를 띠었으며, 이어 내 머릿속을 이제 그녀가 말하기 시작하려 한다는 생각이, 그날 아침부터 그녀 속에서 말들이 붐비며 그녀를 괴롭혀 거의 미칠 지경으로 만들었다는 생각이 스쳐 지나갔다. 그녀는 침대로 다가왔고 무릎을 꿇었다. 그러더니 나를 향해 자신은 서른 살이며 여기서 멀지 않은 곳, 부모가 살고 있던 웨스트 가에서 태어났다고 했다. 아버지는 유복한 상인이었는데, 정해진 상점 없이 장에서 고기를 팔았고, 때때로 서민이 사는 지역의 거리 한복판에서 자기 상품을 썰어 팔기도 했단다. 인가를 받고 합법적으로 일했던 거였다. 그러던 어느 날…… 이제 그녀는, 마치 과거가 직접 발언권을 쥐면서 그녀에게는 자기 자신이 말하는 내용과 아무 관계 없는 수동적인 목소리의 역할 외에 아무것도 남기지 않은 양, 무표정한 다변을 통해 말하고 있었다. 내가 이해한 바는 어느 날 그녀의 아버지가 가벼운 범법 행위를 저질렀다는 이유로 고소되었다는 것, 어느 감독관이 먹기에 부적절한 고기 조각들을 판매했다며 그를 대상으로 조서를 작성했다는 사실이었다. 최악의 결과라 해봐야 그에게 경미한 벌금이 부과되는 정도의, 별것 아닌 사건이었다. 그러나 갈가는 사람들이 자신에게 부당한 짓을 했다고 판단하면서 이 사소한 사건을 터무니없이 부풀렸다. 그는 장사를 그만두고 아내, 그리고 어린 딸과 함께 자신이 일해 온 그 지역을 떠나 근교로 이주했다. 그의 말로는 법령 만드는 자들을 멀리하기 위해서라는 거였다. 딸아이는 그 여행을 쓰레기들의 나라를 향해 떠나는 절망스러운 도주로 기억하곤 했다. 아마도 그들이 자신들의 손수레를 밀면서 이 거리 저 거리를 돌아 마침내 잔해로 가득한 근교의 땅으로 들어오는 데는 불과 몇 시간 걸은 게 다였을 것이다. 그러나 그녀의 기억이 그녀 자신에게 되새긴 바는 몇 날 며칠을 헤매면서 가난한 지역들을 통과하는 일에, 사람이 살지 않거나 폐허가 된 집들 앞을 지나고 한 계단 한 계단 내려가 마침내 비참과 유기의 가장 깊은 곳까지 내려가는 일에 송두리째 할애된 삶이었다. 그러면서 기억은 이렇게 말했다. 실상은 그러했고, 나는 그걸 알고 있어. 그녀는 자신이 여러 번 잠이 들었으며, 잠에서 깰 때마다 수레는 여전히 잔해들과 고철들이 무질서하게 쌓인 끝없는 벌판 한가운데를 굴러가고 있었다고 회상했다. 그녀가 완전히 잠에서 깼을 때는 사람들이 그녀를 안고 있었고, 날은 어둡고 몹시 추웠다. 역시나 그녀의 어린아이적 기억이 그녀에게 떠올린 것은 양 끝부분이 붕괴된 긴 벽돌 건물이었다. 창이라곤 하나도 없이 바람 앞에 내맡겨졌으며 습기로 얼룩이 진, 그리고 소란스러우며 다투기 일쑤인 사람들이 살고 있던 그 건물이 그녀의 그날 밤 거처가 되었다. 그럼에도, 이 젊은 처자가 덤덤하게 자신들의 직분을 이행하는 장인들이나 바깥에서 일하기 위해 매일 집을 비우곤 하는 노동자들의 애기를 한 결로 볼 때, 이 장소에는 아직 사람이 살 수 있는 다른 집들도 많이 있었다. 어쩌면 그곳은 그저 교외의 기묘한 한 귀퉁이, 도都의 거의 끝자락에 위치하지만 그러면서도 결코 끊을 수 없는 실에 의해 주거 밀집 지역과 연결된 작은 촌락이었으리라. 그녀의 아버지는 약간의 돈을 가지고 있었고, 이 불우한 지역에서 자신의 장사를 다시 시작하리라 스스로 마음먹고 있었다. 그들 가족은 아무것도 하지 않아도 얼마 동안은 적정한 방식으로 살 수 있었을 것이다. 하지만 아비는 어느 소목장 밑으로 일하러 들어가겠다는 엉뚱한 생각을 품었다. 그는 소소한 일거리들을 대신 해주거나 자기 가족을 위한 가구들을 만들곤 했다. 이상한 점은, 그가 그 일에 뛰어든 것은 순전히 그것을 배워 나무랄 데 없는 장인이 되기 위한 것이었음에도 불구하고, 그 직업에 관해서 아는 바가 거의 전무했다는 사실이었다. 그런데도 그는 결코 아무것도 배우지 않았다. 그는 이야기하는 것을 좋아해서, 심지어 판자 두 개를 합치는 정도의 일에도 토론을 벌여 끝없이 따지고 들었다. 못 하나를 박는 일조차도 그를 복잡한 예증으로 이끌어 갔고, 그로부터 그것보다 더 어려운 일은 없으며 결국 그 자신보다 앞서 일했던 이들 중 못 단 한 개라도 부주의하지 않게 박은 사람은 한 명도 없다는 결론이 도출되곤 했다. 그는 수다스러우면서도 무뚝뚝했고, 의심이 많으면서도 사람을 쉽게 믿었다. 그리고 여러 차례 개명을 했다. 갈가라는 성도 아마 그의 가명 중의 하나이기 쉬웠다. 말이 많았으므로 자연 정치 얘기도 했는데, 모호하면서도 격한 그의 웅변들은 종종 대단히 부적절한 것으로 비쳐졌다. 젊은 여자에 의하면 그것들은 늘 똑같은 지적으로 귀착되곤 한즉, 모든 사람은 저마다 특징을 가지고 있으며, 바로 그 사실 때문에 다른 모든 이들에 대해 일종의 비난이 된다는 것이었다. 하여 모든 이가 각기 제 이웃을 반박하며 그들의 이웃은 곧 그들의 징벌이라는 말이었다. 그 자신부터가 제 주변 사람들을 못살게 구는 데 놀라울 정도로 능했다. 그는 지역 주민들에게 견딜수 없는 존재가 되었으며, 결국엔 난투극이 터졌다. 도망쳐 나왔던 때보다 계집아이가 두 살 정도 더 먹었을 어느 날, 아버지는 토론을 벌이다 말고 자신의 고용주인 소목장에게 상처를 입혔으며, 그로 인해 떠나야만 했다. 아이의 상상 속에서 이 같은 출발들은 법의 외양을 띠었고, 법에 복종하는 모든 것이 그렇듯 그것들은 갱신될 때마다 악화되어 갔다. 그 출발들의 주요 특징은 여행이 점점 더 길어진다는 데 있었고, 그 유일한 목적이란 면밀한 조사를 통해 점점 더 열악해져만 가는 삶의 조건들을 준비하는 일, 편의를 불편으로, 불편을 곤궁으로, 곤궁을 눈멀고 광기 어린 비탄으로 갈아 치우는 일이었다. 사내는 늙어 갔다. 자신이 정착하는 어디에서나 그는 다시 뭔가를 배우겠다고 우기곤 했다. 그러나 배우는 것은 그의 목표가 아니었다. 일은 그의 관심을 끌지 않았다. 만약 그의 관심을 끄는 뭔가가 있었다면, 그것은 대화 상대자를 하나 찾아내서는, 그 자신이든 다른 누구든 제 직업의 기초 지식을 소유한 자는 아무도 없다는 사실을 그에게 설득시키는 일이었다. 그는 그 주장을 고집스럽게 내세웠고, 아무 때나 그 말을 되풀이하고 다녔다. 심지어 그의 말을 들으려고도 이해하려고도 하지 않는 사람들에게까지 그랬다. 수척하고 엄격하며 머리가 반백이 된 그는 다른 이들을 아랑곳하지 않고 자기 말을 해댔으며, 급기야는 그가 혼자서 지껄여 대거나 사람들이 말을 걸어도 대답하지 않는 사태도 분명 생겨났을 것이다. 그는 곰곰이 생각하거나 자는 사람의 표정을 한 채 며칠을 꼬박 평온히 꿈꾸는 상태에 잠겨 있기도 했다. 그러고 난 후에는 있지도 않은 말상대 앞에서 다시 웅변을 늘어놓기 시작했다. 어느 날, 그를 놀리려던 한 동료가 어째서 일한다는 게 그토록 힘들어진 것이냐고 묻자 그는 무시무시하게 화를 내던 끝에 이런 몇 가지 속담들을 고안해 냈다. 과거가 결여된 곳에는 손가락이 열 개보다 많아야 한다, 공기도 땅도 더 이상 없을 때 게으름이란 이름의 풀이 돋는다. 가족들에게 그는 그야말로 끔찍한 존재가 되었다. 그녀의 어머니는 달아났다. 그녀의 죽음은 약간 미스터리였다. 아버지와 딸은 다시 거처를 옮겨 과거 자신들의 첫 숙박지였던 외곽 지대로 되돌아왔다. 자신이 처음 묵었던 그 반쯤 허물어진 벽돌 건물을 알아보는 순간, 갈가는 이성을 잃고 말았다. 그는 자신이 경찰의 손에 넘어갔다고 믿으며 밤새 벽에 몸을 들부딪다 죽었다. 그는 그런대로 조심스럽게 매장된 걸로 보인다. 처녀의 말로는 사람들이 그의 시신을 어느 저수지에 내려 넣었고, 거기에는 이미 다른 유해들이 들어 있었다는데, 아마도 화장하기 위한 것이었으리라. 아비의 시신이 그 구덩이 밑바닥에 닿았을 때, 대략 열두 살쯤 되었을 딸아이는 이렇게 느꼈다. 혹은, 좀 더 나중에, 그때 당시 자신에게 이 같은 감정이 일었던 것이라고 생각했다. 이 노인의 생이 더할 나위 없는 최후에 도달한 것이었다고. 그는 가장 낮은 곳으로 내려감으로써 영예로운 끝을 발견한 것이었다고. 아이에게 이 저수지는 뭔가 중요하고 위안이 되는 것으로 여겨졌다. 아버지가 죽자 사람들은 그녀를 다시 도시로 데리고 가 고아원에 넣었다. 아홉 달 후 아이는, 그녀 자신의 말에 의하면 아무 이유 없이 거기서 내쫓겼는데, 왜냐하면 그녀의 행실에는 나무랄 게 없었기 때문이었다. 어느 날은 한 감독관 여자가 그녀를 때렸는데, 그 역시 아무 이유가 없었다. 또 다른 때에는 사람들이 그녀에게 먹을 것을 주지 않고 며칠 동안 가뒀는데, 그녀는 그 까닭이 무엇인지 지금도 알지 못했다. 그녀는 바람직하게 행동하는 걸 한순간도 멈추지 않았더랬으며, 이후에도 명령에 반발한 적이 결코 없었다. 결국, 사람들은 그녀를 점점 더 엄격하게 다루었고, 그 엄격성은 점점 더 부당한 성격을 띠어 갔으며, 그러다 그녀는 축출되었다. "그 감독관은 어떤 종류의 여자였죠?" 기억나지는 않지만, 그냥 평범한 여자였다고. "사람들이 당신에게, 오직 당신에게만 그토록 악착같이 구는데, 거기에 아무 이유가 없었다고요?" 네, 이유가 없었어요. 그녀는 이 말을 굳은 표정으로, 오만하고도 경직된 얼굴로 했다. 아마도 자신의 내면에 들어 있는 폐쇄적이고도 적대적인 특질이 일종의 실책이 된다는 사실을 납득할 수가 없었기에, 그 부당한 처사에서 진심으로 설명 불가능한 잔인성만을 보는 것이었으리라. 그녀는 쫓겨나기는 했

358

지만 그렇다고 먹고살 길이 없어진 것은 아니었다. 사람들이 그녀를 어느 상인의 집으로 들여보내 주었으니까. 변두리의 신발 장수였던 그는 그녀를 입양했다. 그녀는 그 집에서 조용히, 도리에 맞게 살며 집단 노동이라는 힘든 훈육을 피하고 간호사 일의 초보를 익혔다. 그러던 어느 날 사람들이 그녀보고 성을 바꾸라고 했다. 그녀는 원래 자기 게 아니기 십상인 이 갈가라는 성에 집착하여 양부모의 성을 따르기를 거부했다. 그 거절에, 랭주라는 이름의 이 상인은 그녀가 침실로 사용하던 내실로 찾아왔다. 계부가 올라오는 소리에 그녀는 짐 상자를 꺼내 거기에 자신의 옷가지들을 집어넣었다. 상인은 문을 열고 젊은 여자를 바라보았다. 아마도 그는 자신의 계획이 실패했다는 생각에, 무언의 동의가 그에게 그 계획이 이미 실현되었음을 보여 주었건만, 아무 합당한 이유 없이, 여자아이의 이해할 수 없는 변덕 때문에 그것이 수포로 돌아가고 말았다는 생각에 고통스러운 놀라움만을 느꼈으리라. 어쩌면 그는 모욕을 지워 내고 그녀가 거부했던 자신의 성을 다시 한번 제안해 보려는 생각에 그저 그녀의 해명을 들으러 온 것일 수도 있었다. 하지만 그녀는 사내의 침묵 앞에서, 그의 얼굴과 두 눈에서 읽히는 결의 앞에서 두려움을 느끼고 그의 얼굴을 향해 걸상을 던졌다. 랭주가 쓰러졌다. 소녀는 심지어 제 옷 보따리조차 챙기지 못하고 도망쳤다. 그렇게 해서 그녀 자신의 방랑의 시간이 시작되었다. 그녀는 확실한 본능에 이끌려 웨스트 지역의 직업소개소를 향했는데, 북스의 위원회와 연결되어 있는 이곳은 불법적인 처지에 놓인 사람들에게 일감을 제공했다. 그녀는 차례로 제지 공장과 의약품 생산 공장, 이어 어느 탄광에서 일했고, 마침내 이 탄광에서 보건과 관련된 업무를 보게 되었다. 직업소개소는 그녀를 보호한 동시에 감시했다. 그녀는 공적인 조사의 망을 거의 피하다시피 한 상태에서 마치 법의 아래쪽에 놓이듯 탄광이라는 상징적인 우물 속에서 살았고, 조심하기 위해서는 지체 없이 이행할 수밖에 없는 갖가지 일거리들을 거치면서, 교외로부터 마침내 사람들이 그를 내려 눕힌 저수지 바닥에 이르기까지 제 아비가 밟았던 것과 거의 동일한 길을 따라갔다. 이상한 점이 있었다면, 그건 그녀가 지금 현재의 시간에 근접할수록 그녀의 삶이 점점 더 그녀의 기억으로부터 벗어나는 듯 뭔가 모호한 것으로, 우울한 에피소드들과 추상적인 참조물의 연속으로, 또 그녀의 삶이 중요하지 않다는 바로 그 이유에서 그녀 자신에게만 적용될 따름인 어떤 신화적인 것으로 변해 갔다는 사실이었다. 소녀가 주야간 교대로 지하의 갱도에서 전기 광차를 몰며 일하던 시절과, 그녀가 노동이라는 육중한 외적 장치를 일절 거부하겠다는 완고한 결정에 따라 **나는 더 이상 일하지 않을 겁니다**라는 단순한 말 한마디로 일을 관두고 보건진료소 및 요양원의 비참한 생활을 하기로 받아들인 날 사이에는 아무 일도 일어나지 않은 듯했을뿐더러, 심지어 이 두 시절조차도 똑같이 전염병의 어두운 빛을 덮어쓴 채 어느 모로 보아도 닮아 있어서, 어디까지가 억압이고 어디서부터가 해방인지, 어디까지가 굴종의 슬픔이고 어디서부터가 자유의 슬픔인지를 쉽사리 판별해 낼 수 없을 정도였다. 어느 날 그녀는 하나의 세계로부터 다른 세계로 건너갔는데, 그러나 그것은 같은 세계였고 같은 개미집이었던 것이다. 그리고 지금에 이르러 그녀는 이곳에 있고, 그리고 우리 둘 중 어느 누구도 그녀가 탄광의 그 어두운 나날들을 정말로 떠나왔다고 단언할 수는 없었다.

유일한 차이라면, 만약 그런 것이 하나 있었다면 말이다, 그것은 그녀가 마침내 말하기로 결심했다는 사실이었다. 우리는 전과 똑같은 관계를 유지하고 있었고, 그녀의 행동에서 티끌만큼이라도 변화를 찾아낼 수 있을 이는 없었으리라. 그녀는 테이블 위에 쟁반을 내려놓았으며, 내가 그녀에게 함께 먹자고 할 때조차도 거리감도, 친숙함도 내비치지 않은 채 자리에 앉아 꾸역꾸역 식사를 했을 따름이었다. 반대로, 그녀의 행동들은 전부 단 하나의 의미밖에 지니고 있지 않았으며 그것만을 되풀이했으니, 그 뜻은 이랬다. 당신은 날 방해할 수 없고, 나는 거리낄 게 없죠. 밤에, 내가 부탁을 하면, 그녀는 방에 머물렀다. 내가 부탁을 하지 않으면, 그녀는 때맞춰 방에서 나갔다. 서두를 필요가 없을 때도 마찬가지여서, 나가는 순간에 더한층 유감 없는 동작으로 문을 열었고, 내 손이 자신을 붙들어도 늘 반발하는 기색도 서두르는 기색도 나타내지 않았다. 내가 그녀의 내력을 파악한 날부터 그녀는 침묵하기로 했던 자신의 결정을 거둬들였다. 비록 우리의 대화는 여전히 무미건조하고 짧았어도 말이다. 나는 그녀의 말에 귀를 기울였지만, 그러나 그 말을 듣고 있지 않았을 수도 있었다. 아마 그녀는 늘 같은 식으로, 차갑고 비인격적인 목소리를 통해, 자신이 말해야만 하는 내용으로부터 한시바삐 벗어나고 싶어하면서도 어쨌거나 사소한 세부를 소홀히하지 않은 채 면밀한 정직성을 기울여 가며 이야기했을 것이다. 그 기간 동안 나는 그녀의 동료들에 관해, 그들이 원하는 것, 이야기하는 바에 대해 묻다가 절박한 결정의 순간이 다가오고 있음을 깨달았다. 북스가 처한 상황은 기이했다. 불법적인 조직들은, 비록 그것들이 외부로 드러나기는 했어도, 국가에게는 여전히 미지의 대상으로 남아 있었다. 이 같은 무지 자체도 애초 곧장 밝혀졌던 건 아니었다. 위원회의 행정이 반발에 부딪히는 적이 거의 없는 것을 보고 사람들은 예전에는 약간의 틀어짐에도 그토록 민감했던 공권력이 돌연 방침을 바꿔 그때까지 역사의 쓰레기, 혹은 감옥의 오물이라 일컬어진 자들을 등용한 것이라고 믿기까지 했었다. 위원회 소속 사람들은 그들대로 자신들의 경영권 및 결정권이 어디에서도 반론에 부딪히지 않는다는 사실을 막 목도한 참이었다. 이제 그들은 지하실 바닥에 틀어박혀 일하는 대신 가장 널찍한 건물들을 차지했고, 전염병의 혼돈이 만사를 지배하도록 방기하는 대신, 누구의 환심을 사는 따위의 일에 질색과 혐오를 드러내면서, 직접 스스로를 제시했다. 그들은 정당성이나 공정성에 대해서도, 획득해야 할 새로운 진실에 대해서도, 제고해야 할 이익들에 대해서도 언급하지 않았다. 그러기보다는 수치심의 이름으로 말하고 비천함과 불명예를 원용하는 편을 택할 수도 있었으리라. 그와 같은 개념들이 그들에게는 가장 인간적이면서 가장 덜 손상된 것으로 보였기 때문이다. 그러나 그들은 아무것도 표방하지 않았다. 그들은 스스로를 정당화할 시간도 없었고, 그 문제에 대해 생각하고 있지도 않았다. 그들이 대체 누구에게 보이고자 그런 일을 했으리란 것인가? 그들이 대체 누구를 향해 "우리는 당신들에게 동의하며, 당신들의 권리를 위해 싸우고, 당신들이 되고자 하는 바를 대변한다"라고 선언할 수 있었단 말인가? 오직 법만을 보는 이들은 오직 법의 욕망만을 이해할 수 있을 뿐이라면, 어느 누구도 타인들을 위해 그들에게 맞는 걸 제시할 수 없다면, 그래서 항상 타인들의 차이를 구별할 수 있게 해주는 것도 아니요, 언제나 그들 전체를 문제삼지 않고서도 그중 하나에 대해 말할 수 있게 해주는 것도 아닌 저 극단적인 결속이 결국엔 그들을 잔혹하고 고독하며 보편적 문구들과 양립하기 힘든 운명 속으로 일시에 몰아넣고 말 지경이었다면 말이다. 절망의 나날이 이어지는 동안 위원회가 쟁취한 바에 맞서 항의하는 자는 아무도 없었다. 위원회가 행한 모든 일에 수반되는 저 혼미한 날들에 대한 기억은 그 조직을 인정하게 만드는 데 충분했다. 이렇게 해서 사방에서 끊임없이 감지되는 오만과 경악의 분위기가 가장 강력한 소신의 자리를 대신 차지하며 계획과 약속 들을 우스꽝스러운 것으로 만들어 갔다. 따라서, 행위의 효력은 완수된 것처럼 보였다. 아직 적수가 절멸된 것은 아니었지만, 병이라는 흙과 독기로 이뤄진 무대 장식이 흐트러져 감에 따라, 사람들 눈에는 제 일의 자리에 앉아 통치권을 주장하는, 인간들 중 가장 비참한 자들의 모습이 드러났다. 이 조난遭難 권력이 모든 것을 즉각 제 손아귀에 넣고 주무른 참이었다. 아무도 그 권력을 두고 왈가왈부하지 않았다. 사람들이 페스트가 파놓은 거대한 깔때기에 가까워지기 시작하고 공식적인 대변인들이 위원회의 의석 앞에 서게 되었을 때, 이 대변인들은 늘 그랬듯 자신들의 전통적인 위선을 드러내며 마치 비극적 상황에서 방금 모범적 자질들을 보여 준 기술자들을 치하하는 일 외에 다른 임무는 띠고 있지 않은 것처럼 행동했다. 물론, 이 위임자들이 받아들여진 방식은 잔인했다. 어떤 골목으로 이끌려 가든, 그들은 빈 집들, 아직 사람들이 들어 있지만 감독관들에 의해 포위된 건물들, 감옥에서 이송된 젊은 이들로 넘쳐나는 보건진료소들을 봐야 했다. 그들은 쓰레기의 땅을 향해 갔으며, 그런 그들 앞에 구덩이들 위로 피어오르는 안개가 멀리서부터 모습을 드러냈다. 그들은 요양소들로 들어갔고, 병자들을 바라보았고, 그들의 비명을 들었다. 그들을 안내한 이들은 그들에게 단 한마디 말도 건네지 않았고 그들 또한 아무 말도 하지 않았다. 그 같은 무례 속에서 나는 북스의 기질을, 다시 말해 제 갈 길을 따라 작용하는 깊은 원한의 정신을 간파했다. 그는 그들을, 가장 빛나는 지역들에서 온 그 방문객들을 자유로운 상태로 돌려보내긴 했지만, 어쨌거나 그들 각자의 등 위에 묵직한 시신을 한 구씩 묶어 보낸 셈이었고, 그들로서는 그로부터 풀려나는 일이 쉽지 않았을 터였다. 북스가 우두머리는 자신이며 따라서 병의 변덕스러운 진행을 겪는 중인 지대에서 몸소 행정 기구를 장악할 것임을 공공연하게 드러내기로 결심했을 때, 그가 예상한 것은 그 결정에 대한 반대였다. 그러나 반대는 없었다. 공인들은 전염의 위험에도 불구하고 각자 맡은 자리에 계속 남아 있음으로써, 자신들이 북스와 공동 전선을 펼쳐 그를 양심적으로 보조하고 있다는 사실을 증명해 보였다. 바깥에서도, 그가 예견했던 적대감과 달리, 아무런 신호도 다가오지 않았다. 사람들은 그를 방해하지도, 그에게 동의하지도 않았다. 사람들은 그를 개의치 않았다. 사건들이 두 개의 권력 기관 사이에 하나의 공백을 뚫어 놓은 것이었다. 상처 입은 법은 제 기관들 중 하나가 설명할 수 없는 방식으로 타격을 받은 것을 목격하자 침묵에 빠져든 채 그것의 회복을 기다리고 있었다. 이 자유는 다수에게 도취감을 부여했다. 사람들은 벽 사이로 그것을 호흡했다. 그러나 그것은 지나치게 광대하고 결코 잡을 수 없는 자유였다. 북스가 결정하면 그 결정은 속속 실행되었으며, 그가 문건들에 서명하면 그 문건들은 법의 효과를 띠게 되었다. 그는 방 하나에 몇몇 이들을 모아 놓고 이렇게 말했다. 오늘부터 당신들은 이러이러한 공무를 통해 위원회를 대변하게 될 것이오. 그러면 그 사람들은 그 직무를 완수했고 또 위원회의 대변인이 되었다. 그 활동은 극한의 것이었다. 결과들은 그 활동에 상응하지 못했는데, 그 까닭은 아예 모든 것이 결여된 경우가 잦았던 데 있었다. 그래도 어쨌거나 대단히 많은 일들이 행해졌으니, 그 수치는 그것들을 이행하는 데 기여한 자들이 막연히 기대했던 것보다 훨씬 더 높았다. 그러므로 모두가 기뻐해도 되었다. 그리고 북스가 미리 예비해 놓은 도정을 따라 분과에서 분과로, 뻔뻔하게도 일체의 정당화를 거부하는 불법의 정신이 점점 더 넓은 지대들을 향해 퍼져 나갔으므로, 사람들은 수은의 격렬함과 무거움을 지닌 채 저지대로부터, 부서진 집들로부터, 사막 같은 거리들로부터 나오는 이 가짜 권력이 도처에서 법의 자리를 차지하고 그것의 특권을 무너뜨리는 일에 실패할 수도 있으리라는 생각을 할 수 없었다.

하지만, 들리는 말에 의하면, 북스는 점점 더 자주 중앙 본부의 사무실에 칩거했으며, 자기 안에서 피의 흐름이 득세할 때면, 말수가 줄든 노기를 띠든 간에, 무기력증의 발작에서 좀처럼 헤어나오지 못했다. 이전에 그는 위원회에서 자신의 주요 대화 상대자인 렌츠라는 인물을 어느 저녁 내내 매도한 적이 있었다. 렌츠는 한때 국가의 틀 안에서 공식적인 반대 세력을 이끌었으나 어느 날 자신의 역할을 대단히 민감하게 받아들이게 되면서 자리에서 물러난 으뜸 인사로, 쉰 살에, 작고, 마르고, 허약한 사내였다. 공무원들은 그를 매우 존경했다. 북스는 그를 로도스의 거인이라 불렀다. 로도스의 거인이라면 진흙의 위엄을 지닌 북스 자신이 그 누구보다도 어울릴 별명이었고, 따라서 만약 어느 저녁 나절 내내 그가 맹렬한 태도로 그 표현을 모욕처럼 되풀이했었다면, 그건 아마도 그가 기실 스스로를 하나의 거대한 조각상으로, 그러니까 발만 조금 떼어도 세상이 뒤흔들렸을 저 자신의 놀라운 행보가 그렇듯 아무 장애 없이 완수되는 걸 보며 혹시 내가 아직도 형태를 갖추지 못하고 무기력한 흙덩어리로 남아 있는 게 아닌가 자문하기에 이른 조각상으로 간주했기 때문일 것이었다. 자신의 찬탈 행위가 쉽게 이뤄졌다는 사실에 스스로 속아 넘어가기에는 분명 그는 지나치게 진지했다. 성공은 엄청났고, 북스 주변의 모든 이들이 그 결과에 도취되었다. 법이 그처럼 급작스럽게 마비될 것이라고 누가 예상할 수 있었던가? 다들 뭔가 비범한 것에 대항해서, 그 끝없는 촉수들이 사방으로 뻗어 나가며 고작 몇 가지의 움직임만을 허용할 어떤 괴물에 맞서 싸우게 되리라 예상했었다. 그런데, 첫 판부터 짐승은 뒤로 물러나 앉았다. 놈은 마치 지친 것 같았고, 기분이 상한 것 같았다. 놈이 모욕을 당하고 난 후이니, 그 언짢은 기분은 예상치 못한 결과를 초래할 수도 있었다. 같은 날 저녁, 북스는 이렇게 공언했었다. "계획이 실현되었다고, 결정들이 이행되었다고 열광하는 여러분을 보면서 나는 참호 밑에 은신해서도 끊임없이 전화로 각종 명령을 내리는 지휘관을 생각합니다. 만사가 지나치게 잘 굴러간다면, 자신이 명령하는 모든 일이 글자 그대로 이행된다면, 그는 전화선이 끊어진 것이 아닌가, 실은 아무도 자기 말을 듣고 있지 않은 게 아닌가, 그리고 모든 것이 성공하는 것처럼 보이는 것은 무슨 일이 일어나고 있는지 저 자신이 더 이상 아무것도 모르기 때문이 아닌가 하고 의심할 거요. 우리가 모든 면에서 승리하고 있는 건 우리가 방 하나에 갇힌 채 저 시계추에다 대고 명령을 내리고 있기 때문이오. 따라서 우리의 성공이란 그저 우리가 여전히 우리의 구덩이 속에 있으며, 아직 전적으로 무력하다, 이런 사실을 표현할 따름이오." 북스의 영향력이 산산조각 난 지는 이미 오래였다. 그들은 그에게 교양 있는 자 특유의 결함들이 있다고, 또 권력에 접근하고 그것을 사용하여 어떤 민감한 문제들을 처리해

366

보려 하기에는 그가 지나치게 격한 기질을 지녔다고 보았다. 그의 동료들은 공적인 부서와 말을 나누기 시작하는 순간 모든 것이 위태롭게 된다고 믿었다. 반면 북스의 경우는 국무회의가 그의 결정들을 고려하고 있는지, 국무위원들이 그것들을 유효하다고 평가하고 있는지 아니면 그저 약간의 인상을 받고 마는 것인지, 오로지 그런 점을 확인하는 것만이 목표일 게 뻔했다. 추측하건대, 통치의 요직들을 차례차례 거치며 앞으로 나아가는 자신의 행보에서 기껏해야 저 나대지들을 지나갈 때 겪을 법한 정도의 어려움밖에 마주치지 않으며 그는 일종의 현기증을 겪었을 테고, 무엇보다도 이 모든 게 신기루가 아니라는 것을, 위원회와 한 테이블에 모여 이것 또는 저것을 결정하고자 할 때 그의 결정들은 역사를 건 중요성을 띠며, 그토록 극적이고 비범했던 숱한 캠페인과 결정적 승리들이 기껏 장기 게임의 엎치락뒤치락하는 판세쯤으로 축소되지는 않는다는 것을 스스로에게 입증해야 할 필요를 느꼈을 테고, 하여 취침 시간이면 아마도 그는 위원회가 정말로 존재하며 감옥들의 문은 이미 열렸다는 확신을 갖기 위해, 자기 자신이 더 이상 이전의 보잘것없는 파면된 의사 혹은 그보다 더 못한 존재가 아니듯 가장 심하게 속아 넘어갔던 자들 역시 능히 그들을 호려 열렬히 노예 근성을 갈고닦도록 할 어느 착시 체계에 또다시 희생된 게 아니라는 확신을 갖기 위해 기도를 올렸으리라. 원조 요청은 모두 기적처럼 성공을 거뒀다. 보건진료소들은 완전히 재정비되었다. 대피 명령이 내려진 집에서 온 미심쩍은 상태의 주민들로 꽉 찬 건물들엔 침구와 담요, 의복 들이 배급되었다. 서서히 공장들이 다시 가동되기 시작했다. 몇 건의 신속한 접촉 후에 확보된 이 같은 지원은 이미 도처에 파급된 조직력을 증명하는 것이었지만,

그럼에도 그것이 북스에게 일깨워 주는 바는 전혀 없었다. 그 같은 비밀 조직망들, 전방위로 그어진 그 노선들을 수립한 사람은 다름아닌 그였기 때문이다. 행동 수단들이 그처럼 확장되었으니 분명 그도 기뻐했겠지만, 그러나 그가 원했던 건 그 이상의 일이었으리라. 즉, 새 사무실들과 새로운 통제 지역들을 향해 앞서 나갈 때 자신에게 신호를 보내며 찬동을 다짐하는 공모자들을 발견하고, 다시 말해 사방에서 자기 자신을 재발견하고 만족감을 느끼는 일 말고, 한 차례, 그저 단 한 차례라도, 반대 권력을 대변하는 낯선 누군가의 얼굴에서, 짓밟혀 말살된 지 오래라고 여겨졌던 비참한 자들 중 하나의 갑작스런 등장을 맞닥뜨리고 불안에 빠진 이의 표정을 포착하는 일이 바로 그것이었다.

어느 날, 나는 북스로부터 이러한 메모가 적힌 작은 종이를 한 장 전달받았다. "사건들이 예비되고 있소. 이제는 모두가 저마다 싸움에 참여해야 할 때요." 이렇게 해서, 아무도 내게 그 이야기를 하지 않았어도, 잔이 내 질문들에 예의 그 말없는 시선 말고 다른 방식으로 대답하는 일이 없었어도, 나는 그토록 많은 철야와 수면을 거쳐 준비된 이 거대한 계획이, 지하 독방과 감옥 들에 갇힌 그 모든 불행한 자들이, 이 생명 없는 분출이, 길들을 따라 흘러내리고 천천히 가장 높은 집들의 수위까지 상승해 그것들의 황폐하고 비참한 외관을 지워 버리는 이 자유가, 저 스스로를 의심하는 이 모든 승리며 회원이, 잔인한 보복과 피의 정의를 통해 평화의 한복판에서 법을 거둬들이고 그럼으로써 마침내 그 평화로부터 적대감의 선포를 얻어 내려 한다는 것을 깨달았다. 이제 나는 어떤 시간대에 거리들을 메우는 활기 없고 초라한 군중이 무엇을 의미하는지 알고 있었다. 반대로 다른 때라면, 가령 밤이 될 무렵이면, 사람들이 가장 북적대는 지역들조차도 사막이 몸소 차지해 버렸는데 말이다. 마치 제 존재가 방금 쫓아낸 군중의 존재만큼이나 가시적인 것이었다는 듯. 밤이 와 저 어마어마한 양의 수포들 터지는 소리가 또다시 들려오면, 아침이 되어 그저 우연히 선택된 장소에서 폭음이 처음엔 방울방울, 그다음엔 흘러내리는 모든 것과 활기를 띠는 모든 것이 수천 개의 핏줄과 맥을 통해 하나의 상처로 몰려들 때 그러듯 맹렬히 쇄도하기 시작할 때면, 나는 세상의 모욕받은 힘들이 어떤 어둠의 작업에 힘입어 제가 받은 굴욕에서 화합과 화평 이외의 것을 끌어내려 채비하는 것인지를 짐작할 수 있었다. 그리고 그러는 틈틈이 잔에게 내가 아는 사람들에 관해 묻곤 했다. 로스트에게 욕설을 퍼부은 적이 있던, 저 한 손을 다친 사내에 관하여. 잔이 묘사한 바에 따르면, 치명적인 순간에 그는 야간 경비원 자리에 침착하게 누운 채로 제가 감시했어야 마땅할 공장이 불타오르는 광경을 정신 없이 바라보았다. 아브랑, 그 고상한 늙은이에 관하여. 그는 어느 날 한 떼의 무리에 가담해서는, 십장을 돌로 때려 죽이려고 작은 헛간으로 밀어 넣은 후 그의 머리에 고철을, 낡은 파편 더미를 던졌었다. 부엌에서 일하는 여자들 중 한 명에 대해서. 그녀는 예전에 쉬드 지역의 전원 한가운데에 지은 어느 아름다운 별장에서 관리인으로 일했었다. 그녀의 남편은 이런저런 회사에서 막일꾼으로 일하거나, 그보다 좀 더 정기적으로 커다란 제재소에서 목재 정리하는 일을 도왔다. 어느 날 노동 쟁의가 터졌지만, 그녀의 남편은 처지가 너무 열악해서 그런 사건들에 관심을 가질 여유조차 없었다. 그가 노동을 하느냐 마느냐 따위의 문제는 그 누구에도 중요한 것이 아니었다. 따라서 그는 계속해서 이런저런 일터로 나갔고, 상황 덕에 오히려 좀 더 벌이가 되는 일거리들을 찾을 수 있었다. 아내는 별장의 살림 외에 정원 일도 맡았고, 거기서 나오는 것 중 극소량이 부부의 생계를 위한 몫으로 남겨졌다. 주인 부부의 아들을 보살피는 일 또한 그녀의 담당이었다. 비정상인이었던 그 젊은이를 고위 공무원이었던 부모가 시골에 감춰둔 것이었다. 어느 날 저녁, 그리고 그다음 날, 또 그다음 날도 그녀의 남편은 집에 돌아오지 않았는데, 그에게 무슨 일이 일어난 것인지 그녀로서는 알 길이 없었다. 이틀 후, 경찰서에서 한 남자가 그녀를 찾아와서는, 제재소에서 싸움이 벌어졌는데 그 와중에 그녀의 남편이 곡괭이로 부감독을 공격했으며 부감독은 자신을 보호하기 위해 그에게 권총을 쐈다고 설명했다. 다친 막일꾼은 병원에 있다 했다. 아내는 그 말이 믿기지 않았다. 아마도 그녀는 경찰에 대한 사람들의 편견을 나눠 갖고 있었는지, 전자가 항상 괜한 이유를 핑계 삼아 이런 얘기를 해야 할 때 저런 얘기를 한다고 굳게 믿었고, 하여 경찰관의 보고서에 그저 불길한 조짐이라는 모호한 의미 정도만을 부여했다. 뿐만 아니라 그 사건이 불가해하다는 판단도 들었던 것인지, 그녀로서는 어떤 막일꾼이 그 자신과 아무 관계도 없는 싸움 와중에 누군가를 죽이려는 마음까지 먹을 수도 있다는 사실을 영 받아들일 수 없었다. 그녀는 병원에 가기를 거부하고 집에 머무르며 이제껏 매일 저녁 그랬듯 남편의 귀가를 기다렸다. 공식적인 사망 통지서가 도착했을 때에도 그녀는 그것을 믿지 않았다. 혹은, 적어도 그녀는 지나칠 정도로 남편을 기다려 왔던 나머지 이제 와서 그것을 믿을 수가 없었다. 여섯 달 동안 그녀는 자신의 일을 계속 했다. 그러다 어느 날, 자기 주인들의 아들인 그 젊은 백치와 함께 그곳을 떴고, 지금도 여전히 그를 데리고 살고 있었다. 처녀는 내게 이 사람들에 관한 이야기를 냉랭하게, 조금도 자발적이지 않은 태도로, 그리고 지금에 이르러서는 말하는 것이 나와 함께 하는 그녀 삶의 일부가 된 까닭에 들려주었다. 하지만 차가운 목소리를 통해 엮이는 그 이야기들을 경청하고 있노라면 그와 동시에 내 귀에는 북스의 종이에 쓰인 저 문구, "사건들이 예비되고 있소. 이제는 모두가 저마다 싸움에 참여해야 할 때요"라는 말이, 꼭 확성기 한 대가 나와 모든 이들을 향해 마냥 그걸 되풀이할 임무를 맡았기라도 한 듯, 끊임없이 들려왔다. 나는 알고 있었다. 그 말들이 하나의 대답을 기다리고 있다는 것을. 그러나, 저주스럽게도 대답이란 너무나 비극적이고 모욕적인 의미를 띠도록 운명 지어진 까닭에, 감히 어느 누구도 일어나 테이블로 가서 잠시 확성기를 멈추고 그 대답을 쓸 힘을 발휘할 수 없을 것이었다. 자기 자신을 증오의 대상으로 만들기를 원했으며 우정 어린 선언들 속에서는 따분함을 느끼곤 하던 한 사내의 그 같은 격노에는 아마도 무언가 우스운 점이 있었으리라. 결코 지워버릴 수 없을 굴욕의 타격하에 저 자신이 아니면 아무도 알아챌 수 없는 굴종 상태로부터 헤어 나오는 그 숱한 존재들이 자유로워지기 위해서는 자신들의 적들을 적들로, 자신들과 그들과의 관계를 투쟁으로 변형시킬 필요가 있지 않을까, 보복과 전쟁의 기계 장치를 가동하려면 이들 존재들이 일체의 냉정함을 잃고 스스로 늑대로 변하여 모든 문들을 정육점의 도마로 만들 각오가 되어 있어야 하지 않을까, 결국 이 모든 범죄로부터 나올 수 있는 결과라곤 애정 어린 대비책만 두 배로 늘어나는 게 전부 아닐까 등등, 상황은 잠시도 예견할 수 없는 것이었다. 전쟁이다, 라고 나는 생각하고 있었다. 그러나 누구와의 투쟁인가? 사람들은 병의 기억에 절망해서 전쟁을 꿈꾼다. 그러나 전쟁은, 시작되면, 어쨌거나 전쟁이 아니다. 그것은 그저 굴욕적인 가장행렬, 얼굴을 찡그린 소망, 평화의 새롭고도 수치스러운 이미지에 불과한 것이다.

어느 날 아침 우리는 외출했다. 그녀는 건물들을 방문하라는 임무를 받았고, 이제는 이미 나를 혼자 남겨둘 수 없게 된 뒤였다. 이내 열기가 올라왔다. 우리는 대로며 한층 더 수가 줄어든 집들로부터 등을 돌렸다. 땅바닥은 거의 노란색이었다. 길은 넓어지면서 마치 부유하는 듯하다 다시 좁아졌고, 판자로 지어져 서로 기대어 선 작은 상점들과 함석 지붕이 얹힌 누옥들은 도로의 흔적을 잃는 가운데 어디로도 이르지 않는 뒷골목들의 초벌 설계도 같은 걸 형성하기 시작했다. 쇳조각들이 널린 광장들이 군데군데 펼쳐졌고, 그 광장들을 통과하는 길은 이미 그 자체가 도로의 찌꺼기에 지나지 않았는데, 그럼에도 조금만 더 멀리 가면 통로는 어김없이 다시 발견되었고, 해서 그것은 여전히 망설이면서도 동시에 여전히 저 스스로에 대해 확신하면서 꿈쩍도 않는 열기의 궁륭을 거쳐 집들의 한복판으로 틀어박히곤 했다. 내가 그녀의 뒤를 따르는 것인지, 그녀가 내 뒤를 따르는 것인지 알 수가 없었다. 그녀는 오로지 그녀 자신을 위해, 규칙적인 걸음으로, 오른쪽도 왼쪽도 쳐다보지 않으며 내 곁에서 걷고 있었다. 사람들이 우리와 마주 보고 지나갔다. 다른 이들은 우리 뒤편에서 오다가 일순간 걸음을 재촉해 우리와 합쳐지기도 했다. 자동차들이 우리를 보도 위로, 또는 판자로 된 담장 쪽으로 떠밀었다. 때때로 소음이 커지면서 마치 인근의 모든 길들로부터 유일하게 이 길 하나로 내몰리기라도 한 듯 도시의 군중 전체와 행인들이 수백씩 무리 지어 밀려왔고, 그들은 개울처럼, 제 자신의 물매를 모르는 다 말라붙은 물처럼 느리게 흘러들었다. 관계라는 그림자에 의해 서로 연결된 허깨비 둘이 과연 어떤 사막에서 나아가고 있는지를, 이 소음과 이 군중이 역력히 보여 주고 있었다. 만약 길이 인적이 끊긴 지역을 거쳐 가는 외딴 경로였더라면 아마도 이 사막은 한결 정숙하였으리라. 길이 생명이 있는 고장들에서 벗어나 춥고 메마른 노르 일부 지역 속 돌들의 혼돈 안으로 들어가는 것이었더라면, 놀라움은 보다 적었으리라. 그러나 이곳은 잔혹하게 해가 비치는 낮 아래로 트럭들과 농부의 수레들이 지나다니고 상점들로부터는 여자들이 떼지어, 느리게, 아무 목적 없이 나오는 도시였고, 또한 그 위협적인 힘이 고독이나 마른 땅, 혹은 세상에 존재하는 그 어떤 나쁜 것으로부터 나오는 게 아니라 찬란함으로부터, 평온하고 고갈됨 없는 생명으로부터 비롯하는 사막이기도 했다.

그녀가 다다라 발길을 멈춘 집은 무질서하게 늘어선 헛간들과 텅 빈 뜰들의 한복판에 솟아 있었다. 복도에는 아무도 없었다. 복도 끝, 조명이 침침한 계단 맞은편에 건물 책임자의 방이 있었고, 그가 문밖으로 나와 나를, 이어 여자를 바라본 후 안으로 들였다. 그이든 그 집과 다른 집들에서 마주친 다른 이들이든, 나의 신원을 의심하는 행동을 취하는 이는 단 한 사람도 없었다. 아무도 내가 누군지, 뭘 하러 그곳에 온 건지 묻지 않았다. 내가 있는 걸 보고 놀라는 기색을 한 이는 없었다. 책임자는 벽장에서 서류들을 꺼내 테이블 위에 흩어 놓았다. 서류들 중 하나는 피난민들의 이름 또는 그들의 이름이라 추정되는 것들이 적힌 목록이었다. 건물엔 삼백 명이 넘는 사람들이 살고 있었다. 또 다른 보고서들엔 병자들과 노인들, 아이들의 수와 건강한 이들의 직업을 명시한 한편, 비축 식량의 규모 및 그 공급자들의 주소와 배급 담당자 들의 이름이 구체적으로 기록되어 있었다. 맨 마지막 것은 부족한 기초 생필품들을 적은 긴 목록이었다. 그녀가 이 서류들을 뒤적이는 동안 책임자는 막연히 망설이고 있었고, 나 또한 뭘 어째야 할지 알 수 없어서 때로는 이름들과 숫자들에, 때로는 신통치 않은 전구로 밝혀진 그 방의 어두침침한 구석들에 시선을 두곤 했다. 구석 한편의 좁은 내실에는 침대가 처박혀 있는 듯했다. 두 줄로 늘어선 벤치들이 통로를 메우고 있었다. 방이 더러운 건 아니었지만 그 구석은 너무나도 오래된 어둠으로 얼룩진 탓에 마치 빛으로 밝혀질 모든 방도가 영영 박탈된 듯 보였다. 잔이 문 쪽으로 걸어갔다. 계단 첫머리에서부터 우리는 들큰하면서도 신 냄새에 휩싸였는데, 그것은 보건진료소의 끔찍한 냄새를 상기시키면서 그보다도 더 해로워서 마치 의심과 고발의 임무를 띤 여자들의 목소리가 내는 속삭임과 비슷했다. 층계참에 이르자 책임자는 마치 아파트를 구경시켜 주려던 것인 양 여러 개의 문을 밀어젖혔다. 하지만 거긴 아파트가 아니었다. 작은 방 하나가 나 있었고, 그 입구에서 아마도 다시 다른 방들이 이어지는 듯했다. 장소는 거의 청결하다 해도 좋을성싶었지만, 매트와 이불들이 둘둘 말려 있고 시골 작은 역의 짐 부리는 한 귀퉁이처럼 여행용 가방들이 쌓여 있는 그 한복판엔 사람들이 거주할 수도 있다는 걸 보여 주는 단서가 일체 없었다. 여자들은 호루라기 소리가 나는 대로 미리 다 싸서 묶어 둔 봇짐들을 어깨에 둘러메고 떠나도록 되어 있었다. 내가 거기 모습을 드러냈을 때 어느 누구도 말소리를 내지 않았다. 그곳에 먼저 들어선 사람은 나였다. 예닐곱 정도 되는 여자들이 가운이나 외투를 걸친 채 꼼짝도 않고 나를 쳐다보고 있었는데, 마치 자신들이 누군가를 기다리기 위해 그 건물에 몰아넣어졌다는 듯한 표정이었고, 그 누군가는 내가 될 수도, 다른 사람이 될 수도 있었지만, 어쨌거나 그네들의 동작은 그 같은 출현에 대해 어떤 생각을 품고 있는지를 일절 드러내지 않았다. 그러는 새 책임자도 들어와 있었고, 그는 창가로 가려 했지만 미처 그럴 새도 없이 이번에는 잔이 들어왔으며, 잔의 뒤를 따라, 마치 그때까지는 그녀가 일종의 마법에 의해 멀찌감치 떼어 놓기라도 했던 것인 양, 그리고 지금은 그와 반대로 그녀 자신의 급작스러운 방문이 건물 구석구석으로부터 불러 모은 것인 양, 그 층의 방들에서 다른 여자들이 나와 몰려들었고, 그네들은 다시 또 다른 여자들의 도착을 예고했으니, 이제 그 여자들이 계단을 내려오는 소리가 귀에 들려왔다. 작은 방 안에 이내 열 명의 새로운 인물들이 나타났다. 무기력하고 호기심에 찬 이 열 사람의 얼굴은 다 어슷비슷해서 젊지도, 늙지도, 도시 사람 같지도, 시골 사람 같지도 않은 것이, 살과 뼈를 지닌 존재들이 사는 진짜 방에서 나왔다기보다는 마치 어딘가 모호한 곳으로부터, 부동성과 인내심의 저장소 같은 곳으로부터 출몰한 유령의 일종처럼 보였다. 그들의 얼굴에는 놀라는 기색이 없었고, 격한 비난의 표지나 일말의 공감 역시 드러나지 않았다. 내가 그들의 일원이 아니라는 사실을 수동적으로 발언하는 그녀들의 뻔뻔한 시선은 그 같은 선언에 멈추었을 뿐, 그것을 더 깊이 밀고 나가지는 않았다. 그 시선들은 스스로의 수동성을 통해서, 저희들이 뭔가를 보는 이유라 할 한가함에 의해서 나를 바라보았다. 그리고 거의 열광에 가까운 그 무위는 나로 하여금 결코 돌이킬 수 없을 어떤 것이, 이를테면 그 효과를 제한할 수 없을 광기 어린 행위 중 하나가 막 발생하려는 게 아닐까 염려하도록 만들었다. 나는 잔을 향해 그만 나가고 싶다는 시늉을 했다. 어른들 사이에 끼어들어 있던 아이 여럿이 나를 못살게 굴었으며, 그중 한 명은 아예 내 웃옷에 매달려 있었다. 아이는 내가 세게 흔들어서 밀쳐내자 넘어졌지만, 울지도 않고 두 눈으로 나를 계속 좇았다. 녀석은 심지어 넘어지는 순간에도 내게서 시선을 떼지 않으며 집요하고도 만족스러운 표정을 지어 보였다. 나는 사람들 사이를 헤치고 나갔다. 층계참과 다른 층들로 이어지는 계단들 위에도 사람들이 많이 모여 있었다. 파리 떼 같군, 이라고 나는 생각했다. 비굴하고 끈질기고 4분의 3은 이미 으스러진 셈인 가을 파리들 같아.

그러고 나서, 길이 계속되었다. 이제는 냄새가 길에도 배어 있었다. 열기처럼 무거운 그 냄새는 집들을 예고하고 그것들로부터 흘러나왔고, 그 집들은 모든 경계를 잃으면서 아직 공간이 남아 있는 곳이라면 어디서든 무한히 확장되는 듯했다. 보도를 따라가다 보면 이 한시적인 해안에 평온히 좌초해 있는 사람들과 부딪히곤 했다. 그들은, 조수가 자신들을 여기까지 실어 온 이상, 다른 어떤 곳도 아닌 바로 이 자리가 자신들에게 예비된 것이라고 굳게 믿고 있었다. 누워 있든, 서 있든, 먹고 있든, 자고 있든, 그들은 계속 꼼짝도 하지 않았으며, 타오르는 빛이건, 자동차들이 뿜는 먼지이건, 행인들의 발길질이건 모든 것을 받아들였다. 그러면서 그들은 오만한 냉담함을 드러내며 나를 바라보았고, 자신들의 침묵으로, 또는 무언가 광적이고 돌이킬 수 없는 어떤 것으로 나를 위협했다. 잔이 내 옆으로 되돌아왔다. 침착하고, 또 앞으로 벌어지려 하는 일과는 아무 관계 없다는 태도로, 그래서 이 산책 도중 자기 자신이 저 확성기의 말들, *이제는! 이제는! 이제는!*을 되풀이해 대는 걸 결코 내가 들었을 턱이 없다는 듯이. 우리가 돌아올 때마다 상황은 매번 그랬다. 그럼에도 나와 그녀의 관계가 변화했다는 사실을, 나는 알고 있었다. 그녀는 줄곧 점점 더 냉랭해져 갔으나 이 냉랭함은 결코 털어놓아서는 안 될 어떤 것의 신호와도 같았다. 그녀가 나를 향해 불쾌감을 내보이는 경우도 종종 생겼는데, 이 혐오감은 결코 가라앉힐 수 없는 성질의 것이었다. 그것은 분명 냉랭했고, 그도 모자라 차가운 절망, 차가운 증오, 차갑고 폐쇄적인 야만 또한 나를 향해, 내 곁에, 내 주변에 빙 둘러 형성되는 원 속에, 그리고 한쪽은 살아 있고 다른 한쪽은 죽어 서로 완강하게 연결된 채로 줄곧 지척의 거리를 유지하는 두 개의 상태 속에 생겨나고 있었으니, 내게 보이는 것이라곤 분노와 갈망의 기질이 날 향해 던지는 무심한 시선이 다였다. 그녀는 신중했고, 조심스러웠으며, 모든 점에서 내 말에 복종했다. 그러나 그 얼마나 명령에 무심한 정신 자세로 그랬던지, 그녀의 정확성은 부주의의 일종이자 비자발적이면서도 흠 잡을 데 없는 동작이었다고 하면 될 정도였다. 그녀의 신중함, 그것에서 나는 수동적이고 익명적인 어떤 것과 부딪혔는데, 아무것에도 직면해 있지 않으며 스스로 텅 비워져 모든 것을 박탈당한 나로서는, 거기 과연 그녀가 있는 것인지 더 이상 알 수 없는 가운데, 눈앞에 현전하는 이와는 다른 누군가가, 그러니까 식별 가능한 얼굴을 띠고 있지만 함께하다 보면 끝없는 환상같은 대화 속에 '너'와 '나'가 해체되고 마는, 저 사나운 존재들 중 하나가 그녀 속에 숨겨져 있다고 느끼곤 했다.

어느 날, 그녀는 흥분을 참지 못하고 즉석에서 광기 어린 장면을 벌였다. 그녀는 더 이상 내 방에서 떠나지 않겠다고 선언하며 내가 방에서 나가는 것을 금지했다. 그리고 내가 잘 알아들을 수 없는 몇 마디 말을 따라 말하도록 시켰는데, 그 내용은 대략 이랬다. "나는 너를 소중히 여기고 보호할 것이며, 오직 너만을 바라볼 것이다." 그녀가 내 따귀를 때려 댄 통에 난 그녀를 피할 수밖에 없었다. 나는 한구석에 쪼그리고 있었고, 그녀는 자신의 옷을 찢으면서 울고 소리를 질러 댔다. 반은 벌거 벗다시피 한 그녀가 갑자기 다시 꼿꼿해지는 걸 보다 말고, 자격증을 지 닌 간호사의 권위가 주는 우월감을 드러내며 뭔지도 모를 나의 과실을 비난하던 시절처럼 엄격하고 냉정해지는 모습을 바라보다 말고, 나는 그녀의 몸으로부터 한 방울 한 방울씩 흘러나오는 검고 두터운 물, 일전 에 이미 한 번 벽들을 통해 투과된 적이 있는 바로 그 물과 흡사한 것을 눈여겨보게 되었다. 어쩌면 그것은 물 이상의 것일 수 있어서, 그때까지 어느 누구도 건드린 적 없지만 그럼에도 와해될 채비가 되어 있는 무언 가로부터, 그러니까 스며 나오고, 망설이다, 낮을 향해 상승하여 그 낮 을 더럽히고, 냄새와도 같이 퍼지며 부유하고, 괴어 썩다, 또다시 차갑 고 두텁고 검은 물의 정령처럼 상승하는 무언가로부터 나오는 전조 증 상이랄 수 있었다.

그 일이 일어난 건 정오경이었다. 물이 물러가자 비로소 방이 다시 눈에 들어왔다. 방, 정오의 찬란, 빙빙 돌며 날아다니는 파리 떼들에 의 해 손상되는 침묵이. 그러고 나서 나날들이 되돌아왔다. 그녀는 예전에 그랬던 것 이상으로 나를 감시하지는 않았다. 그러나 방에는 아무도 들 어오지 않았고, 외출할 때면 그녀는 나를 복도를 따라 걷게 하다 승강기 속으로 가뒀으며, 거리에 나서면 내가 미처 볼 수도 없는 사람들 한가운 데에서 우리 둘만 외따로 걸었다. 매일, 이 모든 길들이 점점 더 황폐해 져 갔다. 이제는 오직 사건들만이 오고 갈 권리를 가진 꼴이었다. 그리 하여 아직까지도 밖에 나와 문 잠긴 집들 사이로 걷거나 뛰는 사람들이 있다면, 그건 끈기와 술책을 발휘한 끝에 몸 하나를 구성할 만한 분량의 견고한 물질을 입자 하나하나 그러모으는 데 성공한, 저 사건들의 일시적인 변장에 불과했다. 그 몸뚱어리란 슬쩍 건드리기만 해도 아무 자제력 없는 존재로 화해 버리고 말 것이었다. 그 같은 마주침은 어떤 지역에서건 일어날 수 있었다. 다시 말해서, 아무 때나. 매일 밤 처형이 있었고, 낮이면 혼돈이 제 험상궂은 육중함과 함께 다가와 아무나, 아무것이나 지목한 후, 그렇게 결정된 불행의 대상에 악착 같은 공격을 끝도 없이 가했다. 누가 불을 지르나? 누가 약탈해 가나? 아무도 자기 자신에게 그런 질문을 던지지 않았다. 희생자들의 눈앞에 떠오르는 것은 개인들이 아니라 불타고 피 흘리는 사물들의 한 더미였기 때문이다. 누구나 자기 자신을 아직껏 더듬거리는 스스로의 삶으로부터, 이제는 유폐되어 아득해진 저 믿을 수 없는 기억들로부터 공격받았다 갑자기 놓여났고, 그러면서 역사의 앙갚음, 역사의 새로운 정의가 되었다고 여겼다. 매일 저녁 유린의 장면들이 끝없이 이어졌다. 새벽이 오면 어떤 지역들은 지진을 송두리째 망각해 버린 탓에 어째서 거리며 집들, 모든 것이 한낱 거대한 침묵의 화염덩어리로 변해 버린 건지 도저히 납득하지 못하는 이나 느낄 법한 얼떨떨함 속에 잠에서 깨어나곤 했다. 어리둥절함을 더욱더 증대시킨 것은 무질서가 그것을 일으킨 자들과 당하는 자들 사이에 아무런 구분선도 긋지 않는다는 점이었다. 기강이 가장 잘 잡힌 단체들이, 우리가 때로 목도하듯이 행진할 때면 자기들의 흠잡을 데 없는 질서 그 자체를 통해 질서에 오만하게 도전장을 던지는 바로 그들이, 스스로를 거스르며 행동의 폭력 속으로, 모든 집을 방화자와 그 희생자 들에게 공통된 무덤으로 만들어 버리는 극단적 행태 속으로 빠져들곤 했다. 그 같은 움직임은 패주보다는 방종을 더 많이 포함하고 있어서, 규율에서 벗어나 반란 상태로 들어간 작은 무리들은 아무 데나 대고 총을 쏘거나 서로 칼부림을 하여 싸우기 시작했고, 그들이 찾아와 목을 따려 한 주민들은 이 공격자들에게서 자신들의 목숨을 지켜 주어 온 보호자들의 얼굴을 별안간 알아보았다. 그로부터 각종 관계는 얽히고설켰으며, 횃불과 다이너마이트가 과연 누구를 위해 일하는 것인지 판가름하게 못하는 이 사건들의 가치에 대해 불신이 생겨났다. 한밤의 공포가 선한 이웃 관계에 아예 영향을 끼치지조차 못했다면, 그게 바로 광기였다. 자기들의 집이 파괴되는 것을 목격한 사람들, 상처를 입은 사람들과 그들을 약탈하고 그들에게 상처를 입힌 사람들 사이에 진정한 선의의 감정은 전혀 존재하지 않을지도 몰랐다. 한편, 어쩌면 희생자들에게는 단 하나의 욕망만이 있을 뿐이니, 스스로의 공포와 원망을 숨기고 인정人情이라는 허구를 가능한 한 오래 연장하는 일이 바로 그것인지도 몰랐다. 한편, 그에 못지않게 드러난 점이 있다면, 그것은 해묵은 난폭성이 거기 의지해 오던 개인들을 전혀 불편하게 하지 않았으며, 그래서 그들은 아무런 도전적 의도 없이 계속해서 자신들이 괴롭히던 이들 곁에서, 지난날 자신들이 행사했던 일들과 무관하게 또 스스로의 방종의 흔적을 지우며, 정답게 살아갔다는 사실이었다.

　그 어떤 길에서도 선례를 찾아볼 수 없을 만큼 평온한 동시에 불안한, 이 빈 거리들이 뜻하는 바는 무엇이었나? 심지어 폐허에까지도 손을 뻗치는 그 처형과 파괴 들은 무엇을 뜻했나? 불의였던 것이 정당한 것이 되기 위해 쏟는 노력? 죽음에 의한 화해? 자신의 왕국에서 나와 변형된 법의 가면을 쓴 채 방황하는 미친 꿈의 행진? 평상시에 경찰은 무얼 했던가? 경찰은 수상쩍은 이들을 붙잡아서는 그들을 긴 사법적 경로의 우회를 거쳐 판결로 이끌어 갔으며, 이 판결은 형의 선고라기보다는 피의자의 내력 전체에 대한 연구에 가까운 것이라, 그것을 거치고 난 피의자는 압도적이며 어마어마한 현실을 받아든 채 자신이 마치 감옥 속에 갇히듯 그 내력 속에 갇혀 버렸음을 발견하거나, 혹은 그와 반대로, 사라지고 증발함으로써 자기 무죄의 순수한 비가시성을 되찾곤 했다. 그러나, 지금에 이르러서는, 사람들은 동일한 한순간에 의심받고 선고받고 처형되었으니, 어쩌면 참수나 총살을 당하는 불행한 자들은 죽음이라는 처벌이 그들에게서 사하여 주는 과오를 바로 그 처벌로부터 받아 드는 셈이었다. 이 점에서, 가장 난폭한 불법 행위들이 은밀히 권리의 역할을 대행하며, 이 권리는 아직 매우 피상적이며 과거 또한 갖고 있지 않음에도 전문가들의 눈에는 이미 유서 깊은 것으로 비쳤다고 분명히 말할 수 있었으리라. 하지만 그것이 불러일으키는 모호한 공포는 범죄가 진영을 바꾼 후 엄격하고 흉포한 공격을 통해 희생자들의 주변에 의혹과 죄의식의 원을 그리고 있다는 사실 또한 증명하는 것이기도 했다.

법은 어디에 있는가? 법은 무엇을 하는가? 이와 같은 외침들은 항상, 심지어 행복했던 시절에도 늘 들려 왔던 것들이면서, 비록 비난이나 불만을 표명할지언정 실은 법의 각별한 존엄성에 바쳐지는 경의이기도 했다. 저를 숨김으로써 드러내는 것이 곧 법의 존엄성이었으니까. 즉, 법은 각 개인 속에서는 숨겨졌고, 만인 안에서는 드러났다. 법이 보이지 않을 때, 우리는 그것이 법임을 알았다. 법이 우리에게 보였을 때, 우리는 더 이상 우리를 우리 자신으로 알아보지 못했다. 밀고와 의심이 그토록 오랜 시간 동안 뭔가 알 수 없는 고결함을 지녀 왔던 건 그런 까닭에서였다. 바로 이 고결함의 느낌이 그 같은 행위들에서 의당 느껴야 할 경멸감을 제압하곤 했다. 밀고자들은 권력의 신중성을 대변하였는바, 권력은 말하자면 당신의 등 뒤에 현전하는 데 그쳐야 하는 것이었다. 밀고자들의 조용한 행보는 절대권력이 만인의 삶의 공기이자 빛이자 개별적 움직임을 이루는 순간에 그 권력의 면밀함뿐만 아니라 그것의 체념을, 그리고 제대로 확보되지 않은 채 멀찍이 물러나 거의 실총失寵과 망명에 가까이 있다시피 한 그것의 존재를 증명했다. 또한 어떤 이가 별안간 뒤에서 공격이 가해지는 걸 깨달으며 동시에 "태업이다, 태업"이라는 치명적인 고발이 울려 퍼지는 것을 들었다면 분명 그는 슬픔과 불안을 느꼈을 테지만, 그러나 그 슬픔은 그 자신을 향한 것이 아닌, 만인 각자의 자존심을 지키기 위해 마치 제가 아무에게나 좌우되는 척, 꾸준히 가장하는 그 권력을 향하는 것이었다.

법은 어디에 있는가? 법은 무엇을 하는가? 이 외침들은 이제 무시무시해져 있었다. 나는 황량한 거리에서 그 외침들이 울리는 걸 들었다. 그리고 그게, 몇 시간 내내 사방에서 몰려든 이들의 열기 어린 인파에도 불구하고, 그 거리들이 텅 비어 있는 이유였다. 외침들은 집들의 덧창 뒤편에서 들려왔으며, 집들이란 지금에 와선 폐허에 불과해, 일꾼들은 아예 석유를 붓고 폭발물들을 설치한 후 문을 잠갔다. 그리고 그 외침들을 그토록 비극적으로 만든 요소는 거기 담긴 고발의 떠들썩함 따위가 아니었다. 기실 누가 감히 아직까지도 큰 소리로 불평하며 공공연하게 제 불운을 늘어놓을 엄두를 낼 수 있었겠는가? 그런 소리는 들리지 않았고, 바로 그것이 최악이었다. 외침들은 마치 짓눌려 있는 듯했다. 입술을 넘어서지 않는, 스스로가 들리기를 거부하는 지하실의 비명이고 벽 뒤편의 신음이었다. 화상과 기아가 아무 할 말도 찾지 못한 채 자신들 앞을 달려가는 광경을 주민들 전체가 목격했으니, 그것들이 작은 중얼거림 하나 내지 않은 채 역사가 비틀거리고 있는 저 거대한 구덩이를 향해 흘러 들어갔으니, 나 있는 데까지 청동의 비명처럼 뚫고 들어온 것은 바로 그 같은 침묵이었으며, 그 비명은 고함지르고 목 메이고 쑥덕대며 그저 단 한 번 그걸 듣겠다고 응했을 뿐인 귀를 미치게 만들었다. 그리고 이 조난의 비명은 만유의 것이었다. 나는 법의 죽음을 원한 이들도 다른 이들과 똑같이 그 비명을 질렀다는 것을 알고 있었다. 이 화석화된 침묵, 즉 그것을 통해 어떤 이들은 요지부동의 체제에 대한 자신들의 신뢰를 계속적으로 표현함으로써 급기야 다가오고 있는 일을 고려에 넣지 않은 채 남들이 그 얘기를 꺼내면 어깨를 으쓱해 보일 지경에까지 이르는 반면, 다른 이들에게는 정의가 어디서 끝나며 공포가 어디서 시작되는지, 국가의 위대함을 위한 밀고가 어디서 승리하는 것이며 국가의 폐허를 위한 밀고는 어디서 승리하는 것인지 알기 불가능하다는 데서 느끼는 정신적 동요를 의미하게 된 이 퍽이나 비극적인 침묵이, 누구나 생각할 수 있는 수준보다 훨씬 더 공포스러운 것이라는 사실을 알고 있었다. 그 침묵이야말로 어째서 제가 무덤 속으로 들어갔는지, 그 하강이 무덤을 해방시키기 위한 것이었는지 아니면 그것을 받아들이기 위한 것이었는지 밝히기를 거부하는, 법 그 자체의 말없는 사체로부터 나오는 것이기 때문이다.

　이 나날들을 나는 열 속에서 살았다. 마치 임박한 시간이 다른 사람들뿐만 아니라 나에게도 제 이름을 밝히기를 거부한 것마냥, 제 이름이 징벌의 시간이라 불리는지 혹은 의인의 시간이라 불리는지 밝히기를 그것이 원치 않은 것마냥, 나 또한, 다른 이들처럼, 기다리기 시작했다. 나는 누워서 온 힘을 어떤 동작도 취하지 않는 데에, 어떤 단어도 쓰지 않는 데에 쏟았으며, 눈 뜨고 이뤄지는 이 수면 속에서 내가 어떤 생명을 불태운 것인지 아는 이는 아무도 없었다. 나는 그녀를 쳐다보지 않았으며 그녀는 나를 쳐다보지 않았다. 그녀가 다른 방들에 들렀다가 피냄새, 불에 탄 살 냄새를 풍기며 되돌아오는 따위가 가장 흔히 일어나는 일이었다. 그녀가 방에 있는 사이 나는 최대한 덜 움직이고 꼭 그래야 할 때만 그녀에게 말을 걸었으며, 그녀 또한 자신이 하는 일을, 또 다른 이들이 하는 일을 완벽히 평화롭고 분별력 있는 말투로 들려주었다. 어느 날 저녁 그녀는 내가 몇 자 적어 둔 종이들을 찢어 가루로 만들어버렸다. 그러나 그녀는 그 일을 평온하게, 초조한 기색도 없이, 아무 말도 하지 않고 이행했다. 또 다른 저녁에는, 그녀가 가져다준 음식이 도저히 목에 넘어가지 않았다. 그녀가 있을 때만 해도 음식에 대한 거부감을 숨길 수 있었다. 그녀가 나가고 나니 그 거부감은 점점 더 강하게 압박했다. 나는 마치 그 거부감이 내 앞에서 가볍게 부유하면서 나를 세면대 가까이로 유인하고, 이어 불현듯 경로를 바꿔 복도 쪽으로 이끌고, 문을 열도록 유도하고, 그러면서 조심스럽게 또 정확하게, 줄곧 줄행랑칠 채비가 되어 있는 공범처럼 계단으로 인도하기라도 한 것인 양, 그것을 따라갔다. 그렇게 2층 부엌 앞에 도달하고 보니 거부감은 사라진 후였고, 나는 당황한 채로 그 자리에 남겨져 대체 거기까지 뭘 하러 왔나 따져 보아야 할 판국이 되고 말았다. 결국에 가서 나는 한 여자가 묻는 말에 마실 것을 달라고 했다. 될 수 있으면 포도주를. 그녀가 포도주를 한 잔 따라 주었고, 나는 계단을 되올랐다. 그리고 층을 오르면서, 손을 더듬으면서, 문을 열면서, 내 앞에서 구토할 것 같은 느낌을 다시금 발견했다. 그것은 조금 전 내게 안내자 역할을 했던 포도주에 의해 이제 살짝 착색되어 있었다. 아마도 그 안내자는 확신이 없었거나, 아니면 내가 알지 못하는 속생각을 품고 있었나 보았다. 나는 다시 방으로 들어오다 휘청거렸고, 마룻바닥 위에 쓰러진 그대로 먼지를 들이마셨다. 얼마 지나지 않아 그녀가 방으로 올라왔다. 그녀는 침대 위에 누웠는데, 그것이 내게는 기이하게 여겨졌다. 그러고 나서 그녀는 내 쪽으로 몸을 굽혀 냄새를 맡더니 대단히 경멸하는 어조로 말했다. "당신 포도주를 마셨군요." 나는 꼼짝하지 않았다. 그녀가 다시 일어나 앉았다. 앞을 향해 몸을 기울이고 있었는데, 거의 일어나다시피 한 자세였다. 그녀가 말했다. "내가 없는 동안 바깥으로 나가면 안 돼요. 저 여자들에게 말 걸러 가면 안 된다고요. 당신은 여기 남아 있어야 하고, 뭔가 필요한 게 있어도 그걸 나한테만 요청해야 해요."

나는 꼼짝하지 않았다. 그녀가 몸을 일으키더니 기계적으로 작업복을 벗기 시작했다. 하지만 단추 하나가 그녀를 방해했고, 그러자 그녀는 헝겊을 좍 찢어 버렸다. 그 찢는 소리는 나를 무섭게 했다. 난 그녀에게 묻는 내 목소리를 들었다. "내가 왜 숨어야 하죠?" 그녀는 내게 반쯤 등을 돌린 채 찢긴 헝겊 조각을 살펴보았다. 그러더니 거칠게 또 한 차례 그것을 찢었다. 난 같은 질문을 반복하는 내 목소리를 들었다. "내가 왜 숨어야 하죠? 어째서 당신은 나를 따로 떼어 놓는 겁니까?" 그녀는 내 곁으로 한 발 다가와서 침착하게 말했다.

"그게 더 나아요." 그러면서 그녀는 여전히 똑같이 침착한 목소리로, 나를 완전히 쳐다보지는 않으면서, 그리고 계속 헝겊 조각을 잡아당기면서 덧붙였다. "당신에겐 아주 많은 안정과 휴식이 필요해요. 요새 일어나는 일을 생각해 봐요."

"하지만 고작 몇 발자국 떼는 것…… 부엌까지 가는 건데요!"

"아뇨. 그 여자들은 어리석고 심술궂어요. 당신에게 필요한 게 뭔지 이해하지 못하죠. 누가 당신에게 포도주를 줬어요?"

"나도 몰라요. 기억나지 않아요."

그녀가 휘파람 소리가 새어 나오는 목소리로 말했다. "그 계집애군요, 당신을 염탐하고, 당신이 하는 모든 일을 다 알고 비웃으면서 말 옮기고 다니는. 난 그런 행동을 참고 넘기지 않을 거예요. 걜 때리고 박살낼 거라고요."

"그 여자 아니었어요."

그녀가 소리질렀다. "맞아요. 일어나요, 일어나라니까요!"

그녀는 내 팔을 잡아 자리에서 일으키곤, 발끝에서 머리까지 나를 살피더니 웃기 시작했다. 일전에 벌어졌던 장면이 다시 시작될 것만 같았다. 그녀가 입을 반쯤 벌린 채 몸을 덜덜 떨기 시작했는데, 그 입이 벌어지면 벌어질수록 이들은 더 꽉 아물리는 것이었다. 나는 현기증이 났다. 몸을 빼려 했지만 그녀가 나를 악착같이 다시 붙들었다. 그녀가 두어 번에 걸쳐 "이제는! 이제는! 이제는!"이라고 속삭이더니, 이어 무시무시하게 서두르면서, 하지만 점점 더 속삭이면서 이렇게 말하는 것이 들렸다.

"이제는 당신이 누구인지 알아요. 난 그걸 발견했고요, 그러니 공표해야겠어요. 이제는……."

"주의해요"라고 나는 말했다.

"이제는……." 그러면서 그녀는 돌연 다시 일어나 머리를 쳐들더니, 벽을 뚫고 도시와 하늘을 뒤흔드는 목소리로, 너무나 쩌렁쩌렁하지만 그럼에도 너무나 침착하고, 너무도 강압적이어서 나를 무無로 만들고 마는 목소리로 외쳤다. "그래요, 나는 당신이 보이고, 당신 소리가 들려요. 그리고 난 가장 높은 분이 존재함을 알지요. 나는 그분을 경배하고 사랑할 수 있어요. 나는 그분을 향해 이렇게 말하죠. 들으시옵소서, 주여."

나는 그녀를 더 이상 바라볼 수 없었다. 며칠 전 벌어졌던 소동이 떠올랐다. 그날 밖으로 나가면서 나는, 한 여자와 마주치게 되었길래, 그녀에게 문을 열어 주며 가벼운 인사를 건넸다. 여자는 나를 잠깐 응시하다 소스라치면서 얼굴이 납빛이 되더니, 천천히 내 발치를 향해 몸을 던졌다. 그러더니 신중한 동작으로 이마를 땅에 댄 후 재빨리 일어나 사라져 버렸다. 그녀가 가고 난 후, 나는 열광에 사로잡혀 있었다. 그때의 나는 무언가 비범한 일을, 가령 자살 같은 걸 하고 싶은 기분이었으리라. 어째서? 아마도, 환희 때문에. 그리고 지금에 와서는 내게 그 환희의 움직임은 도무지 믿기 어려웠다. 남아 있는 느낌이라곤 환멸감뿐이었다. 나는 낙담하여 실의에 빠져 있었다.

"그걸 오직 당신 혼자만을 위해 간직하고 있을 순 없었습니까?"라고 나는 말했다.

나는 침대 위에 앉아 있었고, 그녀는 내게 다가와 부드럽게 말했다.

"난 떠날 수 있어요. 당신이 원한다면 이 집에서 나갈 거예요."

"당신은 어째서 말을 한 겁니까? 명심해 둬요. 나는 당신의 고백을 떠맡을 수 없어요. 내겐 그 말의 책임이 없어요. 난 당신이 한 말을 알지 못해요. 이내 그걸 잊었어요."

그녀는 움직이지 않았다.

나는 씁쓸하게 말했다. "당신이 한 말들은 아무것도 뜻하지 않아요. 명심해요. 설령 그게 진실된 무언가와 관련된다 한대도, 결국 아무런 가치도 지니지 못할 겁니다."

"내가 떠나는 편이 낫겠어요"라고 그녀가 말했다.

나는 다시 방 한가운데로 왔다. 문득 나는 내가 그때까지 계속 걷고 있었고, 또 여전히 걷고 있다는 것을 알아차렸다. 땀으로 몸이 흠뻑 젖은 채였다. 열린 창으로 두터운 수증기가 들어왔다. 방을 건너지르고 싶었지만 그녀의 무거운 단화에 부딪히는 바람에 큰 소리를 내며 휘청거려야 했다. 나는 울부짖었다. "여기서 나가요, 나가." 소리를 질렀다는 게 부끄러웠다. 그래서 심술궂게 이렇게 덧붙였다. "더 이상 당신을 참고 견딜 수 없어요. 난 당신의 피부, 눈, 코를 증오해요. 이건 나도 어쩔 수 없어요." 그녀는 침대 한구석에서 아무 대답도 하지 않았다. 나는 잠자코 그녀 곁에 앉았다.

잠시 후 나는 말했다. "피곤하군요. 난 거의 아무것도 먹지 않았어요. 지금 몇 시쯤 됐습니까?"

그녀도, 나도, 누구 하나 불을 켜려 하지 않았다. 시간이 조금 지나고 나서 누군가 노크를 하며 문 너머로 그녀 이름을 소리쳐 불렀다. 그녀는 문을 열러 갔다. 되돌아온 그녀가 내게 마실 컵 하나를 내미는 걸 보고서 난 그녀가 부엌에 내려갔었다는 걸 깨달았다.

"로스트가 날 찾았어요"라고 그녀가 말했다.

그 이름에 나는 몸을 떨기 시작했다.

"그가 당신 친구인가요? 당신은 그 로스트와 무슨 관계예요?" 그녀는 여전히 나를 향해 컵을 내밀고 있었다. 나는 그녀에게서 컵을 빼앗아 땅바닥에 던졌다. 일순간 액체 상태였던 검은 얼룩은 곧 두터워지며 천천히 흘러 그녀의 발치까지 퍼졌다.

그녀가 뒤로 물러서며 말했다. "그건 당신이 상관할 바가 아녜요."

"그러니까, 당신은 나와 함께 살지만 그와 함께 사는 것이기도 하군요!"

그녀는 벽에 등을 기대며 같은 말을 되풀이했다. "그건 당신이 상관할 바가 아녜요."

나는 그녀의 이마를, 그 수그러진 얼굴을 바라보았다. 나는 앞으로 다가갔다. 하지만 내 손이 닿자마자 그녀는 내게 침이라도 뱉을 듯한 기세로 "아, 손대지 말아요. 나한테 손댈 생각 하지 말라고요"라고 비명을 질렀다. 그리고 내가 이미 자신에게서 멀리 떨어져 있는데도 계속 혐오스럽다는 듯 밀쳐 냈고, 매우 상스러운 두 마디 말을 덧붙인 후 이렇게 말했다. "날 내버려 둬요." 분명 나는 그녀에게 나가라고 말하려 했을 것이지만, 입술이 덜덜 떨렸다. 떨리는 입술을 막은 내 손 역시 점차 축축해지면서 조금씩 떨리기 시작했다. 갑자기, 잠 비슷한 것이 나를 끌어당기면서 이상한 기분이 엄습했다. 일종의 영광과도 같은 기분, 장엄하고 빛나는 도취가 그것이었다. 마치 빛의 사건들이, 말들이 저희들이 있어야 할 진정한 영역 속에 자리를 잡기라도 한 것 같았다. 모든 게 단호하고 확고했다. 명징함이 모든 걸 변화시키고 있었다. 그와 동시에, 나는 내 얼굴을 누르는 이 축축하게 젖은 동물적인 손이 실은 왔다 갔다 하다가 내가 말을 하려고 하면 즉시 내 입 위로 되돌아오는 그녀의 손이라는 사실을 깨달았다.

그녀가 말했다. "이제 당신은 자리에 누워야 해요."

나는 다시 일어섰다. 그녀는 얼굴이 약간 상한 채 나보다 조금 뒤편에 앉아 있었다.

나는 그녀의 얼굴을 쳐다보며 말했다. "난 평범한 사람입니다. 그 점을 기억해요."

"그래요."

"난 내가 나가고 싶으면 나갈 거고, 내가 말하고 싶은 사람과 말할 겁니다."

"그래요."

"오늘 밤 방금 일어난 일에 대해서 난 전혀 짐작 가는 바가 없어요. 아무것도."

"그래요."

"당신은 날 농락하려고 했죠. 당신은 날 가지고 놀려고 했고, 난 그 사실을 이내 눈치챘어요."

"그래요, 사실이에요. 이제 와서 자리에 누워요"라고 그녀는 말했다.

나는 그녀를 응시했다.

"장난, 그러니까 그건 그저 짓궂은 장난이자 비열한 농담에 불과했다 이거죠!"

"그래요, 그래요, 그래요"라고 그녀가 소리쳤다. "난 농담을 했던 거고, 지금도 여전히 농담 중이에요. 뭘 바라요 당신은? 대체 뭘 어쩌려는 거예요?"

나는 그녀를 덮쳐 목을 졸랐다. 그러면서 말했다. "꺼져 버려요." 그녀는 제가 있던 구석 자리에서 몸을 뒤틀며 쭈그렸다. "얼른 나가요, 얼른." "그래요, 나가게 해줘요. 난 농담한 게 아니었어요. 맹세해요." 그녀는 눈을 들어 나를, 자기 머리 위에 그림자처럼 멎어 있는 내 손을 바라보았다.

"내 말을 잘 들어요!"

그녀가 나를 살짝 밀치고 자리에서 일어나더니, 돌처럼 굳어진 채로 서 있었다. 이윽고 그녀는 낮은 소리로 말했다.

"내가 한 말들을 또다시 농담으로 변형시킬 수 있다면 좋겠군요. 알다시피 그것들이 내겐 버거우니까요. 하지만, 이제 당신은 나를 믿어야만 해요. 내가 말하려는 건 진실이에요. 내 말을 곧이곧대로 받아들여요. 날 믿을 거라고 말해요. 그러겠다고 맹세해요."

"그래요, 당신을 믿을 겁니다."

그녀는 망설였고, 격렬한 노력을 기울였고, 이어 일종의 웃음을 터뜨리며 고개를 수그렸다. "나는 당신이 유일자임을, 가장 높은 분임을 압니다. 누가 감히 당신 앞에 서 있을 수 있겠나이까?"

나는 그녀와 눈을 마주치지 않기 위해 몸을 돌렸다. 그녀는 여전히 몇 초간 꼼짝 않고 있었다. 그러더니 이윽고 문을 향해 걸어갔다. 나는 그녀가 나를 두고 가려 한다고 믿었다. 혼자 있게 되어 기뻤다. 그녀는 신발을 신더니 과연 밖으로 나가서 복도 속으로 사라졌다.

9

다음 날, 그녀는 근래 일어나는 사건들 때문에 부득이 이곳을 떠나야 할지도 모른다고 설명해 주었다. 그럼에도 나는 자리에서 일어나지도, 음식을 먹지도 않았다. 심지어 그녀를 쳐다보지도 않았다. 그녀의 마음에 들기 위해 그 모든 것들을 할 수 있으면 좋았겠지만, 나는 내가 하는 대로 해야만 한다는 것을, 내 구석자리에 꼼짝 않고 누워 죽은 체해야 한다는 것을 알고 있었다. 그녀는 있는 힘껏 나를 설득해 음식을 먹이려 했다. 그렇게 나를 끝도 없이 들볶았다. 그녀는 몇 시간이고 같은 말을 되풀이했다. 먹어요, 먹어요, 먹어요. 단조롭고 덤덤한 목소리로, 마치 그 목소리야말로 자신이 내 입 안에 밀어 넣어 먹이려던 물질 그 자체이기라도 한 것처럼. 심지어 피곤에 사로잡혔을 때조차도, 선잠에 들지언정 그녀의 수면은 때때로 같은 말을 되풀이했다. 먹어요, 이봐요, 먹어요. 나는 잠시도 쉴 틈이 없었던즉, 한 존재가 할 수 있는 가장 큰 노력을 기울여 그대로 꼼짝 않고 있었다.

결국 그녀는 내게 이렇게 말했다.

"계속 식사를 거부해도 돼요. 아무에게도 알리지 않고, 아무도 부르지 않을테니까." 그러고서 그녀는 일하러 나갔다.

그녀가 문을 닫자마자 내게는 도망치고 싶은 유혹이 들었다. 방의 벽 아래쪽, 거의 세면대 밑으로 아주 굵은 관이 지나가는 지점이 하나 있었다. 관은 그 위치에서 구부러졌고, 살짝 물이 새는 바람에 생겨난 넓고 축축한 판이 일정한 규모를 형성하며 그 관을 따라가고 있었다. 이 관은 겉보기에 지독히 더러웠다. 때때로 물 배어 나오는 과정이 눈에 보이기도 해서, 물이 흘러 나오는 그 느린 소리를 감시하는 자라면 진짜 물방울이 정확히 어느 순간에 형성되는지 알 수 있었고, 바로 그 순간이 오면 그간 굵어진 물방울은 금속 아래로 새어 나와 바닥의 걸레 위로 떨어지곤 했다. 이 걸레는 매우 반짝이는 붉은 헝겊 조각이었다. 이제 깨닫게 된 점이었는데, 그 동안에 난 그 헝겊 조각을 많이 쳐다봤던 게 틀림없고, 또 지금도 혼자 있는 만큼, 계속해서 그것을 응시하고 있었다. 그건 뭉쳐서 수많은 주름이 진 두터운 헝겊 조각이었다. 그것은 예외적인 반사광을 내며 불그스레하게 번쩍였다. 어쩌면 그것이 정말로 번쩍인 것은 아닐 수도 있었다. 그 속에는 또한 완만히 드러나는 숨겨진 색 하나가 있었으니 말이다. 그리고 그때까지 숨겨져 있던 바로 그 희미한 색이 그 헝겊 조각을 그토록 위험스럽게 가시화시켜서, 급기야 그것은 제가 있던 그 낮은 곳으로부터 내 쪽으로 다가와 이 자리에 머물렀고, 이후 좀 더 멀리, 거리를 향해, 설명할 수 없는 교태를 띤 채 느린 걸음으로 내 눈앞을 지나갔으며, 그다음에는 더 멀리 사라져 가서 마치 실 하나에 매달려 바람에 나부끼는 천 같아 보였는가 하면, 쓰레기통 속 오물에 위험스럽게 섞여 숨은 채, 결코 건드릴 수 없이 빛나는 것처럼 보이기도 했다. 헝겊 조각은 움직이지 않았다. 그것은 멈추지 않는 저 가벼운 물의 누출을 억겁의 시간에 걸쳐 기다리고 있었다. 그러더니, 느닷없이 완전히 모양이 잡힌 물 한 방울이, 마치 내부에서 오는 명령에 부추겨진 것처럼, 금속을 거쳐 스며 나왔고, 신속히 응집하여 굵어져 갔고, 마침내 진짜 소량의 액체가 되어선, 불가사의한 1초의 시간 동안 아무 움직임 없이, 위협적으로, 탐욕스럽게, 불안해하며, 줄곧 완벽히 부동 상태를 지키는 저 붉은 헝겊 위에 멎어 있었다. 그리고, 물방울이 아직 떨어지지 않은 만큼, 그 물방울 뒤에는 그것을 밀어내려는 하나의 본능이 마치 그 관의 불결한 생명처럼 존재하고 있었음에도 불구하고, 희망은 여전히 남아 있었으며, 빛 역시 훼손되지 않은 채 그대로였다. 그리고 물방울은 일단 떨어지고 나서도, 또 제가 작은 수포의 가벼움과 투명함으로써 겪어 내는 도정 중에도 아무것도 예감하지 않는 듯 보였고, 그런 이상 이제 막 도래하려는 것이 도래하지 않을 수도 있으리라고 믿는 일은 여전히 가능했다. 그러나 물방울이 걸레의 주름 속으로 흘러내려 아무런 흔적도 남기지 않고 그 속에 완전히 흡수되어 사라지는 그 순간, 거기에 그것이 할 수 있는 한 깊숙이 숨겨지는 바로 그 순간, 나는 물이 헝겊 속을 뚫고 들어가는 소리를 속절없이 들으면서 그것이 뭔가 수치스럽게 척척한 어떤 것, 물 저 자신보다 훨씬 더 축축한 것, 두텁게 들러붙는 것, 새지 않는다는 것이 불가능해 습기로 포화되고 만 어떤 침전물과 마주치는 것을 느끼고 있는 수밖에 없었다. 그 소리는 나를 미치게 했다. 그것은 썩어 들고 제 투명성을 잃어 가는 액체의 소리, 쓰레기 같은 생존으로부터 분비되어 점점 더 척척한 어떤 것으로, 차갑고 두텁고 검은 얼룩으로 화해 가는 액체의 소리였다. 그리고 이 상황을 그토록 위험하게 만든 것은 몇 시간 내내 물의 스밈을 기다려야 할지도 모른다는 사실이 아니라, 그 미소한 방울의 추락을 예상하고 마치 그것을 갈망하는 듯 굴거나 심지어 그 소리를 듣고 제 안에서 그것의 완만한 침투를 감지해야만 할지도 모른다는 점 또한 아니라, 매번 새로이 물의 추락이 일어날 때마다 헝겊 조각은 전과 똑같이 건조하고 빛나는 외양을, 번들거리고 결코 변질되지 않는 그 붉음을 계속해서 제공한다는 사실이었다. 이 문제의 저주받은 간계는 바로 거기에 있었다. 줄곧 말라 있는 외피 아래 정체된 물을 저장한 이 뻔뻔스러운 붉음이 내 팔을 당기고 내 몸을 잡아끌어 앞쪽으로 수그리게끔 만드는 것을, 그토록 선연히 눈에 보이는 이 천 조각을 돌연 움켜쥐기만 하면 거기 잠복된 내밀함을 쥐어짜 바깥으로 솟구치게 만들 수 있고, 그럼으로써 그것이 영원히 지워지지 않을 두텁고 검은 얼룩으로 펼쳐지도록 할 수 있으리라는, 그 생각만으로도 내 손가락들에 진정한 도취감이 이는 것을, 나로서는 도저히 모른 체할 수 없었다.

그녀는 여러 번 방으로 되돌아왔는데, 그럴 때마다 점점 더 신경질적이고 화난 태도를 보였다. 결국에 그녀는 내가 자신을 쳐다보지 않는 건 내가 다른 뭔가를 쳐다보고 있기 때문이며, 내가 자기에게 말을 하지 않는 건 내가 내 정신을 사로잡은 대상으로부터 시선을 돌리고 싶지 않기 때문이라는 사실을 깨달았다. 그녀가 그게 무엇인지 깨닫는 데는 시간이 걸렸다. 하지만, 그 대상을 발견하자마자 그녀의 얼굴은 확 변했다. 그녀는 억지로 자기를 쳐다보도록 만들려는 듯, 내 두 귀를 잡아 나를 있는 힘껏 자신과 마주 놓으려 했고, 내 몸을 흔들어 댔고, 오른쪽 왼쪽으로 나를 끌어당겼고, 그러다 세면대 쪽으로 달려들어 대야와 걸레를 잡더니 내 눈에는 들어오지 않는, 다만 기이한 소음을 통해 드러날 따름인 무언가를 행동에 옮겼다. 이어 나는 그녀가 막 승리를 거두고 자신의 복수를 확인한 사람의 표정을 한 채 대야를 들고 사라지는 모습을 보았다.

다시 돌아온 후 그녀는 내 얼굴을 정성스레 씻겨 주었다. 그 순간에 그녀는 나를 나무랄 데 없이 대했다. 그래서, 그녀가 찬 커피가 가득 담긴 볼을 내밀었을 때 나는 한 모금 마시려고 애써 노력했다. 한데, 직접 볼을 받아 쥐면서 시선을 그 퍽도 이상한, 검은색이라고는 없다시피 한 액체로 돌렸을 때, 나는 그것을 눈여겨보게 되었다. 액체는 나를 홀렸다. 그러나 그와 거의 동시에, 그녀가 다시금 초조한 몸짓으로 내가 꽉 쥐고 놓지 않는 그 볼을 움켜잡아선, 안에 든 내용물을 버리는 동작을 했다. 이번에는 그녀 자신이 지치고 경계하는 시선으로 볼의 안쪽을 훑으며 살펴볼 차례였다.

"아, 난 당신이 지긋지긋해요!"

그녀는 방 안을 걸었다. 다행스럽게도, 천천히, 내 정신을 혼미하게 만들지 않으면서.

"난 많은 것들을 견뎌 냈어요. 하지만, 정말이지 나보고 이런 것까지 참으라고 할 순 없을걸요."

그녀는 테이블 위에서 잉크 얼룩이 가득한 종이들을 발견했다. 그녀는 걸음을 멈추고 제 시선으로 그것들을 갈기갈기 찢더니, 자기 주위의 모든 것을 훑어보기 시작했다.

"그리고 이 방도요! 난 이제 이 방을 더 이상 보고 있을 수가 없어요. 폭탄 같은 게 여길 신속하게 소탕해 버리길 바라요."

그녀는 거친 발길질로 걸상을 걷어차 넘어뜨렸다.

"이 물건들도 죄다! 이 물건들은 당신을 닮았어요! 이것들은 당신이 자기들을 쳐다보기 때문에, 당신 눈이 오직 자기들만을 바라보기 때문에 만족해하고 있는 것처럼 보인다고요. 하! 망할 놈의 세상!"

그녀는 두 손으로 얼굴을 가렸다가 이내 눈을 들었는데, 분명 내가 계속해서 뭔가를 바라봄으로써 자신에게 도전하고 있다고 믿은 게 틀림없었다. 그도 그럴 것이, 달려들더니 내 머리를 베개 밑에 파묻고 수초간 그 위를 주먹질로 강타했기 때문이다. 나는 그대로 있었다. 아득히 먼 데서 오는 것처럼 비웃음이 들려왔다. "버려지. 넝마." 이 마지막 말이 귓가에 울린 후 다시 내 눈에 들어온 건 그녀가 일어서서 두 손을 내 바로 앞으로 향하고 있는 모습이었으며, 그 손들이 하도 가까이에 있어서 나는 뒷걸음질쳤다. 내가 방금 그로부터 몸을 뺀 그 두 손을, 그녀 역시 바라보고 있었다. 그것들은 석고처럼 윤기가 없었다.

그녀가 계속 그 손들을 바라보며 말했다. "난 장님이 아녜요. 내가 다가가기만 하면 당신은 즉각 멀어지죠. 내가 멀어져도 당신은 그걸 눈치채지 못해요. 당신은 날 당최 바라보는 법이 없고, 내 말을 듣지도 못해요. 당신은 나보다 걸레 조각에 더 주의를 기울이죠."

그녀는 천천히, 거의 청명한 목소리로 말을 했다. 이제 그녀가 단언하는 바는 논의에 부칠 대상도, 더 이상 누군가에게 해당되는 내용도 아니었기 때문이었다. 그녀는 한 손을 침대를 향해 뻗었다.

"당신은 무엇 때문에 여기에 왔나요? 나는 당신에게 두고두고 그걸 물어볼 수도 있을 거예요. 어째서, 지금 이 순간, 당신은 여기, 내 곁에 있는 거지요? 만약 그게 나를 조롱하기 위한 거라면, 난 수치스럽지 않고 자랑스러워요. 만약 그게 나를 밀어내기 위한 거라면, 난 그걸로 상처받는 게 아니라 더욱 강해져요. 왜냐하면 나 역시 당신을 비웃고 있으니까요. 난 당신이 누구인지 알고, 또 당신을 비웃죠."

그녀는 다시 고함을 지르기 시작했으나, 그럼에도 내 귓가에 다다르는 그녀의 목소리는 여전히 슬프고도 거만한 침착함을 지니고 있었다. 나는 이어지는 말들을 듣고 또 들었으며, 그 말들은 조롱, 파렴치, 모독, 결국 내 얼굴에 바싹 다가선 그녀 얼굴의 그것일 따름인, 일종의 서글프고도 차가운 진실 외에 다른 어떤 자취도 남기지 않은 채 지나쳐 갔다. "당신 감정 따위는 내게 필요 없어요." 그녀는 이제 이 말을, 마치 나날들이 오직 이 말의 연쇄만을 만들며 흘러가기라도 한 듯, 아무 목적도 없는 격분 상태에서 되풀이하고 있었다.

"난 당신을 개처럼 가둬 놓을 작정이에요. 당신 일을 조금이라도 아는 이는 아무도 없을 거예요. 나 말고는 아무도 당신을 본 적이 없게 될 거예요."

그녀가 자기 얼굴을 점점 더 가까이 들이밀며 또다시 "내가 말하게 내버려 둬요"라고 소리쳤기 때문에 내게는 그녀의 숨결이 끼쳐왔고, 나는 흙에서 나오는 식물의 것 같은 그 냄새 속으로 묻혀 들어갔다.

"난 당신에게 아무것도 기대하지 않아요. 난 당신에게 아무것도 요구하지 않았죠. 난 당신의 존재에 대한 염려 없이 살았어요. 이걸 알아 둬요. 난 당신에게 애원한 적도, 간구한 적도 없어요. 난, 결코 단 한 번도, 오라, 오라, 오라, 이런 말을 한 적이 없다고요!"

그녀가 무시무시한 비명을 질렀다. 그러자마자, 검고 비천한 조수가 그녀로부터 나와 나를 휩쓸었다. 그녀의 머리채가 나를 덮었고 그녀의 몸이 내 몸 위로 흘렀다. 나는 모든 것이 말들 속에서 일어나는 일인지, 아니면 정말로 그녀가 자신의 타액과 함께, 자신의 젖은 사지와 함께, 나를 방 한구석으로, 거리로, 영원히 물로 차고 물에 잠긴 저 장소들로 끌어가는 것인지 알 수가 없었다. 내 입에서 물이 줄줄 흘러내렸다. 나는 그녀가 기이한 살갗을 통해, 액체가 되어 가는 죽은 살갗을 통해 내게 달라붙어 있는 것을 느꼈다. 그리고 내가 그녀를 밀어내면 밀어낼수록 점점 더 그녀는 와해되며 내 주변으로 밀려들었다. 결국에 가서는 내가 그녀 얼굴에 침을 뱉었고, 내 몸 전체가 꺼져 버렸고, 그러나 그녀 역시 내 눈을 향해, 뺨을 향해, 아무 말도 않고 침을 뱉었으며, 나는 그녀 목구멍에서 나오는 믿을 수 없는 비명을 통해 그녀의 승리를 짐작했다는, 그게 지금 드는 생각이다.

그녀가 사라진 듯싶은데도 그 비명은 여전히, 저 혼자서, 계속되었다. 비명은 육신과 분리된 채로, 평온하게, 제가 이 방에 갇혔다는 사실에 약간 불안해하면서 떠돌았다. 때때로 그것은 그저 중얼거림에 지나지 않은 형태로, 벌어진 입의 생각으로 머물다가, 다음 순간 또다시 부풀어 벽들로부터 범람했고, 안뜰이며 건물에서 나는 소리들과 도시 전체의 소음들을 제 앞에서 내몰며 끝없는 공간을 뒤덮곤 했다. 어떤 순간에 그녀는 다시 자리에서 일어나 귀를 기울였다. 거리에서 확성기의 크고 권위적인 목소리가 울려왔는데, 그것은 거리에 위치 지을 수 있는 어느 한 지점으로부터, 그러나 그와 동시에 결코 다가갈 수 없는 불과 기아의 지역으로부터, 한꺼번에 여러 단어들을 쉬지도 않고 쏟아 놓았다. 목소리가 갈라질 때면 침묵이 그것을 대체했다. 그런 후 그것은 또다시 좀 더 멀리서, 여전히 결코 다가갈 수 없는 저 위협과 공포의 지역 속으로 사라져 가면서 귓전을 울렸다. 그러고 나서 한 차례의 침묵이 뒤따르고, 이후 그것은 또다시 더 멀리서, 여전히 필사적이고 확고부동하게 솟아올라서, 죽음의 복판에서 아무에게나 말을 걸고, 저를 들을 수도 이해할 수도 없는, 또 어디서도 발견할 수 없는 익명의 누군가를 계속 찾아다녔다.

갑자기 그녀가 일어서더니, 커다란 소리를 내며, 문이나 벽 따위는 전혀 아랑곳하지 않은 채, 마치 들판 한가운데에 있기라도 한 것처럼 곧장 앞을 향해 달려갔다. 소리는 그녀로부터 분리되었다 벼락처럼 빠른 속도로 그녀에게 되돌아왔고, 모든 것을 감쌌고, 모든 것을 거두었고, 마침내 모든 것을 내가 있던 자리로 집어던졌고, 뿐만 아니라 저 자신도 나를 향해 달려들었는데, 그 무게란 거대하고 견고한 덩어리의 그것이면서, 동시에 뻥 뚫려 휘청거리는 공허의 중량이기도 했다. 나는 움직이지 않았다. 매운 먼지가 자욱하게 일었고, 나는 그것을 천천히 들이마셨다. 한쪽 구석에 있자니, 벽의 석고에 대고 납작 뻗어서 그것이 내 주변과 내 살갗 위로 흘러내리는 걸 느껴야겠다는 욕구가 생겨났다. 나는 모래 너머 갓 바른 것이나 다름없는 칠 표면에 닿았으며, 거기서 약간 더 파고 들어감으로써 진정한 습기의 악취를 폐부로 곧장 들이마셨다. "겁먹지 말아요"라고 그녀가 말했다. 그녀는 아주 잠깐 꽤 먼 자리에 거의 웅크리고 있다시피 했으며, 그런 동안에도 그녀의 목소리는, 마치 사물들의 옛 상태에 대한 기억에 붙들린 채 미지의 잔해 한복판에서 길을 열려고 애쓰는 것이기라도 하듯, 더듬거리며 계속 나를 찾았다. 그녀 자신 또한, 앞으로 나아가는 그 모습은 꼭 흔들거리는 어떤 장소에서 어렵사리 빠져나오는 것처럼 보였고, 그렇지만 사실 그녀는 거기에서 나올 수 없었으니, 그곳은 제 비틀거림을 통해 그녀와 동행했고, 느슨하게 늘어나면서 그녀를 따르다 불현듯 뒤로 잡아챘기 때문이었다. 그녀가 거칠게 나를 잡으면서 말했다. "당신, 겁먹었군요." 나는 할 수 있는 한 깊숙이 석고 속으로 파고들었다. 그녀는 계속 비틀거리며 행여 그와 접촉하게 될까 봐 두려워지는 납빛의 시취屍臭처럼 이동하거나, 요동하며 자취를 감췄다 내 뒤에서 부유하면서 갑작스레 나를 내리누르곤 했다. 그 냄새는 위협으로 가득했다. 그것은 거기에, 하나의 몸뚱어리만큼이나 무겁게, 아무 윤곽 없이 누워 있었으며, 사방에 현전하면서 넘쳐흘렀고, 제가 들이마셔질 순간을 은밀한 인내심을 품고 기다리고 있었다. 그리고 나는 그것이 인내와 기다림과 간계의 끝에 마침내 제게 공조하는 호흡을 찾아내게 될 것임을 감지했다. 석고의 감미로움조차 네게 저 냄새가 배어들도록 하는구나. 그리고 저 여자가 입을 열고 이제 다 지나갔어요, 저것들은 우리를 이기지 못했지요, 다 끝났어요, 라고 말한다 한들, 저 여자는 정말로 말을 하고 있는 게 아니라 제가 하는 말을 따라 끌려가는 것이고, 그러면서 자기 자신과 더불어 하나의 잠복된 삶, 흙과 물의 삶을 가져오는 동시에, 여전히 와야 할, 와서 자신을 거두어들일 호흡을 끈기 있게 노리는 거야. 그녀는 때로는 나를 집어삼킬 목적의 진흙으로 이뤄지기라도 한 것처럼 나를 질식시키고 침잠시키면서, 때로는 그 자리에 없이, 물로 가득 찬 구덩이의 모호한 바닥으로 변한 어느 먼 곳에서 추적되고 감지되면서, 집요하게 거기 머물렀다.

밤이 지나고 나서 그녀는 나를 거리로 데려갔다. 그러나 내 눈에 그 사실이 훤히 보였다시피, 길은 주저하고 있었고, 그런 만큼 꼼짝 않고 연기와 먼지의 무질서 속에 처박혀 있는 듯했다. 이어, 앞으로 밀고 나가는 열정이 다시 그것을 사로잡았고, 그리하여 길은 바람 부는 쪽을 향해 이리저리 전진하며 펼쳐졌다가, 다시 좁혀졌다가, 검은 먼지로 뒤덮였다가, 공장의 외양을 가진 커다란 건물 근처를 지나 마침내 어느 안뜰을 건넜다. 길의 목표는 어느 작은 빌라였는데, 거기 이르자 그것은 나를 가만히 몰며, 마치 지금에 이르고 보니 어느 결에 여정이 이 방이 되어 있더라는 것마냥, 나와 의기투합하여 제꺽 안으로 들어갔다. "자, 이제 당신은 편안할 거예요. 격리된 이들을 위한 빌라예요"라고 그녀가 말했다. 그녀는 나를 두 대의 침대 중 하나에 눕혔고, 그러고 나자마자 통로를 가득 메운 상자들을 이리저리 옮기고, 들어올리고, 방향을 바꿔 체계적으로 차곡차곡 벽에 붙여 쌓아 놓았다. 잠시 후에 그녀는 문을 열고 나갔다. 그 문에 달린 유리창을 통해 마치 유리에 달라붙어 그것을 흐릿하게 만드는 듯한, 거의 탁하다 싶은 빛이 한 점 보였다. 그 빛은 거기서부터 방 한가운데로, 그리고 맞은편 벽 위로 천천히 흘러들었고, 그것이 위로 퍼질수록 무수히 많은 회색의 작은 점들이, 요동치며, 한없이 미세하지만 그럼에도 너무나 대대적이어서 벽마저도 유동적인 것으로 만드는 움직임들을 통해 그 희부연 지대로 가까이 다가가는 게 눈에 띄었다. 그다음에는, 마치 오랫동안 제 희생물을 엿보다 바로 그 순간에 그것을 끝내 버릴 결심을 한 것이듯, 제 차례를 맞은 빛 전체가 흔들리며 흘러 들어왔고, 과연 빛은 제 먹잇감을 덮쳤으며, 그러자 작은 점들은 즉각 굵어지며 작은 파리 떼로 변했다. 그것들은 날개도 없이 기어다녔고, 갓 태어났음에도 이미 식물적인 소화의 침묵에 포획되어 있었다. 그때 그녀가 들어와서 발로 문을 밀어 닫았다. 한 손엔 비와 자루가, 다른 손엔 대야가 들려 있었다. 그녀는 자루에서 작은 램프를 꺼내 내 위쪽에 놓았다. 그리고 왔다 갔다 하면서 두 개의 받침대 위에 널판을 들어다 올려놓거나, 짐가방을 열고 그 속을 뒤적이곤 했다. 그녀가 잠깐 방 한구석을 가린 커튼을 바라보더니 그 뒤로 사라졌는데, 거기서 나왔을 때는 얼굴과 목, 팔에서 물이 줄줄 흘러내리고 있었다. 그녀는 앉을 곳을 찾더니, 이어 움직임을 멈추고 약간 낙심한 얼굴로, 머리를 양 손 사이에 고정시킨 채, 두 손으로 무심히 머리카락을 잡아당기고, 타래를 가르고, 그 속을 뒤적이며 이따금 뭔지 모를 물건을 자기 입에 가져다 물곤 했다. 그 동작을 하면서 머리를 점점 더 기울이다 말고 그녀는 작은 비명을, 그러니까 음산하고 동물적인 비명이자 두려움으로 숨이 막혀서 짖는 듯한 소리를 질렀는데, 그러자마자 내게는 그녀 속 짐승의 본능이, 무언가 무시무시한 일이 임박했음을 불안에 차 예감하는 어떤 존재의 본능이 방금, 한데 그녀가 계속 침착하게 자기 머리를 매만지는 중인 걸로 보아 그녀 자신도 모르는 사이에, 일깨워진 것이라는 확신이 들었으며, 심지어 그녀가 입에 물었던 핀들을 빼고 문 쪽을 쳐다보며 "들어오지 말아요"라고 외쳤을 때조차, 내 귓전에는, 그녀의 말들 뒤편에서 울려 퍼졌다 이제는 어느 누구도 지워 버릴 수 없는 하나의 기호처럼 머물고 있는 그 새된 소리가 계속해서 들려왔다. 그녀가 다시 방으로 돌아와 나를 바라봤다. "보건진료소에 갔다 올게요"라고 그녀가 말했다. "부상자들이 다수 있어요. 무엇보다도, 절대 움직이면 안 돼요." 그녀는 머리를 보로 감싸고 나를 쳐다본 후 밖으로 나갔다.

나는 그대로 가만히 있었다. 나는 이제 어떤 일이 일어나더라도 움직이지 않고 가만히 있어야 한다는 사실을 알고 있었다. 그게 나의 기회였다. 사실, 모든 게 평온했다. 바깥에서 웅성거리는 목소리들이 들렸다. 나는 손쉽게 들어왔으며 이내 내 마음에 든 이 새 방에 관해서 생각했다. 벽들이며, 문이며, 창이며, 방은 지난 번 것과 매우 닮아 있었다. 게다가 여기 있으니 덜 더웠고, 또 나는 이곳에 제격 들어왔던 것이다. 조금 지나자 나는 거의 행복한 지경이 되었다. 나 자신이 무척이나 강건하고 침착한 생각들과 더불어 있을 수 있었기에, 이날 오후가 내게는 오랜만에 맛본 가장 좋은 오후 중 하나인 것처럼 느껴졌다. 나는 결코 어떤 일도 일어날 수 없다는 사실을, 또 내가 그 점을 알고 있다는 사실을 환기하고 있었다. 그러니까 나는 그 점을 알고 있는 것이다. 이 생각은 놀라운 위안이 되었으며, 단번에 내게 모든 것을 되돌려 주었다. 일어나서 방을 좀 정리해야겠어, 라고 나는 생각했다. 실제로 방은 대단히 어질러진 상태였고, 짐가방은 열린 채로 바닥에 놓여 있었으며, 테이블은 무더기로 쌓인 옷가지와 속옷들, 담요들, 또 그 한귀퉁이로 비어져 나온 빗과 거울에 가려 보이지도 않았다. 나는 일어나서 비를 잡았다. 전에 방으로 들어오는 그녀를 보면 저 여자가 어서 빨리 그 비 쪽으로 달려들었으면 했다는 게 기억날 만큼 바닥의 타일은 먼지와 마른 흙, 심지어 지푸라기들로 뒤덮여 있었다. 우린 즉석에서 여기로 들어왔는데, 그 사실이 훤히 드러났다. 나는 오랫동안 정성 들여 비질을 하기로 마음먹었다. 그녀가 돌아와서 보면 감탄하게 될 거다, 그토록 청결한 사람이니까. 그 순간, 내게 이런 생각이 떠올랐다. 저 여자는 내 누이와 닮았다. 나는 마침 받침대 하나에 가까이 있었으므로 거기 기대어 곰곰이 생각에 잠겼다가, 문득 가벼운 소리가 나는 걸 들었다. 나는 완전히 부동의 자세를 취하고 아무 데도 바라보지 않았다. 그리고 잠시 후 다시 비질을 시작했다. 비질을 꽤 오랫동안 했다. 난 그 일에 약간의 열정을 기울이기까지 했다. 내 주위가 온통 먼지로 둘러싸였다. 쓰레기 더미를 모아 상자들 쪽으로 밀었다. 약간 정신이 혼미하긴 했어도 기분은 완벽히 좋았다. 그런데, 상자들 쪽으로 다가섰을 때 또 한 차례, 분명히, 가벼운 소리가 들렸다. 나는 벽 가까이, 쓰레기 더미를 마주한 채 몸을 웅크렸다. 그 잔해들로부터 습한 흙 맛의 악취가, 아직 완전히 냉각되지 못한, 그러나 단 한 순간도 냉각되기를 멈춘 적이 없었던 습기 같은 것이 풍겨 나왔다. 천천히 그 냄새를 들이마시자니 기이한 기분이 들었는데, 내가 거기서 들이마시고 있는 게 누군가의 두려움임이 분명해서였다. 나는 그 두려움의 어두운 맛을 알아보았다. 그것은 지면과 거의 같은 높이에 떠 있었고, 앞서 소리가 난 장소로부터 오고 있었다. 다시 일어섰어야 했음에도, 나는 그러기는커녕, 반대로 쓰레기들 위로 털썩 쓰러졌다. 그 순간부터 내게는 더 이상 의심하고 자시고 할 게 남아 있지 않았다. 상자들 쪽에서 무슨 일이 일어나고 있었다. 뭔가가 펄쩍 뛰는 소리, 느리게 움직이는 소리, 이를테면 점점이 이어지는 흔적 같은 소리가 들렸다. 움직임이라고? 아니, 그건 뭔가 그보다 훨씬 덜 사실적인 것, 소심하고도 어설픈 노력, 고독한 기관 하나가 서둘러 행하는 시도 같은 것이었다. 아, 내가 얼마나 꼼짝 않고, 꼼짝 않고, 꼼짝 않고 있는가, 내 심장은 이 말을 반복하기 시작했고, 나는 그런 내 심장에 귀를 기울이고 있었는데, 그걸 듣고 있으면 있을수록 내 공포는 커졌으니, 내 심장은 저 자체가 이미 미치고 실성해서, 그것이 뛸 때마다 매번 무시무시한 소리가, 어느 다른 이의 심장에서 울리는 의심스러운 소리가 들려왔기 때문이었다. 그리고, 그럼에도 이 일은 일어났다. 즉, 나는 꼼짝 않고 그대로 있을 수 있었다.

　다시 정신이 돌아왔을 땐, 아직 낮이었다. 사물들은 움직인 데 없이 그대로였고, 다만 방만은 좀 더 비어 보였다. 더 거대하고 더 압도적이었으나, 더 비어 있었다. 방은 마치 뒤로 물러난 듯 보였고, 저를 채워 줄 뭔가를 요구하며 약간 뒤쪽에서 기다리고 있었다. 나는 방을 다시 손에 넣어야 했고, 그러려면 뭔가를 해야 했으니, 요는 내가 어떤 임무를 이행하지 않고 저버렸다는 것이었다. 대체 그게 뭘까? 그 방을 쳐다보는 것? 이내 방은 나를 피해 빠져나갔고, 나는 내가 미끄러져 소용돌이 속으로 떨어지는 걸 느꼈다. 나는 까딱도 할 수 없는 상태로 흙 같은, 거의 차가운 침에 덮였으며, 침은 흘러내려 내 콧속으로, 입 안으로 들어가는가 하면, 나를 가득 채우며 숨을 막았다. 이미 나는 질식하고 있었다. 바로 그 순간, 침은 물러갔다. 다음 순간, 그것은 다시 흐르기 시작하면서 나를 적시고 내 속을 후비고 들어왔으니, 나는 그 침과 함께 숨을 쉬었고, 마치 나를 느끼듯 그것을 느끼고 있었다. 이어, 다시 그것이 물러갔다. 동시에, 그 소리가, 바로 내 앞에서, 흘러 유출되는 모래의 단속적인 소리, 혹은 극도로 느려지는 헐떡임 같은 것이, 마치 누군가가 내 코앞에 숨어 호흡하면서 제 숨을 자제하고 있기라도 하듯, 그러니까 바로 내 앞에서, 다시 들리기 시작했다. 나는 눈을 뜨고 싶었고 그 상태에서 빠져나오고 싶었다. 그런데 그 순간, 무시무시하게도, 나는 내 눈이 아까부터 이미 떠져 있었으며, 하여 일찍이 그 어떤 시선도 도달할 수 없었을, 시선이 견뎌 낼 수 없는 어떤 것을, 진작부터 주시하고, 건드리고, 목격하고 있었다는 사실을 깨달았다. 필시 나는 비명을 질렀으리라. 나는 고함을 질러 댔고, 다른 세상 속에서 고함치고 있다는 기분으로 내 옷을 갈기갈기 찢었다.

　　그녀가 들어왔을 때도 나는 여전히 비명을 지르고 있었지만, 그러나 이미 내 비명이 상습적이고 잠잠한 것이 되어 있어서였는지, 그녀는 아무것도 알아채지 못한 것처럼 행동했다. 나는 다시 몸을 일으켜 테이블 반대편으로 갔다. 내 등 뒤로 상자들이 솟아 있었다. "뭣 때문에 그렇게 안간힘을 쓰는 거예요?" 그녀가 널판이 움직이지 않도록 고정하면서 말했다. 그리고 바구니에서 커다란 손목시계와 권총 한 자루, 종이가 가득 든 담뱃갑 하나를 꺼냈다. "이건 어느 부상자의 소지품인데, 그가 내게 보관해 달라고 맡겼어요." 그녀는 계속 나를 응시했다. "거기 그러고 있지 말아요, 네?" 그러면서 그녀는 널판 너머로 나를 잡았다. 손을 내 팔 위에 대고 나를 살피면서도, 나만 쳐다보면서도, 그녀는 아무것도 보지 못했다. 그녀는 나를 가만히 잡아당겼고, 그래서 나는 침대 있는 데까지 걸어 나왔다. 그녀는 아무 말 없이 내게 먹을 것을 주었다. 선 채로, 시선을 문 쪽으로 두고 고개를 내 위편으로 향한 채, 그녀 역시 먹었다. 자정 무렵엔 자신이 당직을 설 차례라고 선포하는 그녀의 말이 들렸다. "그전에 쉬어야 해요. 난 무슨 일이 있어도 자야 해요." 그녀는 예의 우비를 걸친 후 그것을 허리띠로 꽉 졸라맸다. "가지 말아요"라고 나는 말했다. 밖에는 어수선한 소동이 벌어져 사람들이 나와 있었고, 다른 이들은 세게 망치질을 해대는 중이었다. 그녀가 한 팔을 뻗었고, 그녀의 손이 내 얼굴을 살짝 쓰다듬은 후 한쪽 어깨 위에 멎었다. 다른 한 손으로는 작업복 주머니에서 뭔가를 찾는 중이었다. 그녀는 거기서 종이 한 장을 꺼냈고, 그것이 가늘게 빛나기 시작한 그녀의 두 눈을 향해 들어올려졌다. "만사가 순조롭게 진행 중이에요"라고 그녀는 말했다. 그리고 거기 쓰인 글씨를 보여 주려는 듯 종이를 내 쪽으로 돌리다 말고 돌연 동작을 멈추더니, 귀를 쫑긋했다. 나는 다시 자리에서 일어났다. 침대 머리맡, 칸막이 벽의 거의 한가운데에서 가벼운 소리가 났다. 그녀의 시선은 무언가에 걸리는가 싶다가 이내 무심해지며 주의를 풀었다. 그녀가 날짜를 묻는 게 들렸다.

"어느 날 이와 같은 일이 도래할 수도 있다니, 좀처럼 믿을 수가 없어요. 이게 가능한 거예요? '이 날짜 이후로……', 이런 말을 장차 할 수 있게 되는 거냐고요."

그녀의 표정에서 나는 그녀가 귀를 기울이기 시작하는 것을, 더 이상 듣지 않을 수 없게 되었다는 것을 알아차렸다. 그렇지만 정작 내 귀에는 아무 소리도 들리지 않았다. 내게는 듣는다는 게 불가능했다. 천천히 일었다 가볍게 움찔하며 다시 스러지는 그 소리 속에 나 자신이 들어가 있었으니까. 나는 그 막연하고 맹목적인 암중모색에 찰싹 달라붙어 있었고, 암중모색은 사방으로 돌아다녔으며, 이미 저 자신으로부터 뚝뚝 떨어지는 공포에 몰리고 포획된 거대한 점액질의 얼룩으로서, 스스로 당황스럽게도, 제 존재를 대낮 아래 점점 더 널리 드러내고 있었다. 그 소리가 벽을 들이받고 나서는 내 곁에서, 바깥쪽을 향해 요동하고 있다는 것을 확신한 후, 나는 갑자기 침착해졌다. 나는 잔의 손목을 잡았다.

"저건…… 저건 두꺼비예요." 나는 그녀에게 단호하게 말했다.

그녀는 살짝 뒤로 물러섰다.

"무슨 말이에요? 당신 뭐라고 했어요? 내게 왜 그 얘길 하는 거예요?"

그녀는 일어서려고 했다.

"그게 어디 있어요?"

그녀는 처음엔 나를 가볍게 바라봤지만, 이어 그 시선은 내 얼굴을 포착했다. 내가 아니고, 내 얼굴을 말이다. 그녀는 찡그린 표정으로 내 얼굴을 계속 미심쩍게 뜯어보았다. 아마도 그녀는 재빨리 침대 밑에서 뭔가를 찾는 동작을 했을 텐데, 그 행동이 어찌나 민첩했던지 이내 원 자세로 되돌아와 시선을 내 얼굴에 고정하고 방금 전과 똑같은 불안과 의심의 표정을 짓는 것이었다. "당신이 뭐가 되어 가는 건지 의문이에요"라고 그녀는 말했다. 그녀는 우비를 밀쳐놓았다. 옷감이 가볍게 마찰되는 소리가 들렸고, 문을 고정하러 갔을 때 그녀는 이미 밤의 소리들과 함께 하는 중이었다. 되돌아오는 길에 그녀의 손이 테이블 위를 지나며 바구니에 들어 있던 물건들을 한데 모았다. 그녀는 팔을 뻗어 그 물건들을 램프 근처 작은 널판 위에 올렸다.

"누울게요. 난 자야 해요"라고 그녀는 말했다.

나는 벽 쪽으로 몸을 바짝 붙였다. 그녀는 우리 둘 위로 담요를 펼치곤, 몸을 편 채 더 이상 움직이지 않았다.

그녀가 어둠 속에서 말했다. "내 기쁨은 너무나 커요. 이 기쁨이 날 사로잡지 않도록 하려면 아마 난 싸워야 할걸요. 빛 속에서 사물들은 제 형상을 유지하죠. 하지만 밤이 되면 우리는 천 가지 계획을 세우게 되고 새로운 생각들을 맞아들이게 돼요." 그녀의 목소리가 일순간 망설였다. "난 지독히 피곤해요"라고 한 후 그녀는 침묵을 지켰다.

나는 약간 추워서 담요를 끌어올리고 칸막이 벽에 몸을 붙였다. 잠깐은 추위를 물리쳤다고 생각했지만 곧 몸이 떨렸다. 떨림은 먼 곳으로부터, 방의 여러 다른 지점에서 와서 나를 모호한 소스라침으로 변형시켰고, 여전히 나를 붙든 채 다른 곳으로 이동하면서 공간의 점점 더 넓은 지대들을 괴롭혔다. 그녀의 목소리 역시 떨림의 세계 속으로 들어섰다.

"나를 절대 버리지 말아요"라고 그녀는 말했다. "난 당신에게 오라고 요구한 적이 없어요. 하지만 지금은……" 그녀는 가까이 다가와 나와 거칠게 부딪혔다. "내가 한 일의 대가를 언젠가 치르게 되리란 걸 알아요. 하지만 상관 없어요. 난 당신에게 당신의 이름을 주었고, 그 이름을 아는 유일한 사람이에요."

그녀의 목소리가 하도 강렬하게 울려서 내게는 밖에서 누군가가 부르는 듯한 느낌이 들었다.

나는 말했다. "무슨 일이에요? 무슨 일이 생기는 겁니까?"

내 목소리는 거칠게 쉬어 있었다. 이번에는 그녀가 자리에서 일어났고, 우리는 그렇게 꼼짝 않고 있었다. "이 무슨 비참한 이야기람." 그녀가 낮은 목소리로 말했다. 그리고 다시금 약간의 뜸을 들였다 이불 속으로 들어갔다.

잠시 후, 얼음처럼 차가운 구덩이 속으로 내려가는 듯한 느낌이 들었다. 나는 자리에서 다시 일어났다. 어둠이 뭔가를 숨기고 있는 듯했다. 내 손은 벽을 향해 조심스럽게 뻗었지만, 그러나 아무리 멀리 뻗어도 단단한 것에 가닿지 못하고 무력하게 더듬기만 할 뿐, 어둠 속에서 더 이상 완벽한 하나의 손으로 작동하지 못하고 있었다. 불현듯 나는 그녀가 이미 일어나 있다는 것을 깨달았다. 몇 번 문 두드리는 소리가 났었다는 것, 몸이 빈 공간을 향해 빠져나가면서 매트가 출렁거렸었다는 사실이 기억났다. 느릿느릿 샌들을 찾았다. 이미 나는 서 있었고, 내 두 발은 움츠러들어 강철보다 더 단단하고 차갑게 굳었다. 두 손으로 발들을 쥐었는데, 그것들은 끔찍하게 오그라든 상태였다. 두 발을 문질러 덥혔다. 발들은 차츰차츰 그 죽은 물질의 상태로부터 벗어나서, 나를 데리고 천천히 물건들 주변을 지나거나 우회하여 방을 가로질렀다. 나는 테이블 앞에서 걸음을 멈췄다. 그리고 다시 침대 근처로 돌아와 그 위치에서 팔을 뻗었고, 그러자 내 손가락들은 작은 판자 높이에서 어떤 조그만 상자 하나를, 램프를 잡아서는 위로 들어 올렸다. 램프에 희미하게 불이 들어왔다. 나는 램프를 바짝 가져다 쥔 채 가만히 있었다. 램프로부터 차가운 막이 형성되어 나왔고, 그것은 하나의 덫이기도 했다. 나는 얼른 몸을 굽혀 램프를 땅바닥에 내려놓은 후, 침대 가까이 뛰어들어 두 발을 발판 밑으로 더한층 단단히 끼워 넣었다. 내 앞에 보이는 건 어둠 속에 마치 서슬 거친 시멘트 지하 납골당처럼 패어 있는 빈 공간이었다. 나는 눈을 움직이지 않으면서 그 자리에 고정되고 봉인된 그대로 머물러 있었다. 나는 그 자리가 텅 비고, 헐벗고, 밑바탕도 없이, 날 선 윤곽만이 선명하게 드러난 것을 보고 있었다. 그럼에도, 그런 게 어찌 가능할 수 있을까 싶게, 이 저장통 속 침대 가까운 한구석은 나머지 구석들보다 덜 선명해서 완만한 선을 형성하며 둥글게 휘었고, 그래서 거기에 마치 다른 그림자의 윤곽이…… 헌데 맙소사, 그 그림자가 움직이고, 살짝 흔들리고, 점점 커졌다. 나는 냅다 뛰어들어 정신 없이 허둥대며 램프를 멀리 떼어 놓았다. 즉시 부—욱하는 소리와 함께 유연하게 벌어지고 늘어나는 것이 있었다. 용기 속에서 찰랑거리던 무거운 물의 소리가 어마어마한 폭으로 신장되며, 모든 한계들을 넘어 솟아올라 벽과 부딪혔다. 나

는 침대가 융기하고 그것을 둘러싼 사물들의 덩어리가, 심지어 어둠마
저도, 거대하고 맹목적이며 그 어떤 장애물보다도 강력한 압력 밑에서
흔들리는 것을, 그 압력이 점점 커지는 것을, 그리하여 제가 전혀 알지
못하는 사물들에 맞서 짐승 같은 힘으로 자라나는 것을 보았다. 그리고
갑자기 나는 ── 누가 그렇게 하도록 날 부추긴 걸까? ── 하나의 동작
을 취할 수 있었고, 그래서 램프를 원래 그것이 있던 자리로 되던져 버
렸다. 이내 침묵이 따랐다. 기이하고, 경악에 빠진 침묵이었다. 텅 비고
놀란 침묵이었다. 그리고 기나긴 한때가 지난 후, 마치 그 공허가 하나
의 성찰이기라도 했던 것마냥 가벼운 침하沈下가 발생했다. 침하는 계속
되었고, 결코 중단되는 법 없이 느리고도 거대하게, 무한히 이어져서 급
기야 난 뭐든 시도해서 그것을 중단시키고 싶어질 정도에까지 다다랐
고, **그것의** 편에서 보자면 제 행위 면에서뿐만 아니라 존재 자체에서 일
어나는 경멸적이고 위협적인 위축에 다름없을 일종의 부인否認에 의해,
그때까지 이행되었던 모든 것이 마침내 완전히 소멸되고 완전히 무로
축소될 때까지 무절제하게 연장되었고, 그래서 어느 순간에 이르자 나
는 부득이 그걸 보지 않을 수 없었으니, 그 순간 거기에는 더 이상 아무
것도 없었다. 모든 것은 아까와 다름 없는 상태로 돌아가 있었다.

아까와 다름 없이, 내 두 눈은 빛나는 지대의 가장자리를 응시하고
있었다. 램프는 아까와 다름 없이, 똑같이 차분하고 평온한 빛을 보내고
있었다. 그 뒤편에서, 모든 것은 조용했다. 아까와 다름 없이. 아무 일도
일어나지 않은 것이었다. 나는 그 사실을 참을 수 없었다. 자리에서 일
어나 빛의 막 속으로 들어갔다. 나는 공간을 뚫고 들어갔다. 어떤 광기
의 움직임에 의해 공간을 주유했다. 그러고 나서, 다시 뒤쪽으로 돌아오

고 싶었는데, 내 몸이 움직이지 않았다. 시선을 돌려 보려 했지만, 이내 내 곁의, 하도 가까워서 그에 대한 감각을 상실할 정도의 거리에서 마치 어떤 완만한 삼킴의 시작처럼 쿵 하는 소리가 가볍게 났고, 그 소리는 광대한 공간의 전 지점으로부터 모여드는 가늘고 긴 궤적, 모호한 소용돌이가 되었고, 그러던 일순간, 스스로의 부동의 삶에 응착되어 있던 어떤 물질적인 요소가 어마어마한 힘에 도달하면서 한 차례의 역겨운 도약이 발생했다. 그것이 내 위로 떨어지려 한다고 확신했다. 내 머리가 뒤로 젖혀졌다. 내 가슴 위로 거친 충격이 가해진 후 거기에 부레만큼의 무게가 퍼지면서 편안히 옷에 달라붙는 게 느껴졌다. 내 두 손이 늘어져 내리며 텅 빈 공중에서 버둥거렸다. 몸을 흔들어 보려 했지만 누르는 무게가 엄청 나 숨을 쉴 수 없었으니, 그건 마치 이미 내 삶에 섞여 들어온 굵은 종양 같았다. 그리하여 내 입은 약간의 공기를 붙잡기 위해 벌어졌을 것이다. 공기는 없었고, 입은 경련하며 그것을 불렀지만 모든 게 기름지고 끈적거렸다. 나는 퉁겨져 나가 몸을 뒤틀었고, 바깥으로 향하는 열린 통로를 찾으려 애쓰다 공간이 요동치는 걸 느끼면서 반쯤은 바닥으로, 반쯤은 침대 위로 쓰러졌다.

나는 몸을 뒤집었고, 내 몸은 제풀에 뒹굴었다. 나는 램프의 점멸을 좇았고, 내 시선은 환한 빛 한가운데의, 녹색이 도는 부동의 덩어리 위로 향했다. 내 두 눈은 심지어 그 사실조차 깨닫지 못한 채 그것을 바라보았으며, 추락으로 납작하게 눌리고 터져서 갈래갈래 금이 간 한 줌의 흙덩이 위를 훑고 지나갔다. 흙덩어리는 바닥과 거의 같은 색을 띠고 있었다. 촘촘하면서도 쩍 벌어진 덩어리 — 하나의 구멍. 하지만 내가 눈에 바라뵌 것을 손으로 식별하려는 듯한 어떤 동작을 취하자, 손가락들은 즉각 이성을 잃고 오그라들었다, 펴졌다, 이리저리 뒤집히곤 했으며, 나는 숨이 막혀서 내 살을 물어뜯으며 매혹된 동시에 겁에 질린 눈으로 손 건너편을 바라보았다. 그것은 절대 움직이지 않았다. 그것의 부동성이 바닥에 놓여 있었고, 그것이 거기 있어서 나는 그것을, 그것의 이미지가 아니라 그 전체를 남김없이 보고 있었고, 그것의 바깥에서만큼이나 그것의 내부로부터도 보고 있었고, 뭔가가 흘러내리고 응고되었다 다시 흘러내리는 것을 보고 있었고, 그것 속에선 아무것도 움직이지 않았고, 각각의 움직임, 그 주름들, 그 돌기들은 절대적인 마비의 추이였을 뿐이고, 그 마른 진흙 같은 표면은 그것의 무너진 내부였고, 그 흙 같은 덩어리는 그것의 형태 없는 외부였고, 그런 것이 어디서도 시작되지 않고 어디서도 끝나지 않은 채 그 어떤 쪽에서 봐도 차이가 없었고, 가까스로 포착되는 형태는 납작해져 다시 반죽의 상태로 떨어졌기에 시선은 그로부터 결코 헤어나올 수 없었다.

그 텅 빈 시선, 난 그것을 결코 견디지 못하리라는 걸 깨달았다. 나는 일어나서 한 걸음, 다시 한 걸음, 발을 떼었다. 램프 옆에 쭈그렸다. 더미는 내 존재 따위는 아랑곳하지 않았다. 그것은 내가 다가오도록 내버려 두었으며, 나는 한층 더 가까이 그것에 다가갔고, 더미는 움직이지 않았고, 내가 그것에게는 낯설지조차 않았고, 나는 그것에 일찍이 아무도 그런 적 없는 방식으로 다가갔고, 그것은 저를 차단하지도, 빗겨 나가지도 않았고, 내게 아무것도 요구하지 않았고, 내 앞에서 아무것도 거둬들이지 않았다. 갑자기 ─ 그리고 그걸, 나는 보았다 ─ 그 덩어리로부터 꽤 긴 돌기가 비어져 나왔는데, 그것은 마치 독립된 생을 요구하며 바깥을 향해 돌진하는 것 같았다. 돌기는 늘어난 그대로 있었고, 그 덩어리 전체는 꼼짝하지 않으면서 바보 같을 정도로 쉽고 느리게 방향을 틀었다. 나는 표면에 붙어 있는 두 개의 작고 투명한 안구와 마주쳤다. 그것들은 안저眼底가 없었고, 반들거렸고, 기름졌고, 아무튼 극도로 반들거렸다. 그것들은 나를 바라보고 있지 않았으며, 그것들로부터 발산되는 건 그림자도 움직임도 아니었고, 나 또한, 마치 그것들이 나 자신의 눈이었기라도 한 듯, 그것들을 볼 수 없었지만, 그럼에도 이미 그것들에 아주 가까이, 위험스러울 정도로 가까이 있었으니, 이제껏 과연 누가 그처럼 그것들에 가까이 있어 보았겠는가? 그때 나는 내 팔이 앞으로 뻗어 램프 쪽으로 다가가는 것을 느꼈고, 내 손가락들은 램프를 쥐었다. 손가락들은 램프를 살며시 당겼다. 내 눈에 그것들이 다가오는 것이, 손가락들이 천천히 내 앞으로 지나치는 것이 보였고, 손가락들의 행진은 무한히 느려졌고, 그러다 바닥 속으로 들어가 거기 처박혔지만, 그래도 그 다음에는 어쨌든 선 하나에 도달해 있었고, 곧이어 멈춰 섰는데, 그럼에도 — 대체 그런 일이 어떻게 이루어졌던 것일까? — 이미 더 먼 자리에 위치해 있었다. 그 순간 나는 내가 혼자라는 것을, 나를 제지할 어느 누구도 없다는 것을, 그 어떤 명령도 생각도 장애물도 없다는 것을 깨달았고, 그래서 바야흐로 어떤 일이, 비천한 무언가가 일어나려 한다는 것을 알았고, 그리하여 나는 보았으며, 모든 것을 이해하자…… 그러자 내 손은 펄쩍 튀어올라 불길을 제 앞으로 던졌고, 그것이 그러는 사이 나는 땅바닥에 엎어져 몸을 뒤틀고 발버둥 치면서 나 자신에게 섞여 드는 수상한 무정형의 소리들을 내 비명 소리로 덮고자 안간힘을 썼다.

그녀가 되돌아오는 소리가 나길래 나는 침대에 몸을 던졌다. 그녀는 방 한가운데에 다른 깔개를 폈다. 그녀는 거기 누웠던 게 분명했지만, 그러나 잠시 후엔 내 침대 모서리를 만지려 했고, 시트를 더듬어 그 사이로 뭔가를 잡으려 했다. 그녀는 그 동작을 여러 번 되풀이했다. 하다못해 선잠이 든 상태에서도 내 쪽으로 손을 뻗곤 했다. 잠시 후 그녀가 몸을 심하게 움직였는데, 그다음에 내 눈에 비친 것은 그녀의 머리가 내 침대 높이에 닿았다가, 이어 좀 더 올라와서는 내 정면에 원반처럼 평평하게, 그녀가 짐작하건대 내가 있음직한 위치의 정면에 자리 잡으려 하는 광경이었다. "당신 어디 있어요? 어째서 내가 돌아왔을 때 숨은 거예요?" 그러더니 그녀는 다시 둔중하게 아래로 내려갔다. 눈을 다시 떠 보니 그녀가 내게 바짝 다가와 서 있었다. 그래도 나는 움직이지 않았다. 그녀는 미동도 하지 않은 채 상체를 약간 앞으로 기울이고 제 시선으로 시트를 움직이려 하고 있었다. 나는 숨도 쉬지 않았다. 그녀의 시선은 두세 번 내 눈 앞을 거쳐 갔을 뿐 날 보지는 않았다. 담요가 슬며시 흘러내리는 것을 느꼈지만 난 미처 그것을 잡을 수 없었고, 그녀는 그 소리를 듣지 못했다. 그다음, 그녀는 단번에 얼어붙었다. 그녀는 계속 꼿꼿하고 뻣뻣한 자세를 유지했으며, 두 눈은 대단히 완고한 표정으로 나를 응시했다. 그녀의 얼굴 윤곽은 더 굵어져 있었고 턱은 더 넓어졌으며 목은 도드라져 보였다. 일순간 그녀라는 사람 전체가 이완되면서 스스로 해리되고 멀어지려 애썼는데, 다만 내 눈에 고정된 그 두 눈만은 그녀가 완전히 부유하는 것을 막았고, 이어 그것들은 천천히 선회하면서 홀린 듯 창백한 표정으로 나를 바라보았다. 나는 담요 더미 속으로 몸을 숨기려고, 그 속으로 파고들려고 몸을 움츠렸는데, 그러면서 내 몸의 돌출부 전체가 드러났다. 그녀는 뒤로 돌아섰다 이내 내 앞으로 뛰어들며 나를 향해 격렬하게 두 팔을 흔들어 댔다. 나는 뒤로 물러나 도망가려 했다. 그녀가 자기 깔개에서 담요 하나를 잡아 빼서는 여러 차례 앞쪽으로 던져 내가 이리저리 껑충대지 않을 수 없게 했고, 마침내 내가 반쯤 침대 밖으로 나오자 내 머리를 향해 그것을 날렸다.

나는 발이 꼬여 바닥에 쓰러졌다. 사지와 온몸이 헝겊 더미로 감겼다. 어둠이 나를 완전히 마비시켰다. 어렴풋한 침묵과 함께 담요 밑으로 물소리가 났다. 두 눈이 무거워졌다가, 이내 몸이 위로 거슬러 올라온 듯한 느낌이 들었다. 웬 목재 조각이 부딪히길래 그것을 잡고 몸을 올려 봤지만, 그 바람에 무언가가 기우뚱했고, 나는 천천히 미끄러져 갔다. 다시 위로 떠오르기 시작하자 천이 내게 맞서 불쾌할 만큼 까슬까슬하고 거칠게 당겨졌고, 그다음엔 다시 모든 게 텅 빈 공간이었다. 이 추락은 나를 난폭한 움직임 속으로 던져 넣었고, 나는 발작적인 펄떡거림 속에 발버둥치며 담요를 뒤흔들고 밟아 뭉갰다. 드디어 담요가 벗겨졌을 때, 나는 내가 침대 근처에 거의 엎어지다시피 한 채 상자에 머리를 처박고 있다는 것을 깨달았다. 나는 거기 그대로 있었고, 눈꺼풀을 내리깔고 부드러운 물소리 속에 잠긴 가운데 호흡은 점차 완만해졌으며, 내가 멀리서 발견한 것은 단화와 맨 다리들이었고, 나는 그것들을 바라보다 다시 조금 더 아래로 꺼져 들었으며, 침묵은 몹시 무겁게 내리눌렀고, 설핏설핏 보이는 그 다리들은 멀어져 갔다가, 지워졌다가, 마침내 완전히 하얗게 변했다. 이내, 나는 그것들을 알아보고 다시 몸을 일으켰다. 그녀의 얼굴 역시 보였다. 나는 몸을 들었고, 얼굴은 공간을 통과해 가까이 다가왔다 놀라며 먼 데로 물러났다. 나는 담요들 밑으로 몸을 파묻었다. 그녀는 깔개 위에 앉아 팔꿈치를 무릎에 괴고 있었고, 그녀의 얼굴은 이 모든 것의 위편에 있었다. 그녀는 내 뒤편 한구석에 있는 어떤 것을 응시하는 중이었다. 그 지점에 두 눈을 고정한 채, 그녀는 반쯤 일 어났다가, 몸을 숙이고 침대를 따라 이동했다가, 양 손으로 램프를 쥐고 뒷걸음질로 제자리에 돌아와서는, 그것을 살피며 깨어져 나간 유리 파 편들을 손가락으로 만졌다. 그리고 비를 집었다. 모든 것이 평화롭고 조 용했다. 그녀는 바닥으로 얼굴을 고정한 채 비질을 해서 내 쪽으로 가볍 고 검은 먼지를 쓸어 보냈고, 그 먼지는 공기를 부드럽게 누그러뜨리고 내가 숨 쉬는 것을 도왔다. 그런 다음 그녀는 밖으로 나갔다.

나는 반쯤 잠들었다. 아득히 파리 떼 소리가 들려왔다. 벽을 향해 곤충 한 마리가 톡톡 튀며 덤벼들었다가, 다시 아래로 떨어졌다가, 다시 돌진했다가, 다시 떨어지곤 했다. 바닥에서 그것은 무거운 소리를 내며 여전히 잉잉거렸고, 달리면서, 벽을 따라 기면서, 도무지 쉬지 못하며, 제가 억제할 수 없는 그 넘쳐나는 소리의 냄새를 남기고 있었다. 갑자기 누군가가 세차게 문을 두드렸고, 그 바람에 문이 흔들리고 덜컹거렸다. 나는 자리에서 일어났고, 문이 휙 열리며 칸막이 벽에 부딪히는 가운데 두 남자가 동시에 들이닥쳤다. 그들은 "이런! 실례했습니다"라고 말하 면서 마치 문짝이 자신들을 바깥으로 격퇴하기라도 한 양 다시 나가나 싶더니, 이어 천천히 문간으로 되돌아왔고, 나는 아직 바깥에 있는 그들 이 몸을 기울여 방 안을 살피려 하다가, 약간 앞으로 나서면서 마침내 깔개 위에 던져진 원피스와 우비를 발견하는 것을 보았다. "어! 여자가 한 명 있는데." 그 순간 어떤 야생의 소리가, 일종의 돌풍이, 소란스럽고 도 숨막힌 듯한 소리가 터져 나왔다. 무언가가 그들의 다리를 박차고 달 려 나왔다. 나는 몸을 움츠리고 벽에 더 바짝 달라붙었다. 그리고 창 쪽으로 올라가려 했다. 나를 향해 개 울부짖는 소리가, 그 비명, 그 끔찍하고 절망에 찬 신음 소리가 울려 퍼졌다가, 진압되었다. 개는 침대를 향해 돌진하다 납작 엎드린 채 이렇게 으르렁거렸다. 아! 나는 이자를 알아볼 수 있다. 오랫동안 기다려 왔던 이 순간에 드디어 희끄무레하고 털 없는 이자의 살가죽과 핏발 선 눈을 보고 있는 거로군. "당신들 미쳤군요"라고 그녀가 고함쳤다. 개가 담요들 위로 뛰어올랐고, 이번엔 내가 비명을 지르며 시트로 끔찍한 충격을 가해 놈을 밀어냈으며, 그러자 개 짖는 소리는 점차 그 밑에 파묻혀 꺼져 들면서 더한층 광적이고도 아득한 것이 되었다. 짖는 소리가 사라지고 난 후에도 나는 여전히 천 속에 섞여 있는 그것을 느끼면서 벽에 달라붙어 있었고, 그 천 밑에서는 계속해서 냄새의 끔찍한 유충들이 기어 올라왔다.

그녀는 내게 음료를 마시게 하려고 했다. 그녀가 다가왔고, 그녀의 팔이 그녀로부터 분리되어 앞으로 내밀어졌다. 나는 컵이 텅 빈 공간 속에 떠 있는 것을 보고 있었고, 그녀는 재차 그것을 내밀었다. 액체의 거무튀튀한 표면이 이미 빙빙 돌고 있길래 내 입은 그것을 들이켜기 시작했지만 컵은 점점 더 크게 흔들렸고, 그래서 그녀는 급히 그것을 거둬들였다. 나는 움직이지 않았다. 그녀는 시선을 계속 내 얼굴의 아래쪽에, 내 입 위에 고정하고 있었으며, 내 입은 다시 앞으로 내밀어져 한 번 더 액체를 들이마셨고, 그러자 컵은 또다시 천천히 다가왔고, 나는 자극적인 맛이 내 속으로 쏟아져 들어와 상처를 입히고 숨을 막는 것을 느꼈다. 그녀는 내 웃통을 벗겨 숨을 편히 쉴 수 있도록 해주었다. 그녀의 두 손이 내 목을 스쳤다. 그녀는 담요들을 정돈하고 시트를 당겨 팽팽하게 하려 했다. 그리고 뒤편으로 베개 하나를 밀어 넣었다. 나는 할 수 있는 최대한 꼼짝 않고 그대로 있었다. 정돈을 마치자 그녀는 나를 구석으로 밀어 넣고 주장하듯 단호하게 내게 손을 댔는데, 그 손은 마치 내게 이렇게 말하려던 것 같았다. 보이죠, 난 당신을 만지고 있어요. 그다음 그녀는 침대가의 발판에 걸터앉았다. 곤충이 윙윙거리는 소리가 들려왔다. 놈은 이미 벽에 붙어 있었고, 빛의 영역에 도달해 있었음에도 여전히 그 가장자리에 머물렀으며, 윙윙거림은 지극히 희미했다.

그녀가 말했다. "곧 이 장소를 비우려고들 하는 것 같아요. 하지만 난 계속해서 당신을 돌볼 거고, 당신을 버리지 않을 거예요."

곤충이 맹렬하게, 도취한 것 같은 소리를 냈다. 나는 그것의 한쪽 날개가 4분의 3가량 뜯겨져 나가 칸막이 벽에 붙었다가 세차게 들어올려지는 것을 보았다.

그녀가 말했다. "나는 온 힘을 다해서, 낮이고 밤이고 쉬지 않고 일할 거예요."

그녀는 말을 멈추고 나와 함께 벽 쪽을 바라보았다. 곤충은 대단히 빨리 위로 오르며 우울하게 붕붕거리는 소리를 냈다. 그것은 창가에 다다르자, 목재의 교차 지점이 제 갈 길을 제지했기 때문에, 날개를 폈다. 날개들이 하염없이, 흘리듯 진동하기 시작했으며, 그 진동은 내게 허기와도 같은 현기증을 안겼다. 그녀가 느닷없는 동작으로 일어섰다.

그녀가 가쁜 목소리로 말했다. "부탁이에요, 내 말을 들어줘요. 지금까지 난 그릇되게 행동해 왔어요. 하지만 이제 난 싸울 거고, 내가 가진 건 전부 당신 것이 될 거예요. 아, 난 알아요, 내가 해낼 거라는 걸."

나는 조용히 휘파람을 불기 시작했다. 휘파람을 좀 더 크게 불자 날개 부딪히는 가벼운 소리가 동요했다. 그녀가 나를 향해 몸을 굽히는 순간, 곤충은 날아올라 공중을 한 바퀴 돈 후, 거꾸로 뒤집히며 시트 위에 둔중하게 떨어졌다. 잠시 동안 그것은 꼼짝 못하고 있었다. 여러 개의 발 중 딱 하나가 바르르 떨리고 있길래, 나는 그 발을 보았다. 이어 발들이 천천히 움직였고, 시트 사이로 윙윙거리는 소리가 다시금 조용하게, 괴로울 정도로 끈질기게 올라오기 시작했다. 측면의 발들이 천에 붙어 그 결을 슬그머니 당겼고, 그것을 축축하게 만들었고, 그러다 곤충은 단번에, 그리고 어찌나 강한 힘으로 제 몸을 뒤집었던지 납작 눌린 채 더 이상 움직이지 않았다. 그녀가 외치는 소리가 들렸다. "나는 당신의 총애를 받는 여자가 될 거예요. 당신은 나로부터 결코, 결코 벗어나지 못할 거예요." 곤충이 미친 듯한 속도로 달리고 있었고, 매 순간 방향을 바꿨으며, 동일한 위협이 놈의 앞쪽에도, 뒤쪽에도 펼쳐지고 있었다. 나는 놈을 좀 더 잘 관찰하려고 자리에서 일어났다. 곤충은 숨이 막혀 멈춰 섰다가 쏜살같이, 맹목적으로, 맹목적으로 달아났다. 그녀가 나를 덮쳤다 펄쩍 뒤로 물러섰다. 나는 칸막이 벽에 납작 몸을 붙이고 그대로 있었다. 내 턱이 삐걱거렸다. 그럴 정도로 그것은 꽉 다물려 경련하고 있었다. 다음 순간 그녀가 발판을 뒤엎으며 밖으로 뛰어나갔다. 나는 질식하지 않기 위해 천천히 입을 움직였다.

다시 돌아왔을 때 그녀는 넋 나간 듯 초췌한 얼굴이 되어선 소맷자락을 기계적으로 입술에 갖다 대며 알 수 없는 태도로 다가왔다. 그리고 무심한 태도로 나를 쳐다보고 자기 깔개로 가 누웠다. 잠시 후, 그녀는 문간으로 나섰다 다시 방으로 들어오며 말했다. "이제 첫 번째 호송이 시작된 것 같군요. 아마 앞으로 난 저 아래쪽으로 한 차례씩 돌고 와야 할 거예요." 그녀는 천 하나를 집어 머리에 둘러 묶었다. 그리고 테이블 위쪽에 서서 아무 소리 않고 거울을 들여다보다 돌연 침대 앞에 무릎을 꿇었다. "조금 있다 돌아올게요"라고 그녀가 속삭였다. "난 모든 걸 극복해 낼 거예요. 무슨 일이 일어나도 난 당신을 따를 거고, 당신 곁에 남아 있을 거예요. 난 오직 당신의 시선 아래에서만 살아가겠어요." 그녀가 그 창백한 눈으로 나를 바라보다 재빨리 몸을 굽혔고, 그녀의 입이 내게로 향했다. "내게 입맞춰 줘요." 그녀가 바람이 새는 목소리로 말했다. "내게 정말로 입맞춰 줘요. 철저히 제대로 하지 않으면 안 돼요. 이리 와요, 이리 와요." 그녀는 내 허리를 감싸 안으려 애쓰며 외쳤지만, 정작 자신의 상체가 나의 상체에 닿기 시작하자 발작적으로 몸을 빼며 뒤로 펄쩍 물러섰다. 그녀는 비틀거리다 다시 균형을 잡고 섰다. 그리고 잠시 후 말했다. "그러니까, 내가 이것을 했군요. 나 이외에는 결코 아무도 이걸 한 적이 없어요." 창백한 빛이 그녀의 눈을 스쳐 지나갔고, 그녀는 우비를 걸친 후 밖으로 나갔다. 자 지금이다, 라고 나는 생각했다. 공기가 무거웠다. 나는 힘을 기울여 창 쪽으로 몸을 돌렸지만, 그 동작을 하는 사이 두 눈이 감기고 말았다. 방에 되돌아와 있는 그녀를 봤을 때 나는 놀라지 않았다. 발판 위에 짐 가방이 열려 있었으며, 그녀는 평온하게 오가며 물건들을 쌓거나 정돈했다. 그녀는 위쪽의 작은 널판을 향해 몸을 세우고 부상자의 소지품을 한데 모아 싼 후, 그 꾸러미를 테이블 위에 놓았다. 그녀는 침착하게 나를 주시했다. 그리고 말했다. "이제, 시간이 된 것 같군요." 그녀가 부상자의 꾸러미를 들고 밖으로 나갔다. 나는 침대에서 내려오려고 했다. 담요들이 날 옭아맸는데, 마치 그것들이 내 주변으로 빙 둘러 묶여 있는 것 같았다. 나는 담요들을 걷어 내고 가장자리로 다가갔다. 천천히 아래로 뛰어내리려고 준비하다 말고 나는 그녀를, 문이 열려 있고 그녀가 나를 관찰하고 있는 것을 발견했다. 그녀는 내게서 눈을 떼지 않으며 문을 닫았다. 내 눈에 자신의 눈을 고정한 채 그녀가 나를 향해 걸어왔다. 그녀는 거의 움직이지 않으면서도 앞으로 다가오고 있었다. 침대 앞에 이르자, 그녀는 나를 한 번 더 바라보더니 낮은 목소리로 말했다. "난 한 번도 당신에게 기도를 올린 적이 없죠. 내가 당신 앞에서 나를 낮춘 적은 아마 없었을 거예요. 우리 둘은 나무랄 데 없이 서로를 향한 존재예요." 그녀는 줄곧 꾸러미를 꽉 안고 있었다. 그녀가 그것을 풀기 시작했다.

그녀가 말했다. "이제, 끝장을 봐야 해요."

담요들이 내 숨을 막았고, 나는 가까스로 그녀를 응시할 수 있었는데, 그만큼 그녀의 얼굴은 사라지고 지워지는 중이었다. 그녀가 돌연 침대에 발길질을 했다.

"당신 내 말 들려요? 내가 돌멩이에 대고 말하는 건가요? 아마도 당신은 끝까지 나를 속이려 들겠죠?"

내 몸이 떨리기 시작했다. 나는 움직일 수 없었고, 모든 것이 움직였다.

그녀가 부쩍 다가와 낮고 빠른 목소리로 말했다.

"하지만 난 당신이 보여요. 당신은 사람들이 그저 꿈꾸기만 하는 어떤 것이 아녀서, 난 당신을 알아봤죠. 지금에 와서 난 이렇게 말할 수 있어요. 그는 왔고, 내 앞에 존재하였고, 여기 이렇게 있으니, 이건 정말 터무니없는 일이야, 그가 여기 이렇게 있다니." 그녀는 꾸러미를 쳐다보았다. 그리고 부드럽게 말했다. "난 이 일을 할 수밖에 없어요. 당신을 산 채로 놓아둘 수 없다고요."

내 몸이 덜덜 떨려 숨을 쉴 수 없을 지경이 되는 게 느껴졌고, 무언가 당치 않은 것이 내 몸을 뚫고 지나갔다. 나는 말해야만 한다, 라고 나는 생각했다.

"당신은, 살아서는, 그 어느 누구도 아닌 오직 나만을 위해 살아 있었던 거예요. 이 세상의 그 누구도, 누구도, 누구도 아닌, 오직 나만을요. 그 때문에 죽을 정도로요, 아닌가요?"

나는 말할 준비를 했다. 내 떨림을 다스려야 했지만, 그러나 전율이 나를 송두리째 사로잡은 터라 입을 열었을 때 나온 건 끔찍한 딸꾹질이었다.

"이제, 시간이 됐어요. 당신은 오직 나만을 위해 삶을 지녔던 거고, 따라서 당신으로부터 그걸 거둬들여야 하는 사람은 나예요."

나는 이 딸꾹질이 깊은 곳으로부터 오고 있다는 걸 느꼈으며, 딸꾹질은 나를 뒤흔들었고, 내 몸을 들어올렸고, 숨을 막았다.

"당신이 누구인지 아무도 모르지만, 그러나 난 당신이 누구인지 알죠. 내가 당신을 없앨 거예요."

나는 한 차례 비명을 질렀으나, 그것은 내가 희망했던 것처럼 한마디 말이 아니었다. 그것은 그저 그녀로 하여금 소스라쳐 꼼짝도 하지 못하게 만든, 그러나 그녀의 두 눈이 내게 질문을 던지고, 기다리고, 망설이다, 한 번 더 기다리는 듯 보였던 걸로 보아, 그녀가 결국엔 그 속에서 뭔가를 감지한 것이 분명한 거칠고 낮은 으르렁거림에 지나지 않았고, 그런데 나는 점점 더 심하게 몸을 떨었으며, 그녀가 말을 하지 않으니, 더이상 그녀에게 말할 수 있기를 희망할 수 없었다. 그때, 그녀가 무릎을 꿇더니 권총을 쐈다. 나는 빛이 지나가고 있는 바닥의 홈을 응시했다. 그녀 역시 무기를 바라보고 있었으며, 나는 그녀가 눈을 들지 않고 있는 만큼 내게도 아직 약간의 시간이 남아 있으리라는 사실을 알고 있었다. 나는 호흡을 멈췄다. 나는 눈을 내리깔고 있었고, 내 귀에는 아무 소리도 들려오지 않았다. 천천히, 무기가 다시 들어 올려졌다. 그녀는 나를 쳐다보며 미소를 지었다. 그녀가 말했다. "자, 그럼, 영원히 작별이에요." 나 역시도, 미소를 지어 보이려 했다. 그러나 별안간 그녀의 얼굴이 굳어 들었고, 그녀의 팔이 너무나도 격렬하게 제 긴장을 풀었으며, 그 충격으로 인해 칸막이 벽으로 튕겨 나가며 나는 외쳤다.

　"이제, 바로 지금, 나는 말합니다."

옮긴이 후기

법, 병, 말

아마도 언어란 지극히 낮은 자를 명명하게 될,
바로 그 순간의 지극히 높은 자일지도 모른다.
—클로소프스키[1]

불현듯 이곳이니, 어째서, 마비와 졸음을 파고드는 고통에 절로 팔뚝이
나 손을 물어뜯다, 독방감옥병실의 유일한 창을 넘어 낮의 영원함을 고
할 태세로 바닥의 홈들을 건너는 빛의 추이를 미동 없음이라는 기막힌
동행의 자세로 지켜보다, 페스트의 손가락을 들어 더듬지 않겠는가. 벽
위에, 돌덩이의 속도로 옮아가는 얼룩을. 하얗게 삭제되는 시간의 보이
지 않음이 검게 채워 덮는 말들의 켜인 것은,[2] 병의 냄새를 풍기며 흘러
나오는 중얼거림이 결코 입술로 올라오지 않는 모든 것의 침묵인 것은,
침묵이 구멍으로 파열하고자 마냥 발효하는 불이거나 타오르는 숯의

---

1 Pierre Klossowski, "Sur Maurice Blanchot"(1949), *Un si funeste désir*, Gallimard,
   1963, p.172.
2 다음을 참조. "쓴다는 것은 아마도 다시 씀으로써 쓰지-않는 일, (위에 덧대어 씀으로써) 아
   직 쓰이지 않은 것을 지우는 일이리라"(Maurice Blanchot, *Le pas au-delà*, Gallimard, 1973,
   p.67).

물이거나 저편 낮은 자의 끈덕진 두드림인 것은, 결국 퇴락과 고독한 버려짐을 자초한 대못의 진실에 단 하나의 물음이 걸려 제 벗겨질 때를 기다리기 때문이니, 그런 일이 언젠가 일어날 수 있다는 걸 과연 믿을 수 있을까요?[3] 법은 어디에 있습니까, 법은 무엇을 합니까. 소크라테스의 꿀벌? 파리떼다. 사람을 뒤덮으며 들끓는 말이다.

레슬리 힐이 간단히 정리했듯,[4] 블랑쇼의 초기 허구 작품들은 '소설'을 거쳐(40년대) '이야기'récit의 단계로 이행하며(50년대), 이후의 글쓰기는 창작이냐 비평이냐의 경계를 넘어 단절과 불연속을 바탕으로 한 중얼거림 및 파편의 형태로 기울어진다(1960~70년대). 적어도 1945년경부터 준비되어 1948년 7월에 나온[5] 『지극히 높은 자』Le Très-Haut는 그의 초기 소설들 중 세 번째이자 마지막 작품으로 자리매김된다. 그것에 선행한 두 편이란 (1950년에 훨씬 더 간결한 모습으로 다시 나올) 1941년의 『모호한 자 토마』Thomas l'obscur, 그리고 1942년의 『아미나다브』Aminadab를 말한다. 1948년은 일종의 분기선 역할을 해서, 같은 해 같은 무렵에 발간된 『죽음의 선고』 L'arrêt de mort는 이야기의 영역에 든다. 당연히 이 사실은 시사적이다. 당시의 작가가 보기에 이 두 책은 아무런 공통점이 없는, 그러면

---

3 소설 대미에서 잔 갈가의 독백 같은 질문. "당신은 죽을 수 있을까요?"라는 질문과 다르지 않을.
4 Leslie Hill, *Blanchot Extreme Contemporary*, Routledge, 1970, p. 13.
5 *Ibid.*, p. 143.

서 "[…] 둘 모두에 똑같이 부재하는 동일한 현실에 관한, 서로 상충하면서도 일치하는 두 갈래 판본"[6]이었다. 여기에 더해, 「세이렌의 노래」(1954)[7]에서의 블랑쇼는 (소설에 비교할 때) "이야기는 사건의 연관 관계가 아니라 사건 그 자체를, 사건으로의 접근을, 사건이 발생하기 위해 불려오는 장소를" 다룬다고 적는다. 소설이 그려내는 "일상의 시간"le temps quotidien이 "차츰차츰 그럼에도 이내"peu à peu quoique aussitôt라는 변형의 시간, 이른바 "**다른 시간**"autre temps에 들어가는 것이 이야기에서 벌어지는 일이고, 아예 그 변형 자체가 이야기가 다루고 관통해야 할 작용이자 공간이라는 말이다. 즉, 사유 내에 자라나는 어떤 절실한 필요가 블랑쇼에게 장르의 이행을 촉발할 뿐만 아니라, 글쓰기 형식 자체의 해체를 초래한다. 이른바 '마지막' 소설이란 이 같은 변형의 조짐과 이행의 필요와 '죽음'에 대한 자각이, 제 형식이 마지막으로 허락하는 유례 없는 스케일 속에, 추적되고 드러나고 터져 버리는 장이라 하겠다.

주체 —— 이 '주인이자 노예'를 제 자신의 이름 없는 바깥으로 만드는 것, 그로부터 '인간'이 오기 위해 동물이 끊임 없이 죽었고 또 죽어가는 장소로 그를 노출시키는 것, 결국 이 말하는 동물을 저 자신의 죽음이 가해지는 불능impouvoir의 문턱으로[8] 내앉히는 (불가

---

6 *Ibid.*, p.254, 주 1에서 재인용.
7 이 글은 이후 『도래할 책』(*Le livre à venir*, 1959)의 1부 1장으로 편성되었다.
8 다음을 참조. "[…] 저를 지탱하는 동물적 존재가 죽자 인간 존재 그 자체도 존재하기를 그쳤다"(Georges Bataille, "Hegel, la mort et le sacrifice", *Œuvres completes*, vol.XII, Gallimard, 1988, p.336).

능한) 경험이, 블랑쇼가 보기에, 문학이라면, 담론discours의 질서에
탈구dis-cours는, 언어의 살해를 말한 말라르메에게서 그랬듯, 글쓰
기-사유가 받아들여야 할 그것의 유일한 필연이다. 『지극히 높은
자』는 1) 글쓰기-사유가 제 갈 길을 확인하고 그리로 접어드는 지
난한 과정을 한 인물의 치열한 내적 싸움의 기록과(어쩌면 신, '지극
히 높은 자'가 스스로를 향해 벌이는 충실한 부정의 전모와) 한 궤에 놓
으면서 소설이라는 얼개를 걸치는 동시에, 2) 이 기록이 실은 '죽어
지지 않은 죽음의 증언'이라는 불가피한 거짓말-진실의 시종始終
없는 공간을 맴돌며 제 전 근거와 자취를 무너뜨리는 유희에 들 뿐
이라는 점에서, 담론의 근성과 서사의 관성을, 곧 제가 빚어질 거푸
집을 부순다.[9] 2)의 공략을 효과적으로 보여 주기 위해서 1)의 공정
이 채택된다고, 거칠게 말할 수도 있을 것이다. 해서, 그 반복적이고
느리고 무거운 가운데 종종 우의적이고(특히 인물들의 이름) 자주

9　다음을 참조. "하나의 신화학의 초안을 세워 보도록 허용하는" 두 이름, "(만약 그의 이름이
　영원 회귀의 법을 명명하는 데 요긴하다면) 니체와 (만약 그의 이름이 전체로서의 현존과 현존
　으로서의 전체를 사유하도록 유도한다면) 헤겔"(Blanchot, *Le pas au-delà*, p.34). 두드러지
　는 대비: 헤겔의 체계 대 니체의 영원 회귀. 데리다는 『지극히 높은 자』를 헤겔에 대한 블
　랑쇼 나름의 면밀하고 장대한 주석으로 읽었다. 알려진 대로, 코제브(Alexandre Kojève)
　의 헤겔 정신현상학 강의(1933~1939년, 사회과학고등연구원École des Hautes Études) 및
　해석이 바타유, 블랑쇼, 사르트르, 이폴리트, 푸코, 라캉 등의 사유에 끼친 영향력은 지대
　하다. 주인과 노예의 변증법, 언어라는 비현실(irréel)로의 죽음, 그리고 그로부터 시작되
　는, 결핍에 기반한 부단한 '정신'과 부정의 '일'(œuvre) 등이 '헤겔의 철학은 곧 죽음의 철
　학'이라고 푼 코제브의 강의에서 중점적으로 강조된 내용들이다. '주체'에 대한 특유의 이
　해도 그의 제자들이 헤겔의 극복을 위해 니체를 호명했다면, 코제브 자신은 헤겔을 이해
　하기 위해 마르크스와 하이데거라는, 일견 멀리 떨어진 두 사람을 동시에 동원했다.

더할 나위 없이 기이한 진행을 거치면서, 체계의 완성과 작품œuvre
의 종결을 중지하고 법과 텔로스télos의 작동을 교란하는 글쓰기-
전염병의 말이 퍼진다. 언어가 극단의 시련을 겪게 되는 수동성의
자리, 문학이 제 '고유의' 것이라 자임하는 그 괴사의 공간에서 역설
적이게도 말은 그 어느 때보다도 정치적인 것으로, 제 불결과 오염
을 통해 법을 저촉하려는, 아니, 법이 법으로 오기 위해 투명하게 감
춰지는 그것의 빈 바탕을 접촉해 보려는 순수한 '염려'sorge로서 드
러나리라. 그 같은 염려-말은, 데리다를 원용하자면, 문법에 타격을
주고 그것을 배반하는 부정적 형태에도 불구하고 부정성을 초과하
기에, 차라리 배가된 긍정("그래, 그래, 오라, 오라"oui, oui, viens, viens)
과 더 관계된다고 할 수 있다.[10]

안에 갇힘으로써 바깥에 있게 되는 걸로 미루어, 법의 빈 코가 되는
일은, '마치~했었다는 듯'comme si~의 기묘한 시공간이 어딘가 정말로
열렸기라도 한 척, 선뜻 아무 곳도 아닌 먼지의 방으로 들어서는 헛발질
faux pas에 달렸다. 마치 이 방은 이전의 방이 아니기라도 하다는 듯. 이
방은 이전의 방과 퍽도 흡사하여 마치 그 방에서도, 이 방에서와 같이,
나간 적이라곤 없다는 듯. 이 모든 일이 꼭 처음 일어난 듯 느껴지는 걸
로 봐서, 이 모든 일은 언젠가 이미 일어났음이 분명하다는 듯. 이도 저
도 아닌ni-ni(중성neutre), 아무날 아무데 아무개 아무일의 아무 기미 없

---

10 Jacques Derrida, *Parages*, Galilée, 1986~2003, p.141 참조.

는 퍼짐. 호적계 하급 공무원이 나는 평범한 사람이다, 라는 관례적인 문구를 결코 잊을 수 없는 것처럼,[11] 법이 개개인의 내면과 삶 속에 동등하게 일치해 들어가 그것 자체는 어디서도 발견되지 않되 모든 이가 저마다 이 빈 형식의 대리인으로서 그것의 편재를 증명해 보이게 된, 따라서 어디에서도 경찰이 보이지 않는 역사 끝 단계의 경찰 국가에서, 법의 충실한 수호자임을 선서하라는 가짜 아버지의 회유를 거부하고 나면, 국가의 반대편에서 국가와 동일한 수단을 통해 저항함으로써 결국 그 속에 흡수되고 끝날 자의 동업 제안 또한 물리고 나면, 떨어지는 패牌는 헛디딤뿐. "병은 없네". 그러나 병자가 병든 생각에 사로잡힐 때, 그는 더 이상 법의 즉각적인 대변자가 아녀서, 그는 그것을 "관조하게" 되고 마는 것을. 법의 견딤patience에 다름 아닌 병에 걸린 이는 않고, 그러나, 그러나, 병자의 이 병이 낫는 일이 없도록, 그래서 법이 저 자신 내에 일어나는 괴란에 잠시 주춤하며 동요하는 일이 부디 내내 가능하도록, 병 걸림이 법을 법으로 드러내도록, 하여 입에 담을 수 없는 비천한 두 마디 욕설에 걸맞게 비천해져 가는 자가 바로 그 사실에 의해서만 지극히 높은 자임이, 지워지고 은폐되어 가는 것으로서의 법 그 자체임이,[12] 아

---

11 실은 반복적으로 잊었듯. 『지극히 높은 자』는 주인공의 '망각' —— 라쿠-라바르트가 적절하게도 블랑쇼의 "건망증적인 참을성"(la patience amnésique)이라 부른 것 —— 을 누차에 걸쳐 제시한다(Philippe Lacoue-Labarthe, *Agonie terminée, agonie interminable. Sur Maurice Blanchot*, Galilée, 2011, "présentation", p.50 참조). 예컨대, 소설의 도입부에서 앙리 소르주는 회복기에 들어 산책을 나간다. 그러나 그가 회복기에 든 적이 있기는 한가? 그 시작은 어디에? 소설의 말미가 그의 끝을 돌연 들어내는 것과 마찬가지다. 그의 죽음은 어디에?

12 Michel Foucault, *La pensée du dehors*, Fata Morgana, 1966, pp.37~39 참조.

무의 눈에도 띄지 않는 갇힌 병상에서, 있을 수 없는 방식으로, 믿을 수 없는 방식으로 확인되도록, 즉 어디에서도 확인되지 않도록, 목을 죄는 듯한 이름을 가진 처녀가 들이미는 일방적인 협정에 순순히 서명을 하는 일만 남을 뿐. 나는 오직 이 여자만이 나를 돌보아 줄 것을 원합니다. 국가 전복에 실패하는, 돌처럼 '책'에서 떨어져 나올 줄 모르는 저 육중한 혁명가의 꿈에 의하면, 사법의 세계에 부재하는 것은 한 명의 여자이므로.

요컨대, 1) 헤겔의 변증법적 모순contradiction dialectique도, 2) 반박contestation이나 대립도 아닌, 그것들의 너머를 찾는 것이 골자다. 다만 여기에는, 반과 합 사이의 다리를 끊음으로써 헤겔 철학의 핵심이 부정변증법의 '부단한' 운동에 있음을 강조한 아도르노(『부정변증법 강의』*Vorlesung über Negative Dialektik*)와 달리, 이 관념론을 다소 도식적인 종합synthèse의 철학으로 간주할 때 그렇다는 전제가 붙는다. 이런 전제하에 2)를 유보해야 하는 이유는, 1)이 '일'œuvre과 부정과 지양을 통해 2)를 제 안으로 삼켜 버리기 때문이다. 게다가, 가령 『밝힐 수 없는 공동체』*La communauté inavouable*가 돌아보았듯, 계몽주의에 기반한 모든 근대적 공동체의 기획은 실패로 끝났기 때문이다. 따라서, 계몽주의 역사의 종점에서 부정의 순수한 초과(바타유)로만 남는 비-생산의 언어, 오직 완수되지 않음으로써만 수행되는 위반인 '중성'의 언어가, 이 지긋지긋한 역사의 그믐에, 여전히 요청된다는 것이다. 이 중성에의 궁리가 어떤 양상을 띠게 되는지 살피기 위해, 또 위에서 언어가 겪는 극단적인 수동성의 공간에서 문학은 그 무엇보다도 정치적이 된다는 표현을 썼는데 그 말의 미진함을 보완하기 위해, 다음 구절을 가져와 보자. "제 고유한 목소리, 저만의 공간과 특수성을 잃기에 앞서, 문학은 세계에, 역사에, 또 정치와 문화에 스스로를 얼마나 깊이 연루시킬 수 있는가? 있는 그대로의 사물들에 대한 묵인이 되기에 앞서, 그것은 저 자체 속으로 얼마나 멀리 물러날 수 있는가?"(비비안 리스카Vivian Liska)[13] 가령 사르트르의 문학관에 비교할 때 어떤가? 블랑쇼의 문학에 대한 이 의문형 정의는 얼핏 궤변으로 비치다가, 그다음에는, 곱씹을수록, 변증적 모순이나 대립, 둘 다에 이의를 걸어 그 덫을 공히 무효화시키려는 어떤 항의contestation의 특질을 진지하게 들여다 본 경험이, 예술과 윤리 또는 문학과 정치의 관계에 대한 상투적 접근을 떨쳐버린 경험이 우리에게 퍽 드물었다는 사실을 일깨운다.

그리하여, 한 남자와 그의 누이를 닮은 어떤 여자가 한 몸처럼 함께 들어와, 안티고네 혹은 엘렉트라의 정념으로 국가의 법과 가족의 법을 맞붙였던 고대비극처럼, 흡사 끝나면 큰일나는 의례적 코미디의 한 정경처럼, 앓는 백치와 간호사의 역할을 나누는 것이다. 근친상간의 금기에 아슬아슬하게 두 다리를 내려뜨리고 앉아 구덩이 속 오레스테스, 제 오라비를 걷어찼었나, 세상에서 가장 보이지 않는 여자의 형상을 한 채

---

13 Rhonda Khatab, "Kevin Hart and Geoffrey H. Hartman eds., *The Power of Contestation: Perspectives on Maurice Blanchot*"(Book Review), *Colloquy*, vol.10, 2005, p.319에서 재인용.

해묵은 기억의 지하무덤으로 데려가 봉인된 가족의 폭력을 헤치곤(그런데 그 기원의 사건은 정말로 있었던 것일까) 기어이 죽은 아비의 환영을 끌고 올라오는 저 망할 누이인지 붉은 누더기인지를 닮은 여자가, 참으로 물색없는 사랑과 돌봄, 심지어 경배adoration의 맹세로서, 망각과 깨어남과 열광과 발작을 거듭하는 남자의 따귀를 때리고, 침을 뱉고, 욕을 퍼붓고, 아무도 봐서는 안 될 참지 못할 진실을 제가 유일하게 보았다고 우기며 마침내 총구를 겨눠 쏠 때에, 반복 속 변주를 통해 단속斷續되는 이 낮은 방향의 소란은, 여자가 열쇠처럼 쥔 총은, 과연 무엇을 주나. 그녀는, '지금'의 선고와 그 중단을 동시에 줌으로써, 남자에게 죽음을 줌으로써, 결미를 흩어 글쓰기의 처음 장으로 날려 버림으로써,[14] 국가의 외연이 쉼 없이 확장되는 것을, 법이 완결되는 것을, 죽어가는 자의 죽음이 발생할 가능성과 완수될 가능성을, 선조적 시간 어딘가에 그의 자취가 찍히고 '책'이 완성되는 것을, 무한히 막는다. 머무름의 한복판에 시간 없이 죽어가는 자여, 어쩌면 이미 죽었다는 사실을 망각함으로써 죽어간다는 불가능을 한없이 앓는 자여, 너는 죽는다, 그래서 너는 죽지 않는다, 그래서 너는 죽는다, 그래서 너는 죽지 않는다⋯⋯. 정확히, 이것을 준다. 죽음 속의 닫히지 않음을. 간곳없는 증명의 부재 l'absence d'attestation[15]를. 여자는 차라리 주사위를 던지네. 그 순간, "지

---

14 『지극히 높은 자』의 이 같은 구성에 관해서는 가령 John Gregg, *Maurice Blanchot and the Literature of Transgression*, Princeton University Press, 1994, ch.5의 분석 참조.

15 Blanchot, *Le pas au-delà*, p.107.

금, 바로 지금, 나는 말한다"의 메아리가, 사람 없이, "너 없이",[16] 이어지는 끝이 없이, 끝없이, 저 스스로의 텅 빈 반복과 순환만을 반향할 때[17] 우리가 확인하는 것이란, 위반이 결정적 사건으로 일어나지 않는다는 ("Pas"), 그 같은 기회만을 넘본 글쓰기[18]에 주사위가 선사하는 다행스러운 불운, 그리고 그 은총을 향해 울리는 기원 없는 감사의 화답이다. 그러니 견디지 못하는 그녀여, 죽음의 선고를, 선고라는 중지를, 멈, 추, 지, 말, 아, 요!

김예령

---

16 *Ibid.,* p.39. 사면 또는 은총(grâce)은 말한다. "너 없이". 그렇게 해서 관계의 내밀함과 개별성을 복원하며.

17 Foucault, *La pensée du dehors,* p.61. 푸코가 보기에 이 신의 죽음은 죽음의 반대인바, 법은 "지금 나는 말한다"라는 유일한 말의 빈 회랑 속에서 제 무언증의 바깥으로 해방되며, 오직 그 메아리의 선포와 더불어 무한히 저를 지탱하고 표명하는 것이리라(*Ibid.,* p.40 참조).

18 다음을 참조. "글쓰기는 기회를 찾는 것이다"(Blanchot, *Le pas au-delà,* p.42).

모리스 블랑쇼 연보

1907 9월 22일, 프랑스 손-에-루아르Saône-et-Loire 지방의 작은 마을 켕Quain 에서 출생. 부친이 개인 교습을 하는 교수였던 관계로, 파리에서 엘뵈 프Elbeuf로, 라 사르트La Sarthe에서 샬롱Chalon으로 자주 이사를 할 수 밖에 없었다.

1923 바칼로레아(대학입학자격시험) 수험. 십이지장 수술 중 발생한 감염사고로 건강이 악화. 그로 인해 대학 입학이 1년 늦어짐. 평생 건강이 매우 좋지 않 아 고통받음.

1925 스트라스부르 대학 입학. 전공은 철학과 독문학. 스트라스부르 대학에서 에마뉘엘 레비나스를 만남. 변함없는 우정이 시작되어 함께 독일 현상학 을 공부하고, 프루스트와 발레리를 읽음.

1930 소르본에서 회의주의자들에 대한 석사 논문이 통과됨.

---

* 『마가진 리테레르: 블랑쇼 특집호』(*Magazine littéraire: L'énigme Blanchot*, no. 424, 2003/10월)에 수록된 크리스토프 비덩이 쓴 블랑쇼 연보와 『뢰이 드 뵈프』 블랑쇼 특집호 (*L'Œil de bœuf: Maurice Blanchot*, no. 14/15, 1998/05)에 수록된 블랑쇼 연보, 그리고 다 른 텍스트를 참조해 작성되었음.

1931 생-안Sainte-Anne에서 의학을 공부하기 시작함. 그러나 대학보다는 저널
리즘에 관심을 갖게 됨. 프랑수아 모리악François Mauriac에 대한 평론을
발표(그로서는 처음으로 발표한 글). 티에리 몰니에Thierry Molnier가 이끌
고 있는 '악시옹 프랑세즈'Action Française의 청년 반대파와 특히 가까이
지내면서, 극우 신문들과 잡지들에 기고함. 소설을 쓰기 시작하나, 틀림없
이 여러 번 그 원고들을 폐기함.

1933 정신혁명을 위한 반자본주의·반의회주의·반공산주의가 기본적인 모토
들. 동시에 반게르만주의와 반히틀러주의의 입장에 섬. 나치의 수탈을 고
발하는 유대인 민족주의자 모임에 가담. 친구 폴 레비가 주관하던 일간지
『르 랑파르』Le Rempart('성벽')에 유대인들을 강제수용소에 처음으로 보
낸 사건에 항거하는 기사를 씀. 정치에 일종의 정신성을 가져오기 위해 극
우노선에 섰지만, 블랑쇼가 지지했던 극우사상은 이상주의(정신주의) 색
채가 강했고, 당시의 나치주의와는 관계가 없었다.

1936 부친의 죽음. 장 드 파브레게스Jean de Fabrèguez와 티에리 몰니에가 주
관하던 월간지 『콩바』Combat에 기고함.

1937 『랭쉬르제』L'Insurgé('반란자')에 신랄한 정치 기사를 쓰는 동시에 문학 관
련 기사를 쓰기 시작함. 그러나 1년 내에 두 가지 모두를 포기. 극우파를 지
지하는 정치 기사를 쓰기를 그만둠. 장 폴랑Jean Paulhan과 처음으로 만
남.

1940 『주르날 드 데바』Journal des débats('토론 신문')의 편집자로서, 보르도
Bordeaux와 이어서 비시Vichy에서 파탄에 이를 정도로 약화된 정부를 지
켜봄. 이후 모든 논설위원직을 그만둠. 국가에서 재정 지원을 받던 문화단
체인 '젊은 프랑스'Jeune France에서 '문학'Littérature이라는 연구소를 이
끎. 12월에 조르주 바타유를 만남.

1941 『주르날 데 데바』에 문학 기사를 쓰기 시작함. 가을에 첫번째 작품인 『토마

알 수 없는 자』출간. 나치로부터 레비나스의 부인과 딸을 피신시키고, 그녀들에게 보호처를 제공.

1942 소설 『아미나다브』 출간.

1943 디오니스 마스콜로의 요청으로, 『주르날 데 데바』에 실렸던 54편의 텍스트들을 모아 재수록한 평론집 『헛발』을 출간. 마스콜로와의 교제 이후로 블랑쇼는 정치적 관점에서 점점 더 좌익 쪽으로 기울기 시작.

1944 자신이 출생한 집의 담벼락에서 총살형의 위기에 놓였으나, 레지스탕스의 선제공격으로 간발의 차이로 구출됨. 블랑쇼는 이 기적적인 체험 이후로 덤으로 생존하고 있다는 느낌을 갖게 된다. 50년 후 이 체험을 바탕으로 『나의 죽음의 순간』을 쓰게 됨. "죽음 자체와 다르지 않은 이 감정만이, 보다 정확히 말해, 언제나 진행 중인 나의 죽음의 순간이 가져온 이 가벼움의 감정만이 남아 있을 것이다."(『나의 죽음의 순간』)

1946 『라르쉬』L'Arche('아치'), 『크리티크』Critique('비평'), 『레 탕 모데른』Les Temps modernes('현대') 등의 잡지에 기고하고, 여러 문학상 심사에 참여. 전후의 가장 중요한 비평가로 부각. 드니즈 롤랭Denise Rollin과의 연인 관계가 시작됨. 파리를 떠나 지중해 지역의 에즈Eze 마을에 정착. 그러나 이후에도 자주 파리에 머무름.

1946~1958 글의 형태가 보다 길고 압축적으로 바뀜. 1953년에는 『NNRF』지에 매달 기고를 함. 블랑쇼 고유의 문학의 공간을 창조함("끝날 수 없는 것"l'interminable, "끊임없는 것"l'incessant, "중성적인 것"le neutre, "바깥"le dehors, "본질적 고독"la solitude essentielle). 1955년 『문학의 공간』 출간. 루이-르네 데 포레에 대해 쓴 텍스트의 도입부에 나오는 "작은 방"에서 여러 소설들을 씀. 『하느님』(1948), 『죽음의 선고』(1948) 출간. 『토마 알 수 없는 자』의 훨씬 간결해진 재판본 완성(1950). 『원하던 순간에』(1951), 『나를 동반하지 않았던 자』(1953), 『최후의 인간』(1957) 출간. 1957년 모친 사망.

1958 파리로 돌아옴. 드골 장군의 "쿠데타"에 반대하면서 잡지 『7월 14일』Le 14 juillet을 창간한 디오니스 마스콜로에게 다음과 같은 편지를 씀. "당신에게 저의 동의를 표명하고 싶습니다. 저는 과거도 현재도 받아들일 수 없습니다." 그 잡지 2호에 「거부」Le Refus를 발표(『우정』에 재수록). 로베르 앙텔므와 그의 부인인 모니크와 가까워짐. 레지스탕스 활동 중 체포, 정치범으로 독일의 강제수용소에 수감되었던 앙텔므는 기아와 강제노역, 티푸스로 사경을 헤매다 구조되어 생환하였다. 수용소 체험을 기록한 그의 『인류』L'espèce humaine(1957)는 블랑쇼를 포함한 많은 사람들에게 충격을 주었고, 블랑쇼는 앙텔므의 이 책에 관한 중요한 글(「파괴될 수 없는 것」L'Indestructible)을 발표한다(『무한한 대화』에 재수록). 또한 마르그리트 뒤라스, 루이-르네 데 포레, 모리스 나도Maurice Nadeau, 엘리오 비토리니Elio Vittorini와 지네타 비토리니Ginetta Vittorini와 가까워짐.

1960 알제리에서의 불복종운동을 지지하기 위한 121인의 선언. 블랑쇼는 마스콜로·쉬스테르와 함께 그 선언의 주요 기안자였음. 마스콜로·비토리니와 함께 『국제잡지』를 창간할 계획을 세움. 뷔토르Butor, 데 포레, 뒤라스, 레리스Leiris, 나도, 칼비노Calvino, 파졸리니Pasolini, 바흐만Bachmann, 그라스Grass 등이 회합에 참석. 샤르, 주네Genet와 같은 다른 이들은 원고를 넘김. 4년 후 그 계획이 무산되어 실의에 빠짐.

1962 단상 형식으로 쓴 첫번째 작품 『기다림 망각』 출간. 조르주 바타유 사망. 사라진 친구에게 바치는 「우정」이라는 글을 발표(『우정』에 재수록). "우리가 한 모든 말들은 단 하나를 긍정하는 데에로 나아간다. 즉 모든 것이 지워져야 한다는 것. 우리 안에 있으면서 모든 기억을 거부하는 어떤 것이 이미 따라가고 있는 이 움직임에, 지워져 가는 이 움직임에 주목함으로써만 우리가 충실한 자로 남아 있을 수 있다는 것"(『우정』).

1964 자크 데리다Jacques Derrida에게 처음으로 편지를 씀. 계속 이어진 편지 교환의 시작.

1966 잡지 『크리티크』가 그에 대한 최초의 특집호를 발간. 샤르, 콜랭, 드 만de Man, 푸코, 라포르트, 레비나스, 페페르Pfeiffer, 풀레Poulet, 스타로뱅스키 Starobinski의 텍스트들이 실림. 푸코의 「바깥의 사유」La Pensée du dehors 가 특히 반향을 불러일으킴. 엘리오 비토리니의 죽음. '베트남민중 지지 위원회'의 설립에 기여.

1968 68혁명. 거리 시위에 참가하고, 전단지를 만들고, 학생-작가 행동위원회의 회합을 주재함. 익명으로 잡지 『위원회』Comité의 창간호이자 마지막 호에 반 이상의 기사를 씀. 그것은 이후에 잡지 『리뷰』 33호Lignes: avec Dionys Mascolo, du Manifestes des 102 à Mai 68(1998년 3월)에 마스콜로의 글들과 함께 재수록됨.

1969 후기 사상을 가장 정확하게 보여 주는 주저이자 가장 철학적인 텍스트인 『무한한 대화』 출간. 이 책에는 타자에 대한 고유의 사유가 집약적으로 드러나 있으며, 레비나스, 니체, 바타유, 사뮈엘 베케트Samuel Beckett, 독일 낭만주의, 사드, 프로이트, 헤라클레이토스, 알베르 카뮈Albert Camus, 랭보Rimbaud, 앙토냉 아르토Antonin Artaud 등에 대한 논의가 담겨 있음.

1970 여러 이유로 건강 상태가 심각해짐.

1972 파울 첼란Paul Celan에 대한 글을 씀. 그것은 나중에 단행본으로 출간됨 (『최후에 말해야 할 사람』).

1973 단상 형식으로 쓴 두번째 작품 『저 너머로의 발걸음』 출간.

1978 1월 형 르네René와 연인 드니즈 롤랭이 연이어 사망.

1980 단상 형식의 세번째 작품 『카오스의 글쓰기』 출간. 홀로코스트에 대한 반성에서 나온 극적인 철학적 성찰. 이 책에도 블랑쇼의 후기 사상이 잘 나타나 있음.

1983 장-뤽 낭시의 논문 「무위의 공동체」에 대한 화답으로 쓴 『밝힐 수 없는 공동체』를 출간(낭시의 논문 역시 나중에 낭시의 다른 글들을 모아 단행본으로 출간됨). 드물게 글을 쓰게 됨. 소책자들, 재판본들, 서문들, 질문들에 대한 응답들, 공개서한들, 정치적 개입들 등.

1986 『내가 상상하는 대로의 미셸 푸코』 출간.

1990 로베르 앙텔므 사망.

1995 레비나스 사망. 1996년 마르그리트 뒤라스 사망. 1997년 디오니스 마스콜로와 형 르네의 죽음 이후 함께 살아 왔던 형수 볼프Wolf 사망.

1996 『의문에 부쳐진 지식인들』 출간. 자신과 동료들에 대해 드러내 놓고 언급한 적이 거의 없었던 블랑쇼가 이 책에서는 자신의 시대와 그 인물들에 대해 상당히 직접적인 견해를 내놓고 있다.

2003 2월 20일 블랑쇼 사망. 4일 후 장례식에서 자크 데리다가 추도문 「영원한 증인」을 낭독함.

2004 파리 퐁피두센터는 1월부터 6월까지 블랑쇼를 추모하기 위한 회합을 주재함.

2007 블랑쇼 탄생 100주년을 기념하여 7월 2일부터 9일까지 스리지-라-살Cerisy-la-Salle에서 '콜로그 모리스 블랑쇼'가 열림.

2008 『정치평론 1953~1993』 출간.

모리스 블랑쇼 저작목록

『토마 알 수 없는 자』(*Thomas l'obscur*, Gallimard, 1941 초판, 1950 개정판).

『어떻게 문학이 가능한가?』(*Comment la littérature est-elle possible?*, José Corti, 1942).

『아미나다브』(*Aminadab*, Gallimard, 1942).

『헛발』(*Faux Pas*, Gallimard, 1943).

『지극히 높은 자』, 김예령 옮김, 그린비, 2019(*Le Très-Haut*, Gallimard, 1948).

『죽음의 선고』, 고재정 옮김, 그린비, 2011(*L'Arrêt de mort*, Gallimard, 1948).

『불의 몫』(*La Part du feu*, Gallimard, 1949).

『로트레아몽과 사드』(*Lautréamont et Sade*, Minuit, 1949, 1963 재판).

『원하던 순간에』(*Au moment voulu*, Gallimard, 1951).

『영원한 되풀이』(*Ressassement éternel*, Minuit, 1951).

『나를 동반하지 않았던 자』(*Celui qui ne m'accompagnait pas*, Gallimard, 1953).

『문학의 공간』, 이달승 옮김, 그린비, 2010(*L'Espace littéraire*, Gallimard, 1955).

『최후의 인간』(*Le Dernier homme*, Gallimard, 1957).

『라스코의 짐승』(*La Bête de Lascaux*, G. L. M., 1958. Fata Morgana, 1982 재판).

『도래할 책』, 심세광 옮김, 그린비, 2011(*Le Livre à venir*, Gallimard, 1959).

『기다림 망각』, 박준상 옮김, 그린비, 2009(*L'Attente l'oubli*, Gallimard, 1962).

『무한한 대화』, 최정우 옮김, 그린비 근간(*L'Entretien infini*, Gallimard, 1969).

『우정』, 그린비 근간(*L'Amitié*, Gallimard, 1971).

『낮의 광기』(*La Folie du jour*, Fata Morgana, 1973).

『저 너머로의 발걸음』, 박영옥 옮김, 그린비 근간(*Le Pas au-delà*, Gallimard, 1973).

『카오스의 글쓰기』, 박준상 옮김, 그린비, 2012(*L'Écriture du désastre*, Gallimard, 1980).

『카프카에서 카프카로』, 이달승 옮김, 그린비, 2013(*De Kafka à Kafka*, Gallimard, 1981).

『이후에』(*Après coup*), Minuit, 1983(『영원한 되풀이』*Le ressassement éternel* 재수록).

『베를린이라는 이름』(*Le Nom de Berlin*, Merve, 1983).

『밝힐 수 없는 공동체』, 박준상 옮김, 문학과지성사, 2005(*La Communauté inavouable*, Minuit, 1983).

『최후에 말해야 할 사람』(*Le Dernier à parler*, Fata Morgana, 1984).

『내가 상상하는 대로의 미셸 푸코』(*Michel Foucault tel que je l'imagine*, Fata Morgana, 1986).

『사드와 레티프 드 라 브르톤』(*Sade et Restif de la Bretonne*, Complexe, 1986).

『로트레아몽에 대하여』(*Sur Lautréamont*, Complexe, 1987. 쥘리앙 그락Julien Gracq과 르 클레지오Le Clézio의 텍스트 포함).

『조에 부스케』(*Joë Bousquet*, Fata Morgana, 1987. 조에 부스케의 블랑쇼에 대한 텍스트 포함).

『다른 곳으로부터 온 어떤 목소리』(*Une voix venue d'ailleurs: sur les poèmes de Louis René des Forêts*, Ulysse Fin de Siècle, 1992).

『나의 죽음의 순간』(*L'Instant de ma mort*, Fata Morgana, 1994).

『의문에 부쳐진 지식인들』(*Les Intellectuels en question*, Fourbis, 1996).

『우정을 위하여』(*Pour l'amitié*, Fourbis, 1996).

『앙리 미쇼 또는 갇히기를 거부하기』(*Henri Michaux ou le refus de l'enfermement*, Farrango, 1999).

『정치평론 1958~1993』(*Écrits politiques 1958~1993*, Éditions Lignes & Manifestes, 2003).

『"토론지"의 문학 시평들: 1941년 4월~1944년 8월』(*Chroniques littéraires du Journal des débats : Avril 1941~août 1944*, Gallimard, 2007).

『정치평론 1953~1993』, 고재정 옮김, 그린비, 2009(*Écrits politiques: 1953~1993*, Gallimard, 2008).